A PRESENÇA INGLESA NAS FINANÇAS E NO COMÉRCIO NO BRASIL IMPERIAL

Os casos da Sociedade Bancária *Mauá, MacGregor & Cia.* (1854-1866) e da firma inglesa *Samuel Phillips & Cia.* (1808-1840)

A PRESENÇA INGLESA NAS FINANÇAS E NO COMÉRCIO NO BRASIL IMPERIAL

Os casos da Sociedade Bancária *Mauá, MacGregor & Cia.* (1854-1866)
e da firma inglesa *Samuel Phillips & Cia.* (1808-1840)

CARLOS GABRIEL GUIMARÃES

Pesquisador contemplado com o
Prêmio Jovem Cientista da Faperj 2007-2009

Copyright © 2012 Carlos Gabriel Guimarães

Grafia atualizada segundo o Acordo Ortográfico da Língua Portuguesa de 1990, que entrou em vigor no Brasil em 2009.

Publishers: Joana Monteleone/ Haroldo Ceravolo Sereza/ Roberto Cosso
Edição: Joana Monteleone
Editor assistente: Vitor Rodrigo Donofrio Arruda
Projeto gráfico e diagramação: João Paulo Putini
Capa: Juliana Pellegrini
Revisão: Rogério Chaves
Assistente de Produção: Allan Rodrigo
Coordenador da Coleção História Econômica: José Jobson de Andrade Arruda

Imagens de capa/contracapa: Casa de Moeda, por Georges Leuzinger
Largo do Paço, por Luigi Stallone

CIP-BRASIL. CATALOGAÇÃO-NA-FONTE
SINDICATO NACIONAL DOS EDITORES DE LIVROS, RJ

G977p

GUIMARÃES, Carlos Gabriel
A PRESENÇA INGLESA NAS FINANÇAS E NO COMÉRCIO NO BRASIL IMPERIAL :
OS CASOS DA SOCIEDADE BANCÁRIA MAUÁ, MACGREGOR & CO. (1854-1866) E
DA FIRMA INGLESA SAMUEL PHILLIPS & CO. (1808-1840)
Carlos Gabriel Guimarães
São Paulo: Alameda, 2012
340p.

Inclui bibliografia
ISBN: 978-85-7939-131-6

1. Brasil – Comércio – Inglaterra – História. 3. Inglaterra – Comércio – Brasil – História. 4. Brasil – Relações econômicas exteriores – Inglaterra. 5. Inglaterra – Relações econômicas exteriores – Brasil. 6. Bancos – Brasil – História. 7. História econômica – Brasil – História. 8. Economia – Brasil – História. I. Título.

12-2865   CDD: 330.981
                           CDU: 338.1(81)
                                                              035199

Alameda Casa Editorial
Rua Conselheiro Ramalho, 694 – Bela Vista
CEP 01325-000 – São Paulo, SP
Tel. (11) 3012-2400
www.alamedaeditorial.com.br

*Ao Brigadeiro Dirceu de Paiva Guimarães, meu avô,
e às Professoras. Doutoras. e Titulares de História
Maria Barbara Levy e Eulália Maria Lahmeyer
Lobo, pelo pioneirismo dos estudos de História de
Empresas e Empresarial no Brasil*

A História e sua expressão teórico-conceptual que é a Historiografia constituem a principal ou, pelo menos básica informação relativa ao comportamento coletivo do homem. Se isso é verdade no que se refere à História em geral, é assim particularmente e especialmente no caso de coletividades como a brasileira, onde uma experiência tão recente e de tão curta duração não se decantou ainda em formas novas que possam ser direta e imediatamente apreendidas, compreendidas e interpretadas sem ser na perspectiva de suas origens e raízes no passado. Numa palavra, o Brasil de hoje, apesar de tudo de novo e propriamente contemporâneo que apresenta – inclusive estas suas formas institucionais modernas, mais ainda tão rudimentares quando vistas em profundidade – ainda se acha intimamente entrelaçada com o seu passado.

Caio Prado Júnior

ADVERTÊNCIA

A primeira parte do livro consiste na edição da minha tese de doutorado defendida no Programa de Pós-Graduação em História Econômica da Faculdade de Filosofia Letras e Ciências Humanas da Universidade de São Paulo no ano de 1997. Em virtude do tempo passado – 14 anos –, promovi uma atualização bibliográfica e introduzi algumas novas notas de rodapé ao texto. Os erros gráficos são exclusivos do autor.

Sumário

Apresentação 17
ILMAR ROHLOFF DE MATTOS

Prefácio. Empreendedores e capitalistas: Mauá e Samuel Phillips, 21
experiências reveladoras
JOSÉ JOBSON DE ANDRADE ARRUDA

Introdução 25
O mito político Mauá 32
Os bancos e a historiografia econômica 34
A historiografia econômica brasileira e os bancos 43
A história de empresas como objeto da História: metodologia e fontes 49
Organização do trabalho 54

PARTE 1 57
BANCOS, ECONOMIA E PODER NO SEGUNDO REINADO:
O CASO DA SOCIEDADE BANCÁRIA MAUÁ, MACGREGOR & CIA. (1854-1866)

Capítulo I. O Estado Imperial brasileiro e o sistema bancário 59
A organização dos primeiros bancos comerciais privados no Brasil 59
As reformas institucionais e a organização bancária 63

Capítulo II. A criação do terceiro Banco do Brasil (1851-1853) 103
e a Reforma Bancária de 1853
O projeto de criação do Banco do Comércio e Indústria do Brasil 103
O terceiro Banco do Brasil (1851-1853): o "Banco do Brasil de Mauá" 117
A crise de 1853 e a Reforma Bancária de 1853 123

Capítulo III. A organização da Sociedade Bancária Mauá, MacGregor & Cia. 147

A criação da Sociedade Bancária Mauá, MacGregor & Cia. 147

A crise de 1857 e o Banco 179

A política restritiva de Torres Homem: a reação metalista 194

Capítulo IV. A criação do London, Brazilian and Mauá Bank (1865) 197

A Lei dos Entraves e a vitória metalista 197

A concorrência dos bancos ingleses 202

A crise do Souto (1864) e o Banco Mauá, MacGregor & Cia. 207

A organização do London, Brazilian and Mauá Bank (1865) 214

Considerações finais 219

PARTE 2 221
FINANÇAS E COMÉRCIO NO BRASIL DA PRIMEIRA METADE DO SÉCULO XIX: A ATUAÇÃO DA FIRMA INGLESA SAMUEL PHILLIPS & CIA.,1808-1840

A presença inglesa na primeira metade do século XIX: uma discussão bibliográfica acerca da dependência do Brasil frente à Inglaterra 223

A organização da firma inglesa Samuel Phillips & Cia. e seus negócios no Brasil no Império Luso-brasileiro 232

A Samuel Phillips & Cia. e seus negócios no 1º Reinado Estado Imperial Brasileiro, 1822-1831 237

Samuel Phillips & Cia.,procuradora de D. Pedro I e credora do Império 244

Considerações finais 251

Bibliografia 255

Anexos 291

Lista de tabelas, quadros e gráficos

Tabela 1. BRASIL: Principais produtos de exportação (1821-1890)   60

Tabela 2. BRASIL. Pauta das exportações   60

Tabela 3. Valor da exportação e importação de mercadorias e balança comercial   61

Tabela 4. Exercícios críticos e equilibrados   66

Tabela 5. Participação relativa dos três principais impostos na Receita   67

Tabela 6. Papel-moeda circulante e taxa de câmbio (1850-1864)   130

Tabela 7. Taxa de descontos de letras cobradas pelos Bancos do Rio de Janeiro   130

Tabela 8. Relação de empréstimos contraídos – 1850-1875 (Libras)   132

Tabela 9. Balanços do Banco do Brasil (1852-1853)   134

Tabela 10. Coeficientes do Banco do Brasil   136

Tabela 11. Distribuição dos dividendos do Banco Mauá, MacGregor & Cia.(1855-1864)   166

Tabela 12. Balanços do Banco, Mauá, MacGregor & Cia. (1856-1866)   167

Tabela 13. Coeficientes do Banco Mauá, MacGregor & Cia.   175

Tabela 14. Número de sociedades anônimas e comanditas registradas no Tribunal do Comércio da Corte (1851-1865)   180

Tabela 15. Remessas de cambiais feitas para Londres   189

Tabela 16. Exportações de café (1850-1865)   190

Tabela 17. Quadro demonstrativo das quantias fornecidas pelo Banco do Brasil entre 10 e 30 de setembro de 1864   213

Quadro I. Distribuição de títulos de barão e outros no Brasil (1840-1889) 70

Quadro II. O Gabinete de 29/09/1848 71

Quadro III. A Trindade Saquarema e a liderança conservadora 72

Quadro IV. Comissão encarregada de elaborar o Código Comercial (1850) 89

Quadro V. Presidentes da Sociedade dos 90
Assinantes da Praça do Rio de Janeiro (1846-1861)

Quadro VI. Comissão encarregada de elaborar 109
os Estatutos do Banco do Brasil (1851)

Quadro VII. Diretoria do Banco do Brasil (1851-1853) 119

Quadro VIII. Diretoria da caixa filial de São Pedro 138
do Rio Grande do Sul do Banco do Brasil (1853)

Quadro IX. Diretoria da caixa filial de São Paulo 139
do Banco do Brasil (1853)

Quadro X. Diretoria do Banco Comercial do Rio de Janeiro (1853) 142

Quadro XI. Primeira diretoria do quarto Banco do Brasil (novembro/1853) 144

Quadro XII. Sócios da Sociedade Bancária Mauá, 152
MacGregor & Cia. (setembro/1854)

Quadro XIII. Naturalidade dos sócios do Banco Mauá, MacGregor & Cia., 160
por naturalidade

Quadro XIV. Diretoria do London and Brazilian Bank Limited 204

Quadro XV. Diretoria do London, Brazilian and Mauá Bank Limited 215

Esquema I. Esquema Mercantil/Financeiro 163
da Carruthers & Cia. antes de 1850

Esquema II. Esquema financeiro de Mauá e Carruthers pós-1850 178

Esquema III: O circuito de capitais Portugal-Brasil-Inglaterra 206

Gráfico 1: Empréstimos e depósitos do BMM, 1856-1866 173

Lista de Abreviaturas

AHMI – Arquivo Histórico do Museu Imperial

AHTC – Arquivo Histórico do Tribunal de Contas de Portugal

AMOP – Arquivo do Ministério das Obras Públicas de Portugal

AN – Arquivo Nacional

ANTT – Arquivo Nacional da Torre do Tombo

BMF – Biblioteca do Ministério da Fazenda

BN – Biblioteca Nacional

BNL – Biblioteca Nacional de Lisboa

IHGB – Instituto Histórico e Geográfico Brasileiro

APRESENTAÇÃO

Dois textos reúne este livro. Textos de um mesmo autor, produzidos em momentos diferentes, como respostas a desafios diversos, e que aqui se apresentam como testemunhos do lugar e papel que os programas de pós-graduação e as agências de fomento têm desempenhado na produção historiográfica brasileira nas últimas décadas. Textos que são marcos de uma trajetória acadêmica, marcos referenciais separados por uma dúzia de anos, e aos quais, agora, um novo não menos significativo é acrescentado: este livro. Porque *A presença inglesa nas finanças e no comércio no Brasil imperial: os casos da Sociedade Bancária Mauá, MacGregor & Co. (1854-1856) e da firma inglesa Samuel Phillips & Co. (1808-1840)*, de Carlos Gabriel Guimarães, não é a simples reprodução dos textos originais de uma tese de doutoramento, defendida em 1997, e de artigo originado de uma bolsa de pesquisa, a que fez jus o autor entre 2007 e 2009. E, sim, textos que incorporam as contribuições de trabalhos recentes originados nos programas de pós-graduação ou não; dados obtidos em incansável e permanente atividade de pesquisa documental; reflexões desenvolvidas em trabalhos apresentados em seminários e congressos; e ainda as insubstituíveis discussões com os alunos e os diálogos com os colegas de ofício – faina incessante, animada pelo desejo de conhecer e compreender uma, várias, muitas experiências históricas; faina que não faz senão pôr em destaque um dos atributos que melhor distingue o seu autor: a inquietação intelectual. Uma inquietação que se traduz tanto na incessante formulação de questões quanto na recorrente postura de sempre arguir a respeito do valor e sentido do ato de questionar. E, por certo, tudo isso não escapará a um leitor disposto a percorrer cada uma das páginas deste livro, expressando-se por meio de uma não menos inquietante questão que logo se lhe apresentará: "Quantos textos reúne este livro?".

Carlos Gabriel nos convida a revisitar a experiência histórica do Império do Brasil. Mas não o faz com o propósito de nos permitir encontrar, ainda uma vez, o imperador e a boa sociedade, políticos e magistrados, bacharéis e traficantes negreiros, escravos e seus senhores – embora todos eles não deixem de estar presentes em sua trama. Outros são os protagonistas que o autor traz para o centro da cena imperial, particularmente durante o tempo da direção saquarema – *negociantes* e *capitalistas*. Ao dar-lhes vida, pondo em relevo seus *negócios* gerados pelo capital mercantil, os textos deste livro manifestam a filiação do autor a uma tradição nos estudos de história das empresas e empresarial no Brasil, a qual remete inevitavelmente à obra das professoras e historiadoras Maria Barbara Levy e Eulália Maria Lahmeyer Lobo. Mas uma filiação que não pode prescindir de atualizações, que uma vez incorporadas por meio de superações sucessivas asseguram o vigor de uma tradição, os textos deste livro, em especial o último deles, revelando como o autor, ao longo de uma trajetória, vem dialogando de modo criativo com as novas tendências historiográficas, algumas referidas à história cultural.

Negociantes e capitalistas emergem em diferentes passagens dos textos, e também dos anexos, de maneiras variadas e nem sempre facilmente perceptíveis, revelando seus projetos e ambições, sonhos e incertezas, atitudes refletidas e outras nem tanto, arranjos e incoerências, aproximações e distanciamentos quer entre si, quer, inevitavelmente, dos dirigentes imperiais. Experiências vividas que, provavelmente, guardam pouca semelhança com a de um Fortunato Gomes da Silveira, também um capitalista, personagem do conto *A causa secreta*, de Machado de Assis; trajetórias individuais que nos permitem perceber como nada estava pré-determinado naquelas vidas desde o seu início, e particularmente naquele tempo em que "o imperador sentir-se-ia bem", de acordo com a dedução de Capistrano de Abreu, em texto clássico. "Belo, sadio, augusto, ninguém lhe disputaria a autoridade", completa o historiador cearense. Cauteloso, Carlos Gabriel não arrisca deduzir como sentir-se-iam aqueles capitalistas e negociantes; não hesita, porém, em alertar o leitor, desde as primeiras páginas de um de seus textos, que os significados então atributos a *capitalistas* e *negociantes*, assim como a *negócios*, eram diversos dos atribuídos em nossos dias, porque as palavras têm história e valor, as diferenças de significados revelando, elas também, tanto a distância temporal quanto as diferenças entre as experiências vividas por aqueles homens e aquelas vividas por nós, hoje, não obstante algumas das práticas e representações relacionadas àqueles *melhoramentos materiais* ainda permaneçam entre nós.

De modo quase incontornável, a figura de Irineu Evangelista de Souza se destaca dentre aqueles negociantes e capitalistas no Império do Brasil. Seus inúmeros *negócios* projetariam sua imagem pelos tempos afora, transformando-o em um mito, atualizado em diferentes momentos do século passado. Com argúcia, o autor contorna o mito, ao mesmo tempo em que se empenha por expressar o "fazer-se" (*making*) de seu protagonista mais importante no decorrer de sua existência, como se tivesse como uma de suas referências os ensinamentos de E. P. Thompson. Com competência, desde o capítulo inicial do primeiro texto o autor vai tecendo os nexos entre negócios e política, as relações assimétricas e sempre tensas entre negociantes e dirigentes imperiais, em uma incessante reiteração de práticas comuns desde a instalação da Corte portuguesa no Rio de Janeiro, no movimento mais amplo de construção do Estado imperial sob a direção saquarema. Os discursos de Bernardo Pereira de Vasconcelos no Senado do Império, no ano de 1843, quase sempre caracterizados pela contundência e ironia, permitem compreender a estreita articulação entre os diferentes projetos e propostas econômicas e financeiras em discussão – reformas tarifária e monetária, colonização, código comercial e lei de terras, quase sempre tendo como referência, se não inspiração, as reflexões de autores, já consagrados ou não, a respeito de experiências na América do Norte e em outras partes do globo -, os quais, uma vez transformados em ações políticas, formavam o solo no qual vicejariam as aproximações e distanciamentos entre negociantes e dirigentes imperiais. Nexos ora reconhecidos positivamente por meio de comendas, graças e nobilitações, ora responsabilizados por falências e crises; nexos que contribuíam para a manutenção da ordem política imperial, assim como da ordem escravocrata, num momento em que o trabalho escravo conhecia um revigoramento não só no Vale cafeeiro, mas também em Cuba e nos estados do sul da União americana. Negócios que não se reduziam às relações entre o Imperador e Mauá, como muitas vezes ainda se crê, propiciando, eles também, uma expansão diferente que distinguia a experiência imperial no Brasil – uma expansão para dentro. Mas nexos que não tardaram a se desdobrar, revelando tanto a inscrição do Império do Brasil no conjunto das Nações civilizadas quanto o papel e interesses da potência hegemônica em escala mundial no momento de predominância do capitalismo livre-concorrencial – o Império britânico e sua forma diversa de expansão, cuja pretensão estava referida a um domínio ilimitado. Outras aproximações e outros distanciamentos, interesses de negociantes e capitalistas daqui e de fora que se, por vezes, se complementavam, por vezes entravam em contradição, confundindo-se em não poucas ocasiões com a política externa do Império de D. Pedro II, particularmente em seu ponto nevrálgico – o Prata -, uma vez superada a questão do tráfico negreiro intercontinental. Aproximações e distanciamentos que, referidos a uma expansão para dentro ou a choque de impérios com projetos expansionistas diversos, ajudam a compreender o *fazer-se* do *negociante* Irineu Evangelista de Souza, que se tornaria Barão e Visconde de Mauá.

    A narrativa de um *fazer-se* que possibilita uma visita original à experiência histórica do Império do Brasil. E que possibilita- algo não menos significativo – conhecer o *fazer-se* de um historiador, por meio dos textos que reúne este livro.

Ilmar Rohloff de Mattos

PREFÁCIO
Empreendedores e capitalistas: Mauá e Samuel Phillips, experiências reveladoras

Carlos Gabriel Guimarães é um típico historiador da história econômica fiel às suas tradições, moldadas nas últimas décadas do século passado. Exatamente por isso é um espécime raro. Raridade benfazeja, apreciada por seus parceiros, pelos leitores que muito se beneficiarão do conteúdo desta obra de enorme importância para a recomposição da história comercial, bancária e financeira do século XIX brasileiro; o século fundacional da nacionalidade. E o faz a partir de duas trajetórias exponenciais e emblemáticas: a de um empresário nativo, celebrado e mitificado, o Barão de Mauá, e um forasteiro, o comerciante inglês Samuel Phillips, cujas experiências singulares propiciam ao autor a composição de um quadro vivido da história econômica em tempos conturbados, de emergência do Estado brasileiro em sua ossatura imperial herdada de Portugal, e de entranhamento do capitalismo em suas formas vanguardistas, bancária e financeira, entre nós. Obra com a qual a Editora Alameda Casa Editorial brinda os apaixonados pela história econômica, recupera um texto precioso, elaborado como tese nos anos 90, que tivemos o privilégio de orientar, além de enriquecer seu catálogo nesta vertente indercartável da história pátria.

Dedicatórias e epígrafes dão bem o tônus da obra. Na referência ao avô Brigadeiro e as professoras historiadoras, pois revela o autor e suas preferências metodológicas. Do primeiro herdou o traços clássicos que delineiam os filhos da caserna: a disciplina que rege o árduo trabalho de pesquisa; a perseverança no rígido cumprimento do dever de ofício; a obediência a um procedimento metodológico assumido; e, sobretudo, a lealdade irrestrita aos que os ampararam na caminhada, mesmo que, circunstancialmente imerecedores. Das insignes historiadoras, Maria Barbara e Eulália Maria, herdou mais do que o gosto, herdou a paixão pela historia econômica, amor de uma existência sem recaídas, sobretudo pela história quantificável e empresarial, que ambas praticaram com maestria.

Não a história quantitativa descarnada. A quantificação pela quantificação. Os números pelos números, como foi a opção de alguns mestres franceses da modalidade,

Jean Meuvret e Micheline Baulant, por exemplo. Trata-se da quantificação a serviço da compreensão. Do entrelace entre os suportes quantitativos e as fontes e referências qualitativas, que adensam o complexo explicativo, partindo-se do pressuposto insubstituível de que a escrita da história não pode ser um reles exercício de diletância intelectual; uma viagem descompromissada através das fontes e da bibliografia, pois se assim fosse a história em nada se diferenciaria da prática literária comum, nada teria de seu para legitimar o lugar que ocupa no amplo cenário das ditas ciências do homem. Buscar a compreensão é buscar o acesso ao secreto mais íntimo da história. Sua inteligibilidade. Sem que isto signifique a prefiguração do futuro, postura que exige do historiador a consciência de que opera no vértice da tríplice temporalidade, em que a percepção da dialógica entre passado, presente e futuro é condição inarredável para a produção de um conhecimento que se quer verdadeiro.

É esta adesão a um modo particular de fazer a história pelo autor desta obra que deixa entrever a procura por certa dosagem de sentido, sem que isto signifique a teologização do procedimento, a especial urdidura dos argumentos na reconstrução dos objetos previstos por antecipação. Postura que, talvez, explique a escolha da epígrafe extraída de um dos escritos de Caio Prado Júnior, em que a ênfase recai sobre a essência mesma do procedimento historiográfico, identificado com a indispensabilidade de se prover uma interpretação compreensiva da contemporaneidade brasileira por via de seus liames com o passado colonial.

Carlos Gabriel encurta a temporalidade. Elege a experiência dos comerciantes, banqueiros e financistas Mauá e Smith como trajetórias privilegiadas para estabelecer aquela correlação entre passado e presente, num momento pleno de historicidade, tenso e dinâmico do, que tornam comparativamente modorrentos os séculos coloniais. Para tanto se vale de um amplo cabedal de fontes primárias colhidas em arquivos nacionais e internacionais, especialmente no Brasil, Portugal e Inglaterra, fruto de longos anos de pesquisas financiadas por agências de fomento ao desenvolvimento científico, atravessadas por um senso crítico apurado na vasta bibliografia compulsada. Um sólido estudo sobre o mais controvertido empresário brasileiro daquele século, quase um mito, que Carlos Gabriel busca depurar no confronto com a documentação.

O historiador põe em evidência as peripécias e vicissitudes do empresariado nascente, simbolizados na turbulenta trajetória do Barão, num momento em que novos organismos e modos de pensar se sobrepunham aos resquícios herdados do período colonial, seja pela preservação do regime escravista de trabalho, seja pela continuidade política corporificada na permanência dos Braganças no trono Imperial; e aos ardilosos caprichos que o cotidiano da corte sujeitava a classe empresarial emergente. Isto para não falar da instabilidade engendrada pelas crises cíclicas inerentes ao próprio sistema econômico, que assumiam gravidade exacerbada em áreas periféricas do continente americano, constituída por nações em construção. Cenário instigante que ronda as três décadas de existência da empresa de Samuel Phillips, braço tentacular do imperialismo do comércio livre britânico, na medida em que operava no Brasil como agente credor dos poderosos Rothschild de Londres. Livro recheado de gráficos, tabelas, organogramas, que fornecem o adequado e indispensável suporte quantitativo a obras desta espécie, facilitando ao leitor a apreensão do conteúdo lastreado em numerologia tão complexa.

Negociante de grosso trato, banqueiro e financista, Mauá, atuava preferencialmente no setor terciário da economia, priorizando investimentos e empréstimos para os setores mais rentáveis e seguros da atividade, procedimento padrão em que se busca maximizar os lucros e minimizar os riscos do capital. Daí a preferência pelas operações no lucrativo comércio de escravos, nas vias de transporte, no comércio de importação e exportação e, sobretudo, nos empréstimos às casas comerciais e bancárias, provendo-as com capital de giro indispensável às suas operações mercantis e creditícias.

No suposto de que a medida para avaliar se uma sociedade é ou não capitalista encontra-se no grau de confiança que ela deposita em seus empresários na ereção e direção da vida econômica de uma determinada nação, como queria Joseph Schumpeter, a rica e vibrante trajetória de Mauá, reconstituída por Carlos Gabriel, sinaliza que a sociedade brasileira na segunda metade do século XIX encontrava-se num estágio pré--capitalista, patamar assemelhado ao que se encontrava a Europa nos séculos que antecedem à Revolução Industrial. Se ele não pode ser qualificado como um empresário shumpteriano, como quer nosso autor, pensamos que ao menos poderia ser identificado ao entrepreneur, na linhagem conceptiva de Jean-Baptiste Say, por sua habilidade em agenciar e direcionar recursos de capital das áreas de menor para as de maior rentabilidade; por seu dúplice papel de capitalista (ao disponibilizar capital) e empreendedor (ao assumir os riscos da iniciativa).

A recusa, ou a cautela, em adentrar a esfera da produção, fosse ela agrícola ou industrial, expõe com nitidez a contradição básica vivenciada por esse empresário do Império brasileiro. Por um lado, criativo e inovador, considerando-se o ambiente periférico de sua atuação; por outro, vetusto, considerando-se sua sujeição aos grilhões do arquétipo dominante desde os tempos coloniais, em que as iniciativas emparedavam-se nos limites determinados pela natureza específica do capital mercantil prevalecente, no qual se buscava, sobretudo, a valorização do capital pela agilização dos circuitos de troca, o que evidencia a permanência de um traço marcante e definidor do sistema econômico colonial no âmbito do Império brasileiro, traço este que tolhe as iniciativas e constrange a possibilidade de êxito do incauto *entrepreneur*.

Observações críticas todas elas perfunctórias, que tem a finalidade única de atrair o interesse do público especializado para a leitura deste texto necessário.

José Jobson de Andrade Arruda

INTRODUÇÃO

Nos últimos anos presenciamos uma verdadeira reestruturação no sistema financeiro brasileiro, fruto do Plano Real de 1994. O aparecimento de novas instituições, a expansão das bolsas de valores e de mercadorias, a entrada de capital estrangeiro, tudo isto ligado ao "novo" projeto de Estado, fez lembrar períodos passados da nossa História.

Neste novo período de euforia, pois, segundo o discurso do governo, tivemos uma moeda estável e um sistema financeiro sólido, após o necessário "ajuste do mercado", lembrou uma advertência de Caio Prado Júnior sobre a História do Brasil:

> O Brasil de hoje, apesar de tudo de novo e propriamente contemporâneo que apresenta – inclusive estas suas formas institucionais modernas, mais ainda tão rudimentares quando vistas em profundidade – ainda se acha intimamente entrelaçada com o seu passado. E não pode por isso ser entendido senão na perspectiva e à luz desse passado.[1]

Portanto, a partir da necessidade de compreender a História da relação do Estado e o sistema bancário brasileiro, propusemos estudar a *Sociedade Bancária Mauá, MacGregor & Cia.*, uma casa bancária organizada em 1854, pelo negociante Irineu Evangelista de Souza, Barão (1854), e depois Visconde com Grandeza de Mauá (1874), e que foi liquidada em 1866.

A atividade bancária no Brasil surgiu com a criação do primeiro Banco do Brasil em 1808.[2] A chegada da Corte no Rio de Janeiro e as necessidades de ordem financeira e admi-

---

[1] PRADO JUNIOR, Caio. *História e Desenvolvimento. A contribuição da historiografia para a teoria e prática do desenvolvimento brasileiro*, 3ª ed. São Paulo: Ed. Brasiliense, 1989, p. 17.

[2] A respeito do primeiro Banco do Brasil, seus estatutos e funcionamento até 1829, quando foi liquidado, verificar os trabalhos de: FRANCO, Afonso Arinos de Mello. *História do Banco do Brasil. (1ª fase 1808-1829)*, 2ª ed. Rio de Janeiro: Banco do Brasil, 1971; CAVALCANTI, Amaro. *O meio circulante nacional (1808-1835)*. L.1, Brasília: Editora UnB, 1983. (Coleção Temas Brasileiros, 53); VIEIRA, Dorival Teixeira. Política Financeira – o primeiro Banco do Brasil. In: HOLANDA, Sérgio Buarque de (dir.). *História Geral da Civilização Brasileira. Tomo II, O Brasil Monárquico, vol. 1, O Progresso de Emancipação*, 4ª ed. São Paulo; Rio de Janeiro: Difel, 1976, p. 100-118; PIÑEIRO, Theo Lobarinhas. *Os Simples Comissários: Negócios e Política no Brasil Império*. Niterói, 2002. Tese (doutorado em História).

nistrativa da nova sede do Império Português aceleraram a criação do primeiro banco no Brasil, que na realidade consistiu no primeiro banco português. Importante ressaltar que as primeiras tentativas de organização bancária em Portugal remontaram ao século XVII, no período de D. João II.³ Entretanto, somente ao final do século XVIII, sob a influência direta de D. Rodrigo de Souza Coutinho, o Conde de Linhares, foi que uma série de projetos acerca da organização bancária começou a ser discutidos realmente.⁴ O estabelecimento da Corte Portuguesa no Brasil, em virtude da invasão francesa, acarretou a concretização de um dos projetos de D. Rodrigo: a criação de um Banco Nacional.⁵

O primeiro Banco do Brasil, um banco "criado para prover fundos e capital para o Estado e o comércio",⁶ durou vinte anos. A conjuntura econômica, social e política difícil do período Joanino e do Primeiro Reinado,⁷ relacionada com a participação em conflitos externos, como a invasão da Guiana francesa (1808-1815), da anexação da Banda Oriental (1821) e a

---

Universidade Federal Fluminense; CARDOSO, José Luis. Novos elementos para a história do Banco do Brasil (1808-1829): crónica de um fracasso anunciado. *Revista Brasileira de História,* vol. 30, nº 59, São Paulo, p. 167-192, 2010.

3   ALMAZALAK, Moses Benzalat. O Banco de Lisboa. *Revista do Instituto Superior de Comércio de Lisboa,* Ano II, junho-1919, p. 219-266.

4   A respeito da influência política de D. Rodrigo de Souza Coutinho no período mariano e joanino verificar os trabalhos de: NOVAIS, Fernando A. *Portugal e Brasil na Crise do Antigo Sistema Colonial (1777-1808),* 6ª ed. São Paulo: Hucitec, 1995. (especialmente o cap. 4, *Política Colonial*);MAXWELL, Kenneth. *A Devassa da Devassa. A Inconfidência Mineira: Brasil e Portugal 1750-1808,* 3ª ed. Rio de Janeiro: Paz e Terra, 1995. (especialmente o capítulo 9, *Acomodação*); LYRA, Maria de Lourdes Viana. *A Utopia do Poderoso Império. Portugal e Brasil: Bastidores da Política 1798-1822.* Rio de Janeiro: Sette Letras, 1995 (especialmente o capítulo *A Estratégia da Política Reformista*); SANTOS, Nívia Pombo Cirne dos. *Dom Rodrigo de Sousa Coutinho: Pensamento e Ação Político-Administrativa no Império Português.* Niterói, 2006. Dissertação (mestrado em História). Universidade Federal Fluminense; AIDAR, Bruno. *A tessitura do fisco: a política ilustrada de D. Rodrigo de Souza Coutinho e a administração fiscal da capitania de São Paulo, 1797-1803.* Campinas, 2007. Dissertação (mestrado em História Econômica). Unicamp/Instituto de Economia.

5   A respeito dos projetos de organização bancária de D. Rodrigo de Souza Coutinho verificar os trabalhos de: AGUIAR, Manoel Pinto de. *Bancos no Brasil Colonial.* Salvador: Sind. Estabelecimentos Bancários, 1960; MACEDO, Jorge Borges de. *Elementos para a História Bancária de Portugal (1797-1820).* Lisboa: Instituto de Alta Cultura, 1963; CARDOSO, José Luis (ed. e introdução). *Novos elementos para a História Bancária de Portugal. Projetos de Banco, 1801-1803.* Lisboa: Banco de Portugal, 1997 (História Económica 6)

6   "Alvará de 12 de outubro de 1808, cria um banco nacional nesta capital". In: AGUIAR, *op. cit.,* p. 111-114.

7   A respeito do período joanino e do primeiro Reinado, entre os vários trabalhos, verificar: RIBEIRO, Gladys Sabino. *A Liberdade em construção. Identidade Nacional e conflitos antilusitanos no Primeiro Reinado.* Rio de Janeiro: Faperj/Relume Dumará, 2002; SCHULTZ, Kirsten. *Versalhes Tropical: Império, Monarquia e a Corte real portuguesa o Rio de Janeiro, 1808-1821.* Tradução de Renato Aguiar. Rio de Janeiro: Civilização Brasileira, 2008.

independência da Província Cisplatina (1825), os conflitos internos, com rebeliões das regiões e províncias contrárias a centralização do Império no Rio de Janeiro,[8] como a "Revolução" Pernambucana de 1817 e a Confederação do Equador (1824), e a Corte fazendo do caixa do Banco fonte de seus recursos, como foi o caso dos fundos levantados pela própria com o retorno de D. João VI para Portugal, que alguns calcularam em mais de 60 milhões de cruzados (equivalente a 240 mil contos de réis), tornaram a situação do *primeiro* Banco do Brasil bastante difícil. Diante desse quadro, e conforme constava nos seus estatutos, artigo 2º, o banco poderia ser liquidado ao final de vinte 20 anos, o que realmente aconteceu em 1829.[9]

O crescimento das exportações brasileiras a partir da década de 1830, alavancadas principalmente pela produção cafeeira das *plantations* escravistas da região do Vale do Paraíba fluminense e paulista,[10] bem como da produção açucareira da Bahia e outras regiões,[11] possibilitou o surgimento dos *primeiros bancos comerciais privados* no Brasil, como por exemplo, o Banco Comercial do Rio de Janeiro e o Banco Comercial da Bahia, criados em 1838 e 1845 respectivamente. Organizados sob a forma de sociedades anônimas, esses bancos de depósitos e descontos introduziram novos ativos no mercado, possibilitando um dinamismo maior nos negócios dos principais centros importadores e exportadores do Brasil, como eram as províncias do Rio de Janeiro e da Bahia.[12]

---

8   A respeito do processo de *interiorização da metrópole*, que acabou desencadeando o processo de formação do Estado Imperial Brasileiro, verificar o trabalho de DIAS, Maria Odila Silva. A interiorização da metrópole (1808-1853). In: MOTA, Carlos Guilherme (org.). *1822: Dimensões*, 2ª ed. São Paulo: Editora Perspectiva, 1986, p. 160-187.

9   "Artigo 2º: A duração dos privilégios do referido banco será por tempo de vinte anos; e findo estes, se poderá dissolver, ou constituir novamente aquele corpo, havendo sua Alteza Real assim por bem". CAVALCANTI, *op. cit.*, p. 61.

10 A respeito da cafeicultura do Vale do Paraíba fluminense, especialmente da região do Médio do Vale do Paraíba fluminense, ou seja, de Vassouras, cf. STEIN, Stanley L. *Grandeza e Decadência do Café no Vale do Paraíba*. Tradução de Edgar Magalhães. São Paulo: Brasiliense, 1961; SALLES, Ricardo. *E o Vale era o escravo: Vassouras, século XIX – senhores e escravos no coração do Império*. Rio de Janeiro: Civilização brasileira, 2008. No tocante à região do Paraíba Paulista cf. MARCONDES, Renato Leite. *A Arte de Acumular na Economia Cafeeira: Vale do Paraíba século XIX*. Lorena: Stiliano, 1998.

11 SCHWARTZ, Stuart B. *Segredos Internos: engenhos e escravos na sociedade colonial, 1550-1835*. Tradução de Laura Teixeira Motta. São Paulo: Companhia das Letras/CNPq, 1988, p. 345-346.

12 A respeito do Rio de Janeiro e da Bahia no século XIX verificar os trabalhos de: LOBO, Eulália M. L. *História do Rio de Janeiro (do capital comercial ao industrial e financeiro)*. Rio de Janeiro: IBMEC, 1978; QUEIROZ, Kátia Mattoso. *Bahia, século XIX. Uma Província no Império*. Rio de Janeiro: Nova Fronteira, 1992.

No plano político, a partir de meados da década de 1830, com o *movimento regressista*, intensificou-se o processo de centralização do Estado Imperial brasileiro.[13] Nesse processo, que para Maria Odila duraria até a formação do *gabinete da conciliação* de 1853,[14] uma série de *reformas institucionais* foram implementadas.[15] A *Tarifa Alves Branco* de 1844, a *Reforma Monetária* de 1846, o *Código Comercial*, a *Lei de Terras* e o fim do *Tráfico Negreiro*, esses últimos em 1850, se por um lado foram frutos do projeto político da *classe dominante imperial*, composta pela burocracia, pelos proprietários da agricultura mercantil-escravista e dos negociantes ligados à importação e exportação, o *complexo agrário-comercial* segundo Evaldo Cabral de Melo,[16] por outro lado proporcionaram o aparecimento e o desenvolvimento de uma série de atividades econômicas. O desenvolvimento dessas atividades fez com que uma questão econômica (e política) estivesse no centro dos debates: o *crédito e a atividade bancária*.

Palavra que significa "transação comercial em que um comprador recebe imediatamente um bem ou serviço adquirido, mas só fará o pagamento depois de algum tempo determinado", conforme consta em qualquer dicionário de comércio e de economia,[17] o *crédito* constituiu-se numa das principais questões da economia brasileira do século XIX. Embora o problema do financiamento das atividades econômicas já vinha desde o período colonial,[18] no

---

13 A respeito do Regresso Coservador e o Estado Imperial, verificar: CARVALHO, José Murilo de. *A Construção da Ordem: a elite imperial; Teatro das Sombras: a política imperial*, 2ª ed. Rio de Janeiro: Ed. da UFRJ/Relume Dumará, 1996; MATTOS, Ilmar Rohloff de. *O Tempo Saquarema*. São Paulo: Hucitec, 1987; GRINBERG, Keila e SALLES, Ricardo (org.). *O Brasil Imperial 1831-1870*, vol. II. Rio de Janeiro: Civilização Brasileira, 2009.

14 O gabinete de 1853 teve o nome de *conciliação* em virtude de ser composto por liberais e conservadores, tendo como líder Honório Hermeto Carneiro Leão, o Marquês do Paraná. Segundo José Murilo de Carvalho, a confusão partidária tornava difícil classificar os partidos, como também os gabinetes ministérios, particularmente os de 1853 e 1861. CARVALHO, op. cit., p. 181-208. Verificar, também, DIAS, op. cit.; ESTEFANES, Bruno Fabris. *Conciliar o Império: Honório Hermeto Carneiro Leão, os partidos e a política de conciliação no Brasil Monárquico (1842-1856)*. São Paulo, 2010. Dissertação (mestrado em História Social). USP/FFLCH. (particularmente o cap. 4, Conciliar o Império: o ministério de 06/09/1853).

15 LEVY, Maria Bárbara. *A Indústria do Rio de Janeiro através de suas sociedades anônimas*. Rio de Janeiro: EDUFRJ, 1994.

16 MELLO, Evaldo Cabral de. *O Norte Agrário e o Império, 1871-1889*, 2ª ed. revisada. Rio de Janeiro: Topbooks, 1998, p. 25-26.

17 Este significado foi retirado de SANDRONI, Paulo. *Dicionário de Economia*, 2ª ed. São Paulo: Best Seller, 1989, p. 72.

18 Há uma extensa bibliografia sobre o crédito na colonia. Entre os vários autores, verificar: LEVY, Maria Barbara. *História Financeira do Brasil Colonial*. Rio de Janeiro: IBMEC, 1979; SAMPAIO, Antônio Carlos Jucá, *Crédito e Circulação Monetária na Colônia: o caso Fluminense, 1650-1750*. Anais do V Congresso

século XIX, em virtude do processo de centralização do Estado Imperial e do desenvolvimento das atividades econômicas urbanas e rurais, frutos da inserção do Brasil no Capitalismo em expansão do pós-guerra Napoleônica, a palavra passou a estar associada direta ou indiretamente às atividades bancárias.[19]

Dentro dessa conjuntura de permanência da ordem escravista e senhorial, e também de transformações, que caracterizou o período de *"transição"* do escravismo para o capitalismo no Brasil, Irineu Evangelista de Souza, futuro Barão e, depois Visconde de Mauá,[20] ex-caixeiro da firma comercial do negociante de grosso trato português e traficante de escravos João Rodrigues Pereira de Almeida, o Barão de Ubá de Vassouras,[21] sócio da casa comercial inglesa

---

Brasileiro de História Econômica e 8ª Conferência Internacional de História de Empresas. Caxambu: ABPHE, 2003; SANTOS, Raphael. *"Devo que pagarei": sociedade, mercado e práticas creditícias na comarca do Rio das Velhas – 1713-1773*. Belo Horizonte, 2005. Dissertação (mestrado em História). UFMG/FAFICH; PESAVENTO, Fábio. *Um pouco antes da Corte: a economia do Rio de Janeiro na segunda metade do Setecentos*. Niterói, 2009. Tese (doutorado em Economia). UFF/Faculdade Economia; GIL, Tiago Luis. *Coisas do caminho: Tropeiros e seus negócios do Viamão à Sorocaba (1780-1810)*. Rio de Janeiro, 2009. Tese (doutorado em História). UFRJ/PPGHIS.

19 A respeito da importância do crédito bancário ou privado no fomento das atividades econômicas na segunda metade do século XIX, conferir os trabalhos de OLIVEIRA, Maria Luiza Ferreira de. *Entre a Casa e o Armazém: Relações sociais e experiência da urbanização de São Paulo, 1850-1900*. São Paulo: Alameda, 2005; PIRES, Anderson. *Café, Finanças e Indústria. Juiz de Fora, 1889-1930*. Juiz de Fora: Funalfa, 2009; ALMICO, Rita de Cássia. *Dívida e Obrigação: as relações de crédito em Minas Gerais, séculos XIX e XX*. 2009. Tese (doutorado em História). Universidade Federal Fluminense/PPGH; MULLER, Elisa. Moedas e Bancos no Rio de Janeiro no século XIX. http://www.ie.ufrj.br/eventos/seminarios/pesquisa/moedas_e_bancos_no_rio_de_janeiro_no_seculo_xix.pdf.

20 A respeito das biografias e dos trabalhos sobre o Visconde de Mauá destacamos: FERREIRA, J. C. de Souza. Visconde de Mauá: esboço biográfico. *Revista do Instituto Histórico e Geográfico Brasileiro, Tomo LXII, Parte II*. Rio de Janeiro: Imprensa Nacional, 1898; FARIA, Alberto de. *Mauá. Irineu Evangelista de Souza, Barão e Visconde de Mauá 1813-1889*. Rio de Janeiro: Pongetti & Cia.,1926.

BESOUSHET, Lídia. *Mauá e seu tempo*, 2ª ed. Rio de Janeiro: Nova Fronteira, 1978 (a primeira edição é de 1943); MAUÁ, Irineu Evangelista de Souza, Visconde de. *Autobiografia: exposição aos credores e ao público*, 2ª ed. Rio de Janeiro: Liv. Ed. Zélio Valverde, 1943 (editado por Claudio Gans); MARCHANT, Anyda. A new portrait of Mauá the banker: a man of business in nineteenth-century Brazil. *The Hispanic American Historical Review*, vol. XXX, nov. 1950, nº 4, p. 411-431; REBELLO, Edgardo de Castro. *Mauá e outros estudos*. Rio de Janeiro: Liv. São José, 1975; CALDEIRA, Jorge. *Mauá: empresário do Império*. São Paulo: Companhia das Letras, 1995. Para uma leitura crítica às biografias sobre o Viconde de Mauá cf. BARMAN, Roderick J. Business and Government in Imperial Brazil: the experiense of Viscount Mauá. *Journal of Latin American Studies*, vol. 13, part 2, November 1981. Cambridge: Cambridge University Press, 1981, p. 39-264;. KUNIOSHI, Márcia Naomi. Mauá e o jogo do ancronismo. *Biblos*, Rio Grande, 16: 157-165, 2004; GUIMARÃES, Carlos Gabriel. Mauá, o homem por trás do Mito. *Revista de História da Biblioteca Nacional*, ano 1, nº 4., outubro 2005, 70-75.

21 Negociante, contratador, traficante de escravos e senhor de engenho, como o engenho de Ubá no Vale do

Carruthers & Cia., cujo sócio principal até 1838, quando retornou para a Inglaterra, era o negociante inglês Richar Carruthses,[22] ex-presidente da Sociedade dos Assinantes da Praça

> Paraíba fluminense, João Rodrigues Pereira de Almeida foi um dos homens de negócios (negociantes de grosso trato) mais poderosos da Praça do Comércio do Rio de Janeiro no período joanino e de D. Pedro I. Foi Cavalheiro da Ordem de Cristo, Comendador da referida ordem, Conselheiro da Real fazenda, título concedido por D. João VI (1821) e Barão de Ubá (1828), título concedido por D. Pedro I. João Rodrigues era filho de um dos grandes negociantes de grosso trato de Lisboa no período da Viradeira, de D. Maria I, José Pereira de Almeida, e sobrinho dos negociantes e proprietários do Engenho de Pau-Grande, os irmãos Antonio Ribeiro Avelar e José Rodrigues da Cruz. No tocante aos negócios e negociantes de Lisboa de Pombal ao Vintismo verificar o trabalho de PEDREIRA, Jorge Miguel V. *Os Homens de Negócio da Praça de Lisboa de Pombal ao Vintismo. Diferenciação, Reprodução e Identificação de um grupo social.* Lisboa, 1995. Tese (doutorado em Sociologia e Economia Históricas). Universidade Nova de Lisboa. Sobre Antonio Ribeiro Avelar verificar MATTOS, *op. cit.*; p. 46; FRAGOSO, João Luiz Ribeiro. *Homens de Grossa Aventura: acumulação e hierarquia na praça mercantil do Rio de Janeiro (1790-1830).* Rio de Janeiro: Arquivo Nacional, 1992, p. 268-271 e 295; OSÓRIO, Helen. Estancieiros, lavradores e comerciantes na constituição da estremadura portuguesa na América. Rio Grande de São Pedro, 1737-1822. Niterói, 1999. Tese (doutorado em História). Universidade Federal Fluminense – PPGH; MIRANDA, Marcia Eckert. A estalagem e o Império: crise do Antigo Regime, Fiscalidade e Fronteira na Província de São Pedro (1808-1831). Campinas, 2006. Tese (doutorado em Economia Aplicada). Unicamp – Instituto de Economia. GUIMARÃES, Carlos Gabriel. O "comércio de carne humana" no Rio de Janeiro: o negócio do tráfico negreiro de João Rodrigues Pereira de Almeida e da firma Joaquim Pereira de Almeida & Cia., 1808-1830 – primeiros esboços. In: RIBEIRO, Alexandre; GEBARA, Alexsander e BITTENCOURT, Marcelo (org.). *África Passado e Presente: II Encontro de Estudos Africanos.* Niterói: PPGH, 2010 (e-book) ISBN: 978-85-63735-01-0.

22 Vindo de Portugal, onde deixou à frente dos negócios em Lisboa seu irmão Guilherme Carruthers, Richard Carruthers chegou no Rio de Janeiro em 22/03/1824 (parou primeiro na Bahia). Atuando como negociante, importando de Lisboa boticas e outros produtos enviados pelo irmão Guilherme, e de Liverpool fios e tecidos de algodão, a partir de 1829, organizou a firma Carruthers & Irmãos e, no final da década de 1830, reorganizou a firma com o nome de Carruthers & Cia. Localizada na Rua da Direita nº 84, essa última firma inglesa estava matriculada com o nº 279, de 05/05/1851 do Tribunal do Comércio, com negócios de comércio de fazendas por atacado, e foi para os biógrafos do Visconde de Mauá, o local onde o jovem Irineu Evangelista de Souza conheceu a "arte dos negócios", passando de caixeiro para sócio. O retorno de Richard Carruthers para a Inglaterra, primeiramente passou em Lisboa em 1837, possibilitou ao futuro Barão, depois Visconde de Mauá administrar os negócios da firma, e entre esses estava o financiamento do tráfico de escravos. A respeito da chegada de Richard Carruthers no RJ cf. AN. Ministério da Justiça e Negócios Interiores. *Registro de Estrangeiros 1823-1830*. Rio de Janeiro: AN, 1961 (Códice 416, vol. 1, fl. 19). Conferir GUIMARÃES, Carlos Gabriel. O comercio inglês no Império brasileiro: a atuação da firma inglesa Carruthers & Cia., 1824-1854. In: CARVALHO, José Murilo (org.). *Nação e cidadania no Império: novos horizontes*. Rio de Janeiro: Civilização Brasileira, 2007, p. 377-394. No tocante à participação inglesa no tráfico negreiro, que conferiu respeito e status ao futuro Visconde de Mauá na Praça do Rio de Janeiro, verificar os trabalhos de CONRAD, Robert Edgar. *Tumbeiros. O tráfico escravista para o Brasil*. Tradução de Elvira Serapicos. São Paulo: Brasiliense, 1985 (Capítulo: *Colaboradores estrangeiros: os britânicos e americanos*) e TAVARES, Luiz Henrique. *O Comércio Proibido de Escravos*. São Paulo: Ática, 1988 (cap. V); BETHELL, Leslie. *A Abolição do comércio brasileiro de escravos*. Tradução de Luís A. P. Sou to Maior. Brasília: Senado Federal/Conselho Editorial,

1846-1847 (atual Associação Comercial do Rio de Janeiro), com negócios no setor manufatureiro, como o estabelecimento de Ponta D'Areia,[23] membro da Comissão Organizadora do Código Comercial e deputado efetivo pelo Partido Liberal (Rio Grande do Sul) de 1857-1867, juntamente com um grupo de capitalistas e negociantes nacionais e estrangeiros[24] da Praça do Comércio do Rio de Janeiro, organizou primeiramente o Banco do Brasil, o terceiro com esse nome, e o segundo a funcionar em 1851, e depois, como decorrência da liquidação desse banco em 1853,[25] fruto da Reforma Bancária do mesmo ano, organizou a Sociedade Bancária Mauá, MacGregor & Cia., em 1854 no Rio de Janeiro.

O Banco Mauá, MacGregor & Cia. como ficou conhecida essa casa bancária, durou doze anos, sendo liquidado em 1866. A criação de tal banco fez com que três questões aparecessem logo de início: Qual foi o objetivo do Visconde de Mauá em organizar um banco, e que tipo de banco foi o Banco Mauá, MacGregor & Cia. Qual foi o significado da criação de tal banco numa sociedade pré-capitalista, como era a sociedade brasileira do Segundo Reinado? Como foi a relação do Banco Mauá, MacGregor & Cia. com o Estado Imperial? Antes de responder as tais perguntas, foi importante analisar a construção do *Mito Mauá*, presente até os dias de hoje, nas Federações da Indústria e nas Associações Comerciais no Brasil, do Pará até o Rio Grande do Sul, para não falar de Montevidéu (Uruguai), onde existe uma Praça com o nome do Mauá, e no Rio de Janeiro, com a Praça Mauá na região portuária.

2002 (caps. VII e VIII); SHERRWOOD, Marika. Britain, the slave trade and slavery, 1807-1843. *Race & Class*, vol. 46 (2), 2004, p. 54-77. Downloaded from http://rac.sagepub.com at CAPES on January 12, 2010; SHERRWOOD, Marika. British Illegal Slave Trade, 1807-1830. *Journal of Eighteenth-Century Studies*, vol. 31, nº 2, 2008, p. 295-305.

23 A respeito do estabelecimento de Ponta D'Areia verificar os trabalhos de OLIVEIRA, Geraldo de Beauclair M. de. *Raízes da Indústria no Brasil: a pré-indústria fluminense 1808/1860*. Rio de Janeiro: Studio F&S Ed., 1992; MOMESSO, Beatriz Piva. *Indústria e Trabalho no século XIX: o Estabelecimento de Fundição e Máquinas de Ponta D'Areia*. Niterói, 2007. Dissertação (mestrado em História). Universidade Federal Fluminense – PPGH.

24 Para compreendermos a palavra negociante, que vem do termo "negociantes de grosso trato", recorremos a seguinte definição proposta por José da Silva Lisboa, o Visconde de Cairu: "São aqueles que empregam grandes fundos em tráficos e manufaturas, pondo em rápido movimento e extensão a indústria nacional, salariando e mantendo muitas pessoas, e assim indireta mais eficazmente promovendo a agricultura, original fonte de riquezas nacionais (...). São os que fazem comércio da especulação, bancos e seguros. Precisam de grande penetração, sagacidade e inteligência teórica e prática, para bem calcularem as circunstâncias vantajosas aos negócios que projetam". LISBOA, José da Silva. *Princípios de Direito Mercantil e leis de Marinha*. Rio de Janeiro: Typ. Acadêmica, 1874, p. 511. No tocante à palavra capitalista, utilizamos o seu significado na época, ou seja, pessoa "que tem grandes cabedaes, e dinheiro para suas negociações e meneyo". SILVA, Antonio de Moraes. *Diccionário da Lingua Portugueza*. Tomo I A-E, 4ª ed. Rio de Janeiro: Impresão Régia, 1831, p. 336

25 A respeito da criação do quarto Banco do Brasil, o banco do brasil criado pelos Saquaremas sob a direção do Visconde de Itaboraí, cf. GAMBI, Thiago F. Rosado. *O banco da Ordem: política e finanças no Império Brasileiro (1853-1866)*. 2010. Tese (doutorado em História Econômica). Universidade de São Paulo/FFLCH.

O MITO POLÍTICO MAUÁ

A palavra *mito* tem estado associada a diversas formas como:

> a) Associada a *narrativa*, narrativa que se refere ao passado; mas que conserva no presente um valor eminentemente explicativo, na medida que esclarece e justifica certas peripécias do destino do homem ou certas formas de organização social (...);
> b) confundida com o de *mistificação*: ilusão, fantasma ou camuflagem; o mito altera os dados da observação experimental e contradiz as regras do raciocínio lógico;
> c) apreendido em sua função de *animação criadora*: (...) apelo ao movimento, incitação à ação e aparece em definitivo como um estimulador de energia de excepcional potência.[26]

Norberto Bobbio, no Dicionário de Política, ao tratar do significado do mito na Ciência Política, enfatizou a relação entre *mito* e *mito político*. Para o autor, a qualificação "*político*" na expressão mito político não pode ser esquecida, pois

> esta expressão não indica apenas que o mito político é, na época moderna, instrumento de *alocação de poder*, porque também os mitos primitivos, regulando a organização social, regulam também o poder. Trata-se antes de distinguir entre sociedades em que o poder está em relação de completa interdependência com as outras funções e instituições sociais – relações matrimoniais e familiares, crenças e ritos religiosos, relações econômicas, técnicas e etc. – e sociedades em que o poder é pelo menos parcialmente independente e gerenciável como tal. Neste segundo caso, cuja origem histórica se faz normalmente remontar às civilizações clássicas europeias, o *poder* é uma variável flexível numa estrutura social cada vez mais aberta, podendo ser usada para modificá-la total ou parcialmente, ou para mudar num breve período as pessoas dentro das funções sem seguir normas tradicionais. A este tipo de poder, "*político*", se liga o *mito político*, baseando-lhe os conteúdos e finalidades num relacionamento ainda não esclarecido, mas contínuo e íntimo à análise e à ação racionalmente orientada para fins

---

26 GIRARDET, Raoul. *Mitos e Mitologias Políticas*. Tradução de Maria Lucia Machado. São Paulo: Companhia das Letras, 1987, p. 12-13.

concretos; além disso, ele sustenta o poder político criando ao seu redor o *consenso* necessário (...).²⁷

A partir da citação de Norberto Bobbio, e relacionando-a com os vários significados que a palavra mito apareceu, percebemos que o *mito político* estava, e está, presente na vida política, na medida em que esta atividade racional, dirigida para objetivos concretos, e a atividade simbólica sobrepõem-se continuamente.²⁸

Portanto, o surgimento do mito político Mauá na sociedade brasileira está relacionado não só com o aparecimento da política como função central da sociedade, a partir do processo de formação do Estado Nacional brasileiro, que começou no século XIX, como também instrumento de consenso e legitimação da própria política, principalmente em períodos de crises no período republicano. Crise, como a da década de 1920, com a crise da "República Velha" e o esgotamento do modelo agrário-exportador; crise, como também no início da década de 1940, com a crise do "Estado Novo"; e crise como a da década de 1980, a "década perdida" para alguns historiadores, sociólogos e economistas, com o "esgotamento" do modelo nacional desenvolvimentista dos anos de 1950/1970, e a implementação do projeto "neoliberal" no governo Color, consolidado pelos governos de Fernando Henrique Cardoso e Luiz Inácio Lulada Silva.²⁹

Portanto, a partir da análise política, podemos compreender o uso do *mito Mauá* na *História Política* do Brasil, tanto por uma "historiografia liberal", como foram os trabalhos biográficos de Alberto de Faria (1926), Lidia Besouchet (1943) e Jorge Caldeira (1995),³⁰ que usando conceitos como *empresário saint-simoniano*, ou *burguês*, ou *empresário-empreendedor*, viram no Visconde de Mauá um símbolo de uma modernidade, entendida esta como precursora do liberalismo, da atividade industrial e do capitalismo no Brasil, e que foi impedido de atuar como empreendedor por um Estado Imperial atrasado (agrícola e escravista), opressor e autoritário; quanto por uma "historiografia de esquerda e nacionalista", como os trabalhos de Heitor Ferreira Lima e Caio Prado Jr,³¹ que viram no Visconde de Mauá um *industrial*

---

27 BOBBIO, Norberto *et al. Dicionário de Política.* Brasília: UnB, 1986, p. 759-760.
28 EDELMAN, Murray. *The Symbolic use of polities,* 1964. In: *ibidem,* p. 759.
29 O presidente Fernando Henrique respondeu aos críticos, chamando-os de "neobobos".
30 Conferir os autores e títulos na nota 16.
31 Caio Prado Jr, seja no livro História Econômica do Brasil, seja na Evolução Política do Brasil, denomina os liberais do século XIX de *burgueses progressistas*. O Visconde de Mauá, além de industrial, era deputado pelo Partido Liberal. Sobre estas obras cf. PRADO JR., Caio Prado. *História Econômica do Brasil,* 23ª ed. São Paulo: Brasiliense, 1980. Idem. *Evolução Política do Brasil. Colônia e Império,* 16ª ed. São Paulo: Brasiliense,

nacionalista, que não tendo o apoio do Estado Imperial, defensor do latifúndio-expotador e associado ao imperialismo, no caso o capital inglês, teve seu projeto arruinado.[32]

Por influência desta última visão sobre o Visconde de Mauá, na maioria dos livros Didáticos de História do Brasil dos atuais ensinos fundamental e médio, quando se trata da economia brasileira do século XIX, enfatiza no "*primeiro surto industrial*" verificado no Brasil na segunda metade do mesmo século, mais especificadamente no período 1850-1875, graças ao "*industrial nacionalista*" Irineu Evangelista de Souza, o Visconde de Mauá. O "Imperialismo" inglês e a falta de apoio de um Estado subordinado aos interesses dos barões do café fizeram com que o "industrial" Mauá falisse com a crise econômica de 1875 e, com isto, chegara ao fim a *Era Mauá*. Nada se falou da ligação do Visconde de Mauá com os ingleses, muito menos da sua ligação, como diretor da firma inglesa, com traficantes de escravos como Manuel Pinto da Fonseca,[33] como também com o próprio Estado Imperial, com suas ligações de amizade e de negócios com membros dos partidos Conservador e Liberal.

OS BANCOS E A HISTORIOGRAFIA ECONÔMICA

o estudo dos bancos e das operações bancárias constituiu-se num importante objeto das pesquisas históricas. Esta forma de organização, cuja origem histórica estava relacionada com a própria moeda, sobretudo quando essa passou a ser negociada em cima de banco de madeira nas feiras, daí a origem da expressão banco nos mercados da Antiguidade, na História Econômica esteve associado com a gênese e o desenvolvimento do capitalismo.

A questão envolvendo os bancos e sua relação com o processo industrial constitui-se num dos grandes debates na historiografia, principalmente no que toca ao *tipo* de banco que proporcionou crédito para a atividade industrial. Autores como Rondo Cameron, baseado na teoria e nos conceitos propostos por Joseph Alois Schumpeter,[34] destacou o papel dos

---

1988. LIMA, Heitor Ferreira. *3 industrialistas brasileiros: Mauá, Rui Barbosa e Roberto Simonsen*. São Paulo: Alfa-Ômega, 1976.

32 É interessante constatar que tal visão encontra-se na Historiografia Econômica brasileira, influenciada pela CEPAL e pela Teoria da Dependência.

33 A respeito do traficante Manoel Pinto da Fonseca cf. cap. 3.

34 O *capitalista*, que para Schumpeter é o *banqueiro*, desempenha um papel fundamental para o desenvolvimento econômico (capitalismo), que é o de fornecer o crédito para o *empreendedor*. Como o próprio Schumpeter afirma, sua "função essencial consiste em habilitar o empresário (o empreendedor) a retirar de seus empregos anteriores os bens de produção de que precisa, ativando uma demanda por eles, e com isso forçar o sistema econômico para dentro de novos canais". Essas combinações, ou inovações realizadas pelo empresário, são responsáveis pela expansão da economia, pelo desenvolvimento econômico. Cf. SCHUMPETER, Joseph Alois.

bancos nos primórdios da industrialização dos países capitalistas desenvolvidos. Utilizando o método comparativo – a "história econômica comparativa" – Rondo Cameron pesquisou e coordenou uma série de estudos sobre o papel desempenhado pelos bancos nos primórdios da industrialização de países como Inglaterra, França, Bélgica, Rússia, Alemanha e Japão.³⁵ Ao final desse trabalho, Cameron chegou à conclusão de que um dos traços mais característicos no início da industrialização desses países estava na relação existente entre as instituições financeiras e bancárias e a atividade industrial. Enfatizando a *liberdade* e a *competição*, como condições fundamentais para as atuações dos bancos nos primórdios da industrialização, Rondo Cameron destacou o seguinte a respeito das formas de atuação dessas instituições para a industrialização:

> Em primeiro lugar, as instituições financeiras servem como *intermediários* (grifo nosso) entre poupadores e investidores (…); em segundo lugar as instituições financeiras podem proporcionar parte ou todos os *meios de pagamento* (grifo nosso) (…); e finalmente podem proporcionar *iniciativa e especulação* (grifo nosso), assim como *financiamento* (grifo nosso) para a criação, transformação e expansão das empresas industriais.³⁶

Outro autor que ressaltou o papel do sistema bancário para a industrialização foi Alexander Gerschenkron. Utilizando também o método comparativo no seu trabalho, Gerschenkron chegou à conclusão de que dependendo do *grau do atraso* de um determinado país, certas condicionantes como os *bancos*, o *Estado* e a *ideologia* foram fundamentais para promoverem a industrialização.³⁷ Embora não enfatize como Cameron fez acerca da liberdade de atuação dos

---

Teoria do Desenvolvimento Econômico: uma investigação sobre lucro, capital, crédito, juro e o ciclo econômico, 3ª ed. São Paulo: Nova Cultural, 1988, p. 74.

35 CAMERON, Rondo. *La banca en las etapas de la industrializacion*. Madri: Ed. Tecnos,1974.

36 *Ibidem*, p. 23-24.

37 Para Alexander Gerschenkron, a ideologia saint-simoniana foi fundamental para compreender o "espírito empreendedor" dos irmãos Pereire, judeus de origem portuguesa, fundadores do Banco Credit Mobilier. É importante destacar que tal ideologia está ligada a um dos pensadores mais importante da virada do século XVIII para o XIX, o conde francês Claude Henri de Rouvroy, Conde de Saint Simon. Este pensador, que juntamente com Charles Fourier e Pierre Joseph Proudon ficaram conhecidos na história do pensamento político social como os "*socialistas utópicos*", propôs uma nova sociedade de produtores onde a principal atividade era a Indústria – vide suas obras L'Industrie, 1816, Catéchismo des Industriels, 1823, e Le Noveau Christianisme, 1824 – em oposição a velha ordem do Antigo Regime. Nessa nova sociedade, o banqueiro era visto como um produtor. É bom lembrar que as palavras banco e banqueiro não eram bem vistas na França do século XVIII e no início do XIX, em virtude da crise financeira provocada pela quebra do banqueiro

bancos como condição para a industrialização, Gerschenkron destacou o papel desempenhado por um novo tipo de banco, diferente dos bancos existentes na Europa, como agente promotor do desenvolvimento industrial: o *banco de investimento* (*banque d'affaire*).

O marco para Gerschenkron nas atividades bancárias da Europa veio com a criação do *Banco Credit Mobilier*. Organizado pelos irmãos Émile e Isaac Pereire, judeus serfaditas de origem portuguesa, na França de Napoleão III, o banco privilegiou os investimentos de longo prazo e o risco, significando para Gerschenkron uma "revolução" no sistema bancário, pois fez com que a "velha riqueza" bancária francesa, como os Rothschild, modificasse sua forma de atuação. Dos empréstimos seguros para países e para a atividade comercial, os bancos e banqueiros particulares franceses, esses últimos também conhecidos como *haute banques*, passaram também a correr riscos, em virtude da agressividade do banco dos Pereire. A curta experiência do Credit Mobilier (1852-1867) foi para o autor uma experiência muito importante para o surgimento dos *bancos universais* alemães. Conhecidos também como *bancos mistos*, por investirem tanto na atividade comercial (curto prazo), quanto na atividade industrial (longo prazo), esses bancos foram muito importantes para o desenvolvimento industrial alemão, participando do conselho de administração de muitas empresas industriais alemães.[38]

A história da atuação do Credit Mobilier gerou uma controvérsia dentro da historiografia econômica. Charles Kindleberger discordou da relevância dada por Gerschenkron ao banco dos irmãos Pereire. Para ele, a atuação do banco francês não significou uma ruptura com o sistema bancário da época, na medida em que esse banco

> seguiu com suas finanças normais, com bancos privados para o capital circulante e autofinanciando o capital fixo. Em grande parte, colocou

---

mercador escocês John Law, e que para muitos foi o principal responsável pela grave crise financeira do Estado francês, que culminou com a Revolução Francesa. A experiência francesa desse escocês, que atuou na França na primeira metade do século XVIII, participando ativamente da vida pública e organizando o Banco General, o Banco Royal e as Companhias Comerciais da Lousiana e Mississipi, entre outros negócios, permitiu compreender porque a palavra banco durante um bom tempo ficou marginalizada, um caso clássico de memória financeira coletiva. Cf. GERSCHENKRON, Alexander. *El Atraso Economico en su perspectiva historica*. Barcelona: Ed. Ariel, 1968. Sobre John Law verificar KINDLEBERGER, Charles P. *Historia Financiera de Europa*. Barcelona: Ed. Critica, 1988, p. 131-134.

38 GERSCHENKRON, *op. cit.*, p. 22 23. Uma visão mais recente acerca dos bancos universais alemães está nos seguintes trabalhos: EDWARDS, Jeremy and OGILVIE, Sheilag. *Universal banks and German industrialization: a reappraisal*. Economic History Review, XLIX, 3(1996), p. 427-446; ZIEGLER, Dieter. *The influence of banking on the rise and expansion of industrial capitalism in germany*. In: TEICHOVA, Alice, Van Hentenryk, Ginette Kurgan, and ZIEGLER, Dieter (ed.). *Banking, trade and industry: Europe, America and Asia from the thirteenth to the twentieth century*. Cambridge: Cambridge University Press, 1997, p. 131-156.

o seu dinheiro nas obras públicas (...) e hipotecas. As inversões iniciais se realizaram em estradas de ferro, bancos e, mais tarde, em portos e empresas de abastecimento de água e gás. Não investiram de forma notável em *manufaturas*.[39]

É interessante destacar a visão de Karl Marx sobre o banco dos Pereire. Comentando sobre a lucratividade e a desproporção ente o capital do banco e as atividades financeiras do mesmo, Marx chamou a atenção para o seu papel de intermediação financeira e da relação política do banco com o período bonapartista de Luiz Bonaparte. Segundo Marx, o banco constituiu-se num "representative office", e enfatizou:

> The exceptional character of its profits results from the enormous disproportion between its capital and its operations. That disproportion, so far from being merely transient, forms, in fact, the organic law of its existence. The Crédit Mobilier pretends to be neither a banking nor an industrial company, but rather the representative, on anational scale if possible, of other banking and industrial companies. The originality of its conception is founded on this *representative office (grifo nosso)*. Its operations purport, therefore, to be circumscribed, not by its own capital and the usual credit derived from it, but solely by the vastness of the interests it actually represents or attempts to represent. (...) Instead of obstructing speculation, Napoleon III., with all his "*exalted wisdom*," as Mr. Péreire calls it (grifo nosso), had only withdrawn a great part of it from the control of his pet concern.[40]

A questão acerca do papel dos bancos nos primórdios da industrialização de alguns países europeus foi reforçada por Jean Bouvier. Constituindo-se num dos maiores especialista da história bancária francesa, seu trabalho sobre o Crédit Lyonnais constituiu-se

---

39 KINDLEBERGER, *op. cit.*, p. 149. David Landes, outro autor com larga contribuição na história econômica, teve a mesma opinião de Kindleberger. Para Landes, os negócios dos irmãos Pereire não romperam com a velha técnica dos negócios na França da primeira metade do século XIX. LANDES, David. *Vieille banque et banque nouvelle: la Révolution financière du XIXe siècle. Revue d'Histoire Moderne et Contemporaine*, III, p. 204-222. In: FHOLEN, Claude. *Entrepeneurship and Management in France in the Nineteenth Century. The Cambridge History Economic of Europe*, vol. VII, part 1, p. 371.

40 MARX, Karl. Credit Mobiler. http://www.marxists.org/archive/marx/works/cw/volume15/index.htm. (foi primeiramente publicado no New-York Daily Tribune/, Nos. 5027 and 5028, May 30 and June 1, 1857).

num marco da historiografia econômica,[41] Bouvier, ao contrário de Gerschenkron, destacou o papel dos bancos comerciais e dos banqueiros privados no início da industrialização francesa. Mesmo concordando com a tese de que tais bancos e banqueiros privilegiaram principalmente a atividade comercial, o autor ressaltou que esses agentes foram importantes, principalmente na organização do sistema do crédito para o início da industrialização. Segundo ele,

> os bancos e os banqueiros privados das primeiras épocas dos bancos contemporâneos não se acham de modo algum ausentes da revolução industrial balbuciante. Eles subministraram a numerosos industriais uma parte do seu capital circulante e inclusive chegaram de maneiras diversas a compromissos de longo prazo, ao menos em alguns ramos industriais; a própria organização do sistema de crédito em seu conjunto, tendente através de seus próprios progressos a um "esboço de centralização do mercado do dinheiro", proporcionando o aumento do volume de capitais disponíveis a curto prazo para a indústria; e por mecanismos diversos, também a longo prazo (...).[42]

A importância dos bancos para o desenvolvimento industrial foi rediscutida pela "nova" historiografia econômica inglesa, associada à *Business History*. Embora historiadores ingleses como T. S. Ashton, J. Claphan, Peter Mathias, Eric J. Hobsbawm e outros[43] ressaltaram o papel dos comerciantes e dos bancos ingleses nos primórdios da Revolução Industrial Inglesa, somente através dos novos estudos, tais agentes e instituições constituíram-se em objetos de pesquisa para a compreensão do capitalismo inglês.[44] Nesta nova

---

41 BOUVIER, Jean. *Le Crédit Lyonnais de 1863 à 1883, les années de formation d'une banque de dépots*, 2 vols. Paris: SEVPEN, 1961.

42 BOUVIER, Jean. Relaciones entre sistemas bancarios y empresas industriales en el crecimiento europeu del siglo XIX. In: VILAR, Pierre et al. *La Industrialización Europea. Estadios y tipos*. Barcelona: Ed. Crítica, 1981, p. 146.

43 ASHTON, T. S. *A Revolução Industrial 1760-1830*, 5ª ed. Portugal: Publicação Europa-América, s.d. (Coleção Saber nº 92); CLAPHAN, J. *The Bank of England: A History*. Cambridge, 1944; MATHIAS, Peter. *A primeira nação industrial. Uma história econômica da Inglaterra 1700-1914*. Lisboa: Assírio e Alvim, 1969; HOBSBAWM, Eric J. *Da Revolução Industrial Inglesa ao Imperialismo*, 3ª ed. Tradução de Donaldson Magalhães Garschagen. Rio de Janeiro: Forense Universitária, 1983.

44 Uma síntese acerca da relação bancos e industrialização britânica está em COLLINS, Michael. *Banks and Industrial Finance in Britain, 1800-1939*. Cambridge: Cambridge University Press, 1995. (New studies in Economis and Social History).

corrente destacamos, por exemplo, os trabalhos de Stanley D. Chapman e Youssef Cassis.[45] Estes autores, tendo como objetos de pesquisa os bancos e os "banqueiros privados", no caso de Chapman, os bancos mercantis ingleses no século XIX, como o N. M. Rothschild & Son e o Bahring Bros & Cia., e o de Cassis, sobre os City Bankers ingleses no último quarto do século XIX e início do século XX,[46] trouxeram novos dados para compreender a organização e forma de atuação dos bancos ingleses. Embora discordassem em alguns pontos, principalmente no que se refere aos "city bankers" e a formação de uma *aristocracia financeira*[47] na City de Londres, esses trabalhos reforçaram a tese de Rondo Cameron de que os bancos e banqueiros ingleses não estiveram ausentes da industrialização inglesa.

O papel dos bancos e do crédito bancário para o desenvolvimento do capitalismo foi ressaltado por Karl Marx em meados do século XIX. Embora muitos autores trataram desse assunto no mesmo período, a relevância da análise de Marx estava no que Schumpeter chamou de fazer uma "química" entre a análise histórica e a economia.[48] Resgatando a *pers-*

---

45   CHAPMAN, Stanley D. *The Rise of Merchant Banking*. England: Gregg Revivals, 1992; *Idem. Merchant Enterprise in Britain. From Industrial Revolution to World War I*. Cambridge: Cambridge University Press, 1992; CASSIS, Youssef. *City Bankers 1890-1914*. Cambridge: Cambridge University Press, 1994.

46   Sinteticamente, no tocante as diferenças entre esses tipos de bancos que existiam na City, na segunda metade do século XIX, as principais dizem respeito a área (geografia-espaço) de atuação, a forma de organização da sociedade e a permissão de participarem da Clearing House (Câmara de Compensação). No tocante a área de atuação, enquanto os private banks, os merchant banks e os joint stock banks (public banks) atuavam predominantemente na City, com ligações com bancos provinciais, casas de aceite, e até mesmo tendo filiais em outras regiões da Grã-Bretanha, os overseas banks (colonial banks), como o próprio nome deixava claro, atuavam fora da Grã-Bretanha com filiais nos domínios britânicos, e até mesmo em outros países como foi o caso do London and Brazilian Bank, que tinha filiais no Rio de Janeiro (Brasil), Porto e Lisboa (Portugal) – sobre esse banco trataremos no capítulo IV. Quanto a participação da Câmara de Compensação, até 1854, somente os private banks, que eram bancos de depósitos e descontos participavam. Somente depois dessa data, foi que os joint stock banks, também bancos de depósitos e descontos, tiveram permissão para participarem da Câmara, o que para muitos já significava um declínio dos private banks na City. Por fim, no tocante a organização da sociedade, o private bank era uma sociedade de responsabilidade ilimitada, e composto de no máximo seis sócios. Os merchant banks tinham uma organização semelhante aos private banks, e como lembra Cassis, era difícil uma distinção entre esses dois tipos de bancos, já que a figura do banqueiro era forte em ambos. Os joint stock banks foram criados a partir das leis de 1826 e 1836, que permitiram a organização dos bancos como sociedades anônimas. Os overseas banks eram também sociedades anônimas.
Além dos trabalhos já citados destacamos uma fonte primária preciosa acerca do sistema bancário inglês, e que foi traduzida para o português. Trata-se de GILBART, James William. *Tractado Practico dos Bancos*. Traduzido por Luiz Joaquim de Oliveira de Castro. 3 Tomos. Rio de Janeiro: Livraria de B. L. Garnier, 1859.

47   A respeito do debate, conferir CASSIS, *op. cit.*, p. 4

48   SCHUMPETER, Joseph Alois. *História das Análise Econômica. Parte III, de 1790 a 1870*. Brasil/Portugal: Ed. Fundo de Cultura, 1964.

pectiva histórica, ao contrário dos economistas-políticos da sua época, Marx afirmou que a *moeda é uma relação social de produção* e como tal, *fonte de poder, poder político*. A análise de Marx, de certa forma antecipou a leitura de Talcott Parson, quando este sociólogo americano destacou que o *poder político da moeda* estava "identificado como função específica do sistema político no âmbito do funcionamento global da sociedade a "consecução de objetivos" ou a capacidade de tornar efetivos os objetivos coletivos". É importante ressaltar que Parsons definiu o poder, no sentido específico de poder político, "como a capacidade geral de assegurar o cumprimento das obrigações pertinentes dentro de um sistema de organização coletiva em que as obrigações são legitimadas pela sua coessenciabilidade aos fins coletivos (...)".[49] Portanto o poder político da moeda está ancorado pela sua institucionalização e na sua autoridade simbólica.[50]

Esta relação entre a moeda e poder, significou dizer que na história monetária, foi preciso distinguir e situar historicamente as diversas formas da moeda (dinheiro) e seu detentor, a saber: o *prestamista individual*, o *Estado* ou o *banco*. Justamente ligado a esses detentores, Marx distinguiu as moedas em *moeda privada*, o *papel moeda de Estado* e a *moeda de crédito*.[51]

O conceito de moeda proposto por Marx foi distinto da visão de contemporâneos e predecessores como David Ricardo, cujas ideias influenciaram a *Escola das Contrapartidas Metálicas* (*Currency Principle*) e a *Teoria Quantitativa da Moeda*, quanto da visão de Took e Fullarton, da *Escola dos Princípios Bancários* (*Banking Principle*).[52] Embora concordasse com

---

49 BOBBIO, Norberto, MATTEUCCI, Nicola e PASQUINO, Gianfranco. *Dicionário de Política*. Tradução de Luís Guerreiro Pinto Cascais, João Ferreira, Carmem C. Varriale e outros. Brasília: Ed. da UnB, 1986, p. 941. (verbete *Poder*).

50 A respeito da dimensão simbólica da moeda conferir THERÉT, Bruno. "Os três estados da moeda. Abordagem interdisciplinar do fato monetário". *Economia e Sociedade*, Campinas, vol. 17, nº 1 (32), p. 1-28, abr. 2008. http://www.scielo.br/pdf/ecos/v17n1/a01v17n1.pdf

51 Não existe uma teoria monetária explícita em Marx, pois, como ele coloca no segundo capítulo, do livro I, do Capital, "a principal dificuldade da análise do dinheiro é vencida quando se compreende que o dinheiro tem origem na própria mercadoria". Portanto, a partir do estudo do movimento do capital, está presente a questão da moeda. A respeito da visão marxista sobre a moeda, uma síntese está no trabalho de BRUNHOFF, Suzanne. *A moeda em Marx*. Tradução de Aloisio Teixeira. Rio de Janeiro: Paz e Terra, 1978. A respeito das demais teorias sobre a Moeda conferir a síntese em SILVA, Maria Luiza Falcão da (org.). *Moeda e Produção: teorias comparadas*. Brasília, DF: Ed. da UnB, 1992.

52 A Escola das Contrapartidas Metálicas defendia a tese de que a regulamentação da emissão do fluxo de dinheiro, deveria corresponder a uma *contrapartida metálica (no caso, o ouro)*, e assim manter um equilíbrio automático da emissão de papel-moeda com o movimento de entrada e saída de ouro. Já a Escola Bancária argumentava que, como o papel-moeda era conversível em ouro, não havia necessidade de

essa última escola em muitos pontos, principalmente na questão que envolveu o bilhete de banco conversível,[53] ao relacionar o aparecimento da moeda de crédito com o modo de produção capitalista, Marx distinguiu essa forma de moeda, da noção geral válida para toda produção mercantil.[54]

Tal distinção, que diferencia a moeda emitida por um prestamista individual, da moeda de crédito bancário, também conhecida como *moeda bancária, escritural* ou *indivisível*, só foi possível para Marx, através do estudo do capital e de suas formas de reprodução. Distinguindo as formas do capital que apareceu no período pré-capitalista, o *capital usurário* (capital que produz juros) e o *capital comercial*, das formas propriamente capitalistas, o *capital industrial* e *financeiro*,[55] Marx percebeu que somente com o aparecimento do modo de produção capitalista, a moeda e as operações e práticas mercantis do capital usurário e do comercial tenderam a se deslocar para um plano secundário. Entretanto, como ele mesmo enfatizou, tal deslocamento não significou a eliminação dessas formas de capital da vida econômica, pois elas continuaram a permanecer em empréstimos onde não se pode efetuar sob moldes capitalista. Recorrendo ao próprio autor, esse afirmou o seguinte a respeito do capital usurário:

> regulamentar sua emissão na medida que a conversibilidade preveniria qualquer problema de superemissão, e as necessidades do comércio regulariam automaticamente o volume de papel-moeda emitido. Para essa escola, a demanda de papel-moeda seria atendida pela expansão dos *depósitos bancários*, que teria o mesmo efeito que a emissão de papel-moeda. O debate entre essas "escolas" estava intimamente ligada a que orientação deveria seguir a política monetária da Grã Bretanha, e que culminou com a Lei de Peel de 1844, que não só reafirmou o padrão-ouro, como também tornou o Banco da Inglaterra, um Banco Central. A respeito dessa controvérsia entre a Escola Bancária e a Escola Metálica verificar os trabalhos de VILAR, Pierre. *Ouro e Moeda na História 1450-1920*. Rio de Janeiro: Paz e Terra, 1980. (cap. XXXV e XXXVII); SCHUMPETER, *op. cit.*, p. 385-458 (cap. 7).

53 BRUNHOFF, *op. cit.*, p. 83-90.

54 A diferenciação proposta por Marx entre moeda e crédito, influenciou Rudolf Hilferding na sua obra mais importante sobre o Capital Financeiro. O trabalho de Hilferding, por sua vez, influenciou o trabalho de um ex-aluno seu, Joseph Alois Schumpeter. Cf. MARX, Karl. *O Capital. Crítica da Economia Política, vol. III, Livro Terceiro, tomo I*, 2ª ed. São Paulo: Nova Cultural, 1986. (Cap. XXV, "Crédito e Capital Fictício"); HILFERDING, Rudolf. *O Capital Financeiro*. Introdução de Tom Bottomore, Tradução de Reinaldo Mestrinel, 2ª ed. São Paulo: Nova Cultural, 1985. (Os Economistas).

55 O capital usurário e o comercial como predecessores e antediluvianos do capital industrial fica claro na seguinte passagem: "O capital portador de juros, ou como podemos denominá-lo em sua forma antiga, o capital usurário, pertence, com seu irmão gêmeo, o capital comercial, às formas antediluvianas do capital que por longo tempo precedem o modo de produção capitalista e se encontram nas mais diversas formações econômicas da sociedade". MARX, Karl. *O Capital. Crítica da Economia Política*, vol. III, Livro Terceiro, Tomo II, 2ª ed. São Paulo: Nova Cultural, 1985, p. 107.

O capital portador de juros no moderno sistema de crédito adapta-se às condições da produção capitalista. A usura como tal não apenas subsiste nos povos de produção capitalista desenvolvida, mas ainda é liberada das barreiras que lhe opunha toda a legislação mais antiga. O capital portador de juros mantém a forma de capital usurário em face de pessoas e classes ou em condições nas quais os empréstimos não se efetuam ou não se podem efetuar no sentido do modo de produção capitalista (...).[56]

O capital de empréstimos, ao criar novos instrumentos de crédito, passou a ser gerido pelas instituições bancárias que substituíram o prestamista individual.[57] Essa passagem, que surgiu com a organização dos *bancos comerciais ingleses (joint stock banks)* da década de 1820, significou para Marx a tendência da concentração do crédito nos bancos, e fez com que aparecessem novos meios de pagamento, como por exemplo o *cheque bancário*, de tal forma que o desenvolvimento do sistema bancário passou a ter uma dupla função: *ampliar o capital de empréstimo e os meios de pagamento disponíveis*. É justamente na multiplicação dos meios de pagamento que Marx chegou à conclusão de que o *crédito* constituiu-se num *capital fictício*, pois substituiu o dinheiro na circulação e na transferência de valor, e que o sistema bancário, "é, pela organização formal e pela centralização (...) o produto mais artificial e refinado a que pode chegar o modo de produção capitalista.[58]

A explicação de Marx sobre o surgimento da moeda bancária foi importante para desmitificar a ideia de que o seu desenvolvimento "ocorreu de forma acidental".[59] Não compreendendo o processo histórico ficou difícil analisar a relação entre os bancos comerciais, os depósitos bancários e a expansão dos meios de pagamento com o modo de produção capitalista. Mário Henrique Simonsen, ao tratar do aparecimento da moeda escritural e da

---

56 *Ibidem*, p. 111.
57 "Em lugar de os capitalistas individuais (entendido aqui como aqueles que têm dinheiro) concederem crédito uns aos outros e incorrerem nos custos da coleta e nos riscos da perda inerentes às transações de crédito, eles podem todos conceder crédito a um banco sob a forma de depósitos e obter crédito do banco na medida que dele necessitem, sob a forma de empréstimo". MARX, *op. cit.*, p. 301-303. A respeito de capital fictício e crédito, verificar também BOTTOMORE, Tom (ed.). *Dicionário do Pensamento Marxista*. Rio de Janeiro: Zahar, 1988, p. 81.
58 MARX, *op. cit.*, p. 116.
59 LOPES, João do Carmo e ROSSETI, José Paschoal. *Economia Monetária*, 6ª ed., ampliada e atualizada. São Paulo: Ed. Atlas, 1996, p. 33.

expansão dos meios de pagamento, em virtude do efeito multiplicador dos depósitos bancários, chegou à mesma conclusão de Marx 120 anos depois, quando afirmou:

> O fenômeno mais importante associado ao desenvolvimento da moeda escritural consiste na multiplicação dos meios de pagamento através dos bancos comerciais. No momento em que os bancos observaram que, por uma questão de cálculo de probabilidade, ser possível emprestar parte dos depósitos a vista recebidos, pois era altamente improvável que todos os depositantes sacassem seus fundos ao mesmo tempo, começou a surgir esse fenômeno da multiplicação. Os bancos passaram a ter encaixe bem inferiores a seus depósitos e, com isso, os meios de pagamento tornaram-se várias vezes superiores ao saldo do papel-moeda emitido. Isso porque no momento em que um banco concede um empréstimo com base em seus depósitos a vista, o dinheiro passa a pertencer ao mutuário, sem que o depositante perca o direito de sacar seus fundos a qualquer momento. O mecanismo repete-se, pois as pessoas que recebem o empréstimo de um banco, ou que com eles são pagas, acabam depositando seus empréstimos, e assim por diante. No final, o volume de meios de pagamento torna-se várias vezes superior ao saldo do papel-moeda emitido.[60]

A HISTORIOGRAFIA ECONÔMICA BRASILEIRA E OS BANCOS

O estudo dos bancos e da atividade bancária no Brasil não se constituiu num objeto recente. Bernardo de Souza Franco, futuro Visconde de Souza Franco, que desempenhou importante papel nos debates acerca da política econômica do Segundo Reinado, em 1848, fez um estudo pormenorizado dos bancos existentes no Brasil, constituindo-se numa obra de referência sobre os bancos comerciais existentes no período.[61]

Outro contemporâneo de Bernardo de Souza Franco, que estudou os bancos brasileiros foi Sebastião Ferreira Soares. No seu livro *Notas Estatísticas* de 1860, Ferreira Soares preocupado com uma das questões mais comuns no século XIX, a relação entre o comércio de abastecimento e as crises comerciais, analisou a atuação dos bancos, e chegou à conclusão

---

60 SIMONSEN, Mário Henrique. *Dinâmica Macroeconômica*. São Paulo: McGraw Hill do Brasil, 1983, p. 33.
61 O papel de Souza Franco ficará mais claro nos capítulos 1 e 3. Cf. FRANCO, Bernardo de Souza. *Os Bancos do Brasil: sua história, defeitos de organização atual e reforma no sistema bancário*, 2ª ed. Brasília: Ed. UnB, 1984 (a primeira edição foi de 1848).

de que os bancos possibilitaram não só o desenvolvimento do crédito, como também foram os responsáveis pela crise comercial de 1857 no Rio de Janeiro.[62]

Ainda no século XIX, mais especificadamente, no início da primeira República, autores como João Pandiá Calógeras e Amaro Cavalcanti, preocupados com a questão da moeda e sua relação com a taxa de câmbio, estudaram o comportamento dos bancos durante o Império. Esses autores, que tiveram participação ativa na vida política tanto no Império, quanto na Primeira República, ambos foram ministros nessa última, divergiram no tocante ao papel dos bancos. Pandiá Calógeras,[63] defensor da corrente *metalista* (Escola das Contrapartidas Metálicas), culpou os bancos comerciais brasileiros pelas crises monetárias que a economia brasileira passou no século XIX. Já Amaro Cavalcanti,[64] defensor do *papelismo* (Escola Bancária), creditou aos bancos comerciais um papel muito importante na economia, principalmente na organização do crédito, que até então era bastante limitado em virtude da política monetária conservadora do Império.

O grande salto da historiografia econômica brasileira, tendo os bancos como objetos de pesquisa, ocorreu a partir das décadas de 1960-1970. Acompanhando uma tendência na história econômica, com maior refinamento teórico e também com preocupações metodológicas, a influência da *New Economic History* (NHE) americana foi bastante forte,[65] alguns

---

62 SOARES, Sebastião Ferreira. *Notas Estatísticas sobre a produção agrícola e carestia dos gêneros alimentícios no Império do Brasil*, 2ª ed. Rio de Janeiro: IPEA/INPEC, 1977. (a primeira edição foi de 1860).

63 CALÓGERA, João Pandiá. *A Política Monetária do Brasil*, 3ª ed. São Paulo: Companhia Editora Nacional, 1960. (o texto original foi escrito em francês no início da década de 1890). Ainda na Primeira República, outros autores escreveram sobre a política monetária e os bancos, defendendo as mesmas posições de Calógeras. Entre esses autores destacamos: ORTIGÃO, Ramalho. *A Moeda Circulante do Brasil*. Rio de Janeiro: Typ. do Jornal do Comércio, 1914; SOUZA, Carlos Ingles de. *A Anarchia Monetária e suas consequências*. São Paulo: Monteiro Lobato, 1924; ANDRADA, Antonio Carlos Ribeiro de. *Bancos de Emissão no Brasil*. Rio de Janeiro: Liv. Leite Ribeiro, 1923.

64 CAVALCANTI, Amaro. *O meio circulante nacional*, vol. 2, (1836 a 1866). Rio de Janeiro: Imprensa Nacional, 1893. Para os críticos de Cavalcanti, seu trabalho utilizou os dados levantados por Liberato de Castro Carreira acerca da questão financeira e orçamentária do Império. Tal crítica, a meu ver não procede, na medida que Cavalcanti reconheceu o trabalho de Carreira, e sua divergência na época estava centrada nos opositores da política monetária implementada por Rui Barbosa. CARREIRA, Liberato de Castro. *História Financeira e Orçamentária do Império do Brasil*. Tomo I e II, 2ª ed. Brasília/Rio de Janeiro: Senado Federal/ Casa de Rui Barbosa, 1980. (a primeira edição foi publicada em 1889).

65 A respeito da NEH cf. FOGEL, Robert William. The New Economic History: its findings and methods. *The Economic History Review*, vol. 19, Issue 3, 1966, 642-656; DAVIS, Lance. Professor Fogel and The New Economic History. *The Economic History Review*, vol. 19, Issue 3, 1966, 657-663. Importante destacar que Robert W. Fogel e Douglas North foram os ganhadores do Nobel de Economia em 1993, e o seu significado para a História Econômica Cliométrica foi destacado por GOLDIN, Claudia.

desses trabalhos focalizaram o comportamento da moeda e dos bancos, para explicarem a história da inflação brasileira. Na realidade, propondo uma discussão da história econômica brasileira, buscaram contrapor à proposta *estruturalista* da CEPAL, principalmente quando esta afirmava que o problema da economia brasileira era um problema estrutural e histórico.[66] O trabalho de Celso Furtado, principal expoente da CEPAL no Brasil, tinha que ser contestado[67] e, é interessante constatar que tais pesquisas aconteceram simultaneamente em vários países latino-americanos.[68]

O trabalho de Carlos Manuel Pelaez e Wilson Suzigam, a nosso ver, simbolizou esta tendência no Brasil. Preocupados com as questões mais contemporâneas como a inflação e o crescimento econômico, a partir dos movimentos dos indicadores agregados buscaram compreender o comportamento da economia brasileira. Estudando o "comportamento" da moeda e dos preços desde 1808 até 1972, a partir do *modelo* proposto por Rondo Cameron, Pelaez e Suzigam ressaltaram a importância dos primeiros bancos comerciais na economia brasileira de meados do século XIX.[69] Concordando com a visão de Amaro Cavalcanti acerca do crédito bancário para a economia, os autores creditaram à política monetária conduzida pelo Estado Imperial, o principal responsável pelas crises no Segundo Reinado, e não os bancos.

Analisando a história econômica do Brasil, temos que ter o cuidado e a sensibilidade de perceber que, ao falarmos do Império brasileiro, não estamos falando de uma sociedade capitalista, e sim de uma *sociedade escravista e senhorial,* que se consituiu num sistema econômico e social distinto, pois, como destacou Witol Kula,

> é um conjunto de relações econômicas internamente ligadas, que precisamente por estarem ligadas surgem mais ou menos simultaneamente,

---

Cliometrics and the Nobel. http://www.nber.org/papers/h0065.pdf?new_window=1. Uma cítica à NHE está em CARDOSO, Ciro Flamarion S. e BRIGNOLI, Héctor Pérez. *Os Métodos da História,* 5ª ed. Rio de Janeiro: Graal, 1990, p. 36-39.

66 BUESCU, Mircea. A Inflação brasileira de 1850-1870: monetarismo e estruturalismo. *Revista Brasileira de Economia,* nº 26(4), outubro/dezembro de 1972, Rio de Janeiro, FGV.

67 FURTADO, Celso. *Formação Econômica do Brasil,* 19ª ed. São Paulo: Cia. Editora Nacional, 1984.

68 MARICHAL, Carlos. "Historiografia de la banca latinoamericana: su despegue, 1970-1993" In SMRECSÁNYI, Tamás e MARANHÃO, Ricardo (org.). *História de Empresas e Desenvolvimento Econômico.* São Paulo: Hucitec/Fapesp, 1996.

69 PELAEZ, Carlos Manuel e SUZIGAN, Wilson. *História Monetária do Brasil,* 2ª ed. Brasília: UnB, 1981. Na mesma linha de Pelaez e Suzigan destacamos o trabalho de NOGUEIRA, Denio. *Raízes de uma nação. Um ensaio de História Sócio-Econômica Comparada.* Rio de Janeiro: Forense Universitária, 1988.

e também quase simultaneamente cedem o lugar a outras relações. O aparecimento e o desaparecimento dessas relações, que se podem datar empiricamente, permitem definir os limites cronológicos de um sistema econômico. A construção de uma teoria de um sistema econômico consiste em definir (mais uma vez empiricamente) o conjunto mais rico possível de relações que nele aparecem e em explicar os nexos recíprocos existentes entre essas relações.[70]

A compreenção dessa sociedade escravista e senhorial brasileira, inserida num processo de expansão do capitalismo, como o de meados do século XIX, foi fundamental para compreender, por exemplo, as limitações da racionalidade do sistema financeiro da época, cujos ativos, mercados e instituições estavam intimamente ligados à organização do Estado nacional e ao desenvolvimento das forças produtivas. Neste sentido concordamos com os trabalhos de Maria Barbara Levy, Eulália Maria Lahmeyer Lobo e Flávio Saes,[71] que analisaram a relação crédito e bancos no Brasil a partir de um enfoque sócio-histórico, não ficando limitado somente à discussão quantitativa. A respeito de um engessamento da História Econômica ao método quantitativo, que é também História Social, Charles Tilly destacou na dédada de 1990,

> As we peer into the futures of economic and social history, our most general message is quite simple: *it is time to de-economize economic history and re-economize social history.*(grifo nosso) The de-economization of economic history should include the analysis of rights, power, coercion, state action, and related "institutional" factors; it does not entail the abandonment of economic analysis, but its broadening from a single-minded application of free-market models. *The*

---

70 KULA, Witold. *Teoria Económica do Sistema Feudal.* Lisboa: Presença/Martins Fontes, 1979, p. 172. Uma contraposição a noção de sistema econômico de Kula está em GODELIER, Maurice. *Racionalidade e Irracionalidade na Economia.* Rio de Janeiro: Ed. Tempo Brasileiro, 1976. A respeito da crítica a visão de sistemas econômicos propostos por Godelier verificar KULA, Witold. Da tipologia dos sistemas econômicos. In: FOURASTIE, J. *et al. Economia.* Rio de Janeiro: FGV, 1975, p. 79-139. BOTTOMORE, Tom. Formação Social. In BOTTOMORE, Tom (ed.). *Dicionário do Pensamento Marxista.* Rio de Janeiro: Zahar, 1988, p. 159.

71 LEVY, Maria Barbara. *História dos Bancos Comerciais no Brasil.* Rio de Janeiro: IBMEC, 1972. (mimeo); Idem. *História da Bolsa de Valores do Rio de Janeiro.* Rio de Janeiro: IBMEC, 1977; LEVY, Maria Barbara e ANDRADE, Ana Maria Ribeiro de. Fundamentos do sistema bancário no Brasil 1834-1860. *Estudos Econômicos,* vol. 15, n° especial: *Economia e Sociedade no Brasil Monárquico.* São Paulo, 1985; LOBO, Eulália Maria Lahmeyer. *História do Rio de Janeiro (do capital comercial ao capital industrial e financeiro).* Rio de Janeiro: IBMEC, 1978, 2 vols.; SAES, Flávio Azevedo Marques de. *Créditos e bancos no Desenvolvimento da Economia Paulista 1850-1930.* São Paulo: IPEA, 1986.

re-economization of social history should include new treatments of the interdependence among different forms of production and reproduction, both material, biological, and social (grifo nosso). It should challenge the surprising recent tendency either to treat the three as separate spheres or to reduce all of them to artifacts of discourse. In this limited but crucial sense, we call for the revival of materialist social and economic history.[72]

Ao estudar um setor da economia brasileira, particularmente a organização do sistema bancário no Brasil de meados do século XIX, foi muito importante enfatizar a *História Econômica e Social*, para não cair num anacronismo, nem tão pouco reduzir a história econômica à história quantitativa.[73] Embora concorde com a seguinte frase de Fernand Braudel, citada por Maria Barbara Levy, "vejo muitos números, onde estão as castanholas", ou seja, onde estão os atores sociais e políticos na economia e por trás dos números, não negamos, assim como o próprio Tilly citado acima, da importância de trabalhos prioritariamente quantitativos e cliométricos, que utilizaram os pressupostos teóricos e metodológicos da *New Economic History*.[74] Entretanto, a preocupação com a História, no seu sentido mais amplo, justifica-se na medida em que muitos dos trabalhos de história econômica tenderam a reduzir a história a uma mera auxiliar da "ciência econômica". A respeito desta questão, Jean Bouvier, num artigo de 1965, em que discutiu a utilização dos conceitos na História Econômica, chamou atenção para as diferenças de perspectiva entre o historiador e o economista acerca das ligações do político com o econômico. Tais diferenças, que ainda persistem na História Econômica, consistiram nos seguintes pontos para Bouvier:

---

72 TILLY, Charles; TILLY, Louise A. and TILLY, Richard. European Economic and Social History in the 1990s. *Journal of European Economic History,* 20, (1991), nº 3, p. 647.

73 VILLAR, Pierre. *Desenvolvimento Econômico e Análise Histórica*. Lisboa: Ed. Presença, 1982. Uma resposta recente à posição de Vilar está em O'BRIEN, Patrick. In Praise of New Economic History. Economia, 1982, vol. VI, p. 4. In: REIS, Jaime. *O Atraso Econômico Português em Perspectiva Histórica: Estudos sobre a Economia Portuguesa na Segunda metade do século XIX, 1850-1930*. Lisboa: Imprensa Nacional/Casa da Moeda, 1994, p. 18.

74 Além dos trabalhos de historiadores econômicos brasileiros, já citados anteriormente, em minha estadia em Portugal, tomamos conhecimento de importantes trabalhos nesta linha teórica-metodológica tais como: MATA, Maria Eugênia de Almeida. *As Finanças Públicas Portuguesas da Regeneração à Primeira Guerra Mundial*. Lisboa, 1985. Tese (doutorado em Economia). Instituto Superior de Economia da Universidade Técnica da Lisboa; REIS, Jaime, *op. cit.*; LAINS, Pedro. *A Economia Portuguesa no século XIX: Crescimento Econômico e Comércio Exterior, 1851/1913*. Lisboa: Imprensa Nacional/Casa da Moeda, 1995.

> "a) Discussão da possibilidade maior ou menor (aqui reside o ponto central: é uma questão de grau) da autonomia dos fatores políticos (papel das equipes governamentais, dos dirigentes políticos, das tradições políticas) em relação as forças (demográficas, econômicas);
> b) Partindo desse primeiro debate, em especial a discussão do conceito de "Estado"; ou o Estado é concebido como "em si", ou então como a expressão concentrada e o lugar genérico da tensões internas da Economia, da sociedade e da vida política. Por outras palavras, ou o Estado tem considerável autonomia, e tende a tornar-se um fator "puro" nas relações internacionais; ou então, esse concito deve ser previamente analisado e explicado. O Estado, mesmo sendo um elemento condicionante é, ao mesmo tempo, condicionado.
> c) Discussão do modo de classificação das própria forças profundas. Podem-se conceber dois modos de classificação: uma classificação ao mesmo nível de forças profundas paralelas (...); uma classificação mais complexa, porque atenta às relações entre as próprias forças profundas.[75]

Outro autor, Carlo M. Cippola, ao analisar as diferenças de perspectivas entre o economista e o historiador econômico, foi de opinião que:

> O historiador para explicar o funcionamento e o desempenho de uma dada economia, deve tomar em consideração *todas as variáveis, todos os elementos, todos os factores em jogo* (grifo nosso). E não só variáveis e os factores económicos. O historiador tem que incluir na sua análise as instituições jurídicas, as estruturas sociais, as características culturais, as instituições políticas, que pelo impacto que estas instituições e estruturas tiveram no desempenho da economia estudada quer, pelo contrário, pelo impacto que a situação económica teve nas referidas estruturas e instituições (...).[76]

A análise dos autores citados foi fundamental para a compreensão do nosso objeto de pesquisa, a Sociedade Bancária Mauá, MacGregor & Cia. Através dessa perspectiva

---

75 BOUVIER, Jean. "O Aparelho Conceptual na História Econômica". In: SILVA, Maria Beatriz Nizza da (org.). *Teoria da História*. São Paulo: Cultrix, 1976, p. 150-151.

76 CIPPOLA, Carlo M. *Introdução ao Estudo da História Económica*. Tradução de Carlos Aboin de Brito e de Isabel Minervini. Lisboa: Edições 70, 1993, p. 21.

histórica pudemos compreender a organização e desenvolvimento dos bancos comerciais brasileiros, bem como a relação dessas instituições com o processo de centralização do Estado Imperial em meados do século XIX. A consolidação desse Estado significou a vitória de um determinado projeto político e econômico, e a criação dos bancos estava dentro dessa política. Como muito bem salientou Maria Barbara Levy, "a estrutura financeira destaca-se pela extrema sensibilidade às manipulações de caráter político-jurídico".[77]

A HISTÓRIA DE EMPRESAS COMO OBJETO DA HISTÓRIA: METODOLOGIA E FONTES

A História de Empresas como uma área do conhecimento histórico é bastante recente. Embora se considere o ano de 1925, ano em que se fundou a *Sociedade Histórica de Empresas*, como o do nascimento desta especialização, até a década de 1940, a história de empresas consistia na história das grandes firmas e nas biografias dos empresários.[78]

A década de 1950 constituiu-se no verdadeiro marco para a "virada" da História de Empresas. Nos EUA, a partir dos estudos de Alfred Chandler Jr, na Grã-Bretanha com D. C. Coleman e Peter Mathias, e na França, com Pierre Vilar e Jean Bouvier, dos estudos biográficos passou-se para o estudo de empresas e sua relação com a sociedade.[79] Conforme colocou muito bem um autor, da história de empresa passou-se para as empresas na história.[80]

No Brasil, os trabalhos na área de História de Empresas começaram a se desenvolver a partir da década de 1960. Sob influência do pensamento da *Comissão Econômica para América Latina* (CEPAL), e procurando compreender a questão do desenvolvimento econômico (o capitalismo) na periferia, surgiram trabalhos sobre a relação empresa/empresário, como os de Fernando Henrique Cardoso.[81]

---

77 LEVY, *op. cit.*, p. 47

78 JACOB, Raul. História de Empresas e História de Bancos. *Serie Documentos de Trabalho* nº 14, Unidad Multidisciplinaria, Faculdad de Ciencias Sociales, Septiembre 1994.

79 LEVY, Maria Barbara. *A Indústria do Rio de Janeiro através de suas Sociedades Anônimas. Esboço de História Empresarial*. Rio de Janeiro: EDUFRJ/Secretaria Municipal de Cultura do Rio de Janeiro, 1995, p. 17-29. (Coleção Biblioteca Carioca vol. 31). A respeito dos trabalhos de Alfred Dupont Chandler Jr., o mais prestigiado scholar da Business History, verificar: MCCRAW, Thomas K. (org.). *Alfred Chandler: ensaios para uma teoria histórica da grande empresa*. Rio de Janeiro: Editora da Fundação Getulio Vargas, 1998.

80 FRAILE, Pedro. La Historia Económica de la empresa como disciplina: una perspectiva histórica. *Revista de Historia Económica*, nº 1, Madri, Alianza Ed., 1993. In: JACOB, *op. cit.*, p. 3.

81 CARDOSO, Fernando Henrique. *Empresariado Industrial e Desenvolvimento Econômico*. São Paulo: Difusão

Entretanto, somente a partir da década de 1970, baseados nos princípios teóricos dos trabalhos da *Teoria da Dependência*, formulados pelo próprio Fernando Henrique Cardoso e Enzo Faletto,[82] nos dois principais centros de produção do conhecimento histórico da época, São Paulo e Rio de Janeiro, representados principalmente pela Universidade de São Paulo (USP), Universidade de Campinas (Unicamp), Universidade Federal Fluminense (UFF) e Universidade Federal do Rio de Janeiro (UFRJ), começaram a produzir pesquisas acerca da história de empresas, justamente para compreender a relação do micro, a empresa, com o macro, a sociedade na qual a empresa está inserida. Tal foi o caso dos trabalhos do sociólogo José de Souza Martins sobre o Conde Matarazzo, e das historiadoras Maria Barbara Levy sobre a História da Bolsa de Valores do Rio de Janeiro e Eulália Maria Lahmeyer Lobo sobre Comércio e Comerciantes no Rio de Janeiro.[83]

Constituindo nosso objeto de pesquisa um banco, ou seja, uma *empresa que atua na atividade comercial de banco*, a primeira questão que apareceu foi a definição de tal empresa. Se o conceito de banco comercial estava ligado ao capitalismo, era possível falar de um banco numa sociedade não capitalista, como era a sociedade brasileira de meados do século XIX? Witold Kula, segundo Ciro Flamarion S. Cardoso, quando indagado sobre o uso da expressão "empresa feudal", declarou:

> A análise da empresa devia em princípio, proporcionar respostas para as seguintes perguntas:
>
> 1) Quais são o resultados objetivos da atividade da empresa, ou seja, os produtos por ela elaborados representam um valor maior do que a soma dos bens utilizados na sua produção?
>
> 2) Quais os motivos e a orientação da atividade do sujeito econômico observado (e portanto, muito provavelmente, também da dos sujeitos análogos)? Neste sentido a análise de empresa é um método que pode e deve ser aplicado a qualquer sistema econômico a investigar; por outro lado, não se pode aplicar, na análise da empresa feudal, métodos elaborados para análise da empresa capitalista.[84]

Europeia do Livro, 1964.

82 CARDOSO, Fernando Henrique e FALETTO, Enzo. *Dependência e Desenvolvimento na América Latina. Ensaio de Interpretação Sociológica*. Rio de Janeiro: Zahar, 1970.

83 MARTINS, José de Souza. *Conde Matarazzo, o empresário e a empresa: estudo de sociologia do desenvolvimento*, 2ª ed. São Paulo: Hucitec, 1976. LEVY, *op. cit.*; LOBO, *op. cit.*

84 KULA, Witold. *Teoria Económica do Sistema Feudal*. Lisboa: Editorial Presença/Martins Fontes, 1979, p. 25.

As observações de Witold Kula foram fundamentais, pois, ao falarmos de um banco comercial organizado no Império brasileiro de meados do século XIX, devemos compreender que na sociedade brasileira de então, principalmente na cidade do Rio de Janeiro, houve espaço para tal organização. Entretanto, como ressaltamos, a empresa não existe em si mesma. Ela faz parte de um todo, ou seja, de uma sociedade, e concordando mais uma vez com Maria B. Levy, quando afirmou que não se pode estudá-la,

> sem levar em conta as articulações recíprocas entre relações sociais e práticas empresariais. A empresa é parte de um sistema de instituições interatuantes na qual lhe cabe a produção de bens. Como parte interorgânica da sociedade, sua atuação repercute sobre a estrutura social na qual se desenvolve e é, por sua vez, influenciada por ela.[85]

Portanto, o estudo das histórias particulares da economia, tais como as instituições de crédito, a indústria e outras, são pontos de vista sobre a história econômica global e, "a este título constituem um tipo particular do conjunto histórico".[86] Marc Bloch, a respeito disto afirmou:

> Nada há mais legítimo, nem, frequentemente, de mais salutar, que centrar o estudo de uma sociedade, num dos seus aspectos particulares, ou, melhor ainda, num dos problemas precisos que este ou aquele desses aspectos suscita: crenças, economia, estruturas das classes ou dos grupos, crises políticas... Em resultado dessa escolha reflectida, os problemas não ficarão apenas, em geral, formulados com maior firmeza: os próprios factos de contacto e de troca ficarão realçados com maior nitidez. Sob a condição, simplesmente, de que queremos descobri-los (...).[87]

---

85 LEVY, *op. cit.*, p. 27.
86 OLIVEIRA, *op. cit.*, p. 12.
87 BLOCH, Marc. *Introdução a História,* 5ª ed. Tradução de Maria Manuel e Rui Gracio. Lisboa: Publicações Europa América, s.d., p. 135. (Coleção Saber, 59)

As fontes

Pierre Vilar definiu o trabalho do historiador como um trabalho de investigação que deve evitar "o trabalho superficial ou de segunda mão, penetrando-se diretamente sobre as fontes, na matéria histórica".[88]

Assim, sendo a Sociedade Bancária Mauá, MacGregor & Cia. uma sociedade comercial ligada à atividade bancária, no tocante as fontes trabalhamos com diversas fontes primárias, tais como:

1) Os *relatórios* e *balanços* apresentados pela diretoria ao conselho fiscal, que permitiram a reconstituição das atividades da empresa, o volume de tais atividades e a determinação das inversões e dos lucros;

2) As *correspondências comerciais*, que informaram sobre as intenções dos administradores e suas atitudes frente a diversas situações; relações dos sócios e obrigações da firma; documentos conservados nos arquivos familiares referentes a membros da empresa;

No tocante a utilização dos balanços como fontes primárias, temos que ressaltar que eles estão sujeitos a manipulações, como qualquer fonte. Ainda mais num período em que não se tinha um Banco Central, nem de instrumentos capazes de controlar as empresas.[89] Com toda esta observação, concordamos com a visão de Tereza Cristina de Novaes Marques quando afirmou que,

> o *método da análise de balanços* permite a obtenção de informações fundamentais para se conhecer a trajetória de uma empresa, desde que os números apresentados nos balanços sejam considerados como valores aproximados da situação patrimonial. Mais importante do que caracterizar os balanços como fontes deturpadas da realidade econômica de um banco é encontrar os elementos que equilibram a tendência à manipulação das demonstrações contábeis. No limite, nenhum banco poderia omitir uma situação de desequilíbrio financeiro sem levar suspeitas sobre a credibilidade das informações.[90]

---

88   VILAR, Pierre. História Marxista, história em construção. In: LE GOFF, Jacques e NORA, Pierre (org.). *História: Novos Problemas*. 2ªed. Rio de Janeiro: Francisco Alves, 1979, p. 150.

89   É bom lembrarmos da "fragilidade" da fiscalização do Banco Central frente aos balanços forjados do Banco Nacional, em 1994, que de tão "seguros", bastou uma crise do sistema bancário, para o banco quebrar.

90   MARQUES, Tereza Cristina Novaes. *O setor bancário privado carioca entre 1918 e 1945. Os bancos Boavista e Português do Brasil. Um estudo de estratégias empresariais*. 1998, Rio de Janeiro. Dissertação (mestrado em História). Universidade Federal do Rio de Janeiro – PPGHIS, p. XII

Com relação aos Relatórios, como estes são *discursos*, temos que ter o cuidado de perceber que o discurso é uma *prática social*, e concordamos com Norman Flairclough quando afirmou que "o discurso é uma prática, não apenas de representação do mundo, mas de significação do mundo, constituindo e construindo o mundo em significado".[91]

Além das fontes citadas, trabalhamos também com as *fontes oficiais*, como por exemplo, as Leis do Império, os Relatórios do Ministério da Fazenda, os Pareceres da Sessão da Fazenda do Conselho de Estado e do próprio Conselho de Estado, e os Livros de Registros das Cartas de Matrículas dos Comerciantes, Corretores, Agentes de Leilões, Trapicheiros e Administradores de Depósitos do Tribunal do Comércio da Capital do Império. Os dois primeiros documentos foram bastante úteis para analisar a relação entre o Estado Imperial e o banco, na medida em que os decretos, bem como os Relatórios Ministeriais relativos às instituições bancárias, repercutiram na forma de atuação das mesmas.[92]

Quantos aos Pareceres da Seção da Fazenda do Conselho de Estado, esses documentos constituíram em importantes informações sobre como o governo imperial tratava da questão dos bancos, como uma questão de Estado. Consoante com a visão de José Murilo e Carvalho, o Conselho de Estado era a "cabeça do governo imperial".[93]

Quanto aos Livros de Registros das Cartas de Matrículas do Tribunal do Comércio, juntamente com os Livros de Registro Geral e de Notas do Cartório do 3º Ofício – ex-Fialho, ex-Penafiel –, ambos encontrados no Arquivo Nacional, possibilitaram verificar que tipo de comércio participava os diretores e os sócios da sociedade bancária.

Outras fontes importantes foram os *periódicos*, como o *Jornal do Commércio*, e os livros e publicações de época. Através dos artigos publicados no Jornal do Commercio, como nas sessões *Publicações a Pedido*, *Gazetilha* e *Comércio*, pudemos perceber as reações do banco e de seus diretores, como o Barão de Mauá, frente a determinadas decisões políticas do Estado, favoráveis ou não aos seus negócios.

---

91 FLAIRCLOUGH, Normam. *Discurso e Mudança Social*. Tradução de Izabel Magalhães. Brasília: Ed. UnB, 2001, p. 91. A preocupação com a análise do discurso vale também para as fontes oficiais.

92 A questão relativa as leis foram discutidas no capítulo 1.

93 CARVALHO, *op. cit.*, p. 327-358. Uma leitura divergente sobre o Conselho de Estado Cf. MARTINS, Maria Fernanda Vieira. *A velha arte de governar: um estudo sobre política e elites a partir do Conselho de Estado (1842-1889)*. Rio de Janeiro: Arquivo Nacional, 2007. Conferir também LOPES, José Reinaldo L. *O Oráculo de Delfos: Conselho de Estado no Brasil Império*. São Paulo: Saraiva, 2010.

ORGANIZAÇÃO DO TRABALHO

O trabalho foi dividido em quatro capítulos, mais Apresentação, Considerações Finais, um Apêndice de Fontes e Bibliografia. No primeiro capítulo, com o título *O estado imperial brasileiro e o sistema bancário*, analisamos a questão que envolveu a centralização política e econômica do Estado Imperial, em torno do Rio de Janeiro, a "nova metrópole", e a necessidade do controle do sistema financeiro, em especial os bancos.

Concordando com Marx, de que o controle da moeda é fonte de poder, poder político, para a centralização do Estado Imperial brasileiro foi fundamental o controle sobre os estabelecimentos bancários privados criados no final da década de 1830, e início de 1840. Não foi à toa, que a primeira medida institucionai, que serviu de base para a legitimação do projeto de Estado Conservador (Saquarema), gestado a partir do movimento regressista de 1837, foi a Reforma Monetária e a adoção do padrão ouro em 1846. Essa reforma, que gerou no Brasil uma disputa entre metalistas, defensores da centralização bancária, e os papelistas, defensores da pluralidade bancária, na realidade tratou-se de uma disputa política entre aqueles favoráveis a centralização em torno da região do Rio de Janeiro, e os defensores da descentralização.

Nesta sessão abordamos também outras medidas institucionais tais como a Tarifa Alves Branco de 1844, a criação do Código Comercial, o fim do Tráfico Negreiro e a Lei de Terras, todas de 1850.

No tocante ao segundo capítulo, A *criação do Banco do Brasil de Mauá (1851-1853) e a Reforma Bancária de 1853*, discutimos a criação do Banco do Brasil, o terceiro com esse nome.

Tendo participado ativamente no processo de consolidação e centralização do Estado, o negociante Irineu Evangelista de Souza, futuro Barão, depois Visconde de Mauá, juntamente com um grupo de grandes negociantes, comissários e capitalistas, organizaram o Banco do Comércio e Indústria do Brasil.

Essa sociedade anônima, cujo nome foi mudado para Banco do Brasil, concorreu com o Banco Comercial do Rio de Janeiro, criado em 1838, no circuito comercial da praça do Rio de Janeiro. Essa disputa, para muitos autores, foi a causa da crise que ocorreu na praça em 1853, e que acabou levando o governo Imperial a intervir, promovendo a Reforma Bancária de 1853.

Não existe um consenso acerca das causas da crise, e como destacamos, uma das consequências da reforma, estritamente ligada ao projeto de centralização política, foi a criação do novo Banco do Brasil, o quarto, fruto da fusão do Banco do Brasil de Mauá com o Banco Comercial do Rio de Janeiro. Esse novo banco, com o monopólio da emissão, que até então cabia ao Tesouro, desde a liquidação do primeiro Banco do Brasil em 1829, vai levar a uma disputa dentro da praça mercantil: de um lado o grupo de Mauá, e do outro, o grupo do Banco Comercial.

A escolha da presidência e da vice-presidência, que segundo os estatutos do novo banco, cabia ao imperador, não agradou a Mauá e seu grupo, de tal forma que mesmo continuando como acionista do novo banco, ele organizou um novo estabelecimento bancário: a Sociedade Bancária Mauá, MacGregor & Cia.

O terceiro capítulo, com o título A *organização da Sociedade Bancária Mauá, MacGregor & Cia.*, abordamos a criação e organização do Banco Mauá, MacGregor & Cia., como ficou conhecido tal casa bancária. Um ponto importante acerca dessa organização consistiu na forma de sua sociedade. Organizado, primeiramente, sob a forma de uma sociedade comandita por ações, que segundo Mauá, foi baseada na Caisse Générale du Comerce et de l'Industrie do banqueiro francês Jacques Laffite, a sociedade sofreu uma forte crítica do governo imperial, principalmente do Ministro da Justiça Nabuco de Araujo, e acabou sendo proibida pelo governo imperial. Esse tipo de sociedade, que era um misto de uma sociedade comandita e sociedade por ações, tinha como novidade o fato de que os sócios seriam também acionistas e, no tocante ao capital, a firma poderia crescer através da subscrição de ações.

Nesse estabelecimento, Mauá se associou ao negociante João Ignácio Tavares, com o corretor de câmbio e importador de têxteis de Liverpool, Alexander Donald MacGregor e com o comerciante português radicado na Inglaterra José Reynal de Castro. Essa ligação de Mauá com o capital mercantil inglês ficou mais clara, quando Mauá e seus sócios organizaram uma filial em Londres. Aproveitando-se dos contatos na City, fruto da sua ligação com o comerciante Richard Carruters, seu ex-patrão e sócio na firma Carruters & Cia., Mauá fez dessa filial sua base de operações, que envolveu principalmente as letras de câmbio.

Neste capítulo também anlisamos o período em que o Visconde de Souza Franco esteve à frente da pasta do Ministério da Fazenda (1857-1858), período esse de uma experiência com a pluralidade bancária, com o Banco do Brasil perdendo o monopólio das emissões. Justamente no final de 1857, eclodiu uma crise em Nova York, que repercutiu no Brasil. Acusado pelos conservadores de ser o responsável pela crise, Souza Franco contou com a ajuda do Banco Mauá, MacGregor & Cia. para equilibrar o câmbio e superar a crise. Politicamente enfraquecido, Souza Franco foi substituído por seu maior opositor, Francisco Salles Torres Homem, o intrépido Timandro do movimento regressista, que abandonou a pluralidade, retornando o controle monetário ao Banco do Brasil e a manutenção do padrão-ouro.

No quarto capítulo tratamos da repercussão da Lei dos Entraves sobre as atividades bancárias, e a criação do London, Brazilian and Mauá Bank Limited. Substituindo Torres Homem, que não ficou nem um ano a frente do Ministério da Fazenda, coube ao ministro conservador Angelo Muniz da Silva Ferraz aplicar um duro golpe sobre os defensores da pluralidade bancária, com a promulgação da famosa Lei n° 1.083, de 22/08/1860, conhecida como a "Lei dos Entraves".

A Lei n° 1.083, em virtude do seu caráter restritivo, aumentou as dificuldades das casas bancárias e dos bancos. Essa lei possibilitou a penetração do capital inglês, na forma de bancos, companhias de seguro e outras, concorreu ainda mais para agravar o sistema bancário brasileiro.

Os bancos ingleses, como o London and Brazilian Bank Limited e o The Brazilian and Portuguese Bank Limited, passaram a concorrer com as casas bancárias e bancos nacionais no circuito mercantil. Realizando as mesmas atividades e, com um maior poder de captar recursos no exterior, os bancos ingleses passaram a ocupar o espaço que cabiam aos bancos e as casas bancárias brasileiras.

A contenção do crédito promovida pelo governo, somada à conjuntura internacional de crise, como a Guerra Civil nos EUA, fizeram eclodir uma crise na praça do Rio de Janeiro em setembro de 1864. Essa crise, que ficou conhecida como a crise do Souto, em virtude da falência de um das maiores casas bancárias, a casa bancária de Antonio J. Souto & Cia., teve um efeito multiplicador, atingindo os bancos e casas bancárias.

Conforme verificamos, com base nas fontes consultadas, a situação do Banco Mauá, MacGregor & Cia. ficou difícil com a "virada metalista". A crise de 1864 fez com que Mauá tentasse uma associação com o London and Brazilian Bank, que também passava por dificuldades. Essa associação acabou criando o banco inglês London, Brazilian and Mauá Bank Limited. Entretanto, tal associação autorizada a funcionar pelo governo imperial no final de 1865, não se concretizou.

A crise da City de Londres em 1866 e os negócios críticos do próprio Mauá, como o Banco Mauá & Cia. na região do Rio da Prata, dificultaram a fusão do banco com o London and Braziliam Bank. Essa crise significou o fim do liberalismo da City, que desde a década de 1850, constituiu-se no centro financeiro mais liberal no tocante a organização de sociedades por ações. Com o fracasso da fusão, o Barão de Mauá resolveu liquidar a sociedade bancária, organizando um novo estabelecimento bancário a partir de 1867: o Banco Mauá & Cia. Esse foi um outro negócio.

PARTE 1

BANCOS, ECONOMIA E PODER NO SEGUNDO REINADO:
O CASO DA SOCIEDADE BANCÁRIA MAUÁ, MACGREGOR & CIA. (1854-1866)

CAPÍTULO I
O Estado Imperial brasileiro e o sistema bancário

A ORGANIZAÇÃO DOS PRIMEIROS BANCOS COMERCIAIS PRIVADOS NO BRASIL

O aumento das exportações brasileiras, liderada pelo café do Vale do Paraíba fluminense e paulista, que a partir da década de 1830, substituiu o açúcar como principal produto das exportações brasileiras, possibilitou não só uma maior inserção do Brasil no comércio mundial, como também criou condições para a organização dos primeiros bancos comerciais privados nas principais praças comerciais.[1]

Analisando os dados da Tabela 1, observamos um aumento das exportações de determinados produtos, tais como café, borracha e cacau, esses dois últimos após 1850, e a diminuição de outros mais tradicionais, como açúcar e algodão. No tocante aos valores dos produtos exportados – Tabela 2 – com exceção do algodão, que declinou entre 1831-1850, recuperando-se no decênio 1861-1870, em virtude da guerra civil nos EUA ter diminuído a produção americana, todos os demais produtos aumentaram. As exportações de café, a partir de 1850, corresponderam a 50% do valor das exportações, e possibilitaram não só um aumento das receitas,[2] como também uma melhoria nas condições do endividamento externo, com a amortização da dívida entre 1852 e 1857.[3]

---

[1] O primeiro banco comercial foi o Banco do Ceará em 1836, liquidado em 1839. O segundo foi o Banco Comercial do Rio de Janeiro em 1838 e, na década de 1840, foram criados bancos no Maranhão, Pará e Bahia. A respeito dos bancos comerciais criados nas décadas de 1830 e 1840 verificar os trabalhos de: SOUZA FRANCO, op. cit., p. 27 a 51; LEVY, Maria Barbara. História dos Bancos Comerciais no Brasil. Rio de Janeiro: IBMEC, 1972, p. 17-19 (mimeo).

[2] DELFIM NETO, Antonio. O problema do café no Brasil. Rio de Janeiro: FGV/Ministério da Agricultura, 1979.

[3] ZILIOTTO, Guilherme Antonio. Dívida Pública Brasileira (1822-2004) – sua História e os efeitos sobre o crescimento econômico. Araraquara, 2006. Dissertação (mestrado em Economia). Unesp/FCLAR (cap. 2).

TABELA 1: BRASIL – PRINCIPAIS PRODUTOS DE EXPORTAÇÃO (1821-1890)

Participação dos sete principais produtos de exportação na receita das Exportações (%)

Datas	Café	Açúcar	Algodão	Borracha	Couros e Peles	Fumo	Cacau	Outros*	Total
1821-30	19,2	27,8	21,0	0,0	13,8	2,6	0,5	15,1	100,0
1831-40	43,8	24,4	10,6	0,4	7,9	1,8	0,5	10,6	100,0
1841-50	42,6	26,3	7,4	0,5	8,6	1,9	0,9	11,8	100,0
1851-60	51,7	19,5	5,8	2,3	7,2	2,6	1,0	9,8	100,0
1861-70	44,3	12,7	19,1	3,6	5,9	3,0	0,9	10,5	100,0
1871-80	56,8	11,8	8,4	5,5	5,3	3,4	1,3	7,5	100,0
1881-90	62,2	9,8	4,4	7,8	3,2	2,7	1,6	8,3	100,0

Obs.: * Outros consistia em produtos como erva-mate, diamantes, ouro, castanhas do Pará, madeiras, farinha de mandioca, aguardente e outros produtos, sobre os quais não se dispões de informações estatísticas confiáveis.

Fonte: IBGE. Anuário Estatístico 1939/1940. In: NOGUEIRA, Denio. *Raízes de uma Nação*. Rio de Janeiro: Forense Universitária, 1988, p. 342.

TABELA 2: BRASIL – PAUTA DAS EXPORTAÇÕES
(Valor – milhões de libras)

Datas	Café	Açúcar	Algodão	Borracha	Couros e Peles	Fumo	Cacau	Outros	Total
1821-30	7,4	10,7	8,1	0,0	5,3	1,0	0,2	5,8	38,5
1831-40	23,9	13,3	5,8	0,2	4,3	1,0	0,3	5,8	54,6
1841-50	24,3	15,0	4,2	0,3	4,9	1,1	0,5	6,7	57,0
1851-60	55,4	20,9	6,2	2,5	7,7	2,8	1,1	10,5	107,1
1861-70	67,1	19,3	28,9	5,4	9,0	4,6	1,4	16,0	151,7
1871-80	116,6	24,3	17,3	11,3	10,8	7,0	2,7	15,4	205,4
1881-90	124,0	19,5	8,8	15,6	6,4	5,4	3,3	16,5	199,5

Fonte: *Ibidem*, p. 342

Importante ressaltar que mesmo com o aumento das exportações, o déficit comercial continuou até o decênio 1861-1870. Tomando como base o decênio 1821-1830 – Tabela 3 – as exportações aumentaram significativamente em 43% para o decênio 1831/1840, 101% para o decênio 1841-1850 e de 270% para o decênio 1851-1860. Entretanto, somente com um aumento de 532% no decênio 1861-1870, foi que pela primeira vez, as exportações superaram as importações, e a balança comercial alcançou superávit comercial.[4]

TABELA 3: VALOR DA EXPORTAÇÃO E IMPORTAÇÃO DE MERCADORIAS E BALANÇA COMERCIAL
Médias Decenais (em milhões de cruzeiros)

Decênio	Exportação		Importações		Balança Comercial	% da Exportação sobre Importação
	Valor	Índice	Valor	Índice		
1821-1830	24,3	100	26,5	100	-2,2	92
1831-1841	34,8	143	38,6	146	-3,8	90
1841-1850	48,8	201	54,1	204	-5,3	90
1851-1860	90,1	370	101,7	383	-11,6	89
1861-1870	153,7	632	134,8	508	18,9	114
1871-1880	196,4	807	162,1	611	34,3	121
1881-1890	241,1	991	210,2	793	30,9	114

Fonte: SILVA, Heitor Schiller. Tendências e Características do Comércio Exterior do Brasil no século XIX. *Revista de História da Economia Brasileira*, São Paulo, Ano I, nº 1, junho 1953, p. 13

Obs.: No valor total das exportações, o autor acrescentou o valor das exportações de erva-mate, produto que não consta na tabela 1.

O surgimento dos novos estabelecimentos de crédito possibilitou o aparecimento nas operações mercantis de "ativos financeiros de diferentes formas como vales, bilhetes, warrants, notas, cupons e letras de câmbio".[5] Embora determinados ativos como notas promissórias e letras de câmbio eram comumente usadas na estrutura financeira colonial, baseada nas companhias de seguro, casas de desconto e penhor,[6] os *vales bancários* emitidos pelos bancos constituíram-se numa novidade. Mesmo com toda limitação de seu uso, seja em virtude da sua circulação limitada pela dificuldade do reembolso, somente possível no banco correspondente, seja pela política contensionista do governo, que só reconhecia o Tesouro (antigo Real Erário) como o único agente emissor do papel-moeda, após a

---

4   DELFIN NETO, *op. cit.*, p. 9-16.
5   ANDRADE, Ana Maria R. de. *1864: conflito entre metalistas e pluralistas*. Rio de Janeiro, 1987. 197 p. Dissertação (mestrado em História). Universidade Federal do Rio de Janeiro – IFCS, p. 32.
6   As letras de câmbio eram usadas como instrumento de transferência de divisas em caso de pagamentos relacionados a operações de comércio exterior. LEVY, Maria Barbara. *História da Bolsa de Valores do Rio de Janeiro*. Rio de Janeiro: IBMEC, 1977, p. 47

liquidação do primeiro Banco do Brasil em 1829, os vales constituíram-se em verdadeiras *moedas de crédito privadas*.[7]

A carência do meio circulante, ou seja, do papel-moeda em circulação, e o crescente giro dos negócios, ligados à expansão do comércio e da agricultura, fizeram com que os vales bancários circulassem pelas províncias. Embora não pudessem ser utilizados na compra de títulos da dívida pública interna emitidos pelo governo, os vales bancários tornaram-se tão importantes quanto esses títulos, e para alguns autores, como Pelaez e Suzigan, os bancos emissores dos vales podiam ser considerados como *bancos emissionistas*.[8]

Os bancos comerciais foram organizados sob a forma de sociedades anônimas, e neste período, é bom ressaltar, não havia nenhuma legislação específica acerca da organização das sociedades e das operações mercantis.[9] Tinham como principais acionistas os grandes comerciantes ligados ao comércio de importação e exportação, tais como os comissários. É importante destacar que, tradicionalmente, tais comerciantes já desempenhavam o papel de "banqueiros", antes do surgimento dos bancos. O comissário, por exemplo, fazia adiantamento em conta corrente para os grandes proprietários, recebendo como garantia dos empréstimos as hipotecas de terras e os escravos, e nessa operação, quem lucrava eram os próprios comerciantes.[10]

No tocante à forma de financiamento para o setor agrícola, essa não se modificou substancialmente com os primeiros bancos brasileiros. Mesmo com o surgimento de novos ativos, analisando os estatutos e os balanços do Banco Comercial do Rio de Janeiro, o mais importante do período 1830-1840, e que serviu de referência para os demais bancos, chegamos à conclusão de que o banco privilegiou principalmente o curto prazo e as atividades comerciais. Mesmo utilizando recursos de terceiros, através dos depósitos à vista, o banco emprestava sob a forma de desconto de letras, e através de um intermediário, que podia ser um comissário ou outro comerciante ligado ao setor importador e exportador. Se os comissários eram os únicos que estavam avalisados pelo banco para pegar os empréstimos, e eles

---

7   LEVI (1972), *op. cit.*, p. 18.
8   PELAEZ & SUZIGAN, *op. cit.*, p. 78.
9   Somente com o decreto nº 575, de 10 de janeiro de 1849, o governo imperial estabeleceu parâmetros para a organização das sociedades anônimas. BRASIL. *Colleccao das Leis do Imperio do Brasil de 1849*. Tomo XII. Parte II. Rio de Janeiro: Typographia nacional, 1850, p. 10-12.
10 A respeito do papel do comissário no financiamento da produção verificar STEIN, Stanley. *Grandeza e Decadência do Café no Vale do Paraíba*. São Paulo: Brasiliense, 1961; SWEIGART, Joseph E. *Coffe factorage and the emergence of a Brazilian Capital Market, 1850/1888*. Nova York, Londres: Garland Publishing, 1987; FERREIRA, Marieta de M. *A Crise dos comissários de café do Rio de Janeiro*. Niterói, 1977. Dissertação (mestrado em História). Universidade Federal Fluminense.

eram acionistas dos bancos, concluímos que ao repassar ao agricultor o empréstimo, o lucro da operação ficava com o banco e o comerciante, seu acionista. Segundo Souza Franco, o lucro do Banco Comercial do Rio de Janeiro,

> subsiste principalmente do lucro das sommas depositadas e diferença entre o juro pago de 4 e 4,5% que por elas paga, e o de 6 e 7% que carrega ao Tesouro e aos descontadores dos efeitos (...).[11]

Entretanto essa prática não estava limitada somente ao Banco Comercial do Rio de Janeiro, e constituiu-se para Maria Barbara Levy numa demonstração clara da institucionalização do *capital usurário e mercantil* em *capital bancário*.[12]

AS REFORMAS INSTITUCIONAIS E A ORGANIZAÇÃO BANCÁRIA

A vitória do regresso conservador no final da década de 1840, após a vitória militar sobre a última rebelião armada, a Praieira pernambucana em 1849, significou no plano político a consolidação da centralização do Estado Imperial em torno do Rio de Janeiro.[13] A "*nova metrópole*", como o Rio de Janeiro era visto pelas demais províncias, ao defender os interesses da *classe dominante*,[14] ou melhor, da *classe senhorial*, que segundo Ilmar de Mattos, era composta

---

11 SOUZA FRANCO, *op. cit.*, p. 30.

12 LEVY, Maria B. e ANDRADE, Ana Maria Ribeiro de. Fundamentos do Sistema Bancário do Brasil 1834-1860. *Estudos Econômicos*, São Paulo, 15 (nº especial), IPE/USP, 1985, p. 19.

13 Uma releitura sobre o impacto da Praieira e a historiografia da mesma conferir CARVALHO, Marcus Carvalho Maciel de e CÂMARA, Bruno Augusto Dornelas. A Insurreição Praieira. *Almanack Brasiliense*, nº 8, 5-38, Novembro, 2008.

14 Uma das principais contribuições de Antonio Gramsci para o pensamento marxista sobre o Estado foi a proposição da ideia de que a dominação deste pela classe dominante não se realiza apenas pela coerção, pelo poder econômico e político, como destacava o marxismo clássico e o leninismo, mas também pelo consentimento, ou seja, pelo projeto de *hegemonia* formulado por essa classe. Para Gramsci, uma classe mantém seu domínio sobre as outras, não por manter simplesmente o controle de uma organização específica de força (por exemplo, o exército), mas por ser capaz de ir além de seus interesses corporativos restritos, exercendo uma liderança moral e intelectual, e fazendo concessões dentro de certos limites, a uma variedade de aliados unificados num bloco social de forças sociais denominadas de *bloco histórico*. Este bloco representa uma base de *consentimento* para uma certa ordem social, na qual a *hegemonia* de uma classe dominante é criada e recriada numa teia de instituições, relações sociais e ideias. Tal "*textura de hegemonia*", segundo Gramsci, é tecida pelos *intelectuais orgânicos*, que são todos aqueles que têm um papel organizativo na sociedade. A respeito deste assunto verificar as seguintes obras: GRAMSCI, Antonio. *Maquiavel, a política e o Estado moderno*, 5ª ed. Rio de Janeiro: Civilização Brasileira, 1984; Idem. *Concepção Dialética da História*, 7ª ed. Rio de Janeiro: Civilização Brasileira, 1987.

pela *burocracia*, pelos grandes *negociantes do comércio importador e exportador* e *pelos proprietários de terras e de escravos* do Centro-Sul e das *antigas áreas de plantation*, como Bahia e Pernambuco, vai estender seus domínios sobre a economia, significando um maior controle sobre o sistema financeiro e, portanto, sobre os estabelecimentos bancários.[15]

Durante o processo de centralização do Estado Imperial brasileiro foram tomadas medidas institucionais muito importantes tais como a Reforma Tarifária de 1844, a Reforma Monetária de 1846, a criação do Código Comercial, a Lei de Terras, o Fim do Tráfico de Escravos, essas últimas em 1850. A investigação dessas leis, foi fundamental para a compreensão da montagem do próprio Estado Imperial num período de grandes transformações externas, como a expansão do capitalismo em meados do século XIX.[16] Fruto das "necessidades improrrogáveis e da administração de conflitos de interesses entre os diversos grupos sociais que promoveram um rearranjo na composição econômica interna e uma nova rearticulação com o capitalismo inglês",[17] tais medidas constituíram-se no canal de mediação e legitimação do Estado Imperial brasileiro. A respeito do papel das leis, concordamos com o historiador inglês Edward Thompson, que disse o seguinte:

> Assim, a lei (concordamos) pode ser vista instrumentalmente como mediação e reforço das relações de classe existentes e, ideologicamente, como sua legitimadora. Mas devemos avançar um pouco mais em nossas definições. Pois se dizemos que as relações de classe existentes eram mediadas pela lei, não é o mesmo que dizer que a lei, não passava da tradução dessas mesmas relações em termos que mascaravam ou mistificavam a realidade. Muitíssimas vezes isto pode ser verdade, mas não é toda verdade. Pois as relações de classe eram expressas, não de qualquer maneira que se quisesse, mas através das *formas da lei* (autor);

---

15 MATTOS, *op. cit.*, p. 57. A respeito da relação setor mercantil e formação do Estado Imperial verificar os seguintes trabalhos: DIAS, Maria Odila Silva. A Interiorização da Metrópole (1808-1853). In: MOTA, Carlos Guilherme (org.). *1822 Dimensões,* 2ª ed. São Paulo: Ed. Perspectiva, 1986; LENHARO, Alcir. Tropas da Moderação. *O abastecimento da Corte na formação política do Brasil 1808-1842,* 2ª ed. Rio de Janeiro: Sec. Municipal da Cultura, 1993. (Biblioteca Carioca, vol. 25); GORESTEIN e MARTINHO, *op. cit.*; OLIVEIRA, Cecília Helena de Salles. *A Astúcia Liberal. Relações de Mercado e projetos políticos no Rio de Janeiro, 1820-24.* Bragança Paulista: Universidade de São Francisco, 1999; MALERBA, Jurandir. *A Corte no exílio; civilização e poder no Brasil às vésperas da Independência.* São Paulo: Companhia das Letras, 2000.

16 HOBSBAWM, Eric J. *A Era do Capital 1848-1875,* 3ª ed. Tradução de Luciano Costa Neto. Rio de Janeiro: Paz e Terra, 1982, Cap. 2; POLANYI, Karl. *A Grande Transformação: as origens da nossa época.* Tradução de Fanny Wrobel. Rio de Janeiro: Campus, 1980.

17 LEVY, *op. cit.*, p. 45.

e a lei, como outras instituições que, de tempos em tempos, podem ser vistas como mediação (mascaramento) das relações de classe existentes (como a Igreja), tem suas características próprias, sua própria história e lógica de desenvolvimento independentes.[18]

Outro autor, Michel Maille teve opinião semelhante, quando afirmou que o jurídico se constituiu num sistema de comunicação entre a instância jurídico-política e a econômica-social. Segundo este autor,

> a instância jurídica, mais precisamente a região jurídica da instância político-jurídica, (é) o sistema de comunicação formulado em termos de normas para permitir a realização de um sistema determinado de produção e de trocas econômicas e sociais.[19]

A Reforma Tarifária de 1844: mais que uma tarifa protecionista?

A *Reforma Tarifária de 1844* (decreto nº 376, de 12 de agosto de 1844) ficou conhecida na história brasileira como a *Tarifa Alves Branco*, em virtude do aumento da tarifa sobre as importações de determinados produtos em 30%, no período em que Manuel Alves Branco, futuro Visconde de Caravelas, foi ministro da fazenda (02/02/1844 a 02/05/1846).

A criação de tal tarifa estava ligada a necessidade de controlar as finanças do Estado, que em virtude do crescente déficit do orçamento, comprometia o projeto de centralização e organização do mesmo. Analisando a Tabela 4, que relaciona o déficit do orçamento e as despesas do governo, ficou claro não só a relação existente entre déficit e a organização do Estado, como também os gastos ligados a organização e administração do Ministério da Fazenda face aos impactos das rebeliões provinciais contra a centralização do Estado Imperial, como a Farroupilha no Rio Grande do Sul (1835-1845), citando apenas uma das mais importantes nas décadas de 1830-1840. Os gastos militares necessários para acabar com as revoltas acarretaram um crescimento do déficit, que aumentou de 4,7% da receita no exercício de 1835/36 para 72,1 e 93,8% da receita nos exercícios de 1841-1842 e 1842-1843, respectivamente.

---

18 THOMPSON, E. P. *Senhores e Caçadores. A origem da Lei Negra*. Tradução de Denise Bottmann. Rio de Janeiro: Paz e Terra, 1987, p. 353

19 MIAILLE, Michel. *Introdução Crítica ao Direito*. Lisboa: Editorial Estampa, 1989, p. 96. In: HONORATO, Cezar Teixeira. Direito e História: Algumas reflexões acerca do Segundo Reinado. *Cadernos do ICHF*, nº 71, abril de 1995, p. 26.

TABELA 4: EXERCÍCIOS CRÍTICOS E EQUILIBRADOS
(em % da receita total)

Exercício	Déficit	Despesa Ministério da Fazenda	Despesa Militar
1825	81,8	52,9	69,6
1826	73,7	47,0	65,7
1834-1835	0,8	42,8	31,8
1835-1836	4,7	53,2	33,8
1841-1842	72,1	61,8	82,3
1842-1843	93,8	69,6	86,4
1845-1846	Superávit	36,2	37,7
1846-1847	Superávit	35,0	36,5
1852-1853	Superávit	31,8	34,8
1856-1857	Superávit	27,7	32,9
1861-1862	3,2	35,4	35,9
1865-1866	112,4	38,2	137,3

Fonte: BUESCU, Mircea. *Organização e Administração do Ministério da Fazenda no Império*. Brasília: FUNCEP, 1984, p. 98.

A saída encontrada pelo governo imperial para controlar o déficit, como não podia deixar de ser, veio com o aumento da tarifa de importações. Não podendo penalizar as exportações, e mesmo contrariando os interesses da Inglaterra, que esperava a continuidade dos tratados comerciais de 1810 e 1827, que cobrava uma taxa de 15% sobre as importações inglesas,[20] dos três principais impostos cobrados no Império, importação, exportação e interior, coube ao primeiro o ônus.[21] A questão envolvendo a aplicação de certos impostos frente aos tratados com a

---

20   A respeito da relação Brasil-Inglaterra, especialmente na questão que envolve os tratados comerciais, a fiscalidade do Império brasileiro e a questão do Tráfico Negreiro, verificar os trabalhos dos autores: MANCHESTER, Alan K. *Preeminência Inglesa no Brasil*. Tradução de Janaina Amado. São Paulo: Brasiliense, 1973; BETHEL, Leslie. *A Abolição do Tráfico de Escravos no Brasil*. São Paulo: Expressão e Cultura/Edusp, 1976; TAVARES, Luis Henrique Tavares. *O Comércio Proibido de Escravos*. São Paulo: Ed. Ática, 1988; GUENTHER, Louise H. *British Merchants in 19th century Brazil: Business, Culture nd Identity in Bahia, 1808-1850*. Oxford: Centre for Brazilian Studies, 2004; ABREU, Marcelo de Paiva e LAGO, Luiz Aranha C. do. *A economia brasileira no Império 1822-1889*. Rio de Janeiro, PUC. (texto de Discussão nº 584). http://www.econ.puc-rio.br/pdf/td584.pdf.

21   Importante destacar que em vários momentos, principalmente em períodos de crise, como na Farroupilha e na Praeira, o governo lançou mão de impostos extraordinários para cobrir os défiáts. Cf. BUESCU, Mircea. *História Administrativa do Brasil. Organização e Administração do Ministério da Fazenda no Império*. Brasília: FUNCEP, 1984, p. 94-95.

Inglaterra, para alguns autores, como Adalton Francioso Diniz, mostrou não a dependência, e sim uma autonomia frente à "preeminência inglesa" como ressaltou Alan K Manchester.[22]

Analisando a Tabela 5, a receita oriunda do imposto sobre as importações correspondeu a 60% em média, entre 1840-1841 até 1860-1861. A receita sobre importações caiu entre 1870-1871 a 1880-181, aumentando novamente em 1888. Com relação ao imposto de interior, que incidia sobre as atividades internas,[23] chamou atenção o fato de que no decênio 1830/1840, a receita oriunda desse imposto foi maior do que o da exportação. A partir da década de 1850, sua participação cresceu novamente em virtude do aumento das atividades econômicas voltadas para o mercado interno.[24] Quanto ao imposto de exportação, que era tributado pelas províncias, foi aplicado de forma variada mas sempre em proporções modestas se comparado com os outros dois. O decreto nº 1.133, de 23 de março de 1853, que reduziu a 5% a taxa de direitos de exportação, favoreceu ainda mais aqueles que tinham negócios com a exportação, como era o caso dos proprietários de terras e de escravos do Vale do Paraíba.[25]

TABELA 5: PARTICIPAÇÃO (%) RELATIVA DOS TRÊS PRINCIPAIS IMPOSTOS NA RECEITA

Período	Importação	Exportação	Interior
1830-1840	62,1*	7,3	28,0
1840-1841	62,4	21,8	11,4
1850-1851	62,7	16,0	16,7
1860-1861	60,0	15,0	23,2
1870-1871	54,2	15,7	23,9
1880-1881	51,7	15,9	27,7
1888	59,7	10,1	24,5

Fonte: BUESCU, op. cit., p. 91. Na tabela original consta 22,1. Entretanto, acreditamos que houve um erro de digitação, e o valor correto é de 62,1.

22 Adalton Francioso Diniz questionou a dependência do império brasileiro frente aos tratados ingleses e destacou a ação das elites e das estratégias adotadas na questão fiscal do Império. Cf. DINIZ, Adalton Francioso. *O Tratado de Comércio com a Inglaterra e a Receita Fiscal do Império Brasileiro no Período de 1821 a 1850*. http://www.sep.org.br/artigo/1_congresso/351_f1f52677092ec53240a25fecd1df7761.pdf.

23 O Imposto interior consistia num agrupamento de impostos sobre as atividades econômicas internas, para se separarem das ligadas ao setor externo. Verificar BUESCU, op. cit., p. 86-98. Conferir, também, DINIZ, Adalton Francioso. Centralização Política e Concentração da Riqueza. As finanças do Impero Brasileiro no período 1830-1889. *História e Economia*, vol. 1, nº 1, 2º/2005, p. 47-65.

24 Como exemplo podemos citar a expansão do mercado de animais de carga no Centro-Sul. Cf. SUPRINYAK, Carlos Eduardo. O mercado de animais de carga no Centro-Sul do Brasil Imperial: novas evidências. *Estudos Econômicos*, São Paulo, vol. 38, nº 2, p. 319-347, abril-junho 2008. http://www.scielo.br/pdf/ee/v38n2/a05v38n2.pdf.

25 BRASIL. *Colleção das Leis de 1853*. Tomo XVI, Parte II. Rio de Janeiro: Imprensa Nacional.

Existe um consenso na historiografia econômica brasileira acerca da preocupação fiscal do governo imperial ao adotar a tarifa sobre as importações. Entretanto, o mesmo não se pode falar dos efeitos da tarifa de 1844 e o seu caráter protecionista. Nicea Vilela Luz, por exemplo, teve a opinião de que a tarifa não criou condições para a implementação de uma política realmente protetora das atividades voltadas para o mercado interno. Embora reconheça o desenvolvimento de certos ramos industriais, a autora não viu "ambiente" para o desenvolvimento industrial no Brasil, face à pressão inglesa, bem maior do que em períodos anteriores, e também ao domínio do café, que "viera confirmar a crença no destino eminentemente agrícola do Brasil".[26] Nesta mesma linha de interpretação destacamos João Manuel Cardoso de Mello. Reforçando os argumentos de Celso Furtado, de que o Brasil gozou de proteção tarifária se comparado com o protecionismo americano da época de Hamilton, e de que a razão principal para que não houvesse o desenvolvimento industrial, estava ligada a manutenção da escravidão,[27] o autor vai além. Para Cardoso de Melo, a impossibilidade de qualquer desenvolvimento industrial deveu-se à consolidação do modelo da economia brasileira de meados do século XIX: a *economia mercantil-escravista cafeeira nacional*.[28]

Recentemente surgiram trabalhos que discordam das teses acima. Embora reconheçam a preocupação fiscal do governo, Geraldo de Beauclair e Maria Barbara Levy creditaram à tarifa Alves Branco um protecionismo, que criou condições para a proteção dos estabelecimentos fabris existentes e incentivou a criação de novos.[29] Analisando as fábricas, entendidas como um conjunto de oficinas mecânicas, e os estabelecimentos manufatureiros implantados na região fluminense nesse período, Geraldo de Beauclair chamou atenção de que tais estabelecimentos foram frutos de uma política de estímulo ao setor secundário. Baseando-se no Relatório do Ministro da Fazenda de 1844, Geraldo de Beauclair identificou claramente a posição do ministro a favor das manufaturas, na medida que ele afirmava que a "tarifa objetivou não só preencher o déficit do Estado, como também proteger os capitais nacionais já empregados dentro do país em alguma indústria fabril e animar outros a procurar igual destino".[30]

---

26 LUZ, Nicea Vilela. *A Luta pela Industrialização do Brasil 1808-1930*, 2ª ed. São Paulo: Alfa-Ômega, 1975, p. 24-28.

27 FURTADO, *op. cit.*, p. 99-101.

28 MELLO, João Manuel Cardoso de. *O Capitalismo Tardio*, 3ª ed. São Paulo: Ed. Brasiliense, 1983, p. 73-75.

29 OLIVEIRA, *op. cit.*, p. 62-69; LEVY, *op. cit.*, p. 46.

30 BRASIL. Ministério da Fazenda. *Proposta e Relatório apresentados à Assemblea Legislativa pelo Ministro e Secretário d'Estado dos Negócios da Fazenda, Manoel Alves Branco*. Rio de Janeiro: Typographia Nacional,

Analisando os desdobramentos da tarifa, em conjunto com as demais medidas implementadas pelo governo imperial, percebemos que não existiu uma divergência entre a manutenção de uma economia mercantil escravista exportadora e o desenvolvimento das manufaturas. Segundo Ilmar Rohloff de Mattos, no projeto político formulado pela *Trindade Saquarema*, composta pelos conservadores Joaquim José Rodrigues Torres, Paulino Soares de Souza e Eusébio de Queiroz, além dos proprietários de terras e de escravos – os "monopolizadores da região de agricultura mercantil-escravista" –, os "homens de negócio e capital" foram sendo incorporados ao projeto, na medida que seus negócios se expandiram protegidos pelo Estado.[31]

A inserção desses grupos no aparelho do Estado Imperial ficou evidente, quando analisamos a concessão de títulos nobiliárquicos a partir da década de 1840.[32] Embora a quantificação fique mais visível com relação aos títulos dados aos proprietários de terras de terras e escravos do Vale do Paraíba fluminense, os Barões do Café, a análise do Quadro I não deixou dúvida de que os proprietários de terras e de escravos de outras regiões, a burocracia e homens de negócios receberam títulos, formando uma verdadeira *sociedade de corte* brasileira.[33] Segundo Stanley Stein, "aproximadamente 14% de todos os títulos eram conferidos a fazendeiros de café, incluindo todos os fazendeiros importantes de Vassouras, ao passo que 30% de todos os

---

1845. In: OLIVEIRA, Geraldo de Beauclair M. de. *op. cit.*, p. 65.

[31] MATTOS, *op. cit.*, p. 166-167. Ricardo Salles, em texto inédito, defende a tese de que os saquremas constituíram-se em intelectuais dirigentes. SALLES, Ricardo. *O Império do Brasil no contexto do século XIX. Escravidão nacional, classe senhorial e intelectuais na formação do Estado.* Texto inédito.

[32] A inserção dos negociantes começou bem antes, desde o século XVIII, e com a Corte no RJ, foi reforçada ainda mais. Segundo Sérgio Buaque de Holanda, a nobreza do 1º Reinado foi constituída, principalmente, por negociantes de grosso trato. Cf. HOLANDA, Sérgio Buarque de. *Sobre uma doença infantil da Historiografia. O Estado de São Paulo*, São Paulo, 24/06/1973. Suplemento Literário. A respeito da inserção dos negociantes cf. DIAS, *op. cit.*; GORESTEIN, *op. cit.*; FRAGOSO, *op. cit.*; MALERBA, *op. cit.*

[33] Este termo foi utilizado por Norbert Elias para compreender a sociedade francesa do antigo regime, pautada no habitus aristocrático, na etiqueta e status. Entretanto, para o caso brasileiro, discordamos daqueles que creditam à sociedade brasileira do século XIX, como uma sociedade estamental ou de ordens, sem mobilidade, como afirmam Raimundo Faoro e Fernando Uricoechea. Neste sentido, concordamos com a crítica de Sérgio Buarque de Holanda e, principalmente, com a visão de Ilmar R. Mattos acerca da organização de uma *classe senhorial* que detém a hegemonia do aparelho de Estado. Verificar a respeito: ELIAS, Norbert. *A Sociedade de Corte*, 2ª ed. Lisboa: Editorial Estampa, 1995; FAORO, Raimundo. *Os Donos do Poder. Formação do Patronato Político Brasileiro*, vols. 1 e 2, 7ª ed. Rio de Janeiro: Ed. Globo, 1987; HOLANDA (1973), *op. cit.*; URICOECHEA, Fernando. *O Minotauro Imperial. A Burocratização do Estado Patrimonial Brasileiro no século XIX*. São Paulo: Difel, 1978; MATTOS, *op. cit.*

títulos eram conferidos a fazendeiros, seus banqueiros e comissários".[34] Importante destacar, que o primeiro Barão do Café do Vale do Paraíba Fluminense foi o Barão de Ubá, título esse concedido ao negociante João Rodrigues Pereira de Alemida, em 1828.[35]

QUADRO I: DISTRIBUIÇÃO DE TÍTULOS DE BARÃO E OUTROS NO BRASIL (1840-1889)

Ano	Barões do Café	Total dos Barões	Total de Títulos*
1840-1849	15	61	70
1850-1859	20	75	92
1860-1869	35	127	133
1870-1879	51	192	204
1880-1889	-	347	372
Total	121	802	871

* Inclui barões, viscondes, condes, marqueses e duques

Fonte: TAUNNAY, Affonso d'Escragnolle. *História do Café no Brasil*. 15 vols. Rio de Janeiro, s.e, 1939-43. In: STEIN, Stanley. *Grandeza e Decadência do Café no Vale do Paraíba*. São Paulo: Brasiliense, 1961, p. 147.

Protegendo as manufaturas nacionais, o governo imperial atraiu aqueles que tinham interesse ou mesmo negócios nessas atividades, como por exemplo, o negociante Irineu Evangelista de Souza (Barão e Visconde de Mauá). A respeito dessa aproximação, vale ressaltar um depoimento do próprio Visconde de Mauá, sobre sua relação com o governo imperial, e mais especificamente com a Trindade Saquarema:

> Desde que o estabelecimento da Ponta da Areia ficou montado para produzir em grande escala, havia-me eu aproximado dos homens de governo do país em *demanda de trabalho* (grifo nosso) para o estabelecimento industrial, conscio de que essa *proteção* (grifo nosso) era devida, mormente precisando o Estado dos serviços que eram solicitados, concurrencia com encomendas da Europa tinham de ser enviadas, e já foi dito quanto o estabelecimento prosperou no período que essa proteção lhe foi dada. As relações adquiridas então puseram-me em contacto com quasi todos os homens eminentes; de quasi todos mereci atenções, e de alguns fui amigo sincero, merecendo-lhes igual afeto.

---

34 STEIN, *op. cit.*, p. 147. Nos anos 1870 e 1880, face à crise do Império, um maior número de títulos de barão foi concedido pelo imperador.

35 Cf. Nota 21.

Em 1851, compunha-se o ministério em sua totalidade de homens de Estado que *me tinham no mais alto preço* (grifo nosso)(...).[36]

QUADRO II: O GABINETE DE 29/09/1848

Nome	Ministro
José da Costa Carvalho (Marquês de Monte Alegre)	Ministro do Império e presidente do Conselho de Ministro
Eusébio de Queiroz C. M. da Câmara	Ministro da Justiça
Paulino Soares de Souza (Visconde de Uruguai)	Ministro dos Assuntos Estrangeiros
Manuel Vieira Tosta	Ministro da Guerra
Manuel Felizardo de Souza e Melo	Ministro da Marinha
Joaquim José Rodrigues Torres (Visconde de Itaboraí)	Ministro da Fazenda

Fonte: GALVÃO, Miguel. *Relação dos Cidadãos que tomaram parte no Governo do Brasil no período de Março de 1808 a 15 de Novembro de 1889*. Rio de Janeiro: Min. da Justiça/Senado, 1969.

Entre os homens de Estado, que tinha Mauá no mais alto apreço, estavam as principais "lideranças" do partido conservador, que compunham o gabinete de 29/09/1848 – Quadro II –, tais como o presidente do Conselho de Ministro e ministro dos Negócios do Império, José da Costa Carvalho (Visconde, e depois Marquês de Monte Alegre), a *Trindade Saquarema* composta por Eusébio de Queiroz, ministro da Justiça, Paulino José Soares de Souza (Visconde de Uruguai), ministro dos Assuntos Estrangeiros e Joaquim José Rodrigues Torres (Visconde de Itaboraí), ministro da Fazenda. Incluímos também nessa lista, Honório Hermeto Carneiro Leão (Marquês de Paraná) e José Thomaz Nabuco de Araujo, que mesmo não sendo ministros do gabinete referido, faziam parte da liderança conservadora[37] – Quadro III.

---

36 MAUÁ, *op. cit.*, p. 110-111.
37 Embora conservadores como Bernardo Pereira de Vasconcelos e Pedro de Araujo Lima (Visconde de Olinda) fizessem parte da liderança, a partir do gabinete de 29/09/1848, os nomes citados ganharam destaque. MATTOS, *op. cit.*, p. 108.

QUADRO III: A TRINDADE SAQUAREMA E A LIDERANÇA CONSERVADORA

Nome e Titulação	Filiação	Naturalidade	Formação/Funções Administrativas
Joaquim José Rodrigues Torres (Visconde de Itaboraí – decreto de 02/12/1854)	Comerciante Manoel José Rodrigues Torres e de D. Emerencia Matilde Torres	Nasceu em Porto das Caixas, região da província do Rio de Janeiro (atual Itaboraí)	Bacharel em matemática pela Universidade de Coimbra; Deputado e Senador pelo Partido Conservador, representando o Rio de Janeiro; ministro de Estado dez vezes (seis como ministro da fazenda); Conselheiro de Estado e de S. M. Imperador; Presidente do Banco do Brasil (1856-1857)
Paulino José Soares de Souza (Visconde de Uruguay – decreto de 02/12/1854)	Fisico-mor Dr. José Antonio Soares de Souza e de D. Antonia Magdalena Soares de Souza	Nasceu em Paris	Bacharel em Ciências Jurídicas e Sociais pela Faculdade de São Paulo; Deputado e Senador pelo Partido Conservador, representando o Rio de Janeiro; Presidente da Província do Rio de Janeiro duas vezes; Ministro de Estado cinco vezes; Conselheiro de Estado e de S. M. Imperador
Eusebio de Queiroz Coutinho Matoso da Câmara	Conselheiro Euzebio de Queiroz Coutinho e Silva (Juiz de Fora em Benguela, Ouvidor Geral em Angola, Desembargador do Paço entre outros cargos) e de D. Catarina M. de Queiroz Câmara	Nasceu em São Paulo de Luanda (Angola)	Bacharel em Direito pela Faculdade de Olinda; Veador da Casa Imperial; Deputado e Senador pelo Partido Conservador representando o Rio de Janeiro
Honório Hermeto Carneiro Leão (Marquês de Paraná)	Coronel Nicolau Neto Carneiro Leão (Comerciante e fazendeiro) e de D. Joana Severina Augusta Lemos	Nasceu na Vila de Jacuí, Minas Gerais	Bacharel em Direito pela Universidade de Coimbra; Juiz de Fora de São Sebastião; Auditor de Marinha e Ouvidor da Província do R.J; Deputado por Minas Gerais em várias legislaturas (Liberal Moderado); Senador e Conselheiro pelo Partido Conservador (1842); Presidente do Conselho de Ministros e ministro da Fazenda do gabinete de 05/09/1853.

continuação – QUADRO III: A TRINDADE SAQUAREMA E A LIDERANÇA CONSERVADORA

Nome e Titulação	Filiação	Naturalidade	Formação/Funções Administrativas
José da Costa Carvalho (Marquês de Monte Alegre)	José da Costa de Carvalho e de D. Inês Maria da Piedade Costa	Nasceu na freguesia de Nossa Senhora da Penha (subúrbio de Salvador), Bahia	Bacharel pela Universidade de Coimbra; Juiz de fora e ouvidor da cidade de São Paulo; Deputado pela província da Bahia e São Paulo; Regente; Presidente da Província de São Paulo; Ministro do Império
José Thomaz Nabuco de Araújo	José Thomaz Nabuco de Araújo (Senador pelo Espírito Santo) e de D. Maria Barbara da Costa Ferreira Nabuco	Nasceu em Salvador	Bacharel em Direito pela Faculdade de Olinda; Presidente da Província de São Paulo (1852); Senador pela província de Pernambuco (1853); Ministro da Justiça do Gabinete de 05/09/1853; Conselheiro de sua majestade o Imperador; conselheiro Efetivo de Estado; um dos líderes do Partido Progressista (1861-65)
Bernardo Pereira de Vasconcelos	Dr. Diogo Pereira Ribeiro de Vasconcelos, e de D. Maria do Carmo Barradas,	Nasceu em Vila Rica (MG)	Bacharel pela Universidade de Coimbra (1819); *juiz de fora* da pequena vila de Santo Antônio de Guaratinguetá (1821), deputado eleito para a Assembleia Geral Legislativa do Império (1824) e membro do Conselho do Governo da Província de Minas Gerais; eleito para sucessivos mandatos de deputado, foi senador (1838) e conselheiro. Fundador do Colégio Pedro II e o mentor do Regresso de 1837

Fonte: BLAKE, Augusto Victorino A. Sacramento. *Diccionario Bibliográfico Brazileiro*. 7v. Rio de Janeiro: Imprensa Nacional, 1898.
SISSON, S. A. *Galeria dos Brasileiros Ilustres*, 2ª ed., vol. 1. Rio de Janeiro: Liv. Martins, 1940.
VASCONCELOS, Barão (org.). *Archivo Nobiliarchico Brazileiro*. Lausanne, Imp. de la Concorde, 1914.
http://www.dec.ufcg.edu.br/biografias/BernPVas.html (acesso em 15 de outubro de 2011.
CARVALHO, José Murilo de (org.). *Bernardo Pereira de Vasconcelos*. São Paulo: Ed. 34. 1999.

A Reforma Monetária de 1846 e o debate centralização versus descentralização bancária

A reforma do sistema monetário e a criação de um novo banco nacional com o monopólio das emissões vinham sendo discutidas desde a liquidação do primeiro Banco do Brasil em 1829. Ainda no período regencial, tendo a frente do Ministério da Fazenda Candido José Araújo Viana – futuro Marquês de Sapucaí –, o governo regencial tentou reformar o sistema monetário, através da Lei nº 52, de 3 de outubro de 1833, e de criar um segundo banco nacional emissor, um segundo Banco do Brasil, através da lei nº 59, de 8 de outubro de 1833.[38]

Partidário da visão de que o valor da moeda era fruto da taxa de câmbio, Araújo Viana via no excesso de moedas de cobre e do papel-moeda do primeiro Banco do Brasil, o responsável pela crise econômica do período, na medida em que tais moedas (e seu excesso) estavam depreciando o câmbio.[39] Portanto, a adoção de um novo padrão monetário, com a moeda sendo cotada a valor de 2$500 pela oitava de ouro, correspondendo a uma taxa de câmbio de 43 2/10 (1$000 equivaleria a 43 2/10 pence), o resgate das moedas de cobre e a criação de um novo banco nacional emissor significavam para o ministro a "organização do estoque da moeda".[40]

Os objetivos da política implementada por Araújo Viana foram, em parte, alcançados. Embora o resgate das moedas de cobre tenha sido menor do que o previsto, e o banco nacional não foi constituído, para Dênio Nogueira "a austeridade dos gastos públicos, de um lado, e de outro o expressivo aumento da receita fiscal, propiciado pela recuperação do comércio internacional e pelo elevado aporte das contribuições provinciais, permitiram a diminuição do déficit orçamentário, pela primeira vez na história do Império".[41] De acordo com a Tabela 4, o déficit caiu para 0,8 % da receita total em 1834-1835.

Analisando o resultado da política de Araújo Viana, percebemos que nem todas as províncias foram beneficiadas. Somente aquelas, em que o comércio exterior cresceu no período,

---

38 A respeito da Lei nº 52, de 3 de outubro de 1833, e da Lei nº 59, de 8 de outubro de 1833, verificar o trabalho de CAVALCANTI, Amaro. *O meio circulante nacional (1808-1835)*. Livro I. Brasília, UnB, 1983, p. 381-439 (a primeira edição é de 1893).

39 Embora não citando a Lei de Gresham – Sir Thomas Gresham, conselheiro da Rainha Isabel I da Inglaterra –, a visão do futuro Marquês de Sapucaí era a de que "a moeda má expulsa a moeda boa", ou seja, as moedas de cobre e os papéis moedas depreciados do BB refletiram sobre a depreciação da moeda e, por conseguinte, do câmbio, dificultando as exportações e o balanço de pagamentos (leitura mais atual).

40 PELAEZ e SUZIGAN, *op. cit.*, p. 56.

41 NOGUEIRA, *op. cit.*, p. 340.

foram de fato beneficiadas.[42] Tal foi o caso das novas áreas de economia mercantil escravista como o café produzido no Vale do rio Paraíba, em detrimento a outras regiões em declínio, como era o caso de algumas províncias do Nordeste. Essas por sua vez, continuando a arcar com o financiamento de cerca da metade dos gastos governamentais,[43] cujo destino era predominantemente o Rio de Janeiro e suas regiões de influência, Minas Gerais e São Paulo, não aceitaram passivamente tal política. Seja de uma forma violenta, como foram as rebeliões no período regencial, seja através de seus representantes na Assembleia Geral, a reação à adoção do padrão monetário mostrou a dificuldade de implementação de uma política centralizadora.[44]

Portanto, em virtude das reações internas, que comprometiam qualquer política centralizadora, como por exemplo, de contenção dos gastos do governo, e as dificuldades externas, como as tarifas protecionistas inglesas sobre os produtos que concorriam com seus produtos colônias, e que dificultavam as exportações brasileiras dos produtos mais tradicionais como o café e açúcar,[45] somente a partir de 1840, que o governo imperial passou a discutir novamente a questão de promover uma reforma monetária. Tendo a frente do Ministério da Fazenda Manoel Alves Branco (o 2º Visconde de Caravelas), através do decreto nº 201, de 24 de fevereiro de 1840, nomeou uma comissão composta pelo conselheiro Joaquim Francisco Vianna, o advogado Francisco de Salles Torres Homem – usando como pseudônimo Timandro, fora redator do Libelo do Povo, ligado ao movimento regressista-conservador, e futuro Visconde de Inhomirim –, e os negociantes nacionais e estrangeiros da Praça do Comércio do Rio de Janeiro Ignácio Ratton (brasileiro e presidente da Sociedade dos Assinantes da Praça do Rio de Janeiro 1840-1846), Diogo Birckhead (americano), Diogo Kemp (inglês) e João Henrique Freese (inglês),[46] para estudar, examinar e resolver a questão do meio-circulante, com base nas seguintes instruções do decreto:

---

42 ABREU e LAGO, *op. cit.*

43 NOGUEIRA, *op. cit.*, p. 343.

44 CAVALCANTI, *op. cit.*, p. 1-39. A respeito da reação das províncias cf. SAÉZ, Hernán Enrique Lara. *Nas asas de Dédalo. Um estudo sobre o meio circulante no Brasil entre os anos de 1840 a 1953*. São Paulo, 2008. Dissertação (mestrado em História Econômica). USP-FFLCH.

45 BATISTA JR., Paulo Nogueira. Política Tarifária britânica e evolução das exportações brasileiras na primeira metade do século XIX. *Revista Brasileira de Economia*, Rio de Janeiro, 34 (2): 203-239, abr./jun. 1980.

46 CAVALCANTI, *op. cit.*, p. 40. Esses negociantes ligados ao comércio de exportação e importação fizeram parte da diretoria da Sociedade dos Assinantes da Praça (futura Associação Comercial do Rio de Janeiro, em 1867) de 1836, 1838 e 1840. Sobre este assunto verificar MATHIAS, Herculano Gomes. *Comércio, 173 anos de desenvolvimento: história da Associação Comercial do Rio de Janeiro (1820-1993)*. Rio de Janeiro: Expressão e Cultura, 1993, p. 85.

1º Si para melhoramento do nosso meio circulante convém que elle continue a circular em todo o Imperio, ou deve restringir-se a sua circulação á cada uma das províncias, ou a diversos grupos dellas, como já foi proposto no Corpo Legislativo (...);

2º Si a medida de resgatar o papel por meio da queima é a melhor, que se poderia adoptar para o melhoramento do mesmo meio circulante actual, e si essa medida é ou não, bastante para produzir esse resultado por si só, e independente de qualquer outro auxílio (...);

3º Si no estado actual do nosso meio circulante é, ou não, possível fundar no Imperio um estabelecimento bancal bem constituido (...);

4º Si um tal systema bancal poderia ser de tal modo constituído, que ao mesmo tempo que prestasse todas as vantagens conhecidas dessas instituições, fosse capaz de por si só, ou com outra qualquer medida, concorrer para um efficaz auxilio das operações necessarias ao melhoramento do meio circulante, e de fundar um systema de credito territorial, que prestasse á agricultura os mesmos serviços que actualmente prestam ao commercio;

5º Si, qualquer que seja a medida que se adoptar, convirá fazer alteração para mais ou para menos no padrão monetario estabelecido pela lei de 8 de outubro de 1833, ou si devemos deixal-o tal qual existe (...).[47]

A presença dos negociantes nacionais e estrangeiros da Praça do Comércio do Rio de Janeiro na comissão reforçou a tese de que, por um lado, seus interesses deveriam ser contemplados, e por outro, a inserção desse grupo no aparelho de Estado. O trabalho final da comissão não ficou conhecido, entretanto medidas foram tomadas com o intuito de substituir as notas do antigo Banco do Brasil, o que aconteceu em 1841, quando as notas foram substituídas por notas do tesouro.[48]

O debate sobre a reforma ou não do padrão monetário estabelecido em 1833, e a centralização ou não do sistema bancário continuaram e, em 1845, o ministro da Fazenda Manuel Alves Branco, que já tinha sido ministro da mesma pasta em 1837 e 1840, apresentou um projeto de reforma monetário à Câmara dos Deputados. Nesse projeto ficava explícito a sua preocupação com a oscilação e a desvalorização do papel moeda, com o câmbio baixando de 40 pence para 25 pence por 1$000, num espaço de oito anos (desde 1836). Para

---

47 CAVALCANTI, *op. cit.*, p. 40.
48 *Ibidem*, p. 52-53.

o ministro era necessário criar um novo padrão monetário, e o projeto autorizava o governo não só resgatar o papel-moeda, mais provincialisar a emissão e instituir um novo padrão monetário. O projeto era o seguinte:

> O Governo deve ficar autorizado:
> 1º – A mandar pagar nos primeiros annos a quota metallica no seu equivalente em papel, enquanto não houver sufficiente moeda de ouro e prata na circulação;
>
> 2º – A *provincialisar* (grifo nosso)o papel, dividindo-o por todas as províncias na razão da importância da renda geral e provincial ahi arrecadada", e ficando o resto de circulação geral;
>
> 3º – A fazer extrahir na Corte todos os annos duas loterias de 1.200:000$000 cada uma, cujos bilhetes serão vendidos em todo o Império, com preferência sobre quaisquer outras, e a empregar o producto dellas, parte em comprar ouro e prata, que seja cunhado na Casa da Moeda, e parte no resgate gradual do papel pela queima na Caixa da Amortização;
>
> 4º – A tratar com o Banco Mercantil (o Banco Comercial do Rio de Janeiro) o estabelecimento, nesta Corte, de uma *caixa de realização gradual* (grifo nosso) do papel, em que o Governo entre com a moeda, que annualmente cunhar proveniente do imposto do paragrapho anterior, e o banco com outra quantia na mesma especie, para sustentar-se constantemente o papel ao par do metal em todo o Império, e o câmbio a 27 pence por 1$000.[49]

O projeto de Alves Branco não foi aprovado e, em 1846, o senador Bernardo Pereira de Vasconcellos – Bacharel pela Universidade de Coimbra, deputado pelo "partido liberal moderado" pela província de Minas Gerais em 1826, Bernardo Pereira de Vasconcelos foi um dos maiores críticos de D. Pedro I. Ministro da Fazenda em 1831-1832, ministro do Império e da Justiça 1837-1839 e eleito senador em 1838 –[50] apresentou um projeto no Senado, di-

---

49 BRASIL. Ministério da Fazenda. *Relatório do Ministro da Fazenda de 1845 apresentado a Assemblea Geral na 5ª Legislatura*. Rio de Janeiro: Imprensa Nacional, 1846. In: CAVALCANTI, *op. cit.*, p. 55.

50 Bernardo Pereira de Vasconcelos constituiu-se num dos líderes do movimento regressista e do partido conservador. A respeito do pensamento político de Bernardo Pereira de Vasconcelos conferir a Introdução de José Murilo de Carvalho no livro *Bernardo Pereira de Vasconcelos*. Org. e introdução de José Murilo de Carvalho. São Paulo: Ed. 34, 1999.

ferente do projeto de Alves Branco. O projeto de Bernardo Pereira de Vasconcellos não só mantinha o padrão monetário de 1833, como também autorizava o governo a retirar o papel-moeda e a cobrar e efetuar pagamentos em ouro:

> Artigo 1º – De 1 de janeiro de 1847 em deante, os pagamentos nas estações públicas serão feitas em papel-moeda, na razão de 4$000 por oitava de ouro, ou na de moeda de ouro e de prata que o governo designar, e pelo mesmo valor. Esta disposição terá logar nos pagamentos entre particulares.
>
> Artigo 2º – O Governo é autorizado a retirar da circulação a somma de papel que for necessária para eleval-o ao valor do artigo antecedente, e para este fim poderá fazer as operações de credito que forem indispensaveis.
>
> Artigo 3º – O governo retirará annualmente da circulação a quantia de mil contos de réis de papel-moeda pelo valor do artigo 1º.
>
> Artigo 4º – As convenções anteriores ou posteriores à esta lei sobre pagamentos serão observadas.
>
> Artigo 5º – O padrão monetario fixado na lei de 8 de outubro de 1833 continua em seu pleno vigor.[51]

Encaminhado para a Comissão da Fazenda, o projeto sofreu alterações, que suprimia as palavras *anteriores* ou *posteriores* do artigo 4º, suprimia o artigo 5º e incorporava um *artigo aditivo*, que autorizava o governo "a dividir o Império em círculos, a fixar e a distribuir a soma de papel-moeda, que em cada um deles deve girar".[52] Essas modificações na Comissão, que aproximava o projeto de Vasconcelos com o de Manuel Alves Branco, mostravam a divergência entre os liberais, que defendiam a "provincialização do papel", e os conservadores, favoráveis a sua centralização.[53]

Retornando ao Senado, e após intenso debate, onde se destacaram os opositores ao projeto, como o senador conservador Pedro de Araújo Lima – Bacharel em Coimbra,

---

51 *Ibidem*, p. 55-56.
52 *Ibidem*, p. 56.
53 A respeito dos debates no Senado verificar: Sessão do Senado de 10 de julho. Jornal do Commercio, Rio de Janeiro, 11 de Julho de 1846. Supplemento do Jornal do Commercio; Sessão do Senado de 13 de julho. Jornal do Commercio, Rio de Janeiro 14 de julho de 1846; Sessão do Senado de 18 de julho. Jornal do Commercio, Rio de Janeiro, 19 de julho de 1846.

deputado e senador pela província de Pernambuco, ministro de vários gabinetes, Visconde e depois Marquês de Olinda –, o projeto com as emendas foi aprovado, com exceção do artigo aditivo. Encaminhado para a Câmara dos Deputados, pelo ministro da Fazenda Antonio Francisco de Paula e Hollanda Cavalcante – deputado do Partido Liberal pela província de Pernambuco na 1ª, 2ª e 3ª legislatura (1826-1837), senador em 1838, ministro da Fazenda em 1829 e 1831, Conselheiro de Estado e do Imperador, e com o título de Visconde de Albuquerque[54] – o projeto, assim como ocorreu no Senado, foi bastante discutido,[55] destacando-se na sua defesa o deputado pelo partido liberal da província do Pará Bernardo de Souza Franco (Visconde de Souza Franco), e opondo-se ao mesmo os deputados conservadores pela província do Rio de Janeiro Saturnino de Souza e Oliveira e pela província de Alagoas Antonio Pereira Rebouças.[56] Aprovado na Câmara, o projeto foi sancionado, e através da Lei nº401, de 11 de setembro de 1846, estabeleceu-se o novo padrão monetário. O texto da lei era a seguinte:

> Artigo 1º – Do primeiro de janeiro de mil oitocentos e quarenta e seis em deante, antes, se for possivel, serão recebidas nas Estações Publicas, as moedas de ouro de vinte e dous quilates na razão de quatro mil réis por oitava, e as de prata na razão que o governo determinar. Esta disposição terá lugar no pagamentos entre particulares.
>
> Artigo 2º – O governo é autorizado a retirar da circulação a somma de papel-moeda, que fôr necessária paeaeleval-o ao valor do artigo

---

54 A respeito do poder político da família Holanda Cavalcante de Albuquerque em Pernambuco Cf. CARVALHO, Marcus J. M. de. Cavalcantis e cavalgados: a formação das alianças políticas em Pernambuco, 1817-1824. *Revista Brasileira de História*, vol. 18, nº 36, São Paulo, 1998. http://www.scielo.br/scielo.php?pid=S0102--01881998000200014&script=sci_arttext; CADENA, Paulo, H. F. *Ou há de ser Cavalcanti, ou há de ser cavalgado: trajetórias políticas dos Cavalcanti de Albuquerque (1801-1844)*. Recife, 2011. Dissertação (mestrado em História). Universidade Federal de Pernambuco – PPGH

55 Sessão da Câmara dos Deputados de 31 de agosto. Jornal do Commercio, Rio de Janeiro, 3 de setembro de 1846; Sessão da Camara dos Deputados de 2 de setembro. Jornal do Commercio, Rio de Janeiro, 7 de setembro de 1846.

56 A respeito da ação política de Souza Franco em pró da Província na Câmara dos Deputados cf. GREGÓRIO, Vitor Marcos. A província do Amazonas e o sistema representativo no Brasil Imperial: os debates de 1843. *Em Tempo de Histórias* – Publicação do Programa de Pós-Graduação em História da Universidade de Brasília PPG-HIS, nº 17, Brasília, ago/dez. 2010. ISSN 1517-1108.; MEDEIROS, Vera B Alarcón. Incompreensível colosso, a Amazônia no início do Segundo Reinado (1840-1850). Barcelona, 2006. Tese de doutorado (História). Faculdade de Geografia e História da Universidade de Barcelona.

antecedente, e nelle conserval-o; e para esse fim podera fazer as operações de credito que forem indispensáveis.

Artigo 3º – Serão observadas as convenções sobre pagamentos.

Artigo 4º – Ficam revogadas as disposições, em contrário.[57]

A lei nº 401 foi regulamentada pelo decreto nº 487 de 28 de novembro de 1846, que continha um único artigo:

> Artigo Unico – No tempo prescripto no artigo 1º da lei nº 401 de 11 de setembro deste anno, serão recebidas as moedas de ouro e de prata nacionaes e estrangeiras abaixo declaradas, na razão de 4$000 por oitava de ouro de 22 quilates, observada entre ambos os metaes a relação de 1:15 5/8 na forma seguinte:

Moedas de ouro	Peso	Titulo	Valor Nominal
Peças de Portugal e Brasil	4 –	0,917	16$000
Peças de 4$ do Brasil	2 18 grãos	0,917	9$000
"Soberano" – Inglaterra	2 16 grãos	0,917	8$890
(1/2, 2,5 em proporção)			
Moedas de Prata			
"Patacão" – Brasil	7 36 grãos	0,917	1$920
"Pesos Duros"- Hespanha	7 –	0,917	1$920
Duas patacas – Brasil	5 –	0,917	1$280
(1,1/2, 1/4, em proporção).[58]			

Traduzindo a lei e o decreto acima, a partir desse momento, a paridade oficial era de 27d/mil réis, ou seja, cada mil-réis comprariam 27 pence (centavo da libra), e o governo autorizava também a cunhar moedas de ouro 10$000 e 20$000 e de prata, nos valores de $500, 1$000 e 2$000, segundo a relação de 1:15,625.[59] Definindo o conteúdo de ouro da

---

57 BRASIL. Colleção das Leis do Imperio do Brasil de 1846. Sobre a lei e os decretos que visaram a sua regulamentação, verificar: BRASIL. Ministério da Fazenda. *Relatório do Ministro da Fazenda de 1846 apresentado à Assemblea Geral na 4ª Sessão da 6ª Legislatura*. Rio de Janeiro: Imprensa Nacional, 1847, p. 42-45. Uma ótima síntese sobre a lei e debates na Assembleia está no trabalho de CAVALCANTI, *op. cit.*, p. 54-75

58 *Ibidem*, p. 59.

59 NOGUEIRA, *op. cit.*, p. 351.

unidade monetária brasileira, o governo legalmente tornou a moeda brasileira conversível e com paridade na libra-ouro, situando o Brasil no *padrão-ouro*.

A adoção de tal padrão significava que o Brasil teria que cumprir cinco condições básicas: 1ª) sua unidade monetária deveria estar ligada a um certo peso de ouro; 2ª) as moedas de ouro deveriam ser de livre circulação interna e as notas bancárias totalmente conversíveis ao ouro, desde que se demandasse o câmbio; 3ª) qualquer outra moeda em circulação deveria estar subordinada ao ouro; 4ª) não deveriam ser impostas à conversão das moedas em lingotes; 5ª) não deveria existir nenhum impedimento à exportação de ouro.[60]

A partir desse momento, ao adotar tal política monetária, o governo imperial *ratificou* o modelo agrário exportador escravista, tendo o café como principal produto de exportação, como também um maior controle sobre o sistema bancário, em virtude da instituição legal da moeda. Para seguir as regras acima, o governo imperial passou a controlar as emissões de papel-moeda, de modo a evitar a depreciação do meio circulante. Manter a estabilidade do câmbio constituiu-se na condição fundamental para a entrada de capital externo e equilibrar o Balanço de Pagamentos.[61]

A questão da moeda nesse período constituiu-se no "pano de fundo" do debate acerca da política monetária brasileira durante o século XIX, e que na historiografia econômica brasileira ficou conhecida como a controvérsia *metalismo versus papelismo*. Tal controvérsia, que ficou marcada de diversas formas tais como unidade emissora versus pluralidade de emissão; emissão estatal versus emissão de bancos privados; lastro metálico integral ou parcial versus lastro por meio de títulos ou moeda fiduciária,[62] na realidade tratou-se de um debate político na medida em que a política econômica estava intimamente ligada à montagem do próprio Estado Imperial. Num artigo em que analisa o controle do sistema financeiro em períodos de centralização e organização do Estado, Rondo Cameron destacou o seguinte:

---

60 CURY, Vânia. *Comércio Internacional e sistema de pagamentos 1850-1913*. Rio de Janeiro: IE/UFRJ, 1996. (Texto Didático, 51).

61 A respeito da política monetária do II Império verificar TEIXEIRA, Arilda M. C. *Determinantes e armadilhas da política monetária brasileira no II Império*. Niterói, 1991. Dissertação (mestrado em Economia). Universidade Federal Fluminense – Faculdade de Economia, p. 61-65.

62 SAES, *op. cit.*, p. 21; ANDRADE, *op. cit.*; FONSECA, Pedro C. D. e MOLLO, Maria de L. R. *Metalistas X Papelistas: Origens Teóricas e Antecedentes do Debate entre Monetaristas e Desenvolvimentistas*. UnB, Departamento de Economia, Texto nº 348. Brasília, Jan. de 2011. http://vsites.unb.br/face/eco/textos/didaticos/WP%20348.pdf.

Se bem que o conceito seja elástico e ambíguo, o que se observa, na maioria das vezes, é o fato histórico de que a metrópole (como quer que seja definida ou identificada) procura impor seu domínio ou controle à hinterlândia. Na área financeira, este domínio traduz-se pela posse ou regulamentação das instituições financeiras da hinterlândia por elementos da metrópole ou, ainda, pela imposição de uma ortodoxia monetária, por parte desta. As razões para este domínio ou controle variam: no caso mais simples, podem ser apenas uma questão de maximização dos lucros (ou mais precisamente, de auferirem lucros monopolísticos) de uma ou de um grupo de instituições financeiras da metrópole. Em casos mais complexos, tais como as leis de navegação e outros controles coloniais dos primeiros impérios modernos, o motivo pode ser o interesse dos dirigentes da metrópole em orientar e controlar o desenvolvimento da hinterlândia em seu próprio benefício ou em benefício de seus subordinados.[63]

Na controvérsia que envolveu metalistas versus papelistas, denominados por Caio Prado Jr de "conservadores retrógrados" e de "burgueses progressistas" respectivamente,[64] o papel dos bancos como instituição centralizadora e canalizadora do crédito passou a ter um destaque especial. No nosso entendimento, uma determinada fração da classe dominante, composta por negociantes do comércio importador-exportador, e seus associados, os proprietários de terras e de escravos das plantations da Região Centro-Sul e Norte, era partidária da corrente metalista e defendia que a estabilidade da moeda só era possível com o controle das emissões, cabendo ao Estado o monopólio das mesmas. Sendo um dos defensores dessa tese, Joaquim José Rodrigues Torres, o Visconde de Itaboraí, disse o seguinte acerca da relação bancos e política monetária do governo:

> Não sou avesso às instituições bancaes; reconheço os grandes serviços que podem prestar ao Brasil; faço mesmo votos para que se criem em todas as provincias, bancos de depósitos e descontos, que reunam as

---

63   CAMERON, Rondo. Metrópole e Hinterlândia na História das Finanças. *Revista Brasileira de Economia*, vol. 26, nº 3, jul./set. 1972, p. 238. A respeito da relação política econômica e Governo cf. WEBER, Max. A polítca econômica do Governo. In: COHEN, Gabriel (coord.). *Max Weber*. São Paulo: Ática, 198... (Coleção Grandes Cientistas Sociais).

64   PRADO JR, *op. cit.*, p. 97. Concordamos com José Murilo de Carvalho na sua crítica à visão de Caio Prado Jr., destacando que proprietários de terras e de escravos, assim como negociantes, estavam presentes nos Partidos Liberal e Conservador. CARVALHO, *op. cit.*, p. 192.

economias e capitaes dormentes, e os emprestem sob condições vantajosas a quem possa emprega-los utilmente; (...) mas não concebo por ora que utilidade poderão ter os *Bancos de emissão* (grifo nosso), nem como he possivel combinar a existência delles com a diminuição da massa de papel circulante, como he indispensavel para fixar-lhe o valor. De que servirá tirarmos da circulação, à custa de pesados sacrifícios, 5 ou 6 mil contos de papel, se o vacuo que elle deixar for imediatamente substituido por igual quantidade de notas do banco, que tambem representem papel moeda?[65]

Para outra fração da classe dominante, ligada ao setor comercial, principalmente do comércio inter-provincial[66] e partidária do papelismo e do maior papel político da província, os bancos e a a pluralidade das emissões pelas províncias tinham uma função muito importante para as atividades econômicas: a canalização do crédito para as transações comerciais. Dentro desse grupo, destacamos a figura de Bernardo de Souza Franco e do próprio Irineu Evangelista de Souza, que ao contrário do que afirmavam seus críticos, defenderam a reforma do estoque da moeda com uma reforma bancária, criticando não só a carência do meio circulante, como os próprios bancos existentes no período. Defensor da pluralidade bancária, Bernardo de Souza Franco[67] propôs uma nova organização bancária, baseada no sistema bancário americano, em que defende a criação de bancos de emissão em todas as províncias. As vantagens do plano foram assim resumidas:

> 1ª Na organização de estabelecimentos de crédito em todas as províncias, que os comportem, e de filiais ou caixas de descontos, nas outras e nas grandes povoações, desenvolvendo-se-lhe assim os meios de trabalho, e animando a indústria nacional.

---

65 BRASIL. Ministério da Fazenda. *Proposta e Relatório apresentado a Assemblea Geral Legislativa na Primeira Sessão da Oitava Legislatura pelo Ministro e Secretario de Estado dos Negocios da Fazenda Joaquim José Rodrigues Torres.* Rio de Janeiro: Typographia Nacional, 1850, p. 36-37.

66 Quando falo do comércio inter-provincial, falo por exemplo do comércio de cabotagem. Na realidade muitos comerciantes ligados a cabotagem, como Militão Máximo de Souza, João Antonio de Figueiredo Jr. e o próprio Barão de Mauá eram também importadores e exportadores.

67 Filho do negociante Manoel João Franco, foi exilado para Portugal por lutar contra as tropas de D. Pedro I. Retornou ao Pará em 1824, foi bacharel pela Faculdade de Direito em Olinda, e eleito deputado pelo partido liberal da província do Pará em várias legislaturas. Foi presidente das províncias do Pará e de Alagoas, ministro da Fazenda (1857-1858), conselheiro do Estado e Visconde de Souza Franco.

2ª Na substituição de notas do tesouro de valor instável, e sujeito à contínua oscilação, por notas de banco, realizáveis em metais, e portanto de valor mais fixo e seguro, e menos sujeitas à falsificação.

3ª Em que ficando por esta forma aos bancos o fornecimento da moeda precisa aos mercados de seu círculo, dá-se mais regularidade no suprimento, e mais certeza de que a quantidade das notas circulantes será a exigida pelo mercado, porque aliás o banco emitirá as que faltem, ou vir-lhe-ão ao troco por metais as que sobrem em hipótese contrária.[68]

A proposta de Souza Franco sobre a organização do sistema bancário, bem como sua crítica à atuação dos bancos existentes, mostrava muito bem o impasse acerca do *controle sobre a moeda*. De um lado, a defesa de um banco nacional emissor, e do outro, a pluralidade bancária e emissora. Quando Souza Franco propôs um sistema bancário pluralista, baseado no modelo americano, e o senador Holanda Cavalcanti encaminhou no Senado, em 1850, um projeto que tinha como finalidade o estabelecimento de bancos emissores em todas as províncias, com relações e deveres recíprocos com o Tesouro Nacional,[69] percebemos a dificuldade de implementar uma política centralizadora nesse momento. Essa disputa acerca da condução da política monetária do Império só foi "resolvida" na década de 1850, quando os conservadores conseguiram impor uma maior dominação, principalmente, após a criação da Lei nº 1083, de 22/06/1860, a Lei dos Entraves.

O Código Comercial de 1850

A tentativa de se criar um Código Comercial, capaz de substituir as antigas Ordenações Filipinas, que ainda estavam presentes na Real Junta de Comércio, Agricultura, Fábricas e Navegação deste Estado do Brasil e seus domínios, órgão criado pelo príncipe regente D. João, e encarregado de legislar e fiscalizar as atividades comerciais no Brasil,[70] surgiu após a

---

68 souza franco, *op. cit.*, p. 97-98.

69 O projeto encontra-se em cavalcanti, *op. cit.*, p. 167-170.

70 A respeito da Real Junta de Comércio, Agricultura, Fábricas e Navegação deste Estado do Brasil e seus domínios ultramarinos verificar os trabalhos de oliveira, *op. cit.*, p. 42-56; andrade, Romulo Garcia de. *Burocracia e economia na primeira metade do século XIX*. Niterói, 1980. Dissertação (mestrado em História). Universidade Federal Fluminense; lopes, Walter de Mattos. *A Real Junta do Commercio, Agricultura, Fábricas e Navegação deste Estado do Brasil e seus domínios ultramarinos: um tribunal de Antigo Regime na Corte de D. João (1808-1821)*. Niterói, 2009. Dissertação (mestrado em História) – Universidade Federal Fluminense – PPGH.

independência do Brasil em 1822. Uma comissão foi nomeada pelo governo para elaborar o Código, e coube a José da Silva Lisboa, o Visconde de Cairu, sua presidência.

Tal nomeação, de certa forma era prevista, já que Souza Lisboa, além de ser um dos principais acessores de D. João VI e de D. Pedro I, era deputado da Real Junta, e chegou a esboçar um plano de Código de Comércio em 1809, solicitado pela própria Real Junta.[71]

Em 1832, o ministro da Justiça Aureliano de Souza e Oliveira Coutinho – futuro Visconde de Sepetiba[72] –, constituiu uma comissão encarregada de elaborar um projeto de Código Comercial. A presidência dessa comissão coube, primeiramente, a Antonio Paulino Limpo de Abreu (Visconde com Grandeza de Abaeté),[73] que foi substituído por José Clemente Pereira,[74] e era composta por negociantes nacionais e estrangeiros da Praça do Rio de Janeiro como o conselheiro José Antonio Lisboa, Ignácio Ratton, Guilherme Midosi e Lourenço Westin, esse último cônsul da Suécia.[75] A nomeação dessa comissão, para Darcy Carvalho, fez com que o Visconde de Cairu interrompesse sua última obra em 1832, *Regras da Praça ou Bases de Regulamento Comercial*.[76] No entanto, para Alberto Venâncio Filho, a explicação para a ausência do Visconde de Cairu, não foi só por moti-

---

71 CAIRU, José da Silva Lisboa, Visconde de. *Plano de Código de Comércio*. In: MORAES, E. Vilhena de. *Cairu. Excertos da obra inédita "O espírito de Cairu"*. Rio de Janeiro: Arquivo Nacional, 1958, p. 89.

72 Na década de 1840, Aureliano de Souza e Oliveira Coutinho estava a frente da facção áulica, juntamente "com Saturnino de Sousa e Oliveira, que era seu irmão, Cândido José de Araújo Viana, Paulo Barbosa, mordomo-mor e amigo pessoal de Aureliano, e, talvez, Peixoto de Brito e Lopes Gama". Ver: BENTIVOGLIO, Julio Cesar. *A Facção Áulica e vida política no início do Segundo Reinado (1840-1850)*. http://anpuhsp.org.br/downloads/CD%20XVII/ST%20XX/Julio%20Bentivoglio.pdf.

73 Nasceu em Portugal. Formado em leis pela Universidade de Coimbra. Magistrado. Deputado, por Minas, de 1826 a 1843 e de 1845 a 1847. Neste último ano entrou para o Senado, que presidiu de 1861 a 1873. Conselheiro de Estado em 1848. Presidente do Conselho de Ministros em 1858. Durante 12 vezes sobraçou pastas ministeriais. Desempenhou missões diplomáticas no Prata. Faleceu em 1883. http://www.camara.gov.br/internet/infDoc/HistoriaPreservacao/Presidentes/PresImperio.htm.

74 Juiz de fora do Senado da Câmara do Rio de Janeiro e o responsável pelo Fico de D. Pedro, foi um dos líderes da loja maçônica O Apostolado e do grupo Aristocrático, juntamente com José Bonifácio de Andrada e Silva. Representante do Brasil nas Cortes, deputado do partido conservador pela província do Rio de Janeiro e conselheiro de Estado e do Imperador. Primeiro presidente do Tribunal do Comércio criado pelo Código Comercial.

75 REQUIÃO, Rubens. *Curso de Direito Comercial*. 22ª ed. São Paulo: Saraiva, 1995, 2 vols., p. 15.
Segundo João Fragoso, em 1816, a firma sueca Lourenço Westin & Cia. tinha um capital de 387:485$345, e parte de suas operações era segurada pela Dias, Barbosa Silva & Cia. FRAGOSO, *op. cit.*, 196.

76 CAIRU, José da Silva Lisboa, Visconde de. *Regras da Praça: conclusão*. In: CARVALHO, Darcy. *Desenvolvimento e Livre Comércio. As ideias econômicas e sociais do Visconde de Cairu. Um estudo de História do Pensamento Econômico*. São Paulo, IPE/USP, 1985, p. 253.

vos políticos, e sim na resposta do próprio Visconde ao Ofício da Regência de 11 de abril de 1832. Dizia o Visconde de Cairu

> Quando em 1809 se criou o Tribunal do Comércio, em Resolução de sua consulta se me deu a Comissão de organizar um código de Comércio.
>
> Esta obra hercúlea muito excedia às minhas forças; além de requerer superior capacidade, exigia tempo, descanso, auxílio, prática de negócios e vigor da idade.
>
> Tudo isto me faltou.[77]

O projeto foi encaminhado à Câmara dos Deputados em Agosto de 1834 e, segundo Herculano Gomes Mathias,

> recebeu aprovação desta em parecer datado de 9 de setembro de 1834, no mesmo dia em que o governo da regência tomara idêntica resolução com respeito a criação da nova Praça do Comércio, sob nome de *Sociedade dos Assinantes da Praça* (futura Associação Comercial do Rio de Janeiro, em 1867).[78]

Face à crise política do período regencial, o projeto do Código Comercial não foi aprovado pela Assembleia. Em 1843, uma nova comissão foi nomeada pelo governo, para analisar as emendas feitas ao projeto de Código Comercial elaborado pela Câmara.[79] Tais emendas foram feitas "por três representantes da Sociedade dos Assinantes da Praça do Rio de Janeiro: o jurisconsulto Diogo Soares da Silva de Bivar e os magistrados Antônio José

---

77 VENÂNCIO FILHO, Alberto. A elaboração do Código Comercial de 1850. *Revista Direito Mercantil*, 23, ano XV, 1976, p. 59. Elysio de O. Belchior destacou que o documento referido, o projeto do Código de Cairu, veio "à luz graças ao historiador E. Vilhena de Morais e ao Jornal do Commercio, que abriu suas páginas para publicá-los". BELCHIOR, Elysio de O. Visconde de Cairu Vida e Obra, 2ª ed. Rio de Janeiro: Confederação Nacional do Comércio, 2000, p. 44 (nota 9).

78 MATHIAS, *op. cit.*, p. 89. A respeito da Associação Comercial do Rio de Janeiro verificar também os trabalho de BARROS, Eudes. *A Associação Comercial no Império e na República*, 2ª ed. Rio de Janeiro: Gráfica Olímpico Ed., 1975; RIDINGS, Eugene. *Business interest groups in nineteenth-century Brazil*. Cambridge: Cambridge University Press, 1994; PIÑEIRO, *op. cit.*

79 BENTIVOGLIO, Julio. *Elaboração e aprovação do Código Comercial Brasileiro de 1850: debates parlamentares e conjuntura econômica (1840-1850)*, p. 9. http://www2.tjrs.jus.br/institu/memorial/RevistaJH/.../3_Julio_Bentivoglio.pdf.

Coelho de Louzada e Caetano Alberto Soares. Também apresentou suas observações ao projeto o cônsul sueco Lawrence".[80]

Entretanto, assim como ocorreu com a comissão anterior, o projeto de elaboração do Código Comercial não saiu do papel. A dificuldade de se elaborar e aprovar o Código, assim como das outras medidas como a reforma monetária, estava ligado à questão política acerca da descentralização e centralização política, que marcarva a diferença entre os liberais e a conservadores, respectivamente.[81] Enquanto não houvesse um consenso entre as frações da classe dominante em torno de um projeto político de Estado, dificilmente o Código Comercial seria aprovado.[82]

Após quatro anos de gabinetes liberais (1844-1848), o "quinquênio liberal", os conservadores reassumiram o governo com o gabinete de 29/09/1848, e uma nova comissão foi encarregada de elaborar o Código Comercial.[83] Nomeada em março de 1850, e tendo como presidente o saquarema e ministro da Justiça Eusébio de Queiroz, a comissão foi composta pelos seguintes nomes: José Clemente Pereira, Caetano Alberto Soares, José Thomaz Nabuco de Araújo, Francisco Ignacio de Carvalho Moreira e Irineu Evangelista de Souza.

A análise dos nomes da comissão, Quadro IV, permitiu constatar que, além dos os notáveis ligados ao Partido Conservador, como o do ministro da Justiça Eusébio de Queiroz, José Clemente Pereira, que foi o presidente da primeira comissão em 1832, José Thomaz Nabuco de Araujo (pai de Joaquim Nabuco), Francisco Ignácio Carvalho Moreira (Barão de Penedo) e Caetano Alberto Soares, um negociante da Praça do Comércio do Rio de Janeiro estava presente. Esse era Irineu Evangelista de Souza.

---

80   Idem, p. 10.
81   Diferentemente de Ilmar R. de Mattos e José Murilo de Carvalho, no entendimento de Miriam Dolhnikoff, o Estado Imperial só foi possível face ao pacto federalista e a ação a das elites locais. O federalismo, no caso entendido como autonomia provincial e administrativa, era defendido pelo Partido Liberal e a centralização pelo Partido Conservador. DOLHNIKOFF, Miriam. O Pacto Imperial: origens do federalismo no Brasil. Rio de Janeiro: Ed. Globo, 2005. Ver também: COSER; Ivo. O Pensamento Político do Visconde doUruguai e o Debate entre Centralização e Federalismo no Brasil (1822-1860). Rio de Janeiro, 2006. Tese (doutorado em Ciência Política). IUPERJ; FERREIRA, Gabriela Nunes. Centalização e descentralização no Império: o debate entre Tavares Bastos e Visconde de Uruguai. São Paulo: Dep. de Ciência Política da USP/Ed. 34, 1999. Outro trabalho que enfatiza o poder provincial, mas não o federalismo, é o de GOUVÊA, Maria de Fátima S. O Império das Províncias: Rio de Janeiro, 1822-1889. Rio de Janeiro: Civilização Brasileira/FAPERJ, 2008.
82   BENTIVOGLIO, op. cit., p. 11-13.
83   Uma perspectiva diferente sobre os partidos políticos do Império, especialmente do Partido Conservador, ou o Partido da Reação, cf. NEEDELL, Jeffrey D. Formação dos Partidos Políticos no Brasil da Regência à Conciliação, 1831-1857. Almanack Braziliense. São Paulo, nº 10, p. 5-22, nov. 2009. http://www.almanack.usp.br/PDFS/10/AB_10_Forum-01.pdf .

Tendo sido presidente da Sociedade dos Assinantes da Praça do Rio de Janeiro em 1846-1847, Quadro V, a inclusão do futuro Visconde de Mauá na Comissão reforçou a tese de que a presença dos negociantes da Praça do Rio de Janeiro, a principal Praça do Comércio do Brasil, estava ligada não só a defesa dos interesses de uma determinada fração da classe mercantil, como também a necessidade da legitimação do Estado Imperial em vias de consolidação. A respeito de Mauá na comissão, o Barão de Penedo disse o seguinte: "... o Barão de Mauá era por esse tempo geralmente considerado de grande importância na praça do Rio de Janeiro".[84]

O Código Comercial Brasileiro foi promulgado pelo governo através da Lei nº 556, de 25 de junho de 1850. Tal fato, não significou ausência de debates na Assembleia sobre o projeto da comissão, o que ocorreu principalmente através de Bernardo de Souza Franco. Entretanto, a promulgação do código, exprimiu certo consenso entre as frações da classe dominante, já que os *monopólios* foram garantidos.[85]

---

84 A Nota do Barão de Penedo encontra-se no livro NABUCO, Joaquim. *Um Estadista do Império. Nabuco de Araujo*, vol. 1. São Paulo: Instituto Progresso Editorial, 1949, p. 127. Sobre os grupos mercantis e as Associações Comerciais no Brasil do século XIX, cf. RIDINGS, *op. cit.*

85 MATTOS, *op. cit.*

QUADRO IV: COMISSÃO ENCARREGADA DE ELABORAR O CÓDIGO COMERCIAL (1850)

Nome/Título	Filiação	Natural	Cargo/Profissão
Eusebio de Queiroz C. M. da Câmara	Conselheiro Euzebio de Queiroz Coutinho e Silva (Juiz de Fora em Benguela, Ouvidor Geral em Angola, Desembargador do Paço entre outros cargos) e de D. Catarina M. de Queiroz Câmara	São Paulo de Luanda – Angola – 27/12/1812	Bacharel em Direito pela Faculdade de Olinda; Veador da Casa Imperial; Deputado e Senador pelo Partido Conservador representando o Rio de Janeiro
José Clemente Pereira	José Gonçalves e de D. Maria Pereira	Castelo do Mendo, Comarca de Troncoso em Portugal – 17/02/1787	Bacharel em Direito em Coimbra; juiz de fora do Senado da Câmara do RJ; deputado pela província do Rio de Janeiro; Senador pela província do Pará; Conselheiro de Estado e do Imperador; ministro de Estado em vários gabinetes
Caetano Alberto Soares	Antonio Soares Filgueras e de D. Anna de Oliveira	Ilha da Madeira, Portugal – 13/05/1790	Doutor em Direito pela Universidade de Coimbra; presbytero secular (clérico); advogado da Casa imperial
José Thomaz Nabuco de Araújo	Senador José Thomaz Nabuco de Araujo e de D. Maria Barbosa da Costa Ferreira Nabuco	Salvador, Bahia – 14/08/1813.	Bacharel em direito pela Faculdade de Olinda; Senador pela Província da Bahia; Presidente da Província de São Paulo (1851-1852); Conselheiro Efetivo de Estado
Francisco Ignacio de Carvalho Moreira/ Barão de Penedo	Capitão João Moreira de Carvalho e de D. Maria Joaquina de Almeida e Silva	Alagoas – 26/12/1816	Bacharel em Direito pela Faculdade de São Paulo e Doutor pela Universidade de Oxford; ministro plenipotenciário na Grã Bretanha; Veador* da imperatriz D. Thereza Cristina e Conselheiro do Imperador
Irineu Evangelista de Souza/ Barão e Visconde de Mauá	João Evangelista de Souza e de D. Mariana de Souza e Silva	Freguesia de Arroio Grande, na Província de S. Pedro do Rio Grande do Sul/ 28/12/1813	Sócio da firma inglesa Carruthers & Co; Proprietário da Cia. da Ponta D'Areia, Presidente da Praça do Comércio 1846-1847

Obs.: *Veador = fiscal responsável pelas contas da imperatriz

Fonte: BLAKE, Augusto Victorino A. Sacramento. *Diccionario Bibliográfico Brazileiro*. 7 vols. Rio de Janeiro: Imprensa Nacional, 1898; SISSON, S. A. *Galeria dos Brasileiros Ilustres*, 2ª ed., vol. 1, Rio de Janeiro: Liv. Martins, 1940; VASCONCELOS, Barão (org.). *Archivo Nobiliarchico Brasileiro*. Lausanne, Imp. de la Concorde, 1914.

QUADRO V: PRESIDENTES DA SOCIEDADE DOS ASSINANTES DA PRAÇA DO RIO DE JANEIRO (1846-1861)

Nome	Período
Irineu Evangelista de Souza (Visconde de Mauá)	1846-1847
Militão Máximo de Souza (Visconde de Andaraí)	1848-1849
Candido Rodrigues Ferreira	1850
Teófilo Benedito Ottoni	1851-1854
Joaquim José dos Santos Júnior	1855-1856
João Coelho Gomes Silva	1857
João Baptista Viana Drumond (Barão de Drumond)	1858-1859
Jerônimo José de Mesquita (Conde de Mesquita)	1860-1861

Fonte: MATHIAS, Herculano Gomes. *Comércio 173 anos de Desenvolvimento. História da Associação Comercial do Rio de Janeiro, 1820-1993*. Rio de Janeiro: Expressão e Cultura, 1993, p. 361

Baseado principalmente nos *Códigos Comerciais francês e português*,[86] o Código Comercial Brasileiro deu ao país uma *legislação mercantil* própria,[87] e segundo Richard Graham "tornou menos arriscadas as operações mercantis".[88] Analisando o Código, chamaram atenção alguns artigos referentes à organização dos bancos, tais como: a regulamentação da profissão de banqueiro e das operações bancárias (Título IV, Artigos 119 e 120); os contratos e as obrigações mercantis, tais como a hipoteca e o penhor mercantil (Título V e Título XIII, Artigos 265 a 270 e 271 a 279, respectivamente); a organização das Companhias e Sociedades Comerciais (Título XV), como as companhias de comércio ou sociedades anônimas (Título XV, Capítulo II, Artigos 295 a 299) e as sociedades comerciais, como por exemplo, as sociedades comanditas (Título XV, Capítulo III, Artigos 311 a 314).

O *banqueiro* é o comerciante "que tem por profissão habitual do seu comercio as operações chamadas de banco" (Artigo 119). Importante destacar que, de acordo com o Código Comercial, uma das qualidades necessária para ser *reputado comerciante* (grifo nosso) era ser

---

[86] A respeito da influência dos Códigos Comerciais francês e português, promulgados em 1807 e 1833 respectivamente, verificar os comentários de Sallustiniano Orlando de Araujo Costa e Dídimo da Veiga sobre o Código Comercial Brasileiro. Cf. BRASIL. *Código Commercial do Imperio do Brasil*. Annotado com toda legislação do país que lhe é referente. Comentado por Sallustiano Orlando de Araujo Costa, 2ª ed. Rio de Janeiro: Eduardo e Henrique Laemmert, 1869; VEIGA, Dídimo. *Código Commercial commentado e posto ao par da doutrina, legislação e jurisprudencia moderna*, 2ª ed. Rio de Janeiro: Laemmert &C., 1901.

[87] LEVI (1995), *op. cit.*

[88] GRAHAM, *op. cit.*, p. 33.

matriculada num dos Tribunais de Comércio do Império (Título I, Capítulo I, Artigo 4). Tal Tribunal, que no Rio de Janeiro começou a funcionar em 1851 e teve como primeiro presidente José Clemente Pereira, segundo Rubenita Vieira criou um *patriciado mercantil*, uma verdadeira *elite mercantil* no interior da Praça de Comércio do Rio de Janeiro, que gozou de favores do Estado Imperial.[89]

Os bancos podiam realizar várias operações comerciais (Artigo 120), principalmente a *mobilização de crédito*, "mediante o recebimento, em depósitos, de capitais de terceiro, e o empréstimo de importâncias, em seu nome próprio nome, aos que necessitam de capital".[90] Tais operações comerciais foram regulamentadas no artigo 19, do Decreto nº 737, de 25 de novembro de 1850, que dizia o seguinte a respeito das "mercancias":

> Artigo 19. Considera-se mercancia:
>
> SS 1º A compra e venda ou troca de effeitos moveis ou semoventes, para os vender por grosso ou a retalho, na mesma especie ou manufacturados, ou para alugar o seu uso.
>
> SS 2º As operações de cambio, banco e corretagem.
>
> SS 3º As emprezas de fabricas, de commissões de deposito; de expedição, consignação e transporte de mercadoria; de espectaculos publicos.
>
> SS 4º Os seguros, fretamento, risco, e quaesquer contratos relativos ao commercio maritimo.
>
> SS 5º A armação e expedição de navios.[91]

A regulamentação dos *contratos* e das *obrigações mercantis* foi de suma importância para compreender o comércio de banco. Sendo o contrato uma fonte de obrigações, e estas "relações jurídicas, de caráter patrimonial, mediante as quais uma pessoa tem o nome de

---

89   VIEIRA, Rubenita. *O Tribunal do Comércio: Modernização e Imobilismo (1851-1889)*. Rio de Janeiro, 1985. Dissertação (mestrado em História). Universidade Federal do Rio de Janeiro. A respeito do Tribunal do Comércio e sua importância para a magistratura e para os negociantes, questionando a leitura de Rubenita Vieira, cf. ALVISI, Edson. *Tribunal do Comércio – magistrados e negociantes na Corte do Império do Brasil*. Rio de Janeiro: Livraria Jurídica do RJ, 2009.

90   MARTINS, Frans. *Contratos e Obrigações Comerciais*, 14ª ed., revisada e aumentada. Rio de Janeiro: Editora Forense, 1997. p .407. As operações de crédito constavam na Parte Terceira, Das Quebras, Título IV, Das Diversas Espécies de Crédito e suas Graduações, Artigos 873 a 879. Verificar, BRASIL. Código Comercial do Império do Brasil, *op. cit.*, p. 381-390.

91   *Ibidem*, p. 467.

devedor, assume o dever de dar, fazer ou não fazer alguma coisa em favor de outrem, denominado credor",[92] o seu entendimento foi de grande importância para os avanços e limites das operações bancárias no período analisado.

No caso da *hipoteca*, ou como consta no artigo 265, *hipoteca de bens de raiz*, constituiu-se num contrato feito "para segurar qualquer obrigação em dívida comercial, só pode provar-se por escriptura publica, *inscripta no registro do commercio* (grifo nosso)". Entretanto, no mesmo artigo, ficou claro que tal disposição não compreendia "os casos em que por este Código se estabelece a *hipotheca tacita* (grifo nosso)".[93] Esse adendo no artigo estava relacionado à discussão sobre a lei de terras, que só foi aprovada em 18 de setembro de 1850, dois meses depois do Código.

Historicamente, os investimentos em bens de raiz foram feito pelos negociantes desde o período colonial, constituindo-se numa alternativa estável e seguro para a alocação de seus capitais em determinadas conjunturas.[94] Nos momentos onde não havia outros ativos de grande interesse, a alternativa de aplicar em bens de raiz significava não só um investimento seguro como também certa permanência de uma cultura de mercado.[95] Segundo Jorge Pedreira, os negociantes portugueses da Praça de Lisboa do século XVIII e início do XIX, investiram grandes somas de capital em bens de raiz, de tal forma que esse ativo chegou a corresponder a 20% de determinados patrimônios.[96]

Analisando os demais artigos da hipoteca, tais como a garantias dadas a mulher do comerciante devedor (artigo 267 e 268) e os efeitos da hipoteca (artigo 269), não houve uma menção sobre terra e seu proprietário, somente de comerciante. A questão que surgiu foi a seguinte: quando se tratava da hipoteca de bens de raiz, além de prédios, terrenos urbanos e depósitos, as terras constituíram-se em garantias para os empréstimos dos banqueiros? A resposta passava pelo registro de terra; porém, mesmo com a Lei de Terras e sua

---

92 MARTINS, *op. cit.*, p. 61.

93 BRASIL. *Colleção das Leis do Imperio do Brazil de 1850*. Tomo XIII, Parte II (reimpresso). Rio de Janeiro: Imprensa Nacional, 1909, p. 76.

94 Existe uma extensa bibliografia sobre os investimentos em bens de raiz. No tocante ao Império, entre outros autores, Cf. FRAGOSO, *op. cit.*; ALMICO, *op. cit.*; MELLO, Zélia Maria Cardoso de. *Metamorfose da riqueza, São Paulo 1845-1895. Contribuição ao Estudo da Passagem da Economia Mercantil-Escravista à Economia Exportadora Capitalista*, 2ª ed. São Paulo: Hucitec, 1990.

95 A respeito do mercado e seu contexto histórico cf. POLANYI, *op. cit.*; BEVIR, Mark and TRENTMANN, Frank (eds.). *Markets in Historical contexts: ideas and politics in the Modern World*. Cambridge: Cambridge University Press, 2004.

96 PEDREIRA, *op. cit.* O mesmo foi identificado por João Fragoso no Rio de Janeiro no início do século XIX. FRAGOSO, *op. cit.*

posterior regulamentação, o que menos se verificou foram os registros das terras por parte dos proprietários e, sabedores disso, face à informação com os notariais e outros agentes, os bancos e as casas bancárias dificilmente emprestaram diretamente ao fazendeiro, tendo os comissários como os grandes intermediários.[97]

Retornando ao Código, o *penhor mercantil* constituiu-se num contrato "pelo qual o devedor, ou um terceiro por elle, entrega ao credor uma *cousa móvel* (grifo nosso) em segurança e garantia de obrigação comercial, e só pode provar-se por escripto assignado por quem recebe o penhor".[98] Analisando os demais artigos referentes ao penhor mercantil, chamou atenção os termos que devem constar no documento (Artigo 272) e o que poderia ser penhorado ou não (Artigo 273). Nesse último, podiam ser penhorados os bens móveis, mercadorias, títulos da dívida pública, ações de companhias ou empresas, "e em geral quaesquer papeis de credito negociaveis em commercio". Entretanto, os *escravos* e *semoventes*, ou seja, seres que se movem por si próprios, como por exemplo, animais, não podiam ser dados em penhor.[99] Tal proibição, assim como a questão que envolveu as hipotecas de terras, já demonstrava a manutenção do monopólio dos proprietários de terras e de escravos, que foi ratificado com o fim do tráfico negreiro e a lei de terras.

A regulamentação das Companhias e Sociedades Comerciais, com o Código distinguindo *Companhias Comerciais* ou *Sociedades Anônimas* (Artigos 295 a 299) das *Sociedades Comerciais* (Artigos 300 a 328), para alguns autores, como Maria Barbara Levy conferiu ao país "uma maioridade para a prática mercantil".[100]

---

97   No tocante aos comissários cf. nota 102. A respeito do crédito hipotecário cf. MARCONDES, Renato Leite. O financiamento hipotecário da cafeicultura no Vale do Paraíba Paulista (1865-1887). http://www.cpq.fearp.usp.br/bancodados/Textos%20Discussao/eco/wpe4.pdf; GUIMARÃES, Carlos Gabriel. A Guerra do Paraguai e a atividade bancária no Rio de Janeiro de 1860-1870: o caso do Banco Rural e Hipotecário do Rio de Janeiro. http://www.ufjf.br/heera/files/2009/11/3-artigos6.pdf. Numa perspectiva da Nova Economia Institucional (NEI), acerca da relação custo de informação, confiança e crédito cf. HOFFMAN, Phillip T., POSTEL-VINAY, Gilles and ROSENTHAL, Jean Laurent. *Through the Storm Slowly:Trust and Credit Markets in France 1740-1840*. http://weber.ucsd.edu/~aronatas/conference/HPVRtrust.pdf.

98   BRASIL. Codigo Commercial., *op. cit.*, p. 77 (Artigo 271).

99   Atualmente, de acordo com a natureza da obrigação a que o objeto de penhor serve de garantia, o contrato poderá ser civil ou comercial. Não existindo no período um Código Civil (criado pela lei nº 3.071, de 1/1/1916), em virtude da manutenção da escravidão, o contrato era mercantil (artigo 271). A criação do Código Civil fará com que o capítulo referente a hipoteca saia do Código Comercial, e no tocante ao penhor mercantil, a natureza do objeto a servir de garantia passou a ser levada em conta e, com isso, mudanças ocorrerão. A parte final do artigo 273, que proibia o penhor de animais foi revogada pelos artigos 784 a 788 do Código Civil, que regularam o penhor de animais". MARTINS, *op. cit.*, p. 332-333.

100 LEVY, *op. cit.*, p. 52.

A distinção entre companhia e sociedade existia na atividade comercial há muito tempo. As grandes companhias de comércio colonial dos séculos XVII e XVIII eram companhias por ações, e para historiadores como Fernand Braudel, baseado em Max Weber e em Werner Sombart, este tipo de sociedade era uma forma de organização capitalista, ao contrário das demais sociedades comerciais.[101] Adam Smith, no seu clássico trabalho sobre a Riqueza das Nações, escrito em meados do século XVIII, era favorável a formação de companhias ou sociedades anônimas para atividades comerciais que envolviam grandes somas de capital e risco, como eram as companhias de comércio colonial e os bancos.[102]

O Dicionário Mercantil do Comercio, de Jacques Savary des Brulons, traduzido e adaptado para Portugal por Alberto Jaqueri de Sales em 1813, distinguia às companhias das sociedades da seguinte forma:

> *Companhia*: em materia de commercio he uma sociedade composta de muitos homens de negocios, ou ainda de outras pessoas, que se unem entre si e com seus cabedais, conselhos, e trabalho para hempreender algum estabelecimento util.
>
> Devem-se distinguir duas especies geraes de companhias. As que se fazem entre dous outros socios para formar o que vulgarmente chamão de *casa de negocios* (grifo nosso); estas são propriamente sociedades particulares: as segundas se entendem de instituhisoens publicas, com Patente do Principe, para negociarnas terras remotas, ou para reformar nelas estabelecimentos de commercio, ou para certos ramos de negocios interior que pedem grandes fundos, e que consenso (?) dos estrangeiros pode destruhir, ou fazer prejudiciaes a huma nação.
>
> Quanto a primeira especie elas seajuntas entre diferentes pessoas e por dizer os motivos, para este efeito, elas se obrigão por huma escriptura que conthem as várias clauzulas e condiçoens de sua união, e doseu respectivo ajuste (...).

---

101 HECKESCHER, Eli F. *La Epoca Mercantilista*, 2ª ed. español. Mexico, Fondo de Cultura Economica, 1983; BRAUDEL, Fernand. *Civilização Material, Economia e Capitalismo Séculos XV-XVIII. O Jogo das Trocas*. Tomo II. Lisboa: Teorema, 1992, p. 387-388; WEBER, Max. *A Gênese do Capitalismo Moderno*. Organização e comentários de Jesse Souza; tradução de Rainer Domscheke. São Paulo: Ática, 2006.

102 SMITH, Adam. *A Riqueza das Nações: investigação sobre sua natureza e suas causas*. Introdução de Edwin Cannan, tradução de Luiz João Baraúna, vol. 2, 2ª ed. São Paulo: Nova Cultural, 1985, p. 185-199. (Os Economistas). A maioria dos bancos escoceses eram bancos por ações, de depósitos e descontos, e emissores. Essa última característica, juntamente com a de ter caixas filiais, os distinguia dos bancos por ações ingleses e, principalmente dos bancos particulares ingleses. Verificar GILBART, *op. cit.*, p. 118

> *Sociedade*: Esta palavra no commercio se diz genericamente de huma caza de negocio, em que há dois, ou mais interessados; entende-se também collectivamente do contrato, ou escriptura feita entre os socios.
>
> No primeiro sentido a palavra sociedade he synonima a de companhia (...); acrescentarey somente neste, que nas condições, na administração e na liquidação da sociedade he que o negociante carece de toda a sua prudencia adquirida pela experiência e pela lição pois que, em primeiro lugar, ha poucos contratos em que a boa fé e a probidade se fação mais necessarias; segundo, que uma sociedade mercantil he susceptivel de todas as condiçoens, em que as partes querem concordar, e que neste amplo arbitrio se devem precaver todas as circunstancias que poderem alterar, ou prejudicar a boa fé do contrato.
>
> Os pontos essenciais, ou geraes nestes contratos são 1º. a declaração da entrada que cada socio se obriga a trazer na sociedade para formar o capital della; 2º. o tempo da duração da mesma sociedade; 3º. Os nomes de baixo dos quaes ha de correr a razão da firma della; 4º. Se todos os socios ou tão somente parte delles terão a faculdade de assignar e uzar a firma da casa; 5º. Se se ha de dissolver, ou continuar no caso da morte de algum socio;6º. A repartição dos ganhos e perdas; 7º. E ultimamente a prohibição (ou não) nos socios de fazer negocio algum que não seja por conta da mesma sociedade. (...).[103]

O Código Comercial brasileiro dedicou às *sociedades anônimas* cinco (5) artigos. Através do Artigo 295, as sociedades anônimas só podiam estabelecer-se por tempo determinado, "e com *autorização do governo, dependente da aprovação do corpo legislativo* (grifo nosso)".[104] O artigo 296 determinava que a escritura, estatutos e ato de autorização das companhias devem ser inscritos no registro do comércio, e publicados pelo Tribunal respectivo, antes de entrarem em operação. O artigo 297 definiu que o capital das companhias era dividido em ações, e estas podiam ser subdivididas em frações. O artigo 298 determinava que os sócios das companhias não eram responsáveis a mais do valor das ações ou do interesse por que se houverem comprometido. Em outras palavras, a responsabilidade dos sócios era limitada ao valor das suas ações. Finalizando, o artigo 299 determinava que os

---

103 AHMOP. SALES, Alberto Jaqueri de. *Diccionario Universal de Commercio*. tradução e adaptação manuscrita do *Dictionnaire Universel de Commerce*, de Jacques Savary des Brulons, 3 vols., 1813.

104 Esse artigo substituiu o decreto nº 575, de 10 de janeiro de 1849, que estabeleceu as regras para a incorporação de quaisquer sociedade anônima.

administradores ou diretores de uma companhia *respondiam pessoal e solidariamente* (grifo nosso)a terceiros que tratarem com a mesma companhia, até o momento em que tiver lugar a inscrição do instrumento ou título da sua instituição no registro do comércio, efetuado o registro, respondem só a companhia pela execução do mandato.

No tocante às sociedades comerciais, além dos onze (11) artigos que constavam nas disposições gerais (Artigos 300 a 310), o Código Comercial distinguiu quatro tipos de sociedades comerciais, a saber: *sociedade em comandita, sociedade em nome coletivo, sociedade de capital e indústria* e *sociedade em conta de participação.*

Dessas quatro sociedades, em que o elemento comum era a *responsabilidade ilimitada dos sócios*, destacamos as sociedades em comandita. Não existindo no Código Comercial Português, nem na Common Law inglesa, este tipo de sociedade constava no Código Comercial francês. O Código Comercial brasileiro, nos artigos 311, 312 e 313, definiu a sociedade em comandita da seguinte forma:

> Artigo 311. Quando duas ou mais pessoas, sendo ao menos uma commerciante, se associão para fim commercial, obrigando-se uns como *socios solidariamente responsaveis* (grifo nosso), e sendo outros simples prestadores de capitaes, com a condição de não serem obrigados além dos fundos que forem declarados no contrato, esta associação tem o nome de sociedade em commandita.
>
> Se houver mais de um socio solidariamente responsavel, ou sejão muitos os encarregados da gerencia, ou um só, a sociedade será ao mesmo tempo em nome collectivo para estes e em commandita para os socios prestadores de capitaes.
>
> Artigo 312. Na sociedade em commandita não é necessário que se inscreva no registro do commercio o nome do *socio commanditario* (grifo nosso), mas requer-se essencialmente que se declare no mesmo registro a quantia certa do total dos fundos postos em commandita.
>
> Artigo 313. Na mesma sociedade os socios commanditarios não são obrigados, alem dos fundos com que entrão ou se obrigão a entrar na sociedade, (...); mas os socios responsaveis respondem solidariamente pelas obrigações sociaes pela mesma forma que os socios das sociedades collectivas.[105]

---

105 BRASIL. Codigo Commercial do Imperio do Brazil, *op. cit.*, p. 120-121. O Código Comercial definiu a sociedade em nome coletivo através dos artigos 315 e 316. "Artigo 315. Existe *sociedade em nome collectivo*,

A análise da distinção feita pelo Código entre companhia e sociedade comercial permitiu constatar que:

1ª Na organização das sociedades anônimas coube ao Estado autorizar ou não o seu funcionamento;

2ª Embora se constituindo numa "sociedade de capitais", os diretores da sociedade anônima, mesmo sendo acionistas, tinham responsabilidades ilimitadas, assim como os sócios das sociedades comerciais, uma "sociedade de homens".[106]

Tais constatações, na realidade, confirmavam a posição do governo acerca das sociedades anônimas, conforme o decreto nº 575, de 10 de janeiro de 1849. Contendo onze artigos "que estabelecem as regras para a incorporação de quaesquer sociedade anonyma", esse decreto afirmava a *responsabilidade ilimitada* dos diretores ou administradores das sociedades anônimas, e no caso dos bancos (artigo 9), a sociedade só era autorizada, quando se tinha integralizado a quarta parte do capital, ou então, autorizada pelo governo.[107]

A discussão sobre as sociedades anônimas não estava restrita ao Brasil. No Reino Unido, a *sociedade de responsabilidade limitada* (*Limited by Garantee*), ou seja, a sociedade em que os sócios respondiam em caso de sua liquidação até o montante do capital estipulado no contrato, só foi aprovada pela Lei Inglesa de 1857. Na França, somente através da lei de 24 de julho de 1867, a responsabilidade limitada foi regulada.[108] No Brasil, em 1865, o Conselheiro José Thomaz Nabuco de Araujo apresentou um Projeto sobre a responsabilidade limitada, que foi rejeitado pelo Conselho de Estado em 1867.[109] A responsabilidade limitada no Brasil foi regulamentada somente em 1919, com a República, através do decreto nº 3.708, de 10/01/1919.[110]

---

ou com *firma*, quando duas ou mais pessoas, ainda que algumas não sejam commerciantes, se unem para commerciar em commum debaixo de uma firma social.

Não podem fazer parte da *firma social* nomes de pessoas que não sejam *commerciantes*.

Artigo 316. Nas sociedades em nome collectivo, a firma social assignada por quaesquer do socios gerentes que no instrumento do contracto for autorisado para usar della, *obriga* todos os *socios solidariamente* para com terceiros, e a estes para com a sociedade, ainda mesmo que seja em negocio particular seu ou de terceiro (...)". *Ibidem*, p. 125.

106 Atualmente, em virtude da existência do Código Civil, a definição de sociedade anônima, como uma sociedade de capitais, e sociedade comercial, como sociedade de pessoas, são bastante criticadas. Verificar REQUIÃO, Rubens. *Curso de Direito Comercial*. I vol. 22ª ed. São Paulo: Ed. Saraiva, 1995, p. 293.

107 BRASIL. Colleção das Leis do Imperio do Brazil de 1849. Tomo XII, Parte II. pp 10-12.

108 REQUIÃO, *op. cit.*, p. 323-324.

109 ARAUJO, José Thomaz Nabuco de. *Sociedades de Responsabilidade Limitada. Projecto de Lei do Ministerio da Justiça. 1865*. Rio de Janeiro, 28 de outubro de 1865. Como veremos adiante, Nabuco de Araujo, quando ministro da Justiça, não autorizou a socieda de bancária de Mauá a fucnionar como comandita por ações.

110 http://www.dnrc.gov.br/Legislacao/decreto/dec3708.htm.

A Lei de Terras e o fim do tráfico negreiro em 1850

A expansão da cafeicultura fluminense na região do Vale do rio Paraíba do Sul valorizou cada vez mais a terra na região, em expansão desde o século XVIII.[111] Com o fim da concessão das sesmarias em 1822, o avanço sobre as terras ocorreu de forma desorganizada, e os conflitos, que já eram constantes, envolvendo proprietários e posseiros aumentaram. Segundo Lígia M. Osório Silva, "no período entre 1822 e 1850, a posse se tornou na única forma de aquisição de domínio sobre as terras, ainda que apenas de fato, e é por isso que na história da apropriação territorial este período ficou conhecido como a fase áurea do posseiro".[112]

Essa situação na região de agricultura mercantil escravista, somada a pressão sobre o fim do tráfico por parte dos ingleses, especialmente com o decreto do Bill Aberdeen pela Grã Bretanha em 1845,[113] fez com que na década de 1840 aumentasse a discussão acerca do fim do tráfico negreiro e a criação de uma lei de terras.[114]

Em 1842, a Seção do Império do Conselho de Estado encaminhou para a Câmara dos Deputados um projeto de lei de terra elaborado pelos conselheiros Bernardo Pereira de Vasconcelos e José Cesário de Miranda Ribeiro. Tal projeto tinha como principais pontos o de

> estabelecer a propriedade privada, a proibição de doação de terras, a obrigatoriedade da compra à vista em hasta pública por preço que seria, em princípio sobre estimado a fim de dificultar o acesso à terra ao imigrante e, dessa forma, ampliar a oferta de mão de obra para a cafeicultura, o produto da venda de terras públicas deveria ser usado para custear a imigração e a mesuração e registro de terras.[115]

Além disso, constava no projeto, a criação do imposto territorial.

Analisando o projeto de lei de terras no Brasil, e comparando com o que foi encaminhado nos Estados Unidos, Emília Viotti da Costa chegou à conclusão de que o projeto

---

111 MATTOS, *op. cit.*, p. 33-79 (A região de agricultura mercantil escravista).

112 SILVA, Lígia M. Osório. A " questão da terra" e a formação da sociedade nacional no Brasil. In: *II Congresso Brasileiro de História Econômica e 3ª Conferência Internacional de História de Empresas*, 1996, Niterói. Anais... Niterói: ABPHE, 1996. 5 vols., vol. 1, p. 38.

113 BETHEL, *op. cit.*; CONRA, *op. cit.*; TAVARES, *op. cit.*

114 A respeito das diferentes propostas sobre o fim do tráfico Cf. RODRIGUES, Jaime. *O infame comércio*. São Paulo: Editora da Unicamp, 2000.

115 LOBO, Eulália Maria Lahmeyer. *História Político-Administrativa da Agricultura Brasileira 1808-1889*. s.n.t., p. 118.

estava baseado nas teorias de Wakefield, na medida que "inspirava-se na suposição de que, numa região onde o acesso à terra era fácil, seria impossível obter pessoas para trabalhar nas fazendas, a não ser que elas fossem compelidas pela escravidão".[116]

A respeito dessa preocupação em controlar o acesso a terra, e com isso, controlar a mão de obra, Joaquim José Rodrigues Torres, em 1843, como deputado do partido conservador da província do Rio de Janeiro, encaminhou também um projeto de colonização, que acabou incorporado ao projeto do Conselho. Rodrigues Torres justificava seu projeto, alegando que "se não tomarmos alguma providência que proteja os interesses da agricultura, única indústria do Brasil, ficaremos bem depressa reduzidos à classe de proletários".[117]

A respeito da posição de Joaquim José Rodrigues Torres, José Murilo de Carvalho, com base nos Anais da Câmara e do Senado, que modificou o encaminhamento da Câmara, enfatizou que essa lei beneficiou principalmente os cafeicultores, base social do partido conservador, em detrimento de outros proprietários de outras regiões escravistas e não exportadoras.[118] Segundo José Murilo de Carvalho, o "exame da política de terras permite aprofundar a análise das relações entre governo e proprietário de terras".[119]

No tocante ao fim do tráfico negreiro, além da pressão inglesa contra o "comércio de almas", intensificada com o Bill Aberdeen de 1845, importante ressaltar uma outra questão: a relação entre a continuação do *tráfico* e a *ameaça à soberania nacional*.

Essa questão colocada por Eusébio de Queiroz, no famoso Discurso do Conselheiro Eusébio de Queiroz Coutinho Matoso Câmara, em 16 de julho de 1852,[120] segundo Ilmar Rohloff de Mattos, estava relacionada com o endividamento dos proprietários de terras frente aos traficantes e, da ameaça à ordem com o crescimento da população escrava frente à população livre.[121]

---

116   COSTA, Emília Viotti da. *Política de Terras no Brasil e nos Estados Unidos*. In COSTA, Emília Viotti da. *Da Monarquia à República, momentos decisivos*, 6ª ed. São Paulo: Brasiliense, 1994, p. 146.

117   ANAIS DO PARLAMENTO BRASILEIRO. Câmara dos Deputados, sessão de 11 de agosto de 1843, p. 717. MATTOS, *op. cit.*, p. 35.

118   CARVALHO, *op. cit.*, p. 303-325 (Parte II: Teatro de Sombras. A política imperial; cap. 3: A política de Terras: o veto dos barões). A respeito dos debates Parlamentares sobre a lei conferir também SILVA, Claudia Christina Machado e. *Escravidão e grande lavoura: o debate Parlamentar sobre a Lei de Terras (1842-1854)*. Curitiba, 2006. Dissertação (mestrado em História). UFPR.

119   *Idem*, p. 303.

120   MATTOS, *op. cit.*, p. 223 (nota 68).

121   Segundo Mattos, citando Calógeras, em 1850, "dos 38 negociantes de escravos mais importantes que se citavam no Rio de Janeiro, 19 eram portugueses, e 12, apenas, brasileiros. O mesmo se dava quanto aos navios". *Ibidem*, p. 225 (nota 72). A respeito dos traficantes estrangeiros verificar TAVARES, *op. cit.*, p. 131-141.

Conforme enfatiza o próprio Mattos, se no discurso dos *liberais* (*luzias*) acerca do fim do tráfico, enfatizava-se à relação ordem e segurança interna, para os *conservadores* (*saquaremas*) a questão estava relacionada, principalmente, com o endividamento dos proprietários de terra frente aos traficantes. Portanto, "não era o elemento português quem ameaçava nossa tranquilidade e aviltava a nossa soberania, e sim o *número excessivo de escravos, que resultava da cobiça dos traficantes e especuladores* (grifo nosso)".[122]

Após intenso debate na Câmara, foram aprovados num curto espaço de quatorze dias, o *fim do Tráfico Negreiro* – Lei nº 581 de 4 de setembro de 1850[123] e a *Lei de Terras* – Lei nº 601 de 18 de setembro de 1850. Com exceção do imposto territorial, que foi excluído, e das terras públicas que seriam vendidas em lotes de 300 hectares e leiloadas, todos os demais pontos favoráveis aos grandes proprietários do Centro-Sul foram contemplados na lei.

A lei de terras, segundo Lígia Maria Osório Silva, cristalizou a organização latifundiária na lavoura cafeeira fluminense, pois possibilitou ao Estado Imperial o "controle sobre as terras devolutas que desde o fim do regime de concessão de sesmarias vinham passando de forma livre e desordenada ao patrimônio particular"[124] e, garantiu, segundo José de Souza Martins, à classe dominante o controle da transição do trabalho escravo para o livre, com o advento do fim do tráfico negreiro. Segundo o autor,

> A Lei de Terras de 1850 e a legislação subsequente codificaram os interesses combinados de fazendeiros e comerciantes, instituindo as garantias legais e judiciais de continuidade de exploração da força de trabalho, mesmo que o cativeiro entrasse em colapso. Na eminência de transformações nas condições do regime escravista, que poderia comprometer a sujeição do trabalhador, criavam as condições que garantissem, ao menos a sujeição ao trabalho.[125]

Embora concorde com José de Souza Martins e Lígia Osório no geral, Marcia Menendes Motta, com base em outra documentação, destacou as dificuldades de implementação da Lei,

---

122 *Ibidem*, p. 226.

123 A respeito do fim do tráfico negreiro há uma extensa bibliografia já citada. Com relação a direção Saquarema e o debate sobre o tráfico internacional no Senado do Império cf. ESCOTESGUY FILHO, José Carlos. *Tráfico de Escravos e Direção Saquarema no Senando do Império*. Niterói, 2010. Dissertação (mestrado em História). PPGH/UFF.

124 SILVA, *op. cit.*, p. 39.

125 MARTINS, José de Souza. *O cativeiro da terra*, 3ª ed. São Paulo: Hucitec, 1986, p. 59.

ou seja, de registrar ou não a terra, face às disputas jurídicas envolvendo os vários atores sociais com interesse direto na terra, como os senhores de terras e os lavradores.[126] As "brechas" e as ambiguidades dos registros de terras possibilitaram aos atores em conflito, diversas interpretações da lei, o que demonstrou a dificuldade de regulamentá-la, o que aconteceu em 1854 e, mesmo assim, somente em 1864, tivemos uma Lei de Hipotecas de terras.[127]

Após a criação do Código Comercial, que legalizou a organização de sociedades anônimas e os contratos mercantis, o fim do tráfico negreiro e a aprovação da Lei de Terras, será que houve mudanças nos empréstimos à lavoura? Será que os bancos criados após 1850 emprestaram diretamente para o produtor? A respeito disso, e propondo uma reforma na legislação hipotecária, de modo que garantisse os empréstimos feitos à agricultura, Bernardo de Souza Franco afirmou em 1848:

> A agricultura pois, e em geral todas as industrias, que não tem para oferecer em garantias dos empréstimos senão estabelecimentos rurais, ou bens de raiz, hão de continuar a sentir falta de capitais a crédito enquanto a reforma da legislação citada, e a remoção dos obstáculos não vierem reabilitar entre nós esta especie de propriedade, e a tornar segura aos capitais sob ela emprestados (...).
>
> Para que as instituições de crédito aproveitem a lavoura indispensável é que admitam como garantia os meios ordinários do lavrador, seus terrenos, suas fábricas e seus frutos pendentes, e que o não sujeitem a mendigar firmas que de ordinário serão obtidas com sacrifício. Mas como aceitar esta garantia enquanto a legislação hipotecária, de preferências e diversas outras em vigor, tornarem duvidosa, ou difícil de reconhecer sua segurança?[128]

---

126 Uma leitura crítica à posição de Martins foi feita por MOTTA, Marcia M. *Nas fronteiras do poder: conflito e direito a terra no Brasil do século XIX*, 2ª ed., Niterói: EdUFF, 2008.

127 RODRIGUES, Pedro Parga. Registro Geral de Imóveis, propriedade e Estado Nacional no Segundo Reinado. *Almanack Braziliense*. São Paulo, n°10, p. 165-170, nov. 2009.

128 SOUZA FRANCO, *op. cit.*, p. 115

CAPÍTULO II
A criação do terceiro Banco do Brasil (1851-1853) e a Reforma Bancária de 1853

O PROJETO DE CRIAÇÃO DO BANCO DO COMÉRCIO E INDÚSTRIA DO BRASIL

O projeto dos estatutos do Banco do Comércio e da Indústria do Brasil foi publicado no Jornal do Commercio de 19 de fevereiro de 1851, e continha 106 artigos.[1] Tal fato fez com que uma série de artigos, de autores anônimos, fosse publicados diariamente no referido jornal, opinando desde nomes para a futura diretoria até modificações de determinados artigos do projeto. Para se ter uma ideia de tais artigos, que na realidade tratava-se de uma disputa pelo controle do banco através da indicação de nomes para a futura direção do banco, transcrevemos o seguinte:

> Sr. Redator – Logo que tive noticia de que se tratava de organizar um novo banco, apressei-me a concorrer com meu fraco contigente para que se levasse a effeito um estabelecimento que refuto de grande interesse para o commercio e progresso da industria nacional. Sei que as acções tem sido tomada com avidez, e para breve se marca já o dia da sua primeira reunião. Todos sabem que a prosperidade de estabelecimentos desta ordem, depende essencialmente da escolha da diretoria, e é por isso justo que se medite seriamente na escolha que se tem de fazer, affim de que ella recaia em pessoas de intelligencia, de reconhecida probidade e de um caracter absolutamente independente.
>
> Não vi ainda nomes de todos os senhores que tomarão acções; mas entre os de que me tem fallado, e de que neste momento me pude recomendar, eu não duvidaria em votar os nomes que o abaixo menciono (…).Um accionista

---

1   *Commercio. Projecto de Estatutos do Banco do Commercio e Industria do Brasil.* Jornal do Commercio. Rio de Janeiro, 19/02/1851, p. 2-3.

> Para diretoria do novo banco, os Senhores:
> Manoel Machado Coelho;
> Militão Máximo de Souza;
> José Teixeira Basto;
> Antonio José do Amaral;
> José Antonio de Figueiredo Junior;
> Antonio Alves Basto;
> Francisco de Silva Mello Soares de Freitas
> Irineu Evangelista de Souza
> Luiz Antonio Alves Carvalho.[2]

Num comunicado assinado com as iniciais M. F. G., na primeira página do referido periódico publicado em 27 de fevereiro do corrente ano, Irineu Evangelista de Souza deixou bastante claro qual era o objetivo de organizar um banco na Praça do Rio de Janeiro, que vinha de encontro com suas ideias sobre o crédito e a moeda:

> A projectada instituição do novo banco, em uma das maiores espheras concedidas a estabelecimentos desta ordem: o domínio e à influência que a complexidade e a grandeza das operações do banco vão necessariamente exercer, quer na fortuna dos indivíduos diretamente ligado, quer na do *público mercantil e industrial* (grifo nosso) (...)
>
> Suppondo pois que o Banco se institue porque a *magnitude* e o *incremento das transações comerciais desta praça* (grifo nosso) e do país comportam e até exigem um estabelecimento mais extenso que o atual Banco Comercial (do Rio de Janeiro) (...). Um novo e poderoso centro monetário, um *novo regulador de crédito e circulação e enfim até novos elementos de meio circulante* (grifo nosso), do qual podiam resultar imensos benefícios e comodidades ao corpo mercantil e ao país, como também podiam resultar gravíssimos males, conforme a prudência, segurança e lealdade, ou a incúria, incerteza e infidelidade que presidirem a estas operações (...).[3]

---

2 *Correspondencia*. Jornal do Commercio. Rio de Janeiro, 21/02/1851.

3 *Comunicado. Publicidade na conducta do novo banco*. Jornal do Commercio, Rio de Janeiro, 27/02/1851.

Tendo participado ativamente do processo de consolidação do Estado Imperial, o negociante Irineu Evangelista de Souza percebeu a importância de criar um *banco de depósitos e descontos*, que aspira ser de *emissão*, para canalizar recursos para uma série negócios que começavam a surgir na Praça do Rio de Janeiro e em outras províncias, frutos da criação do Código Comercial e do fim do tráfico negreiro em 1850. A respeito desses negócios, Sebastião Ferreira Soares disse:

> Extincto que foi o trafico dos africanos, a grande somma de *capitaes* que nesse anticatholico gyro se empregava, *refluio ás nossas principaes praças commerciaes em busca de novo emprego* (grifo nosso); mas não há quem ignore que toda e qualquer industria humana, para ser bem sucedida, é indispensavel que os seus executores tenhão feito sua aprendizagem; e como os capitaes dos negreiros tendião a buscar um mais util emprego no paiz, força foi explorar os melhoramentos materiaes que ate 1852 tinhão sido inteiramente abandonados.[4]

A primeira reunião dos acionistas para discutir o projeto dos estatutos do banco ocorreu em 1º de março de 1851, no pavimento superior da Praça do Comércio. Eleito presidente da reunião, Irineu Evangelista de Souza apresentou o projeto aos acionistas, que acabou gerando uma série de emendas ao mesmo. Tentando contornar as divergências, e com o intuito de evitar mudanças no projeto original, Irineu fez um discurso, onde propôs a criação de uma comissão para examinar os estatutos. Dizia o discurso:

> Srs. acionistas do Banco do Comércio e Indústria do Brasil:
>
> Colocado nessa cadeira por vossa eleição, é meu dever agradecer-vos a honra que acabais de fazer-me quando tanto entre vós eram sem dúvida muito mais dignos da vossa escolha.
>
> Passarei um dos deveres que minha posição impõe apresentando-vos o projeto dos estatutos de que já tendes conhecimento, e tenho ao mesmo tempo, o grande prazer de annunciar-vos que estão effectivamente tomadas as 10.000 acções que trata o artigo 5º do projecto.
>
> O *espirito de associação* (grifo nosso), Senhores, é um dos elementos mais fortes da prosperidade de qualquer paiz, e, por assim dizer, a alma

---

[4] SOARES, Sebastião Ferreira. *Esboço ou Primeiros Traços da Crise Commercial da Cidade do Rio de Janeiro em 10 de setembro de 1864*. Rio de Janeiro: Eduardo & Henrique Laemmert, 1865, p. 33

do progresso. (...) É o espirito de associação quem faz a grandeza e a prosperidade da Inglaterra, pois é elle quem fornece os meios de executarem essas obras gigantescas que, dando um valor a todos os cantos d'aquella nação, operam essa prodigiosa multiplicação de capitaes que alli se observa. É o espirito de associação que dotou esse paiz em 20 annos com 1.600 leguas de *caminhos de ferro* (grifo nosso), que atravessando o paiz em todas as direcções, leva a abundancia e a barateza por toda parte. (...).

Direi agora duas palavras sobre o projeto do estatuto: foi elle elaborado sobre uma base larga, porém na minha humilde opinião, os estatutos garantem a prosperidade do estabelecimento; existem neles providencias que acautelam tudo quanto é essencial, deixando todavia à direção uma porção de necessários arbitrios para conseguir o bom andamento das operações do banco.

Uma outra ideia, porém, tem sofrido contestação, e como o meu desejo é, sobretudo, acertar e concorrer com todas as minhas forças para que a lei organica do banco saia tão perfeita quanto quanto é possível desejar-se, resolvi de se logo propôr a nomeação de uma *commissão de exame* (grifo nosso) que, meditando sobre o projeto dos estatutos e coadjuvada como será pelas luzes dos sócios que possam ter idéas sobre a matéria, nos apresente com a urgencia que convem seu parecer, propondo as alterações ou ampliações que julgar convenientes.[5]

É importante destacar que o futuro Barão de Mauá foi para a Grã-Bretanha no início da década de 1840. Nesse país, além de organizar a casa comercial e bancária Carruthers, De Castro & Cia. com seu ex-patrão e sócio Richard Carruthers e Joseph Reynald de Castro (ou Joseph Henry de Castro)[6] em Manchester,[7] Irineu Evangelista de Souza presenciou o

---

5   *Publicações a pedido. Reunião dos accionistas do novo banco.* Jornal do Commercio, Rio de Janeiro, 02/03/1851.
6   No Manchester Archives and Local Studies, em 1845 existia a firma Carruthers, De Castro & Cia.,cujo endereço era 55, Spring Gardens. Além disto, Joseph Henry de Castro era um "merchant", ou seja, um negociante, que vivia em Vine Grove, Pendleton. Essas informações foram repassadas por Paula Moorhouse, Library Information Officer, Manchester Archives and Local Studies. O endereço é Central Library, St Peter's Square, Manchester M2 5PD.
7   Consoante com os biógrafos, o futuro Barão de Mauá encontrou seu antigo patrão e sócio Richard Carruthers, e juntamente com "José Henrique Reynall de Castro", organizaram a casa comercial e bancária Carruthers, De Castro & Cia. em Manchester. Cf. BESOUCHET, *op. cit.* Em 1850, Mauá, Carruthers e H. Dixon, esse último um comerciante ligado a importação de algodão dos EUA, organizaram a firma

desenvolvimento da malha ferroviária inglesa e da indústria do ferro e do carvão, como também as mudanças que estavam ocorrendo no setor bancário britânico, com o desenvolvimento dos *bancos por ações ou públicos ingleses* (*"joint-stock banks"*) e a centralização do sistema financeiro inglês em torno do Banco da Inglaterra na City de Londres, com a Reforma de Peel de 1844.⁸

Analisando com atenção o texto e o projeto dos estatutos do banco – Anexo 1 –, destacamos alguns artigos, que permitem compreender o porque da disputa pelo controle do *primeiro* banco criado após a promulgação do Código Comercial. O primeiro artigo que chamou atenção foi o que trata do próprio nome do banco, *Banco do Comércio e da Indústria do Brasil* (Artigo 1). Esse nome deixava claro a sua forma de atuação: fornecer o crédito para o comércio e a indústria. Analisando com atenção a palavra *indústria*, acreditamos que no século XIX, ela tinha ainda um significado muito mais genérico, do que o seu significado atual, como sinônimo da moderna fábrica capitalista. No Dicionário da Língua Portuguesa de 1891, a palavra indústria ainda significava:

> *Indústria* – Arte, destreza para granjear a vida. Engenho, traça em lavrar, e fazer obras mecânicas e qualquer trabalho, obra util do consumo dos homens. (...). Profissão mecânica, fabril (...). Conjunto de fatores que concorrem para a riqueza nacional. Diz-se das artes manuaes; e tambem da agricultura em oposição ao comércio; Industria Agricola; os trabalhos da agricultura. Industria da Pesca; os trabalhos da pescaria. Industria Extrativa; os trabalhos que se extrai as resinas ou goma de certas plantas, o minerio do seio da terra (...).⁹

Carruthers, Dixon & Cia. em Nova York. Essa rede será analisada no capítulo III. A respeito da viagem de Mauá verificar MAUÁ, *op. cit.*, p. 100-102.

8   A lei bancária de 1844, o Peel's Act Bank, em virtude de Sir Robert Peel ser o primeiro-ministro na época, centralizou a atividade bancária e financeira inglesa na City de Londres, conferindo não só ao Banco da Inglaterra o monopólio da emissão e, constituindo-se num verdadeiro Banco Central, como consolidou o poder do principal centro financeiro da Grã-Bretanha e do mundo até 1914. CAIN, P. J. & HOPKINS, A. G. Gentlemanly capitalism and British expansion overseas II: New imperialism, 1850 – 1945. *The Economic History Review*, 2nd ser. XL, I (1987), p. 1-26; CASSIS, Youssef. *Capitals of Capital: A History of International Financial. Centres, 1780 – 2005*. Cambridge: Cambridge University Press, 2006.

9   SILVA, Antonio de Moraes. *Dicionario da Lingua Portuguesa*. Rio de Janeiro: Empresa Literária, 1891. In: DINIZ, Adalton Francioso. O Encilhamento e a Ideologia Nacional-Desenvolvimentista. In: *II Congresso Brasileiro de História Econômica e da 3ª Conferência Internacional de História de Empresas, 1996*, Niterói. Anais. Niterói, ABPHE, 1997. 5 vols., vol. 5, p. 194. Na sua Autobiografia, Irineu Evangelista de Souza usou a palavra *indústria* tanto no sentido mais restrito, como indústria-manufatureira, quanto no sentido mais

Outro artigo a destacar estava relacionado ao tipo de banco proposto: o banco era de *depósitos* e *descontos*, e podendo ser de *emissão*, desde que *autorizado* (grifo nosso) pelo governo imperial (Artigo 2). Como mencionamos no capítulo 1, desde a liquidação do primeiro Banco do Brasil, coube ao Tesouro Nacional o monopólio da emissão de notas, e todos os bancos criados após 1830, sem exceção, esperavam receber do governo à autorização para emitir papel-moeda.

No tocante ao *capital* do banco, esse era no valor de 10.000 contos (10.000:000$000), divididos em vinte mil ações de 500 mil réis (500$000) (Artigo 3). Para se ter uma ideia de tal valor, o Banco Comercial do Rio de Janeiro, até então o maior banco da época, só teve seu fundo de capital de 5.000 contos completado em 1851, treze anos depois da sua fundação em 1838. O Banco Comercial iniciou suas operações com um fundo de 2.000 contos.[10]

Continuando com o projeto dos estatutos do banco, dois outros artigos também chamaram atenção: a possibilidade do banco criar *caixas filiais* em uma ou mais províncias com acionistas delas, subordinados a direção (Título VIII, Artigo 65) e a forma da administração (Título VI, artigo 39-51). No que se refere a esse último, conforme consta no artigo 39, o banco será administrado por nove diretores, eleitos anualmente pela assembleia dos acionistas entre aqueles com mais de vinte ações. Nessa forma de administração ficava claro que o grupo que tivesse um maior número de membros na direção, controlava o banco e, portanto, acesso ao crédito com maior facilidade, o que não agradava à muitos acionistas com receio do grupo de acionistas ligados a Irineu Evangelista de Souza.[11]

No tocante a criação das *caixas filiais*, mesmo não estando detalhado o seu funcionamento no estatuto, abriu-se a possibilidade da concessão de crédito para as atividades comerciais e demais "indústrias" nas outras províncias. É importante destacar que a criação de caixas filiais constava no projeto de Bernardo de Souza Franco de 1848, e constituía-se numa característica dos bancos por ações ou públicos ingleses.[12]

---

    genérico, como indústria em geral. Na maioria das fontes primárias pesquisadas, seu significado era bastante genérico, como estava no dicionário citado.

10   SOUZA FRANCO, *op. cit.*, p. 27 e 118

11   *Rio de Janeiro. Emendas offerecidas por accionistas do Banco do Brasil.* Jornal do Commercio, Rio de Janeiro, 10/04/1851.

12   GILBART, *op. cit.*, p. 248-255.

QUADRO VI: COMISSÃO ENCARREGADA DE ELABORAR OS ESTATUTOS DO BANCO DO BRASIL (1851)

Nomes e Endereço Comercial	Atividades	Naturalidade
Irineu Evangelista de Souza {Comendador (1851), Barão (1854) e Visconde de Mauá (1874)} Rua da Direita, 52.	Negociante Nacional* Comércio de Fazendas por atacado – mat. nº 275, de 05/05/1851** Presidente da Cia. Ponta da Areia Sócio da firma inglesa Carruters & Cia. – comércio de fazendas por atacado – mat. nº 279, de 05/05/1851**	Brasil
Isey Levy Rua da Alfândega, 7/2º A.	Corretor Juramentado* Corretor de Fundos Públicos – mat. nº 403, de 06/10/1851**	Inglaterra
João Pereira Darrigue Faro (2ºBarão e Visconde do Rio Bonito) Rua do Regente, 42.	Negociante Nacional* e fazendeiro Diretor da Cia. Phenix Fluminense (Cia. de Seguro contra fogo)*; Comércio de Grosso trato de Comissão – mat. nº 1, de 2/01/1851**; Vice-Presidente da Província do RJ (Presidente interino no lugar do Conselheiro Luiz Antonio Barbosa), 1850-1854; Deputado do Tribunal do Comércio	Brasil
Teófilo Benedito Ottoni Rua da Direita, 77.	Negociante Nacional* Comércio de Grosso Trato de Fazendas e Consignações – mat. nº 83, de 30/01/1851** Presidente da Sociedade dos Assinantes da Praça (1851-1854)	Brasil
João Manuel Pereira da Silva	Advogado, Deputado pela Província do Rio de Janeiro (Partido Conservador), Conselheiro e Presidente de Província	Brasil

Fonte: *AN. *Almanaque Laemmert Administrativo, Mercantil e Industrial da Corte e província do Rio de Janeiro*. Rio de Janeiro: Typ. Un. Laemmert, 1851-1854. BLAKE, Augusto Victorino A. Sacramento. *Diccionario Bibliográfico Brasileiro*. Rio de Janeiro: Typographia Nacional, 1883-1902, 7 vols. *Banco do Brasil. Jornal do Commércio*, Rio de Janeiro. 1851-1853; MAUÁ, Irineu Evangelista de Souza, Visconde de. *Autobiografia, exposição aos credores e ao público seguido de o meio circulante no Brasil*. Rio de Janeiro: Ed. Valverde, 1942

**AN. *Registro de Cartas de Matrículas dos Comerciantes, Corretores, Agentes de Leilões, Trapicheiros e Administradores de Armazéns de Depósitos do Tribunal do Comércio da Capital do Império*. IC³ 57. Livro 1, Tomo I de 1851/1855.

A proposta de Irineu Evangelista de Souza de criar uma comissão para examinar o projeto, como ressaltamos, constituiu-se numa estratégia para continuarem a frente da organização do banco. Embora constasse no Título IV, Artigos 34 e 35, a criação de uma Comissão de Exame, sua função de fiscalizar o cumprimento dos estatutos, e sua atuação permanente, era o oposto da proposta de Irineu, que era temporária. Após a eleição, a referida comissão ficou composta pelos seguintes nomes, em ordem decrescente de votos: Irineu Evangelista de Souza (101), Isey Levy (94), João Manoel Pereira da Silva (77), João Pereira Darrigue Faro (74) e Teófilo Benedito Ottoni (54). Como suplentes ficaram Pimenta Bueno e Ribeiro de Carvalho – verificar quadro VI acima.

O trabalho da comissão não foi tão calmo, como podíamos supor, já que muitos dos ali presentes eram sócios de Irineu Evangelista de Souza em outros negócios, como Teofilo Ottoni e Isey Levy.[13] As diferenças ficaram bastante claras quando em 9-04-1851, Irineu Evangelista de Souza e Isey Levy apresentaram um novo projeto de estatuto do banco – Anexo 2. Justificando o projeto, publicado no Jornal do Commercio de 9 de abril de 1851, Irineu demonstrou sua antipatia, principalmente com relação à João Manuel Pereira da Silva. A divergência de Irineu foi explicitada da seguinte forma:

> (…) Foi nomeada essa comissão, que trabalhou no melhor accordo, dando em resultado a eliminação de uma idéa do projecto de estatutos (a das hypotecas), mantendo-se todas as outras com pequenas modificações; porém, como se alterasse o enunciado de alguns artigos, julgou-se conveniente dar uma redacção uniforme aos estatutos, ao que não me oppuz,(…). Até aqui tudo marchou de accordo; não faltou porém quem me assegurasse que um dos membros da comissão trabalhava com menos lealdade; que seu pensamento era anullar-nos, caso nos não sujeitassemos aos seus caprichos: que infalivelmente exigiria elle para si um lugar na directoria, além de outros, e para um seu amigo a presidencia do novo banco.(…).
>
> Logo que recebemos a lista impressa dos accionistas, correndo os olhos sobre ella, sem combinação alguma, haviamos nos notado á margem

---

13 Irineu Evangelista de Souza era o segundo maior acionista da Companhia do Mucury, uma companhia de navegação e comércio do rio Mucury, organizada por Teófilo Ottoni, seu maior acionista. A respeito dessa companhia verificar o decreto nº 802, de 12/07/1851. BRASIL. *Collecção das Leis do Imperio do Brasil de 1852*. Tomo XV, Parte II. Rio de Janeiro: Typographia Nacional, 1853. SILVA, Weder Ferreira da. *Colonização, política e negócios: Teófilo Benedito Ottoni e a trajetória da Cia. do Mucuri. (1847-1863)*. Ouro Preto, 2009 (mestrado em História). Universidade Federal de Ouro Preto.

alguns nomes que nos pareciāo aptos para dirigirem o banco, unicamente com o fim de chamar sobre elles a atenção dos accionistas (...). Foi só depois de sabermos que effectivamente se organizava outra chapa que nos resolvemos a chamar mais attenção dos Srs. accionistas sobre esses nomes publicados nessa lista. Será isto introduzir a desordem, a exclusão, a hostilidade nos negócios do banco Sr. Dr. Pereira da Silva? (...).[14]

No Jornal do Commercio de 19/04/1851, foi publicado o parecer da comissão, sem contar com Irineu Evangelista de Souza e Isey Levy. Nesse parecer – Anexo 2 – a comissão rejeitava não só o projeto dos dois, que foi apresentado no dia 9 de abril, como propunha um novo estatuto, cujo conteúdo era mais próximo do primeiro projeto de fevereiro. A publicação era a seguinte:

> Senhores acionistas
>
> Sabeis muito bem que a Comissão que teve a honra de ser por vós nomeada para o fim de examinar e rever o projeto primordial de Estatutos que oferecera o Sr. Irineu Evangelista de Souza, na primeira convocação dos subscritores, para o novo banco, elaborou e apresentou na segunda sessão um novo projeto assinado na melhor harmonia e acordo por todos os seus membros. Alguns senhores acionistas, no louvável intuito de melhorar o trabalho da comissão, dignaram-se de oferecer emendas ao projeto, quer na ocasião de ser ele discutido, quer posteriormente (...).
>
> Reunindo-se a Comissão com um dos seus membros, o Sr. Irineu Evangelista de Souza, apresentou-lhe um novo projeto de sistema administrativo inteiramente oposto, tanto ao primeiro por ele mesmo a princípio ofertado, como ao segundo redigido pela Comissão e de unânime voto. O Sr. Irineu declarou oferecê-lo como emenda substitutiva ao projeto da Comissão e teve em seu favor o voto do ouro membro, o Sr. Isey Levy.
>
> A Comissão não hesitou em preferir o seu projeto à emenda, porque bem pensara quando se incumbira de o elaborar, e como que aprovado já fora pela Assemblea. Ademais, admitindo-se algumas pequenas emendas dos Srs. acionistas, e corrigindo-se alguns erros de impressão, como a falta de palavra – para – do artigo 19, está

---

14 SOUZA, Irineu Evangelista de. *O novo banco*. Jornal do Commercio, Rio de Janeiro, 09/04/1851, p. 2, col. 4.

persuadida a Comissão que para organizar-se o Banco e começar suas operações, este trabalho seu oferece mais vantagens e garantias para os acionistas (...).[15]

Comparando os três projetos, existem algumas diferenças importantes. Começamos pelo novo nome do banco, que passou para *Banco do Brasil* (Artigo 1º), tanto no projeto de Irineu, quanto no da comissão. Tal mudança tinha uma grande relevância simbólica, já que se constituiu no *terceiro* banco com esse nome, e estava ligada ao fato da possibilidade do banco tornar-se num *banco emissor de notas em nível nacional* (grifo nosso), como foi o primeiro Banco do Brasil.

Outras diferenças importantes foram apresentadas na composição acionária para a formação do fundo de capital, na administração do banco e na criação de caixas filiais. Nessa última, somente o projeto de fevereiro fazia menção (Artigo 65), enquanto que no projeto de Irineu e o da comissão não incluíram tal artigo. Acreditamos que a não inclusão do artigo do primeiro projeto, estava relacionado ao fato de que o governo não tinha regulamentado a criação de caixas filiais de bancos.[16]

Com relação á administração do banco, o projeto original e o da comissão mantinham os nove diretores eleitos entre os maiores acionistas, forma adotada pelo Banco Comercial do Rio de Janeiro, enquanto que no projeto de Irineu a administração caberia a um *conselho de direção*, composto por seis diretores, eleitos na Assembleia Geral entre os maiores acionistas, e dois gerentes (Artigo 39). O modelo proposto por Irineu era a forma existente nos bancos por ações ingleses, distinguindo-se dos bancos particulares ingleses.[17]

No tocante à formação do fundo de capital, condição fundamental para o banco iniciar suas operações – Artigo 9 do decreto nº 575 – no projeto de Irineu havia uma maior tolerância nos prazos para a subscrição das ações, como também dava uma maior facilidade para o pagamento das mesmas (Artigo 5). Com relação às operações bancárias, o projeto de Irineu distinguiu-se do projeto da comissão em dois artigos. O primeiro dizia respeito da permanência do artigo do projeto original, que abria a possibilidade de o banco operar

---

15 *Rio de Janeiro. Banco do Brasil. Jornal do Comércio*, Rio de Janeiro, 9-04-1851, p. 2-3 cols. 3-6 e 1-4.
Na sua autobiografia, Mauá diz que o interesse era sobre os vencimentos dos cargos dos diretores. Alterando os estatutos, segundo ele, "os pretendentes que formigavam retiraram-se da arena (...)". MAUÁ, *op. cit.*, p. 121-122.

16 Não existia no Código Comercial qualquer artigo acerca da criação de caixas filiais.

17 Enquanto nos bancos particulares, o número de sócios não ultrapassava à seis, e os mesmos administravam o estabelecimento, no banco por ações o número de sócios eram ilimitados, e cabia a um conselho de direção a administração do banco. Verificar GILBART, *op. cit.*, p. 229-240.

com *hipotecas*, desde que a assembleia dos acionistas determinasse, e o governo promovesse mudanças na legislação, condição fundamental para que o banco pudesse efetuar empréstimos com garantias (Artigo 65). O segundo estava ligado ao fato de que o banco daria preferência aos descontos dos negociantes que abrissem conta corrente no banco (Artigo 69). Essa forma de atrair depositantes, através de uma remuneração para os depósitos à vista, constituiu-se também numa das características dos bancos por ações ingleses.[18]

A resposta de Irineu Evangelista de Souza, frente ao projeto da Comissão, veio através de um artigo publicado no Jornal do Commercio de 24/04/1851, no mesmo dia em que seria realizada à Assembleia dos acionistas que decidiria qual dos dois projetos seria o vitorioso. Nesse artigo, Irineu justificava assim o seu voto em separado na comissão:

> Srs. acionistas:
>
> Divergindo o projeto de estatutos que tenho a honra de oferecer nesta ocasião a vossa consideração a exame, em pontos essenciais, daquele que fora por mim apresentado na reunião de 1 de março, estou na obrigação de expandir as razões que me moveram a modificar a minha opinião nos pontos em que aparece a divergência que denuncio em referência aquele projeto original.
>
> Entendeu a maioria da comissão de que fiz parte que, havendo vós designado a mesma comissão para tomar conhecimento das novas emendas que se ofereceram ao projeto de estatutos por ela oferecido, e que continha todas as ideias do projeto original, com exclusão de uma única (a das hipotecas) haveis vos por esse fato, aceito e como que aprovado o seu trabalho. Outro foi o meu modo de pensar; pois vendo que nem mesmo provisoriamente consentistes que o projeto de estatutos da comissão se constituísse lei do estabelecimento mui clara e terminantemente deixastes entrever que aceitareis qualquer trabalho que melhor satisfizesse aos fins que temos em vista: julguei pois do meu dever meditar sobre os trabalhos até agora oferecidos à vossa consideração, e compará-los com as disposições que regulam os mais bem organizados bancos de outros países, muito mais adiantados que nós em semelhantes matérias (...). O resultado desse estudo foi a convicção de que o *sistema administrativo* (grifo nosso) dos projetos anteriores de que depende essencialmente a prosperidade do estabelecimento tem graves defeitos. Não me atrevo a dizer que o meu projeto nesta parte

---

18   *Ibidem*, Parte Segunda (Instituições Bancárias).

satisfaça a todos os escrupulos, porém me parece-me inquestionável que encerra um melhoramento demonstrável sobre o projeto da comissão. Uma administração de nove membros é já por si só um defeito, pela dificuldade que apresenta de uma ação unida sendo tantas as vontades; se acrescentarmos que estes nove membros são remunerados da maneira mais mesquinha, cresce de ponto esse defeito, pois nem o incentivo assaz forte do interesse obriga os diretores a assiduidade e dedicação que exigem os interesses do banco.

O meu projeto contém ainda outras disposições que ampliam a ação do banco, como seja a ideia animadora de *preferir nos descontos os comerciantes que abrirem contas correntes com o banco* (grifo nosso) pela vantagem que daí pode resultar do estabelecimento, ideia apresentada pelo nosso colega da comissão Isey Levi fundada no fato talvez bem menos conhecido que desta fonte emanão principalmente dos interesses de alguns bancos que tem um nome europeu. Insisto também na conveniência de se admitirem novos subscritores, por haverem muitas exigências neste sentido, e parece-me um dever de lealdade visto que os estatutos estabelecem um fundo de 10.00:000$000, a aceitação dos capitais que se apresentam para preencher esse fim até o ato da instalação do banco, e mesmo ocioso é demonstrar que quanto mais forte for o capital do estabelecimento, com tanto mais segurança deve ele captar com preferência nas grandes operações que por ventura deverão ser confiadas a tais estabelecimentos para o futuro (...).[19]

A estratégia de Irineu deu resultado. Na Assembleia Geral dos Acionistas do Banco do Brasil, seu projeto foi o vencedor, e no Jornal do Comércio de 25/04/1851, publicou-se uma nota a respeito dessa reunião, que dizia o seguinte:

Reuniram-se ontem, em assemblea geral, os accionistas do Banco do Brazil, e após uma discussão prolongada aprovaram o projecto dos estatutos apresentados pelo Sr. Irineu Evangelista de Souza e que publicamos no jornal do Commercio de 9 do corrente. Está, pois, organizado o Banco do Brazil e si, como é de esperar, forem aprovados pelo governo os seus estatutos, principiará as suas transações logo que nomear o conselho de direção.

---

19 *Publicação a Pedido. Voto separado do Sr. Irineu Evangelista de Souza.* Jornal do Commercio, Rio de Janeiro, 24/04/1851, p. 1, cols. 5-6.

Aprovado o estatuto, faltava somente a autorização do governo imperial, para que o banco entrasse em operação. Em 02/07/1851, através do decreto nº 801, foi aprovado oficialmente o estatuto do banco, com algumas modificações importantes:

> 1ª No artigo 30, ficão suprimidas as palavras depósitos, letras e registros delas.
>
> 2ª O artigo 59 fica substituído pelo seguinte: "Terá a faculdade emissora de emitir letras e vales, contando que o prazo não seja menor de cinco dias, e nem a quantia menor de 200$000; e que a soma em circulação nunca exceda a 1/3 do fundo efetivo".
>
> 3º O artigo 71, paragrapho segundo não revoga a disposição do decreto nº 575 de 10 de janeiro de 1849.[20]

A decisão do governo Imperial em modificar o estatuto, já era esperada. Numa consulta à Sessão da Fazenda do Conselho de Estado em 18 de junho de 1851, composta pelo ministro de estado Joaquim José Rodrigues Torres (Visconde de Itaboraí) e pelos conselheiros de estado Manoel Alves Branco (Visconde de Caravelas), Pedro de Araújo Lima (Visconde de Olinda) e Antonio Francisco de Paula e Hollanda Cavalcanti (Visconde de Albuquerque), essa propôs modificações nos estatutos do banco para sua aprovação. Dentre as modificações e pareceres do conselho destacamos:

> O artigo 2º que declara que o banco não é de emissão parece que o banco não é de emissão em manifesta contradicção com o artigo 59º, que lhe faculta emissão de 50% de seu capital em vales, que não são moeda. (...)
>
> O artigo 43, que só exige o depósito no banco de 20 acções por cada um dos membros do Conselho em garantia de seu procedimento não parece sufficientemente providente.
>
> O artigo 65 que permite adiantamentos sobre hypothecas sobre bens de raiz, quando a legislação hypothecaria offereça garantias convenientes, pode trazer graves embaraços e compromettimentos ao banco, não se estabelecendo algumas regras que possão evitar esse resultado.

---

20 BRASIL. *Collecção das Leis do Imperio do Brasil de 1851*. Tomo XIV, Parte II. Rio de Janeiro: Typographia Nacional, 1852, p. 180. O decreto nº 575, de 10 de janeiro de 1849, estabeleceu as regras para a incorporação de quaisquer sociedades anônimas. Verificar BRASIL. *Collecção das Leis do Imperio do Brasil de 1851*. Tomo XII, Parte II. Rio de Janeiro: Typographia Nacional, 1849, p. 10-12.

> Opinando assim, nem por isso condena a sessão a dissolução ou reorganização dos bancos que actualmente existem funccionando no Imperio e que foram approvados sob o imperio de outras leis ou de outras praticas praticas do governo, e que hoje devem considerar-se revogadas pelo novo código; (...).
>
> O Conselheiro de Estado Hollanda Cavalcanti tem duvida acerca da intelligencia do artigo 295 do Código Commercial no que diz respeito ao estbelecimento de – associações anonymas – para a creação de banco de quaesquer denominação.
>
> Entende que estes estabelecimentos não só compromettem os interesses de estranhos a taes associações mas compromettem mesmo os direitos e obrigações impostas ao governo do paiz.
>
> *As associações anonymas não respondem senão pelos capitaes correspondentes á associação; os bancos envolvem relações commerciaes, que abrangem capitaes illimitados* (grifo nosso).
>
> Os bancos de emissão, como os que existiam, affectavam o typo, o valor e cunho da moeda legal e, portanto, não podiam ser comprehendidos no artigo 295 do Codigo Commercial; e era seu parecer, que se esperasse uma resolução da Assembleia Geral Legislativa a respeito de tais estabelecimentos.[21]

A partir dessa resolução do Conselho, ficou claro que para o governo imperial, a emissão de vales significava não só emissão de moeda como também, concorrendo com as notas do Tesouro, aumentaria o estoque de moeda, prejudicando o câmbio. A posição do Conselho com relação ao banco corroborou com a posição do ministro da Fazenda Rodrigues Torres, que no seu Relatório de 1849, apresentado na Assembleia de 1850, já chamava atenção da necessidade de manter o controle sobre o estoque de moeda.[22]

Outro ponto a destacar no parecer do Conselho estava relacionado à organização da sociedade. Para o governo, os diretores e acionistas de qualquer sociedade anônima tinham *responsabilidades ilimitadas* e não *limitadas*, como estava no estatuto do Banco do Brasil.

---

21 BRASIL. Conselho de Estado. *Consultas da Sessão de Fazenda do Conselho de Estado*, vol. 3. Rio de Janeiro: Typographia Nacional, 1850-1855, p. 115-117.

22 BRASIL. Ministério da Fazenda. *Proposta e Relatório apresentado a Assembléa Geral Legislativa na Primeira Sessão da Oitava Legislatura pelo Ministro e Secretario de Estado dos Negocios da Fazenda Joaquim José Rodrigues Torres*. Rio de Janeiro: Typographia Nacional, 1850.

Essa questão que envolveu a responsabilidade dos acionistas e sócios constituiu-se num dos grandes debates da época, e como afirmamos no capítulo 1, a sociedade de responsabilidade limitada não constava no Código Comercial.

O TERCEIRO BANCO DO BRASIL (1851-1853):
O "BANCO DO BRASIL DE MAUÁ"

A aprovação do governo possibilitou à direção do Banco do Brasil convocar os acionistas para a primeira Assembleia Geral. Nela, os acionistas tomaram conhecimento do regimento interno, aprovaram os nomes do futuro presidente e secretário da instituição e também realizaram a primeira entrada de capital. A respeito dessa nota, publicada no Jornal do Comércio de 3 de agosto de 1851, temos o seguinte:

> O conselho de direção do Banco do Brasil convida os senhores acionistas do mesmo banco a realizarem a primeira entrada na importância de 50$000 por ação, do dia 6 até o dia 20 do próximo mes. Casa do Banco do Brasil, em 30 de julho de 1851. o presidente – barão de Ipanema. O secretário – Irineu Evangelista de Souza.[23]

Dando continuidade a organização da administração do banco, na Assembleia de 5 de agosto, foram aprovados os nomes de George Gracie e G. Henrique Benjamim Riedy para gerentes e o regimento interno do banco. É importante destacar que o negociante francês Henrique Benjamin Riedy, em 1828, organizou um engenho de açúcar sob a forma de sociedade anônima em Ubatuba (São Paulo), engenho de Brajahimerindube, e que tinha como acionistas o negociante João Rodrigues Pereira de Almeida e José Clemente Pereira.[24] Embora eleito para presidir a referida assembleia, o Conselheiro Honório Hermeto Carneiro Leão (futuro Marquês de Paraná) não estava presente, sendo a mesma presidida pelo comerciante e sócio de Mauá em outros negócios João Ignácio Tavares.[25]

---

23 *Publicações a pedido. Banco do Brasil.* Jornal do Commercio, Rio de Janeiro, 03/08/1851.

24 Podemos perceber que o Visconde de Mauá vai estar relacionado com a *rede de sociabilidade* na qual o seu ex-patrão, João Rodrigues Pereira de Almeida, era uma dos indivíduos chaves. A respeito do conceito de rede de sociabilidade cf. BERTRAND, Michel. De la familia a la red de sociabilidad. *Revista Mexicana de Sociología*, n°61, abril-junio, 1999, México, p. 107-135; *Idem. Del actor a la red: análisis de redes e interdisciplinaridad. Nuevo Mundo Mundos Nuevos.* [En línea], Coloquios, 2009, Puesto en línea el 12 novembre 2009. URL : *http://nuevomundo.revues.org/index57505.html.*

25 João Ignácio Tavares foi sócio de Edward Johnston na firma inglesa Edward Johnston & Cia. em 1842.

Conforme podemos observar no Quadro VII, a diretoria do banco foi composta por comerciantes, *matriculados* ou não no Tribunal do Comércio. Importante destacar a presença de *corretores*, que de acordo com o decreto nº 806, de 26/07/1851,[26] estavam divididos em três classes, a saber: *fundos públicos*, de *navios* e de *mercadorias*. Os corretores de fundos públicos constituíram num seleto grupo, que estavam avalizados pelo Estado em negociar com as letras do Tesouro e de atuarem na Bolsa de Valores do Rio de Janeiro, criada em 1848.[27] Outro destaque na diretoria – Quadro VII – consistiu na presença de Honório Hermeto Carneiro Leão, o Marquês de Paraná na presidência da instituição em 1852-1853.[28]

O terceiro Banco do Brasil entrou em operação no dia 21 de agosto de 1851. A respeito desse fato, no Jornal do Comércio de 18 de agosto do corrente, a direção do banco publicou um artigo onde esclareceu como seriam feitas suas operações bancárias, principalmente no desconto de letras a partir das garantias de penhor, cauções ou fianças. Dizia a nota o seguinte:

> De ordem do Conselho da Direção anuncia-se ao público que, no dia 21 do corrente, começam as operações do mesmo banco o qual fará o desconto de 6% sobre letras da terra ditas de câmbio, títulos particulares, gêneros armazenados, em depósito alfandegados e ações de companhias; e o de 5% sobre apólices da dívida pública, títulos e letras do governo, penhores de ouro, prata e diamantes.
>
> Os empréstimos em geral, têm que se fazer em penhores, cauções ou fianças, não se verificarão todavia senão por meio de letras aceitas pelo impetrante.[29]

GREENHILL, Robert. Edward Johston: 150 anos em café. In: BACHA, Edmar e GREENHILL, Robert. *Marcelino Martins & E. Johnston: 150 anos de café*, 2ª ed. revista. Rio de Janeiro: Salamandra Cons. Ed. S/A, 1992, 143-282. Houve um homônimo, possivelmente pai de João Ignácio Tavares, que foi negociante e um dos maiores traficantes de escravos do Rio de Janeiro na década de 1810. Cf. FRAGOSO, *op. cit.*, p. 243 e 252.

26 BRASIL. *Código Commercial do Imperio do Brasil*. Annotado com toda legislação do país que lhe é referente. Comentado por Sallustiano Orlando de Araujo Costa, 2ª ed. Rio de Janeiro: Eduardo e Henrique Laemmert, 1869, p. 654-666

27 A respeito dos corretores e da Bolsa de Valores do Rio de Janeiro, verificar LEVY, *op. cit.*, p. 70-84

28 Durante a pesquisa nos Arquivos, Biblioteca Nacional, Arquivo Nacional, e no próprio Banco do Brasil, não foi possível encontrar a lista completa dos acionistas. Na Biblioteca Nacional, nas Sessões das Obras Gerais e Obras Raras, existem fichas que mencionam listas de acionistas. Entretanto, somente a lista de 1857 foi possível consultá-la. As outras não "existem". No Jornal do Commercio de 24/08/1851, o Banco do Brasil publicou uma nota em que relatava que seu capital estava integralizado, com as 20.000 ações ficando com *618 acionistas*.

29 *Publicações a pedido. Banco do Brasil*. Jornal do Commercio, Rio de Janeiro, 18/08/1851.

QUADRO VII: DIRETORIA DO BANCO DO BRASIL (1851-1853)

Cargo	1851	1852	1853
Presidente	José Antonio Moreira (Barão de Ipanema) Negociante Nacional* Comércio de navios e gêneros nacionais – mat. nº 528, 04/10/1852**	Honório Hermeto Carneiro Leão (Marquês do Paraná) Negociante Nacional*	Honório Hermeto Carneiro Leão Presidente do Conselho de Ministros e Ministro dos Negócios da Fazenda do Gabinete de 6 de setembro de 1853
Secretário	Irineu Evangelista de Souza (Visconde de Mauá) Negociante Nacional* comércio de fazendas por atacado – mat. nº 279, de 05/05/1851**.	Francisco Casemiro de Cruz Teixeira Negociante Estrangeiro de Importação e Exportação* João José Ribeiro da Silva Negociante Nacional*	Francisco Casemiro de Cruz Teixeira João José Ribeiro Silva
Diretores 1) Presidente		1) Manoel Machado Coelho	1) Irineu Evangelista de Souza
2) Secretário		2) Irineu Evangelista de Souza	2) Militão Máximo de Souza Deputado do Tribunal do Comércio da Corte (1853)*
3) Membros	3) José Antonio de Figueiredo Jr. Negociante Nacional/Capitalista e proprietário de prédios, etc. *- Comércio de importação de carne seca e gêneros do Sul e do Rio da Prata; Manoel Machado Coelho Negociante Nacional* Militão Máximo de Souza Negociante Nacional*- Comércio de Importação de carne seca e gêneros do Sul e do Rio da Prata; Comércio de grosso trato de navios e de comissões – mat. nº 3, de 02/01/1851**	3) Militão Máximo de Souza José Antonio de Figueiredo Jr João Ignácio Tavares Negociante Nacional* Manoel Joaquim Ferreira Netto Negociante Nacional* José Bernardino Teixeira Negociante Nacional*	3) José Antonio de Figueiredo Jr Antonio Ribeiro Queiroga Negociante Nacional* – Armarinho e loja de Miudezas, etc. João Ignácio Tavares José Bernardino Teixeira Manoel Joaquim Ferreira Netto

continuação – QUADRO VII: DIRETORIA DO BANCO DO BRASIL (1851-1853)

Cargo	1851	1852	1853
Gerente	George Gracie Cidadão brasileiro, natural da Escócia, corretor de fundos públicos – mat. n° 804, 02/04/1855**	George Gracie	George Gracie
Tesoureiro	Henrique Benjamim Riedy Corretor de fundos públicos***	Joaquim Pereira Vianna da Lima Jr.	Joaquim Pereira Vianna da Lima Jr.

Obs: Negociante Nacional = Negociante Brasileiro (nascido no Brasil).
Fonte: *AN. *Almanaque Laemmert Administrativo, Mercantil e Industrial da Corte e província do Rio de Janeiro*. Rio de Janeiro: Typ. Un. Laemmert, 1851-1854.
Banco do Brasil. Jornal do Commércio, Rio de Janeiro, 1851-1853.
**AN. *Registro de Cartas de Matrículas dos Comerciantes, Corretores, Agentes de Leilões, trapicheiros e Administradores de Armazéns de Depósitos do Tribunal do Comércio da Capital do Império*. Livro I, IC³ 57. Tomo I de 1851/1855.
***LEVY, Maria Barbara. *História da Bolsa de Valores do Rio de Janeiro*. Rio de Janeiro: IBMEC, 1977, p. 161 (Listagem dos Corretores de Fundos Públicos).
MAUÁ, Irineu Evangelista de Souza, Visconde de. *Autobiografia, exposição aos credores e ao público seguido de o meio circulante no Brasil*. Rio de Janeiro: Ed. Valverde, 1942.

 O início das operações do Banco do Brasil fez com que o Banco Comercial do Rio de Janeiro, que até então monopolizava a Praça do Rio de Janeiro, baixasse as suas taxas de desconto das letras do tesouro para 4%, as letras do próprio banco para 5%, e o recolhimento do depósito para 4%.[30]

 O primeiro ano de funcionamento do banco foi bastante promissor. Segundo o relatório apresentado aos acionistas em junho de 1852 – Anexo 3 – o Conselho de Direção apresentou dados bastante interessantes acerca do funcionamento da instituição. A análise do relatório permitiu destacar cinco pontos: 1°) o banco não investiu em *hipotecas*; 2°) a confiança que a diretoria do banco tinha de torná-lo um *banco de emissão nacional*; 3°) a criação dos *caixas filiais* nas províncias de S. Pedro do Rio Grande (atual Rio Grande do

---

30 VIANNA, Victor. *Banco do Brasil. Sua Formação, seu engrandecimento, sua missão nacional*. Rio de Janeiro: Typ. do Jornal do Commercio, 1926, p. 327.

Sul) e São Paulo; 4º) a criação de uma *conta* no Banco da Inglaterra; 5º) e a modificação do número de *diretores*, passando de 5 para 7.

No tocante ao primeiro ponto, o banco *não* realizou nenhum *empréstimo* envolvendo *hipotecas*. Analisando a legislação sobre terras ficou claro que a falta de um regulamento da Lei de Terras, não deu garantias ao banco em efetuar empréstimos para a agricultura.[31] Quanto ao segundo ponto, a diretoria achava que pelo volume das transações comerciais e pela magnitude do banco, o governo reconheceria sua importância no tocante ao crédito para o "comércio e industrias", e o tornaria num *banco emissor de notas*.[32]

Com relação ao terceiro ponto, ficou claro que a criação dos dois caixas filiais, obedeceu a critérios econômicos e políticos. É bom destacar que nos estatutos do banco, não constava a criação dos caixas filiais, em virtude da ausência de uma regulamentação específica. O Código Comercial não mencionava a criação de caixas filiais. A escolha das regiões de São Pedro do Rio Grande e de São Paulo tinha haver com os negócios dos acionistas do banco. Os principais acionistas, como Militão Máximo de Souza (futuro Visconde do Andaraí) e José Antonio de Figueiredo Júnior, além do próprio Irineu Evangelista de Souza, tinham negócios com o comércio do abastecimento na região Sul, principalmente no comércio da carne verde, um dos principais produtos de importação da Corte.[33]

Quanto ao quarto ponto, a abertura de uma conta no Banco da Inglaterra, a questão do acesso ao crédito era fundamental. A Lei inglesa de 1844 proibiu os bancos provinciais ingleses de efetuarem emissões de notas próprias, conferindo ao Banco da Inglaterra o monopólio das emissões.[34] A partir desse momento, com o Banco da Inglaterra tornando-se Banco Central da Grã Bretanha, o financiamento que existia para o desenvolvimento do comércio interprovincial inglês, e por que não dizer, do comércio exterior das casas comerciais inglesas, ligadas aos bancos provinciais, foi substituído pelo acesso direto, sob certas

---

31   LOBO, Eulália Maria Lahmeyer. *História Político-Administrativa da Agricultura Brasileira 1808-1889*. Rio de Janeiro: Ministério da Agricultura, s.d., p. 119-120.

32   Na Grã-Bretanha e na França, os bancos da Inglaterra e França respectivamente, em meados do século XIX, eram os únicos bancos emissionistas nesses dois países.

33   A respeito de Militão Máximo de Souza e de outros negociantes ligados ao comércio de abastecimento da Corte pós-1850 verificar o trabalho de GRAÇA FILHO, Afonso de Alercastro. *Os convênios da carestia: crises, organização e investimentos do comércio de subsistência da Corte (1850-1880)*. Rio de Janeiro, 1991. Dissertação (mestrado em História). Universidade Federal do Rio de Janeiro.

34   GILBART, *op. cit.*, p. 141-188.

condições ao Banco da Inglaterra.³⁵ Tal fato já demonstrava a vitória *currency school* (*metalista*) na Grã-Bretanha, e a imposição das regras do padrão-ouro nas trocas internacionais.

Para finalizar a análise do relatório, no quinto ponto, podemos verificar que a mudança na composição da direção, Quadro VII, estava ligada a uma lógica administrativa, já que aumentando o número de diretores, e existindo suplentes, não haveria risco de impedimentos legais caso algum membro da direção se ausentasse conforme o referido artigo 48 do estatuto do banco.

No final do ano de 1852, a mudança da composição da direção do banco e as caixas filiais de São Pedro do Rio Grande e de São Paulo foram autorizadas e regulamentadas pelo governo imperial através dos decretos de nº 1040 e 1067, de 06/09/1852 e 15/11/1852, respectivamente.³⁶ No regulamento das caixas filiais, contendo de 37 títulos, chamou atenção à organização do fundo de capital e a administração. Com um fundo de capital de 1.000:000$000 (um mil contos), essas caixas filiais podiam emitir vales e letras à prazo, não menores de cinco dias, e até metade do seu fundo de capital, correspondentes as ações emitidas nas respectivas províncias. Quanto à administração, essa seria feita por uma diretoria de cinco membros, nomeando entre si um presidente, um secretário e um gerente, com cinco suplentes. Caberia ao Conselho de Direção do banco no Rio de Janeiro, a nomeação dos diretores e dos suplentes das caixas filiais.

A posição do governo em relação às caixas filiais e a emissão de letras ou vales com valores nunca inferiores a 100$000, de certa forma era esperado. No entanto, não podendo tolher tal iniciativa, na medida em que no interior do próprio governo não havia ainda um consenso sobre bancos e caixas filiais, as caixas filiais do Banco do Brasil foram autorizadas a funcionar.

No mesmo período, Irineu Evangelista de Souza juntamente com o mesmo grupo de negociantes e "capitalistas" que organizaram o Banco do Brasil, criaram a Imperial Companhia de Navegação a Vapor e Estrada de Ferro Petrópolis.³⁷ Na organização dessa empresa, Irineu

---

35 A respeito do financiamento do comércio provincial e colonial britânico e das mudanças provocadas pela lei de 1844 verificar: COLLINS, Michael. Long-term of the English Banking Sector and Money Stock, 1844-1880. *The Economic History Review*, 2nd. ser., vol. XXXVI, 3(1983), p. 374-393; CHAPMAN, Stanley D. *Merchant Enterprise in Britain. From the Industrial Revolution to World War I*. Cambridge, Cambridge University Press, 1992.

36 BRASIL. *Collecção das Leis do Império do Brasil de 1852*. Tomo XV, Parte II. Rio de Janeiro: Typographia Nacional, 1853, p. 368-369 e 418-424.

37 Na 1ª ata da Cia., de 29/05/1852, consta os seguintes nomes: Irineu Evangelista de Souza (representando também Richard Carruthers), Isaac Carruthers, José Antonio Pimenta Bueno (Marquês de São Vicente), Militão Máximo de Souza, José Ignácio Tavares, Manoel Correa de Aguiar, Teófilo Benedito Ottoni e outros. A lista de acionistas da Cia. e as atas estão reunidas em BRASIL. Ministério da Educação e Cultura.

recebeu do presidente da província Luis Pedreira do Couto Ferraz (visconde de Bom Retiro) primeiramente a concessão para a construção em 27 de abril de 1852, e depois o privilégio de zona em que podia explorar e ter o monopólio das terras à cinco 5 léguas da linha.[38] Essa estrada, cujas obras começaram em 29 de agosto de 1852, constituiu-se na primeira estrada de ferro construída no Brasil, inaugurando seu primeiro trecho em 1854, como também rendeu a Irineu Evangelista de Souza o título de *Barão de Mauá*.

A CRISE DE 1853 E A REFORMA BANCÁRIA DE 1853

O Banco do Brasil, que segundo seu estatuto deveria durar vinte anos, existiu somente dois anos. Através da lei nº 683, de 5 de julho de 1853, o banco foi fundido com o Banco Comercial do Rio de Janeiro, gerando um novo Banco do Brasil, o quarto com esse nome.[39] A razão alegada pelo governo foi de que a rivalidade do Banco do Brasil com o Banco Comercial estava gerando uma crise econômica. No Retrospecto Mensal de Maio, o Jornal do Commercio de 02/06/1853, através do seu editorial, responsabilizava a concorrência e a política de emissões dos bancos como causadora da crise que afetava a Praça do Rio de Janeiro. Dizia o Jornal o seguinte, a respeito das operações bancárias:

> No mercado monetário, o de desconto foi o que prendeu quasi exclusivamente a attenção da praça durante todo o mez, e ao qual se subordinarão todas as transacções. O seu estado tornou-se uma fonte de cuidados e de embaraços para a maior parte das nossas casas comerceaes, e por assim dizer paralysou as operações ordinarias da praça. Bem que o actual estado de cousas fosse previsto de ha muito pelos negociantes mais prudentes, a todos tem feito soffrer, mais ou menos, a subita pressão que se seguio á determinação tomada pelos bancos de suspenderem suas operações, exceptuando sómente o caso da reforma parcial das letras por eles descontadas. Esta determinação collocou grande numero de casa em aperto taes, que se lhes não tivessem valido os recursos ministrados com a mais louvavel liberalidade por alguns dos nossos primeiros corretores de fundos, teriamos presenciado seguramente uma crise seria.
> (...)

Anuário do Museu Imperial, vol. XVI. Petrópolis, 1955, p. 47-212. e MAUÁ, *op. cit.*, p. 125.

38 Lei Provincial do Rio de Janeiro, nº 602, de 23 de setembro de 1852.

39 BRASIL. *Collecção das Leis do Império do Brasil de 1853*. Tomo XVI. Rio de Janeiro: Typographia Nacional, 1854.

> Como era de esperar, o juro foi subindo á proporção que apparecia e augmentava a demanda do dinheiro, até que chegou a 9 e 10% para as primeiras firmas. Ao passo que assim se elevava o juro e se tomava o dinheiro a 8% sob caução de apólices da dívida pública, adherião os bancos, na reforma das suas letras, á taxa antiga de 7%, e conservão o juro a 5%, desviando assim *os capitaes e impossibilitando-se de dar a praça o auxilio de que ella carecia!* (grifo nosso).
>
> A posição e o procedimento dos bancos tem sido o assumpto geral da conversação. A diminuição do capital fluctuante, por motivo da sahida de quantias avultadas para as provincias, contribuio muito por sem duvida para o aperto que hoje se sente; mas estamos que a *causa principal desse aperto foi o espirito de especulação e a demasiada expansão das operações, alimentados, se é que não foram provocaddos, pelas insolitas facilidades dadas pelos bancos em maio e junho do anno passado. Que a offerta de dinheiro barato e a prazo de um anno levou muita gente a transacções que a prudencia reprovava por excessivas, é cousa que ninguém contesta* (grifo nosso) (...).[40]

A posição do Jornal do Commercio, na realidade constituiu-se na própria posição do governo central. No interior do Estado Imperial, principalmente entre os conservadores, que defendiam a agricultura mercantil escravista fluminense e das antigas áreas de exportação, como Bahia e Pernambuco, era cada vez mais forte a ênfase na necessidade do controle monetário para a estabilidade cambial. Como temos enfatizado, para o governo, a adoção de tal política monetária – o padrão-ouro, a redução dos níveis de liquidez no mercado só viria com o controle sobre o sistema bancário privado.[41]

Analisando o Relatório do Ministério da Fazenda de 1852, o ministro Joaquim José Rodrigues Torres reafirmava sua posição favorável a criação de um banco emissor ligado ao Estado. Nesse Relatório ficou evidente que o ministro reconhecia a importância dos bancos privados, como já tinha ressaltado no Relatório de 1850, só que chegou o momento de se criar um banco emissor capaz de controlar as emissões, principalmente no tocante ao estoque do papel-moeda. Para o ministro, de nada valeria o governo reduzir o estoque, se os bancos através das emissões o fariam aumentar, e somente através de um *banco emissor oficial*, fruto da *incorporação* dos bancos existentes, e não da criação de um novo banco, poderia ajudar o governo. Propondo então a organização desse novo banco, o ministro justificou tal medida da seguinte forma:

---

40 *Commercio. Retrospecto Mensal. Maio de 1853.* Jornal do Commercio, Rio de Janeiro, 02/06/1853.

41 No primeiro semestre de 1853, vários artigos no Jornal do Comércio criticavam os bancos, como sendo os responsáveis pelas dificuldades da economia.

Forçoso porêm he confessar que, a par dos beneficios, os *Bancos podem tambem causar grandes pertubações na ordem econômica* (grifo nosso), se não estiverem adstrictos a regras e cautelas, que sejão fielmente observadas.

Hum Banco de emissão negocea mais com o seu credito do que com o capital de que dispõe; e para poder acudir ao pagamento de grande massa de papel, que qualquer panico ou acontecimento sinistro faça affluir ao Estabelecimento, he indispensavel ser muito *prudente em suas emissões* (grifo nosso); que não desconte senão a prazos curtos e com solidas garantias; e que demais conserve sempre em caixa hum fundo disponivel destinado a restabelecer o equilibrio, que póde a cada momento romper-se, entre o movimento das notas apresentadas para serem realisadas em moeda metallica e o pagamento das letras ou titulos que houver descontado. (...)

De tanta magnitude são as questões, que se podem suscitar a respeito da organização dos bancos; tal influencia podem elles exercer sobre o meio circulante, mórmente em paízes, onde, como no Brasil, he representado em grande parte por papel-moeda; e tamanho peso me merecem as opiniões de estadistas notaveis e o exemplo de nações de primeira ordem, que começo a duvidar se ao governo pertence com effeito conceder a incorporação de semelhantes associações.

Acresce que, solicitando, na Sessão de 1851, autorização para substituir algumas ou todas as classes de valores do papel-moeda por notas de gyro limitado, declarei todavia que devêra esta medida ser acompanhada do resgate, ainda que lento e gradual, do referido papel.

Não desconhecia eu as difficuldades e perigos que encontraria na execução de tal medida, a não ser auxiliada por hum Banco, que se encarregasse de substituir por suas notas o papel do governo; mas estava convencido, como ainda estou, que seria irrealisavel á esse tempo a organização de semelhante estabelecimento.

As circumstancias porêm tem mudado de então para cá. A riqueza publica, e com ella a somma das transacções tem crescido; o espirito industrial começa a desenvolver-se de huma maneira bem pronumciada; e por fim *a insufficiencia do papel-moeda he attestada pela presença de 16 a 20 mil contos metallicos, com que se acha augmentada a massa do meio circulante* (grifo nosso).

Parece pois chegado o prazo de *crear-se um Banco de Emissão, que não só auxilie o governo no no resgate do papel-moeda, mas ainda o progressivo augmento do crédito e da riqueza* nacional. (grifo nosso). (...)

Não julgando pois que se possa crear hum Banco Official para preencher o fim que levo exposto, he minha opinião que se procure *incorporar* na Capital do Imperio, *por via de acções, hum Banco de depositos, descontos e emissões* (gifo nosso) sob as seguintes bases:

1ª O Banco terá fundo capital de 30.000 contos; que poderá ser augmentada por deliberação da Assemblèa Geral dos Accionistas e approvação do governo; e durará 30 annos, contados da data da installação.

2ª As notas do banco serão realisaveis em moeda corrente (metal ou papel-moeda) e gozarão do privilegio exclusivo de serem recebidas nas Estações Publicas da Corte e Provincia do Rio de Janeiro, e nas das outras, onde forem estabelecidas Caixas filiaes.

3ª Não poderá emittir notas de menos de 20$ na Corte e Provincia do Rio de Janeiro; e de menos 10$ nas outras Provincias do Imperio.

4ª O *Presidente do Banco será nomeado pelo Imperador* (grifo nosso): presidirá a Assemblea Geral do Accionistas e a Diretoria ou Conselho geral: (...).

5ª O Banco *obrigar-se-ha a retirar da circulação o papel do governo* (grifo nosso) á razão de 2.000 contos annualmente; devendo o resgate começar dentro de dous annos depois de sua installação (...).[42]

A posição do governo imperial com relação aos bancos privados foi contestada por Bernardo de Souza Franco. Defensor da pluralidade bancária, Souza Franco escreveu um artigo no Jornal do Commercio, onde criticava a política conservadora do ministro da Fazenda Rodrigues Torres. Para ele, a política restritiva do governo tendia a piorar a situação, já que o problema dos mercados do Império era justamente a *falta de meio circulante* (grifo nosso). Nesse artigo, que reproduzimos abaixo, Souza Franco chamou atenção o fato de que a política econômica do ministro, proporcionando uma entrada de metais, com a cunhagem de ouro e prata chegando à quantia de 27.566:276$5000 (23.879:805$000 de ouro + 3.686:471$500 de

---

42 BRASIL. Ministério da Fazenda. Relatório do Ministério da Fazenda de 1852. Rio de Janeiro: Imprensa Nacional, 1853, p. 13-16.

prata),⁴³ não significou aumento de crédito para as atividades econômicas, seja na Corte, seja nas outras províncias. A proposta de Souza Franco era de substituição do papel-moeda por notas conversível em metal. Em síntese, temos o seguinte:

> 1º – Que os mercados do imperio não têm o meio circulante necessário para seu uso; e a prova está nas diárias queixas que houve no Pará, e tem por fundadas, da *falta de meio circulante* (grifo nosso), e na subida do valor de todos os gêneros de primeira necessidade, dos salarios, dos alugueis de casa, etc.
>
> 2º – Que grande erro commetteu o Sr. Rodrigues Torres, facilitando a entrada de ouro, e admittindo-o como moeda circulante; pois, estando já depreciado este metal, e devendo a depreciação crescer cada vez mais com o progressivo augmento das explorações auríferas da California e Australia, tem o Brazil soffrido já o prejuizo de 4.000 contos (mal haja o Sr. Rodrigues Torres).
>
> 3º – Que se deve retirar da circulação todo o papel-moeda, e substitui-lo por *notas realisaveis em metal* (grifo nosso), não devendo a summa destas montar a menos de 80 a 100 mil contos, para poder relisar-se a expansão e contusão do mercado monetario. (...).⁴⁴

A questão que envolveu o governo imperial e os bancos privados, responsabilizando-os pela crise, encontrou defensores e opositores na historiografia econômica brasileira. No início da Primeira República, face à política monetária implementada por Rui Barbosa no primeiro governo republicano, e que os seus opositores a chamaram de *encilhamento,*⁴⁵ discussão semelhante ocorreu. Defensores do metalismo, e porque não dizer da manutenção da hegemonia de setores ligados agroexportação, principalmente os comerciantes e proprietários de terras, personalidades como João Pandiá Calógeras, criticavam a política monetária de Rui Barbosa, com os mesmos argumentos daqueles que quarenta anos antes criticaram a atuação dos bancos privados e a política de Souza Franco, que falaremos no

---

43 souza, Carlos Inglês de. *A anarchia monetária e suas consequências.* São Paulo: Monteiro Lobato, 1924, p. 107

44 Um admirador de grandes genios. A crise monetária. Jornal do Commercio, Rio de Janeiro, 04/04/1853.

45 Os opositores argumentam que tal política, baseada na pluralidade bancária, criou condições para a especulação e inflação, daí o termo ligado a corrida de cavalo encilhamento (jogatina). A respeito dessa política verificar o trabalho de levy, Maria Barbara. O Encilhamento. In: neuhaus, Paulo (coord.). *Economia Brasileira: uma visão histórica.* Rio de Janeiro: Campus, 1980, p. 191-257.

capítulo 3. Defendendo a intervenção do governo imperial, e responsabilizando os bancos privados pela crise de crédito de 1853, Pandiá Calógeras disse o seguinte:

> O ano de 1853 ia por à prova a resistência do mercado. Surgiu uma crise de crédito, elevando-se a taxa de juros de 4% e 5%, valor normal em caso de firmas de primeira ordem, para 10% e 12%.
>
> Os embaraços foram atribuídos ao abuso de atividades comerciais criadas ou alimentadas pelos vales dos bancos fundados de 1833 a 1851. A gravidade da pertubação aumentou a ponto de exigir uma intervenção do Tesouro, que emprestou a esse estabelecimentos 4.000:000$000 em títulos a curto prazo, 2,4 e 6 meses. A crise foi debelada mas permaneceram germes nocivos (...).[46]

Contemporâneo de Calógeras, porém defensor da pluralidade bancária implementada pela política de Rui Barbosa, Amaro Cavalcanti discordava de Calógeras ao enfatizar a importância dos primeiros bancos privados, principalmente no tocante ao crédito, num período de carência fruto da política econômica do governo imperial. Para Cavalcanti,

> Taes instituições bancárias teem, aos nossos olhos, uma grande importancia historica. De um lado, é, sem dúvida, digno de ser notado: que aquillo que o Governo não tinha conseguido *ver realizado* (autor), apezar de seu grande empenho, manifestado na lei e nos expedientes da administração, isto pode effectual-o o simples esforço privado, e, certamente, com grades vantagens para o mesmo Governo e para o público em geral; e de outro lado, que, não obstante os graves defeitos que se encontram em algumas disposições de seus estatutos, os bancos a que nos referimos constituíram um progresso assaz assignalado, na marcha da economia nacional sendo facto innegavel, que todos eles segundo o estado comercial e ou industrial das respectivas praças ou províncias em

---

46   CALÓGERAS, *op. cit.*, p. 77.
  Nessa mesma linha incluímos a análise de Antonio Carlos Ribeiro de Andrade e de Ramalho Ortigão.
  João Pandiá Calógeras teve uma grande atuação política na Primeira República. Monarquista, engenheiro de minas, com trabalhos importantes sobre a mineração do Brasil, foi também Ministro da Fazenda (30-06-1916 té 06-09-1917), Presidente da Sociedade Nacional de Agricultura (SNA) e Ministro da Agricultura, Indústria e Comércio (MAIC). A respeito da SNA e do MAIC verificar MENDONÇA, Sonia Regina de. *Ruralismo. Agricultura, Poder e Estado na Primeira República.* São Paulo, 1990. Tese (doutorado em História). Universidade de São Paulo – Programa de Pós-graduação em História.

que foram organizados – concorreram com suas operações e recursos para o desenvolvimento comum, *auferindo e produzindo* (autor) reaes beneficios, maiores ou menores, conforme as circunstancias.[47]

Autores mais contemporâneos têm refletido sobre a necessidade ou não do governo imperial ter criado o quarto Banco do Brasil, como também da atuação dos bancos privados. Mircea Buescu, através da análise sobre inflação e a política monetária, chegou à conclusão de que "o subperíodo de 1853 a 1857 poderia ser rotulado como pequeno encilhamento. Para ele, a criação do Banco do Brasil em 1853 justificava-se, "pois antes dessa data os bancos multiplicavam os seus vales, emitindo à vista ou a curto prazo (entre 1846 e 1853 aumentaram de 950 para 5.310 contos de réis) e estes eram verdadeiros substitutos da moeda". Entretanto, como ele mesma salienta, tal criação constituiu-se no ponto de partida de uma forte e desordenada expansão do crédito, com a constituição de uma série de empresas, em grande parte de caráter especulativo, desembocando na crise de 1857,[48] que trataremos mais adiante (capítulo 3).

Analisando esse período, Pelaez e Suzigan concordaram com a posição dos pluralistas, como Bernardo de Souza Franco e o próprio Mauá, que viram no declínio da taxa de descontos, muito mais como fruto da necessidade do crédito para as atividades econômicas, do que uma simples rivalidade entre os bancos existentes. Para estes autores, a crise de 1853 foi de responsabilidade exclusiva do governo, na medida que não criou mecanismos "de regulamentação dos mercados monetários e de capitais e do sistema bancário em geral".[49]

Conforme podemos verificar nas Tabelas 6 e 7, os bancos realmente elevaram a taxa de desconto, que passou de 5 1/2% em 1852, para 7 1/2% em 1853, como também ocorreu um aumento da massa monetária, que passou de 47.977 contos (1851), para 52.252 contos em 1853, como decorrência das emissões dos vales. A taxa de câmbio variou entre um mínimo de 27 ½ a um máximo de 30 1/4, significando uma valorização do mil réis.

Importante ressaltar, que as operações realizadas pelos bancos, também eram feitas pelas *casas bancárias*. Organizadas sob a forma de sociedades comanditas, e com um capital inferior aos dos bancos existentes, as casas bancárias cobravam de 2 a 3% a mais do que os

---

47 CAVALCANTI, *op. cit.*, p. 161. Amaro Cavalcanti teve destacada atuação na Primeira República, sendo também Ministro da Fazenda (15/11/1918 até 17/01/1919)

48 BUESCU, Mircea. A Inflação Brasileira de 1850 a 1870: monetarismo e estruturalismo. *Revista Brasileira de Economia*, 26(4): 125-147, out./dez. 1972. Rio de Janeiro: FGV.

49 PELAEZ e SUZIGAN, *op. cit.*, p. 78.

bancos nos descontos de letras. Com relação aos empréstimos sob caução e hipotecas, os bancos cobravam 2% a mais que o do desconto de letras.[50]

TABELA 6: PAPEL-MOEDA CIRCULANTE E TAXA DE CÂMBIO (1850-1864)

Anos	Papel moeda emitido (contos de réis)			Taxa de câmbio (pence/mil réis)	
	Tesouro	Bancos	Total	Máxima	Mínima
1850	446.884	11.147	448.031	228	226 ¾
1851	446.684	11.313	447.997	330 ½	227 ½
1852	446.684	33.631	550.315	230 ¼	228 ¾
1853	446.693	55.569	552.262	229 ¼	227 ½
1854	446.693	115.531	662.224	228 5/8	226 ½
1855	446.693	221.063	667.756	228	227
1856	446.693	440.128	885.827	228 ¼	227
1857	443.677	551.540	995.217	228	223 ½
1858	441.655	550.905	992.570	227	223 ¾
1859	440.701	555.172	995.873	227	223 ¼
1860	337.600	550.391	887.991	227 ¼	224 ½
1861	335.108	446.904	882.012	227 ¾	224 ½
1862	333.324	445.740	779.064	227 ¾	224 ¾
1863	330.594	551.127	881.721	227 1/8	226 ¾
1864	229.094	770.449	999.543	227 ¾	225 ½

Fonte: CAVALCANTI, Amaro, *op. cit.*, p. 314 e TEIXEIRA, *op. cit.*, p. 60.

TABELA 7: TAXA DE DESCONTO DE LETRAS COBRADAS PELOS BANCOS DO RIO DE JANEIRO

Anos	Taxa
1847	7%
1848	6%
1849	7%
1850	7 ½%
1851	6 ½%
1852	5 ½%
1853	7 ½%
1854	8%

---

50 ANDRADE, *op. cit.*, p. 158.

continuação - TABELA 7: TAXA DE DESCONTO DE LETRAS
COBRADAS PELOS BANCOS DO RIO DE JANEIRO

Anos	Taxa
1855	7%
1856	8%
1857	8 ½*
1858	10%
1859	8%
1860	9%
1861	9%
1862	10%*
1863	9 ½*
1864	8%*

*Como a taxa variou nesses anos, colocamos a média dos doze meses.

Fonte: BRASIL. Comissão de Inquérito sobre o meio circulante. Relatório da Comissão de Inquérito nomeada por aviso do Ministério da Fazenda de 10 de outubro de 1859. s. nº t., 3vo. em I; BRASIL. Comissão de Inquérito de Inquerito sobre as Causas da Crise na Praça do Rio de Janeiro, 1864. *Relatório da commissão encarregada pelo governo imperial por avisos do 1º de outubro e 28 de dezembro de 1864 de proceder um inquerito sobre as causas principaes e accidentaes da crise do mez de setembro de 1864*. Rio de Janeiro: Typographia Nacional, 1865. Anexo, série D, Quadro N.1J In: Andrade, *op. cit.*, p. 158.

Ainda com relação às emissões dos bancos, essas aumentaram de 1.313 contos em 1851 para 5.569 contos em 1853, significando um aumento de aproximadamente de 324%. Tal política emissionista, a nosso ver, concordando com Pelaez e Suzigan, deveu-se ao fato de que os vales "teoricamente forneciam crédito por alguns dias devido ao seu pronto vencimento, na prática, sua circulação era estendida bem além dos vencimentos. Muitos os usavam como reserva de valor e os bancos até o desenvolviam à circulação em seus pagamentos, funcionando como dinheiro e não puramente como instrumento de crédito".[51]

Uma análise interessante sobre o momento da intervenção do governo foi apresentada por Denio Nogueira.[52] Concordando com as posições de Pelaez e Suzigan, este autor acrescentou que a criação de um banco com monopólio da emissão, como o proposto pelo ministro da fazenda, só foi possível em virtude de um quadro orçamentário bastante favo-

---

51   PELAEZ e SUZIGAN, *op. cit.*, p. 78.
52   NOGUEIRA, Denio. *Raízes de uma nação. Um ensaio de História Sócio-Econômica Comparada*. Rio de Janeiro: Forense Universitária, 1988.

rável. Analisando o orçamento e a política fiscal do período, o autor credita ao empréstimo de 1.040.600 libras esterlinas, tipo 95, o mais elevado até então, com juros de 4 ½ %, o responsável pelo superávit do ano fiscal 1852-1853.[53] Com déficit fiscal desde 1848, fruto da política fiscal e monetária do próprio governo, a situação agravou-se ainda mais com a campanha contra Rosas no Uruguai, que elevou as despesas militares em mais de 50%, e aumentou o déficit fiscal, passando de 1.600 contos em 1850/1851, para 6. 800 contos no exercício de 1851/52. Somente através do empréstimo externo, política essa que foi fundamental para equilibrar o orçamento do Império[54] – Tabela 8 – houve um "ganho líquido de £ 988.570 (cerca de 9.000 contos), mais que suficientes para a cobertura do déficit fiscal do exercício (6,8 mil contos)". Portanto, com o superávit de 4.000 contos no exercício 1852/1853, a situação ficou bastante propícia para o governo implementar a reforma bancária.[55]

TABELA 8: RELAÇÃO DE EMPRÉSTIMOS CONTRAÍDOS 1850-1875 (LIBRAS)

Ano	Valor Líquido	Tipo*	Juros**
1852	1.040.000	95	4 1/2%
1858	1.425.000	95 1/2	4 1/2%
1859	508.000	–	5%
1860	1.210.000	90	4 1/2%
1863	3.300.000	88	4 1/2%
1865	5.000.000	74	5%
1871	3.000.000	87	5%
1875	5.000.000	96 ½	5%

OBS:* Tipo 95 significava que o empréstimo era baseado na relação L 95 em dinheiro por L 100 em capital nominal. Na realidade, o empréstimo de 1852 foi de £ 954.250, que somado a comissão, dava a soma de £ 1.040.000 de capital nominal. **Juros anuais.

Fonte: CARREIRA, Liberato de Castro. *História Financeira e Orçamentária do Brasil*. Tomos I e II, 2ª ed. Brasília/Rio de Janeiro, Senado Federal/Casa de Rui Barbosa, 1980; BOUÇAS, Valentim. Dívida Externa 1824-1945. *Finanças do Brasil*, vol. XIX. Rio de Janeiro: Secretaria do Conselho Técnico de Economia e Finanças/Min. da Fazenda, 1955. In: Teixeira, *op. cit.*, p. 61.

---

53 O empréstimo de 1852 alcançou o preço de emissão de 95% e juros de 4 ½ % (menor do que a média de 5%). SILVA, Anderson Caputo. Origem e História da Dívida Pública no Brasil até 1963. http://www.tesouro. fazenda.gov.br/divida_publica/downloads/Parte%201_1.pdf.

54 A respeito da dívida externa Cf. ABREU, Marcelo de Paiva. *Dívida Pública Externa do Brasil*, 1824-1931. *Estudos Econômicos*, vol. 15, nº 2, 1985, p. 167-189; Idem. *Brasil, 1824-1957: Bom ou Mau Pagador?* Rio de Janeiro: PUC/RJ, 1999. (Texto Para Discussão 403); TEIXEIRA, *op. cit.*; ZILIOTTO, *op. cit.*; SUMMERHILL, William. *Political economics of the domestic debt in nineteenth century Brazil*. Rio de janeiro: IPEA, 2005.

55 NOGUEIRA, *op. cit.*, p. 366. A respeito dos dados verificar a tabela que se encontra na página 332.

Temos, até o momento, enfatizado a relação crise de 1853 e criação do quarto Banco do Brasil com base numa análise macroeconômica. A análise dos balanços do segundo Banco do Brasil, Tabela 9, que se constituiu numa análise microeconômica, permitiu complementar e compreender melhor o comportamento do banco no período 1852-1853. No tocante ao Ativo do banco, ou seja, de crédito do banco, em *valores nominais*, houve um aumento da conta empréstimos, que passou de 8.658:834$707 em junho de 1852, para 12. 579:127$430 em junho de 1853, aumento esse da ordem de 45%. Desses empréstimos destacamos as *letras descontadas com penhor* e *letras caucionadas,* essa última em 1853.[56] Com relação ao encaixe do banco, verificamos uma diminuição do caixa, que caiu de 2.728:160$111 em junho de 1852, para 1.443:005$151 em dezembro de 1852. Esse declínio de 89%, foi amenizado com o aumento do caixa em junho de 1853, que passou para 1.829:597$730, uma recuperação de 26%. Nessa recuperação, chamou atenção a presença das letras de emissão, letras do tesouro e os depósitos da filial do Rio Grande.

---

56 Segundo Fran Martins, na legislação, os termos *caução* e *fiança mercantil* (contrato segundo o qual uma pessoa se obriga, perante um credor, a satisfazer débito do devedor comerciante caso este não o pague, desde que a obrigação derive de causa comercial) aparecem como *sinônimos*. Para o autor, isto não é real, pois, "caução é o gênero, sendo a fiança uma das suas espécies". Portanto, a caução é uma "garantia, pessoal ou real, que alguém dá a outrem para se prevenir de iminente, provável ou possível lesão, dano ou prejuízo. Logo, prestar caução significa fazer depósito em valores, títulos, como letras do tesouro e da dívida pública, hipotecas de bens de raiz. como garantia da seriedade do comprimento de um contrato. No Código Comercial de 1850, a caução é sinônimo da fiança, que por sua vez, está associada aos corretores, Artigos 40 a 44, 256 a 258, e 784 e 785. Com a criação do Código Civil, a caução e a fiança foram modificadas – Artigos 790 a 795 e 1.481 a 1.504 respectivamente. Cf. MARTINS, *op. cit.*, p. 319-329.

TABELA 9: BALANÇOS DO BANCO DO BRASIL (1852-1853)

	JUN 1852	DEZ 1852	JUN 1853
1. ATIVO			
1.1 EMPRÉSTIMOS*	(8.658:834$707)	(9.361:497$034)	(12.579:127$430)
1.1.1 LETRAS DESCONTADAS	8.658:464$085	9.360:627$019	5.887:483$501
1.1.2 LETRAS CAUCIONADAS	–	–	6.689:691$057
1.1.3 DESCONTOS A RECEBER	370$622	870$015	1:952$867
1.2 ENCAIXE			
1.2.1 CAIXA**:	2.726:160$111	1.443:005$151	1.828:597$730
1.2.1.1 EM DINHEIRO	–	–	830:697$730
1.2.1.2 EM LETRAS DO TESOURO	–	–	323:500$000
1.2.1.3 EM LETRAS DE EMISSÃO	–	–	674:400$000
1.2.2 CAIXA FILIAL DO RIO GRANDE	–	355$000	104:768$000
1.2.3 BANCO DE PERNAMBUCO	–	66:315$978	20:821$850
1.2.4 AGÊNCIA EM LONDRES	697$712	697$712	697$712
1.2.5 METAIS	–	78:437$000	14:499$540
1.3 ACIONISTAS	7.000:000$000	5.000:900$000	2.999:100$000
1.4 OUTROS:			
1.4.1 CASA DO BANCO	143:523$722**	138:352$332	141:741$202
1.4.2 MOBILIA	–	–	–
TOTAL	18.529:216$252	17.884:096$241	17.665:623$829
2. PASSIVO			
2.1 CAPITAL	10.000:000$000	10.000:000$000	10.000:000$000
2.2 RESERVA	11:264$102	23:001$680	42:867$104
2.3 SELO	2:048$260	1:560$720	4:124$800
2.4 DEPÓSITOS****:	8.348:256$400	7.675:276$141	7.317:167$475
2.4.1 LETRAS A PAGAR	4.956:440$324	5.956:276$141	4.957:427$332
2.4.2 LETRAS DE EMISSÃO	782:800$000	1.594:200$000	1.912:600$000
2.4.3 CAUTELAS DE DEPÓSITO	2.109:600$000	124:800$000	4:000$000
2.4.4 CONTA CORRENTE	498:807$178	–	443:140$143
2.4.5 CREDORES DE JUROS	608$898	–	–
2.5 DIVIDENDOS:			
2.5.1 1º DIVIDENDO	160:000$000	1:736$000	1:032$000
2.5.2 2º DIVIDENDO	–	180:000$000	1:827$000
2.5.3 3º DIVIDENDO	–	–	296:000$000
2.5.4 DIVIDENDO DE CAUÇÃO	–	180$000	600$000
2.6 PERDAS E LUCROS	7:647$490	2:341$700	2:005$450
TOTAL:	18.529:216$252	17.884:096$241	17.665:623$829

Fonte: Banco do Brasil. Publicações a pedido e Commercio. Jornal do Commercio. 1852, 1853.

Empréstimo = 1.1.1+1.1.2+1.1.3
**Caixa = 1.2.1.1+1.2.1.2+ 1.2.1.3
***Casa do Banco + mobília
****Depósitos = 2.4.1+2.4.2+2.4.3+2.4.4+2.4.5

Com relação ao Passivo do banco, ou seja, das obrigações do banco, houve um aumento da reserva, que passou 11:264$102 em junho de 1852, para 42:867$104 em junho de 1853. Tal conta, que era exigida por lei, e cuja função primordial era controlar a quantidade de depósitos, sinalizava um diminuição dos mesmos, o que de fato aconteceu. A conta depósitos diminuiu de 8.348:256$400 em junho de 1852, para 7.317:167$475 em junho de 1853, um diminuição de 14%. Nessa conta vale destacar o aumento das emissões, que passaram de 782;800$000 em junho de 1852, para 1.594:200$000 em dezembro do mesmo ano, aumento esse da ordem de 100%, e próximo do terço do fundo efetivo do banco.

Analisando a relação Ativo/Passivo do banco, através dos coeficientes Caixa/Depósito e Empréstimo/Depósito, Tabela 10, podemos traduzir melhor os números apresentados. A prática bancária sugere que, no tocante ao primeiro coeficiente, comumente chamado de Coeficiente de Encaixe, "um elevado valor é desaconselhável em termos de rentabilidade, visto que isso implicaria um excesso de recursos líquidos por aplicar. Em contrapartida, um valor muito baixo é também reconhecido como indesejável, pois traduz uma situação em que potencialmente o banco pode ter dificuldade em satisfazer todos os seus compromissos à vista".[57] Apresentando um coeficiente de 0,27 em junho de 1853, podemos constatar que a situação do Banco do Brasil era boa, apresentando rentabilidade e tendo condições de satisfazer os seus compromissos. Entretanto, importante ressaltar que no final do ano de 1852, a situação do banco não era muito tranquila, pois o coeficiente estava baixo, em torno de 0,21. A situação do banco ao final de 1852, juntamente com o orçamento favorável, a nosso ver, possibilitou ao governo imperial propor o projeto de reforma bancário, como ficou claro no Relatório do Ministério da Fazenda de 1852.

Quanto ao segundo coeficiente, Empréstimo/Depósito, os números apresentados permitiram concluir que o Banco do Brasil tinha muito mais a receber do que a pagar. Em outras palavras, o banco apresentava liquidez, já que seus recursos líquidos não estavam imobilizados, e tinha rentabilidade, o que possibilitou a distribuição de dividendos aos acionistas, que de acordo com os balanços, passou de 160 contos em junho de 1852, para 296 contos em junho de 1853.

---

57 REIS, Jaime. Os Bancos Portugueses 1850-1913. *1ª Conferência Internacional de Empresas*, Niterói, 1991. Anais, 1 vol., ABPHE, p. 67.

TABELA 10: COEFICIENTES DO BANCO DO BRASIL
Caixa/Depósito
Empréstimos/Depósitos

Ano	Caixa/Depósito	Empréstimo/Depósito
JUN/1852	0,33	1,04
DEZ/1852	0,21	1,22
JUN/1853	0,27	1,72

Fonte: Jornal do Commercio. Commercio. Banco do Brasil. 1852 e 1853.

No Relatório do banco apresentado em julho de 1853, a diretoria informava aos acionistas, os nomes das diretorias das duas caixas filiais. No caso da caixa de São Pedro do Rio Grande, com exceção de Christiano Thompson, que não foi identificado, todos eram comerciantes com registro no Tribunal do Comércio na cidade do Rio de Janeiro – Quadro VIII. Além disto, Porfírio Ferreira Nunes era um dos principais despachantes de escravos do Porto do Rio Grande.[58] Com relação aos sócios da caixa filial de São Paulo, os cinco nomes escolhidos pela direção, Antonio da Silva Prado (Barão de Iguape), José Manuel da Silva (Barão de Tietê), Joaquim José dos Santos Silva (Barão de Itapetininga) e Francisco Antonio de Souza Queiroz, eram negociantes e proprietários de terras, como também importantes nomes da província e do próprio Império – Quadro IX. A respeito dessas caixas filiais, o conselho de direção do Banco do Brasil relatou o seguinte:

> Temos também a satisfação de comunicar-vos que em primeiro de março ficou definitivamente installada a caixa filial do Rio Grande do Sul, sendo sua directoria composta dos Srs. Porfirio Ferreira Nunes, Delfino Lorena de Souza, José de Souza Gomes, Antonio José Ferreira Guimarães, e Christiano Thompson.
>
> Esta prestante directoria tem marchado com a prudencia e tino que era de esperar de seus membros, nada aventurando, apalpando, por assim dizer, o novo terreno sobre que pisa. As vantagens que deverá tirar o Banco de semelhante instituição não são problematicas. Aquella rica provincia não pode deixar de alimentar o ramal deste Banco que acaba de ali fundar-se.

---

58 BERUTE, Gabriel Santos. *Atividades Mercantis do Rio Grande de São Paedro: negócios, mercadorias e agentes mercantis (1808-1850)*. Porto Alegre, 2011. Tese (doutorado em História). Universidade Federal do Rio Grande do Sul, p. 144

> Procurámos igualmente de levar a effeito a organização da caixa filial de São Paulo, depois de minuciosas indagações que firmárão nossa convicção sobre a utilidade de sua installação naquella provincia. O Ex. Sr. Barão de Iguape encarregou-se, a pedido nosso, de passar as 1.000 acções que ali deverião ser distribuidas, o que conseguio promptamente, e foi em seguida nomeada a directoria, composta dos Srs. Barão de Iguape, José Manuel da Silva, Francisco Antonio de Souza Queiroz, Joaquim José dos Santos Silva, e Antonio José Ribeiro da Silva. *Chegados porém a este ponto appareceu a ideia da organização de um banco nacional que encerrava naturalmente o pensamento da creação de caixas filiaes nas provincias cuja industria, commercio e riqueza alimentem operações bancaes* (grifo nosso). Em taes circumstancias não pareceu conveniente a este conselho de direcção a definitiva installação da caixa filial de São Paulo (…).[59]

A análise dos balanços e dos relatórios permitiu constatar que o Banco do Brasil constituiu-se num banco comercial, privilegiando as operações de depósito e descontos. Nas operações de desconto de letras, o banco não realizou operações envolvendo hipotecas, privilegiando o desconto com penhor mercantil. Além disso, o banco não usufruiu da conta no Banco da Inglaterra, já que seu valor foi o mesmo no período. Com relação à conta do Banco de Pernambuco[60] no Banco do Brasil, veio de encontro com a afirmação de que as operações do banco ultrapassaram os limites regionais; e por último, ressaltamos que das duas caixas filiais autorizadas pelo governo, somente a de São Pedro do Rio Grande do Sul funcionou. A caixa filial de São Paulo, face aos desdobramentos da reforma bancária, não entrou em operação.

---

59 "Banco do Brasil. Publicações a Pedido". Jornal do Commercio. Rio de Janeiro, 12/07/1853.
60 Autorizado a funcionar pelo decreto nº 888, de 22/12/1851. BRASIL. *Colleção das Leis do Imperio do Brasil de 1851*. Tomo IV, Parte II. Rio de Janeiro: Typographia Nacional, 1852.

QUADRO VIII: DIRETORIA DA CAIXA FILIAL DE SÃO PEDRO DO RIO GRANDE DO SUL DO BANCO DO BRASIL (1853)

Nomes	Naturalidade	Domicílio/ Estabelecimento	Atividade
Antonio José Ferreira Guimarães	Portugal	Cidade do Rio Grande do Sul	Comércio de Fazenda seca por atacado – matrícula nº 459, de 19/02/1852. Sócio da Associação Comercial do Rio Grande (1844)
Christiano Thompson	–	–	Sócio da Associação Comercial do Rio Grande (1844)
Delfino Lorena de Souza	Brasil	Cidade do Rio Grande do Sul	Comércio de ferragens por atacado – matrícula nº 336, de 03/07/1851. Sócio e Presidente (1851-52) da Associação Comercial do Rio Grande (1844)
José de Souza Gomes	Portugal	Cidade do Rio Grande do Sul	Comércio de Navios e Gêneros do país por atacado – matrícula nº 376, de 04/09/1851. Sócio e Vicepresidente (1847) da Associação Comercial do Rio Grande
Porfírio Ferreira Nunes	Brasil	Cidade do Rio Grande do Sul	Comércio de Comissão de Gêneros nacionais e estrangeiros por atacado – matrícula nº 516, de 30/08/1852 Sócio, tesoureiro (1845), Vice-presidente (1846) e Presidente (1847) da Associação Comercial do Rio Grande.

Fonte: *Publicações a Pedido. Banco do Brasil.* Jornal do Commercio. Rio de Janeiro, 12/07/1853.

AN. Registro de Cartas de Matrículas dos Comerciantes, Corretores, Agentes de Leilões, trapicheiros e Administradores de Armazens de Depósitos do Tribunal do Comércio da Capital do Império. Livro I, IC³ 57. Tomo I de 1851-1855. BERUTE, *op. cit.*, p. 282 e 283 (anexo 13).

QUADRO IX: DIRETORIA DA CAIXA FILIAL DE SÃO PAULO DO BANCO DO BRASIL (1853)

Nomes e Títulos de nobreza	Filiação	Naturalidade	Domicílio	Atividade
Antonio da Silva Prado – Barão de Iguape	Filho do Capitão Antonio da Silva Prado e de D. Anna V. Rodrigues Jordão	Brasil	São Paulo	Capitão de Ordenanças (1819), Capitão-Mor e Vice-presidente da Província de São Paulo (1841); Comerciante de gado e arrematante de impostos (1817-1829); Proprietário de terras e engenhos de açúcar. Acionista e diretor da Estrada de Ferro Mogiana
Antonio José Ribeiro da Silva	–	Portugal	São Paulo	Comércio de descontos – matrícula nº 466, de 22/03/1852
Francisco Antonio de Souza Queiroz	Filho do Brigadeiro Luis Antonio de Souza Queiroz, que foi sócio de Nicolau Vergueiro (pai) na empresa agrícola Souza & Vergueiro, e irmão de Vicente de Souza Queiroz, Barão de Limeira	Brasil	São Paulo	Proprietário de terras e de engenhos de açúcar. Acionista da Estrada de Ferro Paulista.
Joaquim José dos Santos Silva – Barão de Itapetininga	Filho do Coronel Joaquim José dos Santos e de D. Antonia Josepha M. da Silva	Brasil	São Paulo	Capitalista e proprietário de Terras
José Manuel da Silva – Barão de Tietê	Filho do Sargento-mor José da Silva Carvalho e de D. Anna Joaquina de Oliveira	Brasil	São Paulo	Comerciante; Vice-Presidente da província de São Paulo (1839); Deputado Provincial e Geral (8ª legislatura, 1850-1852) Conselheiro de Estado efetivo desde 1834

Fontes: *Banco do Brasil. Publicações a Pedido.* Jornal do Commercio. Rio de Janeiro, 12/07/1853; BLAKE, A. Sacramento, *op. cit*; PETRONE, Maria Thereza Shorer. *Barão de Iguape. Um empresário na época do Império.* São Paulo: Companhia Editora Nacional, 1976; AN. *Almanaque Laemmert Administrativo, Mercantil e Industrial da Corte e província do Rio de Janeiro.* Rio de Janeiro: Typ. Un. Laemmert, 1851-1854

AN. *Registro de Cartas de Matrículas dos Comerciantes, Corretores, Agentes de Leilões, trapicheiros e Administradores de Armazens de Depósitos do Tribunal do Comércio da Capital do Império.* Livro I, IC³ 57. Tomo I de 1851/1855. SAES, Flávio A. M. de. *A Grande Empresa de Serviços Públicos na Economia Cafeeira.* São Paulo: Hucitec, 1986.

O projeto do governo que criava o quarto Banco do Brasil, o terceiro a funcionar, foi encaminhado para Assembleia em Maio de 1853, juntamente com uma proposta de ajuda do governo aos bancos. Analisando as Sessões do Senado e da Câmara, ficou clara a divergência entre os defensores do monopólio e os pluralistas.[61] Com maioria, o governo aprovou na íntegra o projeto do Ministério da Fazenda, e o quarto Banco do Brasil foi autorizado a funcionar através do decreto nº 1223, de 31/08/1853. O Banco do Brasil era um banco de depósito, desconto e com o *monopólio das emissões* (artigo 1º). Essa nova sociedade anônima, com sede no Rio de Janeiro, teria um capital de 30.000:000$000 contos, divididos em 150.000 ações (artigos 2º e 3º). O *presidente* e *vice-presidente* do banco eram *nomeados* pelo imperador (artigo 39º), e uma das suas principais tarefas seria de retirar da circulação o papel que "atualmente faz as funções de numerário, à razão de 2.00:000$000 cada ano"(artigo 56 e 57).

A criação do Banco do Brasil envolveu uma disputa entre as diretorias dos dois bancos incorporados. Analisando os estatutos, ficava claro que o grupo vitorioso teria praticamente o monopólio do crédito, seja na praça do Rio de Janeiro, seja em outras províncias, em virtude da manutenção das caixas filiais do "Banco do Brasil de Mauá" e criação de novas caixas filiais.[62]

A reação de Mauá, frente ao que estava ocorrendo, demonstrava certa expectativa, ao contrário do que ele expôs na sua autobiografia. Tal posição ficou mais evidente, quando no Jornal do Commercio de 12/07/1853, além de responder às críticas daqueles que viram na atuação dos bancos a causa para a crise de 1853, a diretoria do Banco do Brasil informava aos acionistas o plano do governo:

> (…) Resta-nos informar-vos, Srs. accionistas, que o governo imperial nos officiou ultimamente exigindo saber se conviria a este Banco a sua incorporação ou fusão no banco nacional que o mesmo governo se acha autorisado a fundar, concorrendo assim este estabelecimento com os capitaes representatidos por suas acções para a realisação dessa outra instituição de credito mais elevada e mais fortemente constituida com que se pretende dotar o paiz. Não hesita este conselho de direcção em aconselhar-vos que deis plenos poderes á nova directoria que ides nomear, ou a uma commissão para tratar com o governo imperial a respeito, porquanto a utilidade, e mesmo *a fusão é inquestionável* (grifo nosso).

---

61   Senado, sessão de 11 de maio e seguintes de 1853, e Câmara, sessão de 17 de junho e seguintes. O Jornal do Commercio publicou essas sessões.

62   A respeito dos estatutos do Banco do Brasil aprovados pelo decreto nº 1.223, de 31 de agosto de 1853, verificar CAVALCANTI, *op. cit.*, p. 198-201.

Reforçando a tese de Mauá sobre a fusão, no debate no Senado sobre a Lei dos Entraves e a reforma bancária, que serão trados no capítulo 4, o ministro dos negócios da fazenda Angelo Muniz da Silva Ferraz respondendo a Bernardo de Souza Franco, destacou que ambas as diretorias, reunidas na casa do então presidente do Conselho de Ministros, o Visconde de Itaboraí, concordaram com a fusão e assinaram um contrato. Disse o então ministro de 1860:

> Aos 18 de agosto de 1853 na casa da residência do Exmo. Sr. Conselheiro Joaquim José Rodrigues Torres, Ministro e Secretário de Estado dos Negócios da Fazenda e presidente do Conselho de Ministros, comparecerão os Srs. José Francisco Emery, Balthazar Jacome de Abreu e Souza, Joaquim José dos Santos Junior, José Carlos Mayrink e José Justiniano Pereira de Faria, membros da direcção do Banco Commercial; e os Srs. Irineu Evangelista de Souza, Militão Máximo de Souza, José Antonio de Figueiredo Junior, João Ignácio Tavares, Manoel Joaquim Ferreira Netto, José Bernardino Teixeira e Antonio Ribeiro Queiroga, membros do conselho de direcção do Banco do Brasil; e todos uniformemente declararão que, havendo recebido dos respectivos accionistas em assembléa geral os necessários poderes para tratarem com o governo conforme o convite que tiverão do mesmo Sr. Ministro, sobre os meios de fundir os dous mencionados estabelecimentos no novo banco de circulação que a lei n. 683 de 5 de julho do corrente anno autorizou o governo para estabelecer nesta corte, tinhão depois de varias conferencias *concordado na indicada fusão* (grifo nosso) sob as condições constantes do seguinte projecto de estatutos: (…)
>
> (Segue-se o projecto)
>
> E para constar se lavrou este termo, que todos assignão, e que será registrado e archivado no Thesouro Nacional, e que eu, José Severiano da Rocha, official-maior graduado da secretaria de estado dos negócios da fazenda, escrevo_ Joaquim José Rodrigues Torres_ Irineu Evangelista de Souza_Antonio Ribeiro Queiroga_José Carlos Mayrink_José Bernardino Teixeira_João Ignácio Tavares_Militão Maximo de Souza_ José Justino Pereira de Faria_Joaquim José dos Santos Junior_Manoel Joaquim Ferreira Netto_José Antonio de Figueiredo Junior_Balthazar J. A. de Souza_J.F. Emery.[63]

---

63   31ª Sessão em 2 de julho de 1860. Ordem do Dia. Questão bancária. Annaes do Senado do Imperio do Brasil. Quarto Anno da Décima Legislatura. Sessão de 1860, do 1º a31 de julho, vol. III. Rio de Janeiro: Do Correio Mercantil de M. Barreto, Filhos & Vianna, 1860, p. 6

Portanto, consoante com os artigos 37 – que instituía uma diretoria, composta por um presidente, um vice-presidente e quinze diretores – o artigo 39 – o presidente e vice-presidente do banco serão nomeados pelo Imperador, e os diretores eleitos pela assembleia geral dos acionistas, por escrutínio secreto e maioria absoluta de votos, o artigo 33 – que determinava que 20 ações dava direito a um voto – os artigos 70 e 71 – que estipulavam que das 150.000 ações, 50.000 seriam distribuídas entre os acionistas do Banco do Brasil de Mauá, 30.000 aos acionistas do Banco Comercial do Rio de Janeiro, cuja diretoria de 1853 consta no Quadro X, 40.000 ficaram reservadas as províncias onde estavam as filiais do banco e 30.000 ficaram para subscrição pública no Rio de Janeiro, era de supor que a diretoria do novo Banco do Brasil seria composta principalmente pelo grupo de Mauá.

QUADRO X: DIRETORIA DO BANCO COMERCIAL DO RIO DE JANEIRO (1853)

Cargo	Nomes / Endereço Comercial	Natural	Atividades
Presidente	João Francisco Emery/ Rua da Alfândega, 61.	França	Negociante Estrangeiro de Importação e Exportação (Emery & Cia.)* Diretor da Imperial Cia. de Seguro contra fogo*
Secretário	Balthasar Jacome de Abreu e Souza/ Rua da Quitanda, 83.		Negociante Nacional – Capitalista e proprietário de Prédios etc.*
Diretoria	1) José Justino P. de Faria/ Rua das Violas, 20.		1) Negociante Nacional*
	2) Joaquim José dos Santos Jr./ Rua dos Pescadores, 4.		2) Negociante Nacional* Deputado do Tribunal do Comércio da Corte (1853) Presidente da Cia. dos Ônibus
	3) José Carlos Mayrink/ Rua dos Pescadores, 15.		3) Negociante Nacional Deputado do Tribunal do Comércio da Corte (1853) Comércio de grosso trato e capitalista – mat. n° 20, de 16/01/1851**.

continuação – QUADRO X: DIRETORIA DO BANCO COMERCIAL DO RIO DE JANEIRO (1853)

Cargo	Nomes / Endereço Comercial	Natural	Atividades
Secretário	Conselheiro Diogo Duarte Silva/ Praça da Constituição, 23.		
Tesoureiro	Francisco Xavier Pereira/ Rua da Direita, 61.	Portugal	Comércio de Descontos**

Fonte:* AN. *Almanaque Laemmert Administrativo, Mercantil e Industrial da Corte e província do Rio de Janeiro*. Rio de Janeiro: Typ. Un. Laemmert, 1851-1854

**AN. *Registro de Cartas de Matrículas dos Comerciantes, Corretores, Agentes de Leilões, trapicheiros* e Administradores de Armazens de Depósitos do Tribunal do Comércio da Capital do Império. IC3 57. Livro 1. Tomo I de 1851/1855.

Entretanto, tal fato não ocorreu. O imperador escolheu o conselheiro João Duarte Lisboa Serra[64] para a presidência, e a diretoria do banco foi composta pelos ex-diretores do Banco do Brasil e do Banco Comercial do Rio de Janeiro, conforme consta no Quadro XI. Tal composição demonstrou que, para o governo imperial, não era interessante o banco ficar sob controle de um determinado grupo da fração mercantil da Praça do Rio de Janeiro, principalmente do grupo ligado ao Barão de Mauá. A escolha do conselheiro Lisboa Serra, um dos deputados mais atuantes na Assembleia para a aprovação da fusão e criação do quarto Banco do Brasil,[65] estava ligada a tal posição. Além disso, era sabido que a casa imperial tinha ligações com o Banco Comercial do Rio de Janeiro.[66]

A decisão do imperador não agradou a Mauá, que juntamente com Militão Máximo de Souza, não compareceu à primeira reunião da diretoria, refletindo o descontentamento de uma determinada fração da classe mercantil com tal decisão política. Mesmo continuando

---

64 João Duarte Lisboa Serra foi o primeiro presidente do Banco do Brasil, até sua morte em 31/05/1855. Filho do Comendador Francisco João Serra e de D. Leonor Duarte Serra, era bacharel em matemática e ciências físicas e naturais pela *Universidade de Coimbra*. Foi inspetor da Tesouraria provincial do Rio de Janeiro, presidente da província da Bahia, e representante da sua província do Maranhão (sua província natal) na Câmara, Sessão Legislativa de 1848 e na de 1853-1855. Cf. BLAKE, Augusto V. A. Sacramento. *Diccionario Bibliographico Brazilaeiro*. 3º vol. Rio de Janeiro: 1894; Nendeln/Liechtentein: Kraus Reprinted, 1969, p. 414.

65 VIANA, Victor, *op. cit.*, p. 345.

66 BNL. *Banco Mercantil do Rio de Janeiro. Papeis da Herança legada por D. Pedro I, a S. M. Maria II. 1840-1843*.

acionista da instituição, mas não fazendo parte da sua diretoria, Mauá organizou uma nova sociedade bancária: a *Sociedade Bancária Mauá, MacGregor & Cia.*[67]

QUADRO XI: PRIMEIRA DIRETORIA DO QUARTO BANCO DO BRASIL (NOVEMBRO/1853)

Função/Nome	Banco do Brasil (1853)	Banco Comercial (1853)	Outros
Presidente: Conselheiro João Duarte Lisboa Serra			*Presidente da província da Bahia 1850-1851; Inspetor da Thesouraria Pública da Província do RJ; deputado pelo Maranhão em 1848 e 1853-56; Fundador da Cia. Fluminense de Transporte; faleceu em 1855
Diretoria:			
Francisco Xavier Pereira		Tesoureiro	
Conselheiro Diogo Duarte Silva		Secretário	
João Ignácio Tavares	Diretor		
Militão Máximo de Souza	Diretor		
Irineu Evangelista de Souza (Barão de Mauá)	Diretor		Presidente da Cia. Fluminense de Transporte
Joaquim José dos Santos Jr		Diretor	
Teófilo Benedito Ottoni			Presidente do Monte Pio Geral (1853-1855) e da Cia. do Mucuril
João Francisco Emery		Presidente	Diretor da Imperial Cia. de Seguros contra fogo
Bernardo Ribeiro de Carvalho (Comendador da Ordem de N. Sra. Da Conceição de Vila Viçosa--Portugal)			Chanceler do Consulado Geral de Portugal no RJ (1833-1839); comissário de café – Bernardo Ribeiro de Carvalho & Irmãos; representante de Portugal na Comissão da praça do Commercio do RJ-1851; diretor adjunto do Montepio Geral
George Gracie	Gerente		

---

67 Mauá, Visconde de, *op. cit.*, p. 228. Segundo a lista de acionistas do Banco do Brasil de 1857, Mauá era um dos maiores acionistas individuais do banco. BN. BANCO DO BRASIL. *Lista dos accionistas de 1857.*

continuação – QUADRO XI: PRIMEIRA DIRETORIA DO QUARTO BANCO DO BRASIL (NOV. 1853)

Função/Nome	Banco do Brasil (1853)	Banco Comercial (1853)	Outros
Balthasar Jacome de Abreu e Souza		Secretário	
José Justino Pereira de Faria		Diretor	
Antonio Alves da Silva Pinto Jr.			Negociante nacional; Armazens de Madeira; Presidente da Cia. de Niterói e Inhomirim
João Pereira Darrigue Faro (2º Barão e 1º Visconde do Rio Bonito)			Diretor da Imperial Cia. de Seguros contra fogo; vice-presesidente da Província do Rio de Janeiro; acionista da Cia. de Ponte D'Areia.
José Carlos Mayrink		Diretor	
Suplentes da Diretoria:			
Antonio Gomes Neto	Suplente do Conselho Diretor		
Jerônimo José de Mesquita (1º Barão, Visconde e Conde de Mesquita)			Vereador da Camara Municiparl do Rio de Janeiro
Antonio Ribeiro Queiroga	Diretor		
João Henrique Ulrich			Conselheiro do Monte Pio Geral; Sócio e gerente da Cia. Itaguaiense de Navegação
José de Araujo Coelho			Negociante nacional;
Fiscais:			
Conselheiro Joaquim José Rodrigues Torres (Visconde de Itaboraí)			
Conselheiro Angelo Muniz da Silva Ferraz			
José Antonio Moreira Filho (Barão de Ipanema)	Presidente (1851)		
Secretário da Diretoria: Teófilo Benedito Ottoni			

Fonte: AN. *Almanaque Laemmert Administrativo, Mercantil e Industrial da Corte e província do Rio de Janeiro.* Rio de Janeiro, Typ. Un. Laemmert, 1851 e 1854; João Baptista Moreira, Barão de Moreira. Esboço bibliográfico por José Feliciano de Castilho Barreto e Noronha. Rio de Janeiro: Typographia Universal de Laemmert, 1862, p. 70.

Nota: O barão de Moreira foi acusado de acobertar os negreiros portugueses na cidade do Rio de Janeiro na década de 1830, como o famoso Manoel Pinto da Fonseca, quando Cônsul português na mesma cidade.

CAPÍTULO III
A organização da Sociedade Bancária Mauá, MacGregor & Cia.

A CRIAÇÃO DA SOCIEDADE BANCÁRIA MAUÁ, MACGREGOR & CIA.

A Sociedade Bancária Mauá, MacGregor & Cia. surgiu para o público através do seguinte anúncio no Jornal do Comércio em 26 de julho de 1854:

> Está organizado nesta corte um banco á imitação do Banco Laffite, com o capital de 6.000 contos, e do qual são sócios alguns dos nossos primeiros capitalistas. Girara sob a firma Mauá, MacGregor & Cia., e terá três sócios gerentes e cinco fiscais.[1]

Analisando o contrato social do novo banco[2] – Anexo 4 –, vários pontos chamaram a atenção. O primeiro dizia respeito à organização e à administração da sociedade sob a forma de uma *comandita por ações*, o mesmo tipo da *Caisse Générale du Commerce et de l'Industrie*, do banqueiro francês Jacques Laffite.[3] Por ser uma *sociedade comercial*, no caso uma *sociedade em comandita*, Artigo 1º, os *sócios gerentes* (ou *solidários*) eram solidariamente responsáveis por todas as obrigações que a empresa assumir, enquanto que os *sócios comanditários* participavam apenas com o capital. Respondiam pela administração do banco, Artigo 2º, no Rio de Janeiro, os sócios gerentes Barão de Mauá, Alexander Donald MacGregor e João Inácio Tavares; na filial de Londres, os mesmos do Rio de Janeiro mais "um indivíduo proposto pela diretoria e aprovado pelo conselho fiscal". Esse indivíduo

---

[1] *Mauá, MacGregor & Cia.* Jornal do Commercio. Rio de Janeiro, 26/07/1854, p. 1, col. 6.

[2] AN. *Livros de Escrituras, Procurações do Cartório do 3º Ofício (ex-Fialho, ex-Penafiel) de Notas.* Livro de Notas nº 213, fl.87, 12/08/1854.
O *Contrato Social da Sociedade Bancária Mauá, MacGregor & Cia.* foi publicado em 31 de julho de 1854, pela Typ. de Brito e Braga.

[3] A *Caisse Générale du Commerce et de l'Industrie* foi organizada em 1838 pelo banqueiro francês Jacques Laffite, que foi "governador" do Banco da França em 1815. A respeito do banco e do próprio Laffite verificar KINDLEBERGER, *op. cit.*, p. 141-146.

acabou sendo José Henrique Reynell de Castro.⁴ Os sócios gerentes – Quadro XII – tinham uma remuneração que corresponde "a metade dos lucros líquidos excedentes da sociedade ao termo médio dos descontos estabelecidos pelo Banco do Brasil nos dois semestres precedentes" – Artigo 16º. Os sócios comanditários eram responsáveis "apenas pelo valor nominal das ações" que possuíssem – Artigo 7º.

A criação de uma filial do banco em Londres, principalmente na City de Londres, tinha como principal objetivo a obtenção de crédito a partir das operações com as *letras de câmbio*, que descontadas junto aos bancos, eram convertidas em cheques bancários ou moedas.⁵ É importante ressaltar que, em meados do século XIX, as operações envolvendo as letras de câmbio constituíam-se ainda na principal ordem de pagamento do comércio internacional, mesmo com o aparecimento do cheque bancário.

A City de Londres, conhecida também como Square Mile, era o principal centro comercial e financeiro do mundo, em virtude das principais instituições financeiras inglesas estarem aí localizadas, como o Banco da Inglaterra; os *bancos mercantis* N. M. Rothschild & Sons e o Baring Brothers; os *bancos por ações* ou *bancos públicos* ("*joint stock banks*"), como o London and Westminster Bank e o London Joint-Stock Bank; e as casas de câmbio e de comércio internacional. Essas instituições desempenhavam quatro funções fundamentais para o esquema mercantil/financeiro de Mauá: 1ª) facilitar o pagamento

---

4   Sócio de Richard Carruthers e de Mauá na firma comercial Carruthers, de Castro & Cia., citada no capítulo II, não existem muitos dados precisos sobre José Henrique Reynell de Castro. Os biógrafos de Mauá, Alberto de Faria, Lídia Besouchet e Jorge Caldeira, enfatizaram que ele era filho de D. Miguel Caetano de Castro, um judeu convertido e físico mor de D. João VI, e que foi sócio de Richard Carruhthers na firma inglesa em Liverpool, Carruthers de Castro & Cia. Importante destacar que tal informação constava na *Revista Contemporânea de Portugal e Brazil*, do ano de 1861, informação essa não citada pelos biógrafos do Mauá. Cf. FARIA, *op. cit.*; BESOUCHET, *op. cit.*, p. 27; CALDEIRA, *op. cit.*, p. 121. O referido Dr. Miguel Caetano de Castro, formado em Edimburgo, e licenciado pelo Royal College of Phisicians of London, foi citado por Manuel de Oliveira Lima como um dos redatores do jornal o Investigador Português na Inglaterra, editado em Londres a partir de 1811, e que fazia oposição ao Correio Brasileinse de Hipólito José da Costa. Cf. *Authentic Memoirs, Biographical, Critical and Literary of the most eminent phisicians and surgeons of Great Britain*, 2ª ed. enlarged. Londres: Printed Sherwood, Neely and Jones, and J. Walker, 1818, p. XXIX; LIMA, Manuel Oiveira. *D. João VI no Brasil, 1808-1821*, 3ª ed. Rio de Janeiro: Topbooks, 1996; SODRÉ, Nelson Werneck. *História da Imprensa no Brasil*, 4ª ed. com capítulo inédito. Rio de Janeiro: Mauad Ed., 1999, p. 31; BARATA, Alexandre Mansur. *Maçonaria, sociabilidade ilustrada e Independência, 1790-1822*. Juiz de Fora: Ed. da UFJF; São Paulo, AnaBlume, 2006, p. 158 (nota 78); *Revista Contemporânea de Portugal e Brazil*, Terceiro ano, 1861. Lisboa: Escriptorio da Revista Contemporanea, 1861, p. 122 e segs.; SILVA, Inocencio F. da. *Dicionário Bibliographico Portugues*. 23 vols. Lisboa: Imprensa Nacional, 1972.

5   KINDLEBERGER, Charles P. *Manias, pânico e crashes: Um histórico das crises financeiras*. Tradução de Vânia Conde e Viviane Castanho. Porto Alegre, Ortiz/Gazeta Mercantil, 1992, p. 86.

de qualquer quantia, com rapidez e segurança, sem a utilização de moeda corrente; 2ª) financiar a produção e o transporte de matérias-primas em todo o mundo; 3ª) centralizar a captação de poupança e suas aplicações; 4ª) centralizar operações de câmbio e de comércio internacional.[6]

O primeiro Conselho Fiscal, indicado pela direção, era composto pelos sócios comanditários José Antonio Moreira Filho (Barão de Ipanema), Militão Máximo de Souza (Visconde de Andaraí), José Antonio de Figueiredo Junior, Manoel Joaquim Ferreira Neto e Diogo Andrew – Artigo 10º. Caberia ao Conselho fiscalizar os balancetes do banco e o cumprimento do contrato social – Artigo 12º.

Outro ponto importante do contrato social era o que dizia respeito ao fundo de capital. A Sociedade Bancária Mauá, MacGregor & Cia. – Artigos 4º, 5º e 6º – teria um fundo de 6.000:000$000 (seis mil contos de réis), "representados por títulos ou ações de um conto de réis cada uma". Vale destacar que, de acordo com o contrato, o fundo poderia ser aumentado até 12.000:000$000 (doze mil contos de réis), "por proposta da administração aprovada unanimemente pelo conselho fiscal". Com relação a subscrição das ações, caberia aos sócios gerentes Barão de Mauá as ações de nº 1 a 600 (600 ações), Alexander Donald MacGregor as ações de nº 601 a 800 (200 ações) e João Ignácio Tavares as ações de nº 801 a 1000 (200 ações). Essas ações não eram transferíveis, a não ser em caso de morte ou de substituição dos sócios gerentes, e com uma única exceção, o Barão de Mauá, que poderia transferir duzentas ações para o indivíduo escolhido para representante do estabelecimento em Londres.

Comparando o capital e a forma de organização da sociedade do Banco Mauá, MacGregor & Cia.[7] com os demais bancos e casas bancárias existentes na Praça do Rio de Janeiro, pudemos perceber a importância dessa instituição. Com relação ao capital, o banco só perdia para o Banco Rural e Hipotecário,[8] que tinha um capital de 8.000:000$000 (oito mil contos de réis), e para o Banco do Brasil, com um capital de 30.000:000$000 (trinta mil contos de réis). No tocante a organização, enquanto os dois bancos foram organizados sob a forma de *sociedades anônimas*, o Banco Mauá, MacGregor & Cia. foi sob a forma de uma *sociedade comandita por ações*, uma *sociedade comercial híbrida*, que tinha aspectos da

---

6   SANDRONI, Paulo, *op. cit.*, p. 48.

7   A partir deste momento passamos a chamar a sociedade bancária de banco, conforme era reconhecido na Praça do Comércio do Rio de Janeiro.

8   O Banco Rural e Hipotecário foi autorizado a funcionar através do Decreto nº 1.136, de 30 de março de 1853. Teve como primeiro presidente o Barão de São Gonçalo, um grande "capitalista" e proprietário de terra, e como diretor, o Barão do Pilar, importante negociante da Praça do Comércio do Rio de Janeiro. BRASIL. *Colleção das leis de 1853*. Tomo XVI, Parte II. Rio de Janeiro: Imprensa Nacional, 1887.

sociedade comercial e da sociedade anônima.⁹ Em outras palavras, a sociedade foi organizada de tal forma que sendo uma sociedade comandita, assim como eram as casas bancárias, não sofreria a intervenção do Estado e os sócios comanditários não tinham maiores responsabilidades, e como sociedade anônima, através da subscrição de ações aumentaria o capital e os depósitos.¹⁰ Na sua autobiografia, Mauá falou da importância do tipo da organização da sociedade adotada como forma de precaver-se da intervenção do governo imperial:

> A forma encontrada para funcionar a nova sociedade fora do arbítrio governativo que estavam sujeitas as sociedades anônimas, existindo no código a disposição exorbitante de poderem ser dissolvidas administrativamente sem a intervenção dos votos dos acionistas, o que tratando-se do *emprego do capital* (grifo nosso), parecia-me uma anomalia.¹¹

Antes de entrar em operação, o Banco Mauá, MacGregor & Cia. teve seu contrato social modificado. O Barão de Mauá e os maiores sócios/acionistas – Quadro XII – promoveram mudanças no contrato social, de tal forma que o poder do Conselho Fiscal sobre a administração ficava bastante limitado. O aumento do poder dos sócios gerentes e dos maiores sócios/acionistas ficou claro com a modificação dos seguintes artigos:

> Artigo 2: Os sócios gerentes e solidariamente responsaveis por todos os seus bens para com terceiros são: nesta Corte, o Barão de Mauá, Alexander Donal MacGregor e João Ignácio Tavares; e em Londres, os mesmos indivíduos mais um indivíduo escolhido pela administração;
>
> Artigo 3: A razão ou firma social nesta corte será Mauá, MacGregor & Cia., e em Londres a que for adotada pela administração. Só terão direito de assinar a firma social os sócios gerentes ou seus propostos por procuração;

---

9   Essa forma de sociedade não existia no Código Comercial Português, nem no inglês. Existia no Código Comercial francês, e segundo Rubens Requião, "a sociedade é uma sociedade comercial híbrida: tem aspectos da comandita e de sociedade anônima". REQUIÃO, Rubens. *Curso de Direito Comercial*, vol. 2, 20ª ed. São Paulo: Saraiva, 1995, p. 441.

10 A respeito da conta capital verificar MAYER, Thomas *et al. Moedas, Bancos e a Economia*. Tradução da 4ª ed. original de Luiz Carlos do Nascimento Silva. Rio de Janeiro: Campus, 1993. cap. 6 (No Interior da Instituição Depositária).

11 MAUÁ, *op. cit.*, p. 232.

Artigo 4: O fundo social será de seis mil contos de réis, representados por títulos ou ações de um conto de réis cada. Este fundo poderá para o futuro ser aumentado até doze mil contos de réis, sob proposta da administração aprovada pelo conselho fiscal e mais vinte dos maiores acionistas;

Artigo 9: A sociedade será administrada com plenos e ilimitados poderes pelos sócios gerentes, podendo qualquer deles em sua ausência ou impedimento, fazer-se representar na administração por seu procurador especial, sendo o mesmo aceito pelos seus colegas;

Artigo 10: O conselho fiscal será composto de cinco sócios comanditários escolhidos pela administração dentre os vinte maiores acionistas.

Artigo 11: foi suprimido;

Artigo 21: No caso de morte de qualquer outra causa que torne necessária a substituição de qualquer sócio-gerente, será pelos sócios gerentes restantes, ou proposta a dissolução da sociedade, ou a escolha de um outro para o seu lugar, devendo esta nomeação ser aprovada a pluralidade de votos pelo conselho fiscal reunido em assembleia aos vinte maiores acionistas, e como esse fato quando ocorra importa renovação do contrato, fica livre a qualquer sócio divergente retirar-se recebendo prorata o que lhe tocar em face o último balanço;

Artigo 23: A administração da sociedade será responsável pela execução das condições estatuídas neste contrato social, sendo cada um dos sócios gerentes responsabilizado pelos abusos que cometer. Para se verificar esta responsabilidade, reunir-se-á o conselho fiscal em assembleia com os vinte maiores acionistas, dos quais fará parte as materias digo os motivos que tiver para isso, e reconhecendo-se nesta reunião terem de fato havido abusos por parte da administração, será pelos mesmos e a pluralidade dos votos, resolvida a dissolução da sociedade ou a sua renovação, seguindo-se em tal caso, o disposto na última parte do artigo vinte e um.[12]

---

12   AN. CARTÓRIO DO 3º OFÍCIO. *Livro do Registro Geral nº 13.*, 27/05/1854 a 08/05/1855, folhas 37v e 38.

QUADRO XII: SÓCIOS DA SOCIEDADE BANCÁRIA MAUÁ, MACGREGOR & CIA. (SETEMBRO/1854)

SÓCIOS GERENTES

NOME	ENDEREÇO COMERCIAL	ATIVIDADES	NATURALIDADE
Irineu Evangelista de Souza (Barão de Mauá 1854 e Visconde de Mauá 1874)	Rua da Direita, 52.	Negociante Nacional*; Comércio de fazenda por atacado – mat. n° 275 de 05/05/1851**; Diretor da Carruthers & Cia., mat. n° 279, de 05/05/1851**; Acionista e Diretor do Banco do Brasil (1851-1853); Presidente Cia. Ponta D'Areia; Presidente da Imperial Cia. de Navegação a Vapor e Estrada de Ferro Petrópolis; Presidente da Sociedade dos Assinantes da Praça (1846-1847); acionista do Banco do Brasil 1857	Brasil
João Ignácio Tavares	Rua do Sabão, 10.	Negociante Nacional*; Diretor do Banco do Brasil (1851-1853); Acionista da Imperial Cia. de Navegação a Vapor e Estrada de Ferro Petrópolis; Diretor da firma inglesa Edward Johnston & Cia. (década de 1840); Acionista do Banco do Brasil 1857	Portugal
Alexander Donald MacGregor	Rua de São Pedro, 7.	Corretor de Câmbio*; Corretor dos fundos públicos – mat. n° 402 de 06/10/1851**; Importador de Têxtil de Livepool (1827-1829)	Inglaterra
José Henrique Reynell de Castro	Vine Grove, Pendleton	Merchant Sócio da Carruthers, De Castro & Cia. (1845, Manchester, 55, Spring Gardens)	Portugal

SÓCIOS COMANDITÁRIOS

NOME (PESSOA FÍSICA OU JURÍDICA)	ENDEREÇO COMERCIAL	ATIVIDADES	NATURALIDADE
Amaral Bastos & Cia.	Rua Direita, 25.	Negociante Nacional*. Armazém de Fazenda Seca de importação, por atacado – mat. nº 490 de 27/05/1852**. Acionista da Imperial Cia. de Navegação a Vapor e Estrada de Ferro Petrópolis.	–
Andrew Steele		Negociante Estrangeiro de Exportação e Importação* Gerente da firma inglesa Edward Johnston & Cia. na década de1840; Comércio de Importação e Exportação – mat. nº 1917, de 25/06/1861**.	Inglaterra
Antonio Alves Ferreira			–
Antonio Ferreira Neves	Rua do S. Bento, 7.	Negociante Nacional*. Consignatário e Casa de Comissão de Gênero de Importação e Exportação* Comércio de grosso trato de café – matrícula nº 181 de 24/02/1851**.	Portugal
Antonio José do Prego Pereira & Cia.	Rua das Violas, 23.	Armazem de Fazenda Seca de Importação, por atacado*. Comerciante de fazenda seca por atacado – mat. nº 480 de 21/05/1852**.	–
Antonio José Teixeira de Faria	Beco do Adelos, 17.	Negociante Nacional*	–
Antonio Luiz Magalhães Mangueira			–

NOME (PESSOA FÍSICA OU JURÍDICA)	ENDEREÇO COMERCIAL	ATIVIDADES	NATURALIDADE
Antonio Ribeiro Queiroga	Rua Hospício 10	Negociante Nacional – Armarinho e Lojas de Miudezas, quinquilharias, etc.* Comércio de Banco – mat. nº 1118 de 25/06/1857**. Gerente da Casa Bancária Mauá, MacGregor & Cia. Acionista e Membro do Conselho de Direção do Banco do Brasil (1851–1853) Acionista da Imperial Cia. de Navegação a Vapor e Estrada de Ferro Petrópolis	Portugal
Auguste Leube & Cia.	Rua da Alfândega 48	Comerciante de importação de molhados, farinha de trigo, e exportação de café, couros e chifres. Comércio de fazendas nacionais e estrangeiras por atacado – mat. nº 425 de 20/11/1851**. Acionista da Cia. Francesa de Navegação a vapor entre Rio de Janeiro- Santos (1885) Acionista do Banco do Brasil (1857)	Suíça
Bernardo Casemiro de Freitas (Barão da Lagoa)	Rua do Ouvidor 14	Negociante Nacional* Comerciante de fazendas por atacado e retalho – mat. nº 296 de 15/05/1851**. Acionista do Banco do Brasil 1857 Acionista da Imperial Cia. de navegação a Vapor e Estrada de Ferro Petrópolis	Portugal
Binoch, Debienne & Cia.	Rua do Rosário 86 e Rua do Hospício 53	Negociante Estrangeiro de Importação e Exportação*	França
Carlos Emilio Adet		Acionista do banco do Brasil (1857)	–
Diogo Andrew		Comerciante de gêneros estrangeiros e descontos – mat. nº 840 de 12/07/1855**. Acionista do Banco do Brasil (1857)	Inglaterra
E. W. Malet			–
Flores, Filho & Cia.			–

A PRESENÇA INGLESA NAS FINANÇAS E NO COMÉRCIO NO BRASIL IMPERIAL 155

NOME (PESSOA FÍSICA OU JURÍDICA)	ENDEREÇO COMERCIAL	ATIVIDADES	NATURALIDADE
F. Rumeri			–
Gomes Filho & Morais	Rua Direita 43	Casa de Câmbio e Desconto* (Casa Bancária – Faliu em 1864)	–
Henrique Féron (L. Leconte, Féron & Cia.)	Rua da Quitanda 110	Negociante estrangeiro de Importação e Exportação* Membro francês da Comissão da Praça do Comércio de 1854 Consignatário e Casa da Comissão de Gêneros de Importação e Exportação* Acionista do Banco do Brasil (1857)	França
Hogg, Adan & Cia.	Rua da Quitanda 141	Negociante Estrangeiro (Inglês) de Importação e Exportação* Comércio de fazendas secas e molhados por atacado – mat. nº 465 de 18/05/1852**.	Inglaterra
Hugo Baird	Rua dos Pescadores 12	Negociante Estrangeiro de Importação e Exportação* Membro inglês da Comissão da Praça do Comércio de 1854 Acionista do Banco do Brasil (1857)	Inglaterra
James Andrews		Negociante Estrangeiro de Importação e Exportação*	Inglaterra
Jeronimo José Teixeira [Comendador e pai de Jerônimo José Teixeira Jr (Conselheiro de Estado, Senador e Visconde de Cruzeiro) Sogro de uma das filhas do Marquês do Paraná]	Rua Nova de S. Pedro 2	Capitalista e proprietário de prédios* Diretor da Niterói e Inhomirim Cia. de Navegação a Vapor (1856) Acionista do Banco do Brasil (1857)	–
João Antonio de Miranda e Silva	Rua da Quitanda 127	Negociante Nacional* Comércio de grosso trato de comissões – mat. nº 106, de 30/01/1851**. Acionista da Imperial Cia. de Navegação a Vapor e Estrada de Ferro Petrópolis Diretor da Cia. de Carris da Tijuca	Portugal

NOME (PESSOA FÍSICA OU JURÍDICA)	ENDEREÇO COMERCIAL	ATIVIDADES	NATURALIDADE
João Baptista Vianna Drumond (Barão de Drumond)	Rua das Viola, 9	Negociante Nacional*. Secretário da Cia. de Seguros Marítimos e Terrestres (1856) Diretor da Cia. Ferro Carril de Vila Isabel Presidente da Sociedade dos Assinantes da Praça do Comércio do Rio de Janeiro (1858/1859) Criador do Jardim Zoológico	–
João Manoel Correia da Silva	Rua da Alfândega, 23	Negociante Nacional*.	–
João Pedro da Veiga (Comendador)	Rua da Quitanda, 144	Negociante Nacional*. Comércio de livros – mat. n° 122, de 06/02/1851**.	–
Joaquim Pinto da Fonseca Guimarães & Cia.	Rua das Violas, 19	Negociante de Fazendas por atacado*; acionista da Imperial Cia. de Navegação a Vapor e Estrada de Ferro Petrópolis	Brasil
Dr. José Agostinho Vieira de Mattos		Médico¹; Deputado da província de Minas Gerais 1849-1852*; sócio fundador do IHGB	
José Antonio de Figueiredo Jr {Pai de Francisco de Figueiredo (Visconde de Figueiredo – maior acionista do Banco Nacional 1891)}	Rua da Alfândega, 38	Capitalista e Negociante Nacional* Comerciante de Importação de carne seca e gêneros do Sul e do Rio da Prata Consignatário e Casa de Comissão de Gêneros de Importação e Exportação (café, farinha de trigo, açúcar) Diretor do Banco do Brasil (1851-1853) Acionista do Banco do Brasil (1857)	Brasil
José Antonio Soares			–
José Antonio Moreira (1° Barão, Visconde e Conde de Ipanema)	Rua Direita, 82	Negociante Nacional* Comércio de navios e gêneros nacionais – mat. n° 528, de 04/10/1852**.	Brasil
José Francisco Mendes			–
Loquai, David & Cia.		Negociante Estrangeiro de Importação e Exportação*	Inglaterra

A PRESENÇA INGLESA NAS FINANÇAS E NO COMÉRCIO NO BRASIL IMPERIAL   157

NOME (PESSOA FÍSICA OU JURÍDICA)	ENDEREÇO COMERCIAL	ATIVIDADES	NATURALIDADE
Luiz Tavares Guerra (Comendador e sogro de uma das filhas do Visconde de Mauá)	Rua de São Bento, 11	Negociante Nacional* Comércio de Grosso Trato de Café – mat. nº 37, de 21/01/1851**	Portugal.
Luis Augusto Ferreira de Almeida	Rua Direita, 92	Negociante Estrangeiro de Importação e Exportação* Acionista da Imperial Cia. de Navegação a Vapor e Estrada de Ferro Petrópolis	Portugal
M. R. Sroiowood	–	–	–
Mackay Miller & Cia.	Rua dos Pescadores, 12	Negociante estrangeiro de Importação e Exportação*	Inglaterra
Manoel Correia de Aguiar	–	Acionista e Secretário da Imperial Cia. de Navegação a Vapor e Estrada de Ferro Petrópolis	–
Manoel Joaquim Ferreira Netto	Rua do Hospício, 38	Negociante Nacional* Comerciante de Grosso de gêneros do País e do exterior – mat. nº 320, de 02/06/1851**. Diretor do Banco do Brasil (1851-1853)	Portugal
Manoel Joaquim da Rocha	Rua Direita, 80	Negociante Estrangeiro de Importação e Exportação Loja de Drogas	–
Manoel Monteiro da Luz	Rua Direita, 99	Negociante Nacional – Loja de Drogas* Comércio de Grosso trato de ferragens e comissões - mat. nº 66, de 23/01/1851**.	–
Manoel Pinto da Fonseca (Comendador)	Rua da Quitanda, 123	Negociante Nacional*	Portugal
Manoel Teixeira de Souza (1º Barão de Camargos)		Inspetor da Tesouraria Geral Secretário e Vice-Presidente da Província de MG (1849) Deputado da assembleia Geral (1844-1856) Senador (1860)	Brasil

NOME (PESSOA FÍSICA OU JURÍDICA)	ENDEREÇO COMERCIAL	ATIVIDADES	NATURALIDADE
Militão Correa de Sá		Negociante nacional* Diretor da Cia. de Seguros Marítimos e Terrestres(1856) Acionista do Banco do Brasil (1857)	–
Militão Máximo de Souza (Visconde do Andaraí)	Rua do Carmo, 57	Comércio de Importação de carne seca, banha, feijão e mantimentos do Sul e do Rio da Prata Diretor do Banco do Brasil (1851-1853) Comércio de Grosso trato de navios e Comissões – mat. n° 3, de 02/01/1851** Acionista do Banco do Brasil (1857) Acionista da Imperial Cia. de navegação a Vapor e Estrada de Ferro Petrópolis Presidente da Sociedade dos Assinantes da Praça (1848-1849)	Brasil
Roberto Emery & Co	Rua Direita, 54	Negociante Estrangeiro de Importação e Exportação* Comércio de fazenda e outros gêneros por atacado – mat. n° 514, de 16/08/1852**. Diretor da Cia. Brasileira de Paquetes a Vapor	França
Miller, Le Coqc & Cia.	Rua dos Pescadores, 12	Negociante Estrangeiro de Importação e Exportação*	Inglaterra
F. Sammarne			–
Stephen Busk & Cia.	Rua S. Pedro, 69	Negociante Estrangeiro de Importação e Exportação*. Comércio de importação e exportação – mat. n° 1834, de 31/01/1861**.	Inglaterra

OBS: Negociante Nacional = Negociante Brasileiro.

¹ Colaborador do Jornal O Jequitinhonha, ligado ao Partido Liberal, cujo fundador fora Joaquim Felício dos Santos e seu cunhado Josefino Vieira Machado, o barão de Guaicuí. Tinha como correspondente no RJ, Teófilo Ottoni. Cf. NEVES, José Teixeira. A vida e obra de Joaquim Felício dos Santos. In: SANTOS, Joaquim Felício dos. *Memórias do Distrito Diamantino*, 5ª ed. Petrópolis: Vozes, 1978, p. 25; SODRÈ, *op. cit.*, p. 229.

Fonte: *AN. *Almanack Laemmert Administrativo, Mercantil e Industrial da Corte e Província do Rio de Janeiro*. Rio de Janeiro: Typ. Un. Laemmert, 1851-1858.

AN. CARTÓRIO DO 3º OFÍCIO. *Livro de Notas* nº 213, 27/05/1854 a 26/10/1854. folhas 87-88.

AN. CARTÓRIO DO 3º OFÍCIO. *Livro do Registro Geral* nº 13. 27/05/1854 a 08/05/1855. folhas 37v e 38.

BANCO DO BRASIL. Lista de Acionistas 1857.

Banco Mauá, MacGregor & Cia. Comércio. Jornal do Commercio, Rio de Janeiro, 24 de dezembro de 1854.

Manchester Archives and Local Studies, Central Library,St Peter's Square, Manchester M2 5PD;

CHAPMAN, Stanley D. *Merchant Enterprise in Britain. From the Industrial Revolution to World War I*. Cambridge, Cambridge University Press, 1992.

GRAÇA FILHO, Afonso de Alencastro. *Os Convênios da Carestia: crises, organização e investimentos do comércio de subsistência da Corte*. Dissertação de mestrado. Rio de Janeiro: IFCS/UFRJ, 1991.

BACHA, Edmar e GREENHILL, Robert. *Marcelino Martins & Edward Johston. 150 anos de café*, 2ª ed. Rio de Janeiro: Salamandra Cos. Ed., 1992

MAUÁ, Irineu Evangelista de Souza, Visconde de. *Autobiografia, exposição aos credores e ao público seguido de o meio circulante no Brasil*. Rio de Janeiro: Ed. Valverde, 1942.

BRASIL. Ministério da Educação e Cultura. Anuário do Museu Imperial. Atas da Imperial Cia. de Navegação a Vapor e Estrada de Ferro Petrópolis. Petrópolis, 1955.

BRASIL. Ministério da Justiça. Junta do Comércio, Agricultura, Fábricas e Navegação. Pedido de Matrícula de Negociante. caixa 1162.

**AN. *Registro de Cartas de matrículas dos Comerciantes, Corretores, Agentes de leilões, Trapicheiros e Administradores de Armazens de Depósitos do Tribunal do Comércio da Capital do Império*. IC³57. Livro I, Tomo I 1851-1855. IC³40. Livro II, Tomo II 1855-1863.

RHEINGANTZ, Carlos G. *Titulares do Império*. Rio de Janeiro: Min. da Justiça/Arquivo Nacional, 1960.

TAVARES, Luís Henrique Dias. *O Comércio Proibido de Escravos*. São Paulo: Ed. Ática, 1988.

VASCONCELOS, *op. cit.*

Analisando os nomes dos maiores sócios não foi de estranhar a presença de *negociantes* brasileiros, ligados principalmente ao *negócio de grosso trato*, como a navegação de cabotagem, o comércio de abastecimento, a corretagem de mercadorias e de navios, e a comissão de café; e um grande número de firmas e de comerciantes estrangeiros do comércio de importação e exportação na sociedade. Consoante o Quadro XIII, tivemos os seguintes números de acordo com a nacionalidade: 10 de Portugal; 10 da Grã-Bretanha; 6 do Brasil, 3 da França; 1 da Suíça. O número de sócios brasileiros, 6, não correspondeu à verdade, face à dificuldade de identificar a naturalidade e a nacionalidade de muitos sócios.

QUADRO XIII: SÓCIOS DA SOCIEDADE BANCÁRIA MAUÁ, MACGREGOR & CIA, POR NATURALIDADE (RIO DE JANEIRO, 1854)

País de Origem	Nº de Sócios
Brasil	6
Portugal	10
Grã-Bretanha (Inglaterra, Gales, Escócia e Irlanda)	10
França	3
Suíça	1
Não identificados	24

Fonte: AN. CARTÓRIO DO 3º OFÍCIO. *Livro do Registro Geral nº 13, 27/05/1854 a 08/05/1855*, folhas 37v e 38
AN. *Almanack Laemmert Administrativo, Mercantil e Industrial da Corte e Província do Rio de Janeiro*. Rio de Janeiro: Typ. Un. Laemmert, 1851-1855
Jornal do Commercio. 1853-1854.

Na Autobiografia de 1943, reeditada e organizada pelo neto de Mauá, Claudio Gann relatou a existência de 182 sócios. Analisando o registro do contrato social do banco firmado no *Livro de Registro do Tabelião Fialho. L.50, fls. 37, de 29 de agosto de 1854*, Roderick J. Barman não encontrou esse montante de sócios, como também, constatou que os nomes não estavam escritos corretamente. Recorrendo a mesma fonte não só confirmamos a posição do autor, como também chegamos à conclusão de que o maior problema estava na dificuldade de encontrar as listas dos acionistas do Banco do Brasil e dos sócios do Banco Mauá, MacGregor & Cia. No caso do Banco do Brasil, no arquivo velho, que se encontra na Seção de Obras Gerais, e no arquivo das Obras Raras, ambos da Biblioteca Nacional, constam as fichas das listas dos acionistas de 1821, 1827, 1852, 1857 e 1866. Entretanto, somente a lista de 1821 estava disponível para o público.[13] Ainda com relação aos nomes, não encontramos no Jornal do Comércio e na Coleção Mauá do IHGB, nenhuma lista dos acionistas e sócios das duas instituições foram encontradas. Portanto, com toda esta dificuldade, não dispomos de todos os nomes dos sócios solidários do Banco Mauá, MacGregor & Cia.,a não ser alguns nomes que constam nos

---

13   Uma cópia da lista dos acionistas do Banco do Brasil de 1857 foi cedida pelo Prof. Dr. Almir Chaiban El Kareh.

arquivos citados, como os de Militão Máximo de Souza, José Antonio Figueiredo, James Andrews, Manoel Joaquim Ferreira de Melo e outros.[14]

A presença estrangeira, principalmente a britânica, na sociedade bancária confirmou o que a historiografia sobre o comércio e tráfico negreiro ressaltou: a participação de comerciantes ou de suas firmas no tráfico negreiro até 1850. Segundo Luís Henrique Dias Tavares, as firmas inglesas Hogg, Adam & Cia., Miller, Le Cocq & Cia. Andrew and Edwards Cia. e a Carruthers & Cia., bem como a firma norte-americana Maxwell Wright & Cia.,[15] financiaram traficantes de escravos como Manoel Pinto da Fonseca, outro sócio do Banco Mauá, MacGregor & Cia.[16] Essas firmas, conhecidas como *American Houses*, por se tratarem de firmas ligadas ao *comércio de importação de "algodão"* do eixo América-Liverpool/Manchester,[17] e registradas no Tribunal do Comércio como de *comércio de fazendas por atacado*, como foi o caso da Carruthers & Cia.,[18] funcionavam como *casas de aceite*, faturando duplicatas e descontando as letras dos traficantes.

---

14   É importante ressaltar que, durante a pesquisa, o Arquivo Histórico do Banco do Brasil esteve fechado ao público, e que o arquivo do banco estava sendo organizado pelo CPDOC/FGV. MAUÁ, *op. cit.*, p. 233; BARMAN, Roderick J. Business and Government in Imperial Brazil: the experience of Viscount Mauá. *Journal of Latin American Studies*, vol. 13, part 2, November 1981, p. 253.

15   A respeito da participação norte-americana no comércio negreiro e da firma Maxwell Wright & Cia. cf. TAVARES, *op. cit.*; GRADEN, Dale T. O envolvimento dos Estados Unidos no comércio transatlântico de escravos para o Brasil, 1840-1858. *Afro-Ásia*, nº 35, 2007, p. 9-35; HORNE, Gerald. *O Sul mais distante: os Estados Unidos, o Brasil e o tráfico de escravos africanos*. Tradução de Berilo Vargas. São Paulo: Companhia das Letras, 2010.

16   A respeito do negreiro Manuel Pinto da Fonsecal Cf. KARASH, Mary. *The Brazilian Slavers and the Illegal Slave Trade, 1836-1851*. Madison, University of Wisconsin, 1967 (dissertação de mestrado inédita); TAVARES, *op. cit.*, p. 131-133; FERREIRA, Roquinaldo Amaral. *Dos Sertões ao Atlântico: Tráfico Ilegal de Escravos e Comércio Lícito em Angola, 1830-1860*. Rio de Janeiro, 1ª versão revisada. Dissertação (mestrado em História Social), Universidade Federal do Rio de Janeiro – PPGHIS; CAPELA, José. *Dicionário de negreiros em Moçambique, 1750-1897*. Porto: Centro de Estudos Africanos da Universidade do Porto, 2007.
No tocante ao impacto da abolição britânica sobre o tráfico negreiro na primeira metade do século XIX cf LOVEJOY, Paul E. and RICHARDSON, David. British Abolition and its Impact on Slave Prices along the Atlantic Coast of Africa, 1783-1850. *The Journal of Economic History*, vol. 55, March 1955, nº 1, p. 98-119; SHERRWOOD, Marika. British Illegal Slave Trade, 1807-1830. *Journal of Eighteenth-Century Studies*, vol. 31, nº 2, 2008, p. 295-305.

17   Alguns livros identificaram essas firmas como exportadoras de "Manchester goods". A respeito das American Houses verificar CHAPMAN, *op. cit.*, p. 79-106 (chapter 3)

18   Comercio de Fazenda por atacado, matrícula 279, de 05/05/1851. *Registro de Cartas de matrículas dos Comerciantes, Corretores, Agentes de leilões, Trapicheiros e Administradores de Armazens de Depósitos do Tribunal*

As firmas inglesas, através de uma rede comercial/financeira, que incluía desde as indústrias têxteis de Lancashire e Yorkshire, passando por casas comerciais e suas filiais, e chegando à ponta final formada pelos bancos provinciais e os banqueiros particulares e mercantis da City,[19] que trocavam as letras de câmbio por outros ativos e dinheiro, forneciam o crédito para a compra de escravos na África. O esquema financeiro envolvendo traficantes e casas comerciais inglesas, as *American Houses*, como a Carruthers & Cia.,[20] e os bancos ficou mais claro a partir do esquema abaixo – Esquema 1. A respeito da importância da letra de câmbio como *letra de crédito*, Charles Kindleberger citou uma fonte da época, que dizia o seguinte:

> Considerada muito conveniente nos *Negócios*; pois com elas uma grande soma é mais facilmente contável, mais leve para o transporte, guardada em menos Espaço e, portanto mais segura para viagens ou armazenagem, e em muitos outros aspectos elas são muito valorizadas. Os *bancos* são os *Caixas Gerais* de todos os Cavalheiros, Mercadores e Grandes Negociante.(...). Isso dá as letras um crédito; tanto que na Inglaterra elas nunca são menos valiosas do que o Dinheiro, e em Veneza e Amsterdá o são, em geral, ainda mais.[21]

---

do Comércio da Capital do Império. IC³57. Livro I, Tomo I 1851-1855

19 CHAPMAN, *op. cit.*, p. 109.
20 MARCHANT, *op. cit.*, p. 413.
21 KINDLEBERGER, *op. cit.*, p. 87.

ESQUEMA I: ESQUEMA MERCANTIL FINANCEIRO DA CARRUTHERS & CIA. ANTES DE 1850

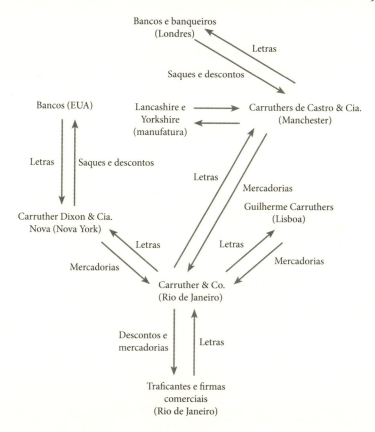

Fonte: O esquema foi montado a partir de CHAPMAN, *op. cit.*, p. 109.

A data prevista para o banco iniciar suas operações era 1º de setembro de 1854, após a subscrição de todas as suas ações de 1:000$000 (um conto) cada, que totalizariam o capital de 6.000:000$000 (seis mil contos). Entretanto, isto não ocorreu, em virtude das dúvidas acerca da legalidade da sociedade. Desde agosto de 1854, um intenso debate sobre a forma de organização da sociedade comandita por ações surgiu na Câmara e no Senado. O pensamento do governo era contrário à modalidade escolhida, e que pode ser percebida nas palavras do ministro da justiça Nabuco de Araujo proferidas no Senado: "Minha opinião é que pelo nosso código comercial *sociedades limitadas* (grifo nosso) não podem dividir seu capital em ações".[22]

---

22 ARAUJO, Nabuco. *Senado. Jornal do Comércio*, Rio de Janeiro, 23 de agosto de 1854.

Embora conseguisse do Conselho de Estado, a posição de que a discussão acerca das sociedades comanditas por ações só seria analisada na próxima legislatura, em 1855, e mesmo registrando a sociedade no Tribunal do Comércio da Corte, como comércio de banco – matrícula nº 749, de 16/11/1854, localizado na Rua da Quitanda nº 143, no mesmo endereço do terceiro Banco do Brasil, o Barão de Mauá não conseguiu organizá-lo como uma sociedade comandita por ações. O Governo Imperial, através do decreto nº 1484, de 13/12/1854, proibiu essa forma de organização da propriedade.[23] A razão alegada pelo governo, de que a sociedade comercial organizada como uma sociedade de ações burlava o Código Comercial, ficou bastante clara nas seguintes palavras do ministro da justiça Nabuco de Araujo:

> Na época em que o decreto foi expedido pretendia-se que às sociedades comanditas fossem assemelhadas às sociedades anônimas, com a diferença de não dependerem da aprovação do governo. A consequência é que a transferência das ações seria pela mesma forma que a das sociedades anônimas, isto é, nominativamente e ao portador. Daí os perigos que o governo anteolhara e determinara o decreto de 1854; esses perigos seriam os que ocorreram em França, de 1832 a 1834: *o abuso da credulidade pública, os prejuízos dos terceiros no caso de falimento, não estando ainda realizados o fundo comanditário, e finalmente a desnaturalização das sociedades comanditas, porque não seria possível a proibição do Código Comercial quanto aos atos de gestão e de mandato a respeito dos sócios comanditários, que se não saberia quais eram ou quando tinham sido* (grifo nosso).[24]

Impedido de organizar a sociedade como desejava, Mauá convocou uma Assembleia Geral dos Acionistas em 23/12/1854. Nessa assembleia, a direção propôs aos sócios a dissolução da sociedade, conforme constava no contrato social – Artigo 17, ou a reorganização do banco sob a forma de uma sociedade comandita. Por decisão da maioria dos sócios presentes, "99 sócios que representavam 4.635:000$000" segundo a nota publicada no Jornal do Commercio, o banco foi

---

23   O decreto ordenava: "1) que os tribunaes do commercio não admittão ao registro os instrumentos de contractos das ditas sociedades contendo referida condição; 2) que fiquem de nehum effeito os registros dos instrumentos de contractos de sociedades em commandita existente que nesse caso se acharem." *Parte Oficial, Ministerio da Justiça. Decreto nº 1,487, de 13 de dezembro de 1854.* Jornal do Commercio, Rio de Janeiro, 21/12/1854.

24   NABUCO, Joaquim. *Um estadista no Império. Nabuco de Araujo*. São Paulo: Instituto Progresso Ed., 1949, p. 262-263. Como já destaquei no Capítulo 1, Nabuco de Araujo, em 1865, encaminharia um projeto sobre as sociedades limitadas.

reorganizado. Tal mudança alterou os planos de Mauá e de seus sócios, pois, de acordo com o projeto original, o aumento do capital do banco estava baseado na subscrição de ações por parte dos acionistas (os sócios gerentes e comanditários). A posição da direção do banco, a respeito da intervenção do governo imperial, ficou clara quando disse o seguinte:

> Senhores – O poder executivo promulgou o decreto nº 1487 de 13 do corrente (...).
>
> O mesmo decreto não só declarava que as sociedades em commandita não podem dividir o seu capital em acções, porém anulla os registros dos contractos das sociedades assim organisadas. Não entraremos na *questão de direito* (grifo nosso) com que se fulminou esta e muitas outras associações commanditarias que operavão na confiança da lei, nem tão pouco na analyse do modo por que se realizou semelhante acto, e nas graves consequencias que poderia ou poderá ter sobre capitaes e interesses importantes que auxilião o bem estar de um paiz nascente.
>
> Homens do commercio, da industria, de capital e do trabalho, *cumpre-nos tudo confiar nos poderes do Estado: a constituição política da monarchia* (grifo nosso) fornece meios de serem devidamente apreciados e julgados os actos do poder executivo, e não é de esperar que os direitos individuais e grandes interesses da sociedade brasileira deixem de ser attendidos.(...).[25]

Criticando o ato do poder executivo, mais acreditando na constituição política da monarquia, ou seja, no Estado Imperial, a direção do banco estipulou o prazo de 30 de dezembro do corrente para que os sócios realizassem "a quinta entrada de 20% correspondente ao capital com que subscreverão para a nova sociedade".[26]

O Banco Mauá, MacGregor & Cia. cresceu rapidamente após sua reorganização como uma sociedade comandita. Mesmo não conseguindo a aprovação do Conselho Fiscal para a abertura das filiais em Belém (Pará) e na cidade de Rio Grande (Rio Grande do Sul),[27] o banco alcançou grande prestígio e se tornou num grande negócio para os sócios. Analisando os

---

25 *Banco Maua, MacGregor & Cia.* Jornal do Commercio, Rio de Janeiro, 24/12/1854.
26 *Declarações Sociedades Bancárias.* Jornal do Commercio, Rio de Janeiro, 25/12/1854.
27 *Relatório apresentado aos comanditários da sociedade bancária Mauá, MacGregor & Cia., em 5 de dezembro de 1866, pelo sócio solidário barão de Mauá. Jornal do Comércio*, Rio de Janeiro, 6 de dezembro de 1866. Somente com outro banco criado por Mauá, o Banco Mauá & Cia., as filiais de Belém e de Rio Grande foram constituídas. Cf. nota 40.

dois primeiros anos, o banco distribuiu dividendos de 40$000 em junho de 1855, e de 50$000 em janeiro de 1856, para cada ação dos sócios – Tabela 11. Comparado com os dividendos distribuídos pelo Banco do Brasil, a 6$289 por ação (valor nominal de 200$000), e pelo Banco Rural e Hipotecário a 13$300 (valor nominal de 400$000), os do Banco Mauá, MacGregor & Cia. foram bem superiores.[28]

TABELA 11: DISTRIBUIÇÃO DOS DIVIDENDOS DO BANCO MAUÁ, MACGREGOR & CIA. (1855-1864)

ANO	DIVIDENDOS
Jul/1855[1]	40$000
Jan/1856	50$000
Jan/1857[2]	57$300
Jul/1857[3]	61$000
Jan/1858	42$000
Jan/1859	70$000
Jul/1859	55$000
1860	45$000
1861	45$000
1862	45$000
1863	45$000
1864	45$000

Fonte:
[1.] Gazetilha. Jornal do Commercio, Rio de Janeiro, 12/07/1855.
[2] Sociedade Bancária. Jornal do Commercio, Rio de Janeiro, 22/01/1857. Declarações
[3] Sociedade Bancária Mauá, MacGregor & Cia. Jornal do Commercio, Rio de Janeiro, 11/07/1857. Declarações
Companhias Publicas. Jornal do Commercio, Rio de Janeiro, 1856-1864. Commercio.

No tocante ao ativo dos primeiros anos de funcionamento do banco, embora não foi possível encontrar os balanços de junho e dezembro de 1857, e de dezembro de 1859 – Tabela 12 e Gráfico 1 – o volume dos empréstimos em valores nominais aumentou de 7.180:378$903 em junho de 1856 para 17.951:502$974 contos em dezembro de 1858, um aumento de 150%. O caixa aumentou de 2.227:907$101 em junho de 1856 para 2.448:412$237 contos em dezembro de 1858, um aumento de 10%. A conta agência em Londres aumentou de 872:727$272 para 888:888$889 no mesmo período.

---

28   *Commercio. Companhias Publicas*. Jornal do Commercio, Rio de Janeiro, 02/01/1856.

TABELA 12: BALANÇOS DO BANCO MAUÁ, MACGREGOR & CIA. (1856-1866)

	JUN/1855	DEZ/1855	JUN/1856[1]	DEZ/1856[2]
ATIVO				
1. EMPRÉSTIMO	–	–		
1.1 LETRAS DESCONTADAS	–	–	3.089:462$248	3.389:932$329
1.2 LETRAS CAUCIONADAS	–	–	343:070$000	225:956$925
1.3 LETRAS A RECEBER	–	–	172:007$558	257:981$447
1.4 CONTAS CORRENTES	–	–	3.575:839$097	3.923:980$423
2. ENCAIXE	–	–		
2.1 AGÊNCIA EM LONDRES (CONTA CAPITAL)	–	–	872:727$272	872:727$272
2.2 AGÊNCCIA EM LONDRES (CONTA GERAL)	–	–	469:836$127	–
2.3 CAIXA	–	–	638:780$937	396:604$612
2.4 AGÊNCIAS	–	–	246:562$765	–
3. MÓVEL	–	–		
3.1 MOBÍLIA	–	–	5:950$206	5.700$000
3.2. MATERIAL DE ESCRITÓRIO	–	–	7:000$000	6:650$000
4. LETRAS SELLADAS EM BRANCO	–	–	3:500$000	5:800$000
5. DIVERSOS	–	–	423:727$272	897:206$197
TOTAL	–	–	9.858:463$965	9.9882:539$205
PASSIVO				
1. CAPITAL	–	–	6.000:000$000	6.000:000$000
2. RESERVA	–	–	70:576$705	98:828$505
3. DEPÓSITOS:	–	–		
3.1 LETRAS A PAGAR	–	–	91:599$520	566:018$898
3.2 LETRAS POR DINHEIRO A PREMIO	–	–	2.423:846$756	1.624:158$520
3.3. ANTONIO JOAQUIM DE OLIVEIRA (DE LISBOA) S/C	–	–	17:353$021	31:068$021
3.4 CIA. E.F. D. PEDRO II	–	–	537:159$583	158:932$927
3.5 DEPÓSITOS	–	–	169:000$000	10:000$000
3.6 AGÊNCIAS	–	–	111:765$943	936:316$150
4. LUCROS E PERDAS	–	–		
4.1 PRÊMIO DE LETRAS A VENCER	–	–	56:567$312	112:651$093
4.2 SALDO POR DIVIDIR	–	–	12$111	5$771
5. REMUNERAÇÃO DOS SÓCIOS GERENTES	–	–	64:332$714	98:805$771
6. DIVIDENDOS	–	–		
6.1 DIVIDENDO	–	–	316:200$000	343:800$000
6.2 DIVIDENDO DE CAUÇÃO	–	–		119$400
TOTAL	–	–	9.858:163$965	9.982:539$205

FONTE: Não foram encontrados os balanços referentes ao ano de 1855.
1. Gazetilha. Banco Mauá. Jornal do Commercio, Rio de Janeiro, 24/07/1856, p. 2.
2. Gazetilha. Banco Mauá. Jornal do Commercio, Rio de Janeiro, 26/01/1857, p. 2.

continuação – TABELA 12

	JUN/1857	DEZ/1857	JUN/1858	DEZ/1858¹
ATIVO				
1. EMPRÉSTIMO				
1.1 LETRAS DESCONTADAS				
1.2 LETRAS CAUCIONADAS				
1.3 LETRAS A RECEBER				17.951:502$974
1.4 CONTAS CORRENTES				
2. ENCAIXE				
2.1 AGÊNCIA EM LONDRES (CONTA CAPITAL)				888:888$889
2.2 AGÊNCCIA EM LONDRES (CONTA GERAL)				
2.3 CAIXA				(1.550:5235$438)
2.3.1 C/C NO BANCO DO BRASIL				800:000$000
2.3.2 EM DINHEIRO				750:524$438
3. MÓVEL (MOBILIA + MAT.ESCRITÓRIO):				9:000$000
4. JUROS NÃO VENCIDOS				9:854$644
5. LETRAS SELADAS EM BRANCO				7:962$400
6. DIVERSOS				1.190:576$316
TOTAL				21.608:310$771
PASSIVO				
1. CAPITAL				6.000:000$000
2. RESERVA				596:523$435
3. DEPÓSITOS:				
3.1 LETRAS A PAGAR				
3.2 LETRAS POR DINHEIRO A PREMIO				
3.3 AGÊNCIAS				
3.4 CONTA CORRENTE				13.139:105$380
4 LETRAS (DESCONTOS) NÃO VENCIDAS				416:520$854
5. LUCROS E PERDAS:				2:580$331
5.1 PRÊMIO DE LETRAS A VENCER				
5.2 SALDO POR DIVIDIR				
6. REMUNERAÇÃO DOS SÓCIOS GERENTES				135:000$000
7. DIVIDENDOS				420:000$000
8. SELLO				2:965$400
9. DIVERSOS				16:550$000
TOTAL				21.608:310$771

FONTE: Não foram encontrados os balanços referentes ao ano de 1857 e junho de 1858.
1. Commercio. Banco Maua. Balanço do Banco Mauá, MacGregor & Cia. em 31/12/1858. Jornal do Commercio, Rio de Janeiro, 05/01/1859, p. 3.
Obs: Letras (descontos) não vencidas consiste numa dívida que o banco reconhece frente a terceiros. Seria o que na contabilidade chama de dívida flutuante. Juros não vencidos consiste num desdobramento dos empréstimos

continuação – TABELA 12

	JUN/1859[1]	DEZ/1859[2]	JUN/1860[3]	DEZ/1860[4]
ATIVO				
1. EMPRÉSTIMO	–	–	–	–
1.1 LETRAS DESCONTADAS	–	–	–	–
1.2 LETRAS CAUCIONADAS	–	–	–	–
1.3 LETRAS A RECEBER	13.603:998$777	–	13.601:907$835	13.065:024$714
1.4 CONTAS CORRENTES	–	–	–	–
2. ENCAIXE	–	–	–	–
2.1 AGÊNCIA EM LONDRES (CONTA CAPITAL)	888:888$889	–	888:888$889	888:888$889
2.2 AGÊNCCIA EM LONDRES (CONTA GERAL)	–	–	–	–
2.3 CAIXA	(271:053$835)	(350:000$000)	(328:262$149)	(357:180$021)
2.3.1 C/C NO BANCO DO BRASIL	–	–	–	200:000$000
2.3.2 EM DINHEIRO CORRENTE	–	–	–	157:180$021
3. MÓVEL (MOBÍLIA + MAT. ESCRITÓRIO)	8:100$099	–	6:561$000	6:313$500
4. LETRAS SELADAS EM BRANCO	7:557$000	–	–	–
5. JUROS NÃO VENCIDOS	6:901$120	–	41:129$606	28:586$888
6. DIVERSOS	1.427:021$363	–	1.749:120$000	2.160:525$161
TOTAL	16.213:521$083	–	16.615:869$479	16.506:519$173
PASSIVO				
1. CAPITAL	6.000:000$000	–	6.000:000$000	6.000:000$000
2. RESERVA	621:559$937	–	126:265$437	163:040$841
3. DEPÓSITOS	–	–	–	–
3.1 LETRAS A PAGAR	849:204$330	–	1.097:064$408	815:471$391
3.2 LETRAS POR DINHEIRO A PREMIO				–
3.3 CONTA CORRENTE	7.515:146$302	8.255:659$035	8.614:879$712	8.414:105$890
4. LETRAS (DESCONTOS) NÃO VENCIDAS	242:469$920	249:252$550	506:018$222	543:721$476
5. LUCROS E PERDAS	1:914$875	–	–	–
5.1 PRÊMIO DE LETRAS A VENCER	–	–	–	–
5.2 SALDO POR DIVIDIR	–	–	–	–
5.3 LUCROS SUSPENSOS	–	206:923$015	–	298:314$665
6. REMUNERAÇÃO DOS SÓCIOS GERENTES	67:500$000			
7. DIVIDENDOS	330:000$000	–	270:000$000	270:000$000
8. DIVERSOS	583:540$719	–	–	–
9. SELO	2:185$000	–	1:141$700	1:865$000
TOTAL	16.213:521$083	–	16.615:869$479	16.506:519$173

FONTE:

1. Commercio. Balanço do Banco Mauá, MacGregor & Cia. em 30/06/1859. Jornal do Commercio, Rio de Janeiro, 12/07/1859, p. 3.
2. Gazetilha. Banco Mauá, MacGregor & Cia. Jornal do Commercio, Rio de Janeiro, 12/01/1860, p. 2.
3. Commercio. Balanço do Banco Mauá, MacGregor & Cia. em 30/06/1860. Jornal do Commercio, Rio de Janeiro, 04/07/1860, p. 3.
4. Commercio. Balanço do Banco Mauá, MacGregor & Cia. em 31 /12/1860. Jornal do Commercio, Rio de Janeiro, 04/01/1861, p. 3.

Obs: O microfilme do Jornal do Commercio de 04/07/1860 não estava em bom estado, e no caso do balanço do banco, em certas contas do passivo, o número não estava legível.

continuação – TABELA 12

	JUN/1861[1]	DEZ/1861[2]	JUN/1862[3]	DEZ/1862[4]
ATIVO				
1. EMPRÉSTIMO	–	–	–	–
1.1 LETRAS DESCONTADAS	–	–	–	–
1.2 LETRAS CAUCIONADAS	–	–	–	–
1.3 LETRAS A RECEBER	10.046:426$841	7.478:923$734	7.881:015$833	6.719:711$109
1.4 CONTAS CORRENTES	–	–	–	–
2. ENCAIXE	–	–	–	–
2.1 AGÊNCIA EM LONDRES (CONTA CAPITAL)	888:888$889	888:888$889	888:888$889	888:8888$889
2.2 AGÊNCCIA EM LONDRES (CONTA GERAL)	–	–	–	–
2.3 CAIXA	332:142$722	282:862$575	(333:001$768)	(223:407$610)
2.3.1 C/C NO BANCO DO BRASIL	–	–	100:000$000	30:000$000
2.3.2 EM DINHEIRO CORRENTE	–	–	223:001$768	193:407$610
3. MÓVEL (MOBÍLIA + MAT. ESCRITÓRIO)	5:682$150	5:113$935	4:602$540	4:142$082
4. BENS DE RAIZ	–	–	–	1.081:816$297
5. LETRAS SELADAS EM BRANCO	–	–	–	–
6. JUROS NÃO VENCIDOS	21:638$416	20:618$507	9:499$700	8:075$082
7. DIVERSOS	1.872:105$000	1.863:250$000	2.427:295$507	1.808:250$200
TOTAL	13.166:884$018	10.539:657$640	11.534:304$237	10.734:291$269
PASSIVO				
1. CAPITAL	6.000:000$000	6.000:000$000	6.000:000$000	6.000:000$000
2. RESERVA	183:136$607	201:892$721	224:606$393	249:670$344
3. DEPÓSITOS				
3.1 LETRAS A PAGAR	860:739$740	768:425$280	803:504$200	640:191$358
3.2 LETRAS POR DINHEIRO A PREMIO				
3.3 CONTA CORRENTE	5.188:435$615	2.279:529$132	3.541:889$954	2.790:410$553
4. LETRAS (DESCONTOS) NÃO VENCIDAS	319:920$127	250:537$084	265:832$528	253:015$773
5. LUCROS E PERDAS:				
5.1 PRÊMIO DE LETRAS A VENCER				
5.2 SALDO POR DIVIDIR				
5.3 LUCROS SUSPENSOS	343:148$329	766:991$123	427:407$562	530:076$141
6. REMUNERAÇÃO DOS SÓCIOS GERENTES				
7. DIVIDENDOS:	270:000$000	270:000$000	270:000$000	270:000$000
8. DIVERSOS				
9. SELO	1:503$600	2:172$300	1:563$600	927$100
TOTAL	13.166:884$018	10.539:657$640	11.534:304$237	10.734:291$268

FONTE:

1. Commercio. Balanço do Banco Mauá, MacGregor & Cia. em 30/06/1861. Jornal do Commercio, Rio de Janeiro, 04/07/1861, p. 3.
2. Commercio. Balanço do Banco Mauá, MacGregor & Cia. em 31/12/1861. Jornal do Commercio, Rio de Janeiro, 05/01/1862, p. 3.
3. Commercio. Balanço do Banco Mauá, MacGregor & Cia. em 30/06/1862. Jornal do Commercio, Rio de Janeiro, 06/07/1862, p. 4.
4. Commercio. Balanço do Banco Mauá, MacGregor & Cia. em 31/12/1863. Jornal do Commercio, Rio de Janeiro, 06/01/1863, p. 3.

continuação – TABELA 12

	JUN/1863[1]	DEZ/1863[2]	JUN/1864[3]	DEZ/1864[4]
ATIVO				
1. EMPRÉSTIMO				
1.1 LETRAS DESCONTADAS				
1.2 LETRAS CAUCIONADAS				
1.3 LETRAS A RECEBER	7.964:221$121	6.217:577$121	6.223:072$204	2.328:063$031
1.4 CONTAS CORRENTES				
2. ENCAIXE:				
2.1 AGÊNCIA EM LONDRES (CONTA CAPITAL)	888:888$889	888:888$889	888:888$889	888:888$889
2.3 CAIXA	(487:973$698)	(506:421$321)	(439:809$522)	(652:882$584)
2.3.1 C/C NO BANCO DO BRASIL	250:000$000	100:000$000	200:000$000	400:000$000
2.3.2 EM DINHEIRO CORRENTE	237:973$698	406:421$321	239:809$522	252:882$584
3. MÓVEL (MOBÍLIA + MAT. ESCRITÓRIO)	3:728$058	3:355$253	3:019$728	2:717$756
4. BENS DE RAIZ (IMÓVEL)	1.167:73$953	1.236:056$478	1.197:331$873	1.307:700$000
5. CONTAS EM LIQUIDAÇÃO				605:939$299
6. JUROS NÃO VENCIDOS	7:869$520	9:929$200	27:508$154	5:896$360
7. DIVERSOS	1.801:408$750	1.763:660$000	1.861:080$000	1.808:984$000
TOTAL	12.321:843$989	10.625:888$265	10.640:710$370	7.601:071$919
PASSIVO				
1. CAPITAL	6.000:000$000	6.000:000$000	6.000:000$000	6.000:000$000
2. RESERVA	268:354$446	285:635$678	304:288$027	429:215$448
3. DEPÓSITOS:				
3.1 LETRAS A PAGAR	751:125$900	814:882$030	1.022:280$410	722:131$470
3.2 LETRAS POR DINHEIRO A PREMIO				
3.5 CONTA CORRENTE	4.251:390$321	2.441:141$044	2.235:997$590	353:949$721
4. LETRAS (DESCONTOS) NÃO VENCIDAS	224:307$880	259:771$260	230:324$850	91:169$780
5. LUCROS E PERDAS:				
5.1 PRÊMIO DE LETRAS A VENCER				
5.2 SALDO POR DIVIDIR				
5.3 LUCROS SUSPENSOS	552:793$742	553:533$053	575:753$193	–
6. REMUNERAÇÃO DOS SÓCIOS GERENTES				
7. DIVIDENDOS:	270:000$000	270:000$000	270:000$000	
8. DIVERSOS				
9. SELO	871$700	925$200	2:066$300	1:605$500
TOTAL	12.321:843$989	10.625:888$265	10.640:710$370	7.601:071$919*

FONTE:

1. Commercio. Balanço do Banco Mauá, MacGregor & Cia. em 30 /06/1863. Jornal do Commercio, 05/07/1863, p. 3.
2. Commercio. Balanço do Banco Mauá, MacGregor & Cia. em 31/12/1863. Jornal do Commercio, Rio de Janeiro, 06/01/1864, p. 3.
3. Commercio. Balanço do Banco Mauá, MacGregor & Cia. em 30/06/1864. Jornal do Commercio, Rio de Janeiro, 06/07/1864, p. 3.
4. Commercio. Balanço do Banco Mauá, MacGregor & Cia. em 31/12/1864. Jornal do Commercio, Rio de Janeiro, 05/01/1865, p. 3.

Obs: *Existe uma diferença de 3:000$000 entre o ativo e passivo do balanço de 31/12/1864. Analisando as contas do balanço publicado no Jornal do Commercio com as contas do balanço da Comissão de Inquérito de 1864, não existe diferença. Entretanto, nesse último, não consta a conta selo nem a conta descontos vencidos, justamente onde deve estar o erro.

continuação – TABELA 12

	JUN/1865[1]	NOV/1865[2]	JUN/1866	NOV/1866[3]
ATIVO				
1. EMPRÉSTIMO	–	–	–	–
1.1 LETRAS DESCONTADAS	–	–	–	–
1.2 LETRAS CAUCIONADAS	–	–	–	–
1.3 LETRAS A RECEBER	3.260:532$795	2.447:726$821	–	1.297:179$743
1.4 CONTAS CORRENTES	–	2.042:166$231	–	5.128:277$185
2. ENCAIXE	–	–	–	–
2.1 AGÊNCIA EM LONDRES (CONTA CAPITAL)	888:888$889	888:888$889	–	888:888$889
2.3 CAIXA:	(509:817$808)	(1.024:653$249)	–	(458:482$796)
2.3.1 C/C NO BANCO DO BRASIL	300:000$000	700:000$000	–	–
2.3.2 EM DINHEIRO CORRENTE	209:817$808	324:653$249	–	–
3. MÓVEL (MOBÍLIA + MAT. ESCRITÓRIO)	2:423$481	2:423$481	–	2:181$133
4 BENS DE RAIZ	1.317:700$000	943:774$810	–	943:383$818
5. CONTAS EM LIQUIDAÇÃO	512:222$097	441:710001	–	1.401:088$901
6. JUROS NÃO VENCIDOS	10:255$610	–	–	–
7. DIVERSOS	2.341:232$000	69:189$000	–	–
TOTAL	8.873:092$710	7.860:532$482	–	11.971:472$465
PASSIVO				
1. CAPITAL	6.000:000$000	6.000:000$000		6.000:000$000
2. RESERVA	652:136$894	652:136$894	–	–
3. DEPÓSITOS:	–	–	–	–
3.1 LETRAS A PAGAR	736:655$860	1.053000$190	–	12:022$050
3.2 LETRAS POR DINHEIRO A PREMIO	–	–	–	–
3.3 CONTA CORRENTE	1.386:314$646	–	–	3.099:552$280
4. LETRAS (DESCONTOS) NÃO VENCIDOS	94:088$910	–	–	–
5. LUCROS E PERDAS	–	(154:752$898)	–	–
5.1 PRÊMIO DE LETRAS A VENCER	–	–	–	–
5.2 SALDO POR DIVIDIR	–	–	–	–
5.3 LUCROS SUSPENSOS	–	–	–	–
6. REMUNERAÇÃO DOS SÓCIOS GERENTES	–	–	–	–
7. DIVIDENDOS:	–	–	–	–
8. BARÃO DE MAUÁ	–	–	–	2.859:829$635
9. SELO	3:896$400	642$500	–	68$500
TOTAL	8.873:092$710	7.860:532$482	–	11.971:472$465

FONTE:

1. Commercio. Balanço do Banco Mauá, MacGregor & Cia. em 30/06/1865. Jornal do Commercio, Rio de Janeiro, 06/07/1865, p 3.
2. Commercio. Balanço do Banco Mauá, MacGregor & Cia. em 30/11/1865. Jornal do Commercio, Rio de Janeiro, 02/12/1865, p .3
3. Relatório apresentado aos commanditários da Sociedade Bancária Mauá, MacGregor & Cia. em 05/12/1866, pelo sócio Barão de Mauá. 09/12/1866.Observação; Não foram encontrados os balanços de 31/12/1865 e de 30/06/1866.

GRÁFICO I: EMPRÉSTIMOS E DEPÓSITOS DO BMM, 1856-1866

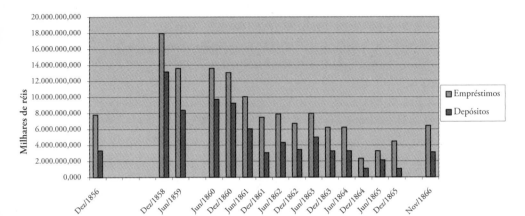

No tocante ao passivo do banco, os depósitos aumentaram de 3.350:724$823 em junho de 1856 para 13.139:105$380 em dezembro de 1858, um aumento expressivo de 292%, e as reservas[29] – fundo de reserva correspondendo a 6% dos lucros líquidos do banco – Anexo 4, Artigo XV – aumentaram de 70:576$705 para 596:523$435 no mesmo período. O aumento dos depósitos demonstrou que o banco visava ter um *encaixe* baixo, e com isso multiplicar os meios de pagamentos. Em contrapartida, as reservas também aumentaram, e os dividendos caíram, significando que o banco aumentou suas obrigações e dívidas, principalmente em virtude da crise de outubro de 1857, que falaremos mais adiante.

Ainda com relação ao passivo de junho e dezembro de 1856, duas contas no depósito chamaram atenção. A primeira dizia respeito ao negociante de Lisboa Antonio Joaquim de Oliveira e a outra, à Cia. Estrada de Ferro D. Pedro II. No tocante ao negociante, além de ser o terceiro testamenteiro (em Lisboa) do negreiro e sócio do banco, o Comendador Manuel Pinto da Fonseca,[30] era, também, um dos maiores acionistas e diretor das Companhias Financeiras portuguesas, tais como: a *Companhia Confiança, Companhia União, Contratos dos Tabacos, Companhia União Commercial e Companhia das Obras Públicas de Portugal*.[31]

---

29 As reservas são fundos criados para cobrir eventuais perdas, despesas extraordinárias ou mesmo um investimento.

30 ANTT. Arquivo Histórico do Ministério das Finanças. Testamentos. Testamento de Manuel Pinto da Fonseca. 22/05/1854. Livro 20. 2. XV-R-72 (32) 1854.

31 REIS, Jaime. *O Banco de Portugal. Das origens a 1914*, vol. I. Lisboa: Banco de Portugal, 1996, p. 410.

Com relação à Estrada de Ferro Dom Pedro II, coube ao Banco Mauá, MacGregor & Cia., através da remuneração dos seus depósitos, fazer a intermediação para a organização da estrada de ferro. Muitos sócios do banco, entre eles o próprio Barão de Mauá, eram acionistas da estrada de ferro,[32] o que contribuiu para que o banco ficasse com tal conta. Entretanto, no ativo não constavam ações da referida companhia, o que vem a corroborar com a tese acima.[33]

Uma análise complementar dos balanços consiste na verificação dos coeficientes de caixa/depósito e empréstimo/depósito do banco – Tabela 13. Através dos coeficientes, percebemos que o ano de 1856 foi muito bom para o banco. Embora em junho de 1856, o banco estava com um encaixe bem alto, no valor de 0,67, em dezembro tal valor caiu para 0,38, em virtude da diminuição do caixa. Na relação empréstimo/depósito, com os valores de 2,14 e 2,35, correspondentes a junho e dezembro de 1856 respectivamente, o banco tinha mais a receber do que a pagar, significando que a instituição tinha liquidez.

---

[32] *Publicação a Pedido. Distribuição de acções da E. F. D. Pedro II*. Jornal do Commercio, Rio de Janeiro, 04/07/1855.

[33] A respeito da organização da Estrada de Ferro D. Pedro II verificar o trabalho de EL-KAREH, Almir Chaiban. *Filha Branca de Mãe Preta: a Companhia da Estrada de Ferro D. Pedro II (1855-1865)*. Petrópolis: Vozes, 1982.

TABELA 13: COEFICIENTES DO BANCO MAUÁ, MACGREGOR & CIA.
Caixa/Depósito e Empréstimo/Depósito

Ano	Caixa/Depósito	Empréstimo/Depósito
JUN 1856	0,67	2,14
DEZ 1856	0,38	2,35
DEZ 1858	0,19	1,36
JUN 1859	0,14	1,63
JUN 1860	0,13	1,40
DEZ 1860	0,14	1,42
JUN 1861	0,20	1,60
DEZ 1861	0,38	2,50
JUN 1862	0,28	1,81
DEZ 1862	0,33	1,96
JUN 1863	0,28	1,60
DEZ 1863	0,43	1,91
JUN 1864	0,41	1,91
DEZ 1864	1,43	2,16
JUN 1865	0,66	1,53
NOV 1865	1,81	4,26
NOV 1866	0,43	1,96

Fonte: Tabela 12.

A análise dos balanços do banco foi muito importante para explicar as principais operações feitas no período. Ficou claro, por exemplo, que o banco não negociou com hipotecas, e que privilegiou fortemente a atividade comercial através do desconto de letras com penhor mercantil. Como não era emissor, não consta nenhum lançamento de emissão no balanço. Entretanto, com relação a essa última, o banco tentou emitir vales comerciais, ou seja, vales ao portador e a prazo de cinco dias em 1855, sendo impedido pelo governo. A razão alegada para a proibição, era de que tais vales poderiam aumentar a circulação do meio circulante. Na realidade, como já destacamos, os vales bancários tornaram-se verdadeiros "papéis-moeda", moeda privada na praça comercial, que concorrendo com as notas do Banco do Brasil, ameaçariam o projeto de centralização bancária e monetária implementado pelo governo com a Reforma de 1853.

Embora não constasse nos balanços do banco ações de companhias, analisando os relatórios e as atas das Assembleias de algumas delas criadas no mesmo período, como a Imperial Companhia de Navegação a Vapor e Estrada de Ferro Petrópolis e a Cia. Anônima Luz Steárica de Produtos Químicos, que fabricava sabão e velas, notamos a presença do banco e dos sócios do Banco, como o Barão de Mauá, João Ignácio Tavares, Richard Carruthers, Militão Máximo de Souza e outros, como acionistas dessas companhias.[34] Como as ações dessas sociedades não constavam no ativo do banco, não pudemos confirmar a tese de que essa forma de participação consistiu numa forma de atuação do *capital financeiro*, e sim, como a permanência da "cultura dos negócios" do *capital comercial*. Portanto, esse tipo de negócio não permitiu a afirmação de que o banco constituiu-se numa empresa *holding* ou que as empresas de Mauá formaram um *conglomerado*, como foi ressaltado por Jorge Caldeira.[35]

A influência de Mauá, bem como de seus negócios, parecia não se esgotar. Estando envolvido na "independência" do Uruguai, frente às pretenções de Rosas da Argentina, atuação essa que Alberto de Faria exageraria na frase "posição de diplomata secreto, arriscando seu dinheiro e, arriscando às vezes a vida",[36] em 1856, o Barão de Mauá estabeleceu uma casa comercial em Montevideu, que descontava letras e emitia bilhetes. Essa forma de atuação, que para Juan Pivel Devoto, era como se fosse um verdadeiro *banco privado*,[37] não se constituiu numa novidade, na medida que Mauá tinha negócios na região do Prata, principalmente na cidade portuária de São Pedro do Rio Grande do Sul.[38]

---

34 Além do Banco do Brasil, o Banco Mauá, MacGregor & Cia. era acionista de vários negócios de Mauá, como por exemplo na Imperial Companhia de Navegação a Vapor e Estrada de Ferro de Petrópolis. É bom lembrar, que a partir de 1854, Mauá transformou alguns de seus negócios em sociedades anônimas, como a Cia. Ponta D'Areia e a Cia. Anônima Luz Steárica e Produtos Químicos. As novas companhias organizadas por ele surgiram sob a forma de S/A. Tal foi o caso da São Paulo Railway Cia., Montes Aureos Brazilian Gold Mining Cia., e outras. Ver a respeito BRASIL. *Ministério do Trabalho, Indústria e Comércio. Sociedades mercantis autorizadas a funcionar no Brasil (1808-1946)*. Rio de Janeiro, 1946. Brasil. Ministério da Educação e Cultura. *Anuário do Museu Imperial*, vol. XVI. Petrópolis, 1955.

35 A ideia de formação de um conglomerado dos negócios de Mauá é de Jorge Caldeira. Para uma melhor análise sobre o que venha ser um conglomerado, entendido aqui como uma firma que se expande mediante aquisição de empresas em segmentos diversos, verificar CHANDLER JR, Alfred D. T*he Visible Hand: The Managerial Revolution in American Business*. Cambridge: Harvard University Press, 1977.

36 ALMEIDA, *op. cit.*, p. 201.

37 DEVOTO, Juan E. Pivel. *Contribución a la Historia Económica y Financiera del Uruguay. Los Bancos 1824-1868*. Montevideo, A. Monteverde y Cia., 1976, p. 62-63.

38 Na década de 1840, foi organizada na cidade de Rio Grande, o principal porto da província de São Pedro do Rio Grande do Sul no século XIX, a firma Carruthers Souza & Cia., que desempenhou importante atividade comercial, exportando charque, produtos da pecuária e sal para o Rio de Janeiro e Londres. Cf. VARGAS, Jonas Moreira. *Pelas Margens do Império. Poder Político, riqueza e estratégias familiares na elite charqueadora de Pelotas*

Um ano depois, em 1857, face ao seu prestígio e amizade com D. André Lamas, ministro das Relações Exteriores do Uruguai e com fortes ligações com o governo brasileiro,[39] Mauá conseguiu autorização do poder Executivo da República do Uruguai, de transformar sua casa comercial num *banco de depósito e desconto com poder de emissão de notas.*[40] Com o nome de *Banco Mauá & Cia.*, o banco constituiu-se numa das partes mais importantes do esquema mercantil/financeiro montado por Mauá e Richard Carruthers, em virtude do forte comércio da região cisplatina com o Brasil – Esquema 2. Aproveitando-se do esquema montado anteriores a 1850, a novidade estaria com os bancos organizados por Mauá, descontando letras de câmbio por dinheiro, e sacando diretamente sobre Londres através da filial do Banco Mauá, MacGregor & Cia.

A situação da sociedade bancária, bem como do próprio Mauá, começou a mudar a partir da crise de 1857-1858. Embora tivesse atuação destacada para contornar tal crise, e recebendo do governo uma quantia de 300:000$000 para a Cia. Ponta D'Areia e a garantia de juros para a São Paulo Railway Cia.,[41] a partir desse momento, a política econômica do governo seria marcada pela defesa intransigente do padrão-ouro. As dificuldades não tardaram a aparecer para os negócios de Mauá.

(1850-1890). Material de qualificação de doutorado-PPGHIS-UFRJ, 2011.

39 A respeito do Uruguai e de suas relações com o Brasil verificar os seguintes trabalhos: ACEVEDO, Eduardo. *Annales historicos del Uruguay.* s. ed. 1933; BARRAN, José Pedro. *Apogeo y Crisis del Uruguay Pastoril y Caudilhesco 1839-1875.* Montevideo, Ed. de la Banda Oriental, 1994; BESOUCHET, Lídia (org.) *Correspondência Política de Mauá no Rio da Prata (1850-1885)*, 2ª ed. São Paulo: Companhia Editora Nacional, 1977. (Brasiliana vol. 227); WILLIMAN, Jose Claudio. *Historia Económica del Uruguay (1811-1900).* Tomo I, 2ª ed. Uruguay, Ed. Fin de Siglo, 1992. (Coleccion Raices); JACOB, Raul. "Consideraciones acerca de la formación económica de Uruguay 1726-1930" In: FLORESCANO, Enrique (coord.) *Orígenes y desarrollo de la burguesia en América latina 1700-1955.* Mexico: Ed. Nueva Imagen, 1985.

40 *"Banco Mauá & Cia. se autoriza su estabelecimento" apud* RIBEIRO, Waldir de Vita. *O Banco Mauá no Uruguai.* Niterói, 1977, 156p. Dissertação (mestrado em História). Universidade Federal Fluminense. Anexo XV. A respeito da atividade bancária e mercantil do Barão de Mauá no Sul cf. KUNIOSHI, Márcia Naomi. A intermediação mercantil e bancária na fronteira meridional do Brasil. *História e Economia*, vol. 1, nº 1, 2º/2005, p. 67-86. A lei encontra-se também *Notícias do Estado Oriental.* Jornal do Commercio, Rio de Janeiro, 12/07/1857, p. 2.

41 O empréstimo foi autorizado pelo decreto nº 933, de 26 de agosto de 1857. Com relação as garantias dadas pelo governo a Mauá para organizar a The São Paulo Railway Limited verificar o trabalho de PETRATTI, Palmira. *A Instituição da The São Paulo (Brazilian) Railway Limited.* São Paulo, 1977. Dissertação (mestrado em História). Universidade de São Paulo – FFLCH.

ESQUEMA FINANCEIRO DE MAUÁ E CARRUTHERS PÓS-1850

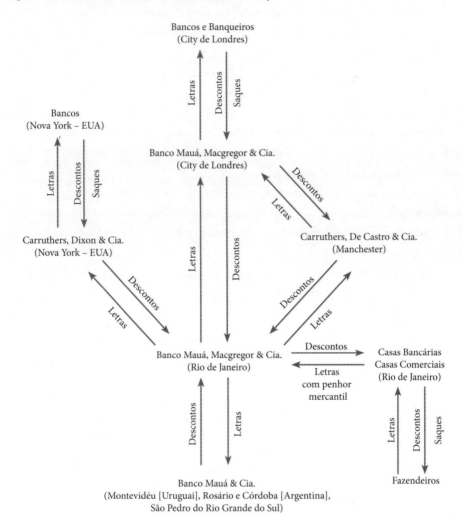

A CRISE DE 1857 E O BANCO

O crescimento das atividades comerciais no Rio de Janeiro e a drenagem de metal em direção ao Nordeste, ligado a pressão do circuito mercantil de Salvador e Recife, principalmente no que se referia a venda de escravos dos engenhos para as fazendas de café do Vale do Paraíba e Minas Gerais, forçaram o governo a autorizar o Banco do Brasil a emitir o triplo dos fundos disponíveis.[42] Conforme consta na Tabela 6, as emissões dos bancos, principalmente do Banco do Brasil, aumentaram de 15.531 contos em 1854, para 40.128 contos em 1856.

A permissão da emissão, que contrariava os estatutos do banco, possibilitou a manutenção dos investimentos, à custa da inflação.[43] Só para se ter uma ideia desses investimentos, principalmente no que diz respeito ao setor privilegiado, na Corte do Rio de Janeiro, em todo ano de 1851, foram registradas no Tribunal do Comércio quatorze sociedades anônimas e comanditas. Dessas, duas eram bancos e casas bancárias, seis eram cias. de seguros, duas eram cias. de transporte marítimos, uma era de comércio de alimentos, duas eram de secos e molhados, uma de louças e uma de fazendas. Todas essas sociedades estavam ligadas ao setor terciário conforme a Tabela 14. Em 1855, foram registradas vinte e oito sociedades, um aumento de 100%. Distribuindo essas sociedades pelos setores da economia, vinte e seis eram do setor terciário, uma era do setor secundário – fiação e tecelagem – e uma era do setor primário – pecuária. Assim como ocorreu em 1851, o setor terciário foi o setor onde se concentrou a maior parte dos investimentos.

Complementando a análise, no tocante as sociedades anônimas negociadas na Bolsa de Valores do Rio de Janeiro, em 1850 foram negociadas somente quinze ações em cinco dias. Dessas quinze, doze pertenciam a bancos, e as três restantes à uma companhia de transporte a vapor. Em 1855, ocorreram cento e trinta e duas transações na Bolsa de Valores do Rio de Janeiro, e com dezesseis empresas regularmente cotadas no pregão da referida Bolsa de Valores. Segundo Maria Barbara Levy "eram quatro bancos, quatro companhias de transpores, três de serviços públicos, uma de construção naval, uma perfumaria, uma empresa de colonização agrícola e mais duas cujo ramo não foi possível identificação".[44]

---

42   O Conselho de Estado, composto pelo Visconde de Caravelas, Visconde de Itaborai e o Visconde de Jequitinhonha, através da Resolução nº 392, de 31/03/1855, autorizou o Banco do Brasil a elevar sua emissão até o triplo do fundo disponível. Portanto, através do decreto nº 1.581 de 02/04/1855, o governo autorizou o banco a elevar sua emissão até o triplo do fundo disponível.   BRASIL. Conselho de Estado. *Consultas da Secção de Fazenda do Conselho de Estado*. vol. 3. Rio de Janeiro: Typographia Nacional, 1850-1855.

43   LEVY, *op. cit.*, p. 82

44   *Ibidem*, p. 83.

Algumas estimativas referentes ao crescimento do produto interno bruto reforçam a expansão econômica do período, face à expansão crédito. Raymond W. Goldsmith estima que na década de 1850, o crescimento do produto interno bruto foi de 6,03 % ao ano a preços correntes, e de 2,72 % ao ano à preços constantes. Tais números foram bem superiores aos demais períodos do Império, com exceção do período da Guerra do Paraguai, cuja estimativa foi de 9,92% e de 5,40%.[45]

TABELA 14: NÚMERO DE SOCIEDADES ANÔNIMAS E COMANDITAS REGISTRADAS NO TRIBUNAL DO COMÉRCIO DA CORTE (1851-1865)

Período	Casas bancárias	Seguros	Marítimo	Ferroviário	Terrestre	Educação	Serviço Público	Casas de Saúde	Hotel	Diversão	Decoração	Imigração e colonização	Alimentos e bebidas	Secos e molhados	Café	Fumo	Louças e Ferragens	Fazendas	Armarinho e vestuário	Joias	Perfumes Sabão e Velas	Produtos Químicos e Drogas	Madeira	Móveis e Colchoaria	Couros	Papel	Importação e Exportação	Representação	Extração Mineral	Pecuária	Produtos Hortigranjeiros	Pesca	Fiação e Tecelagem	Perfumaria Sabão e Velas	Química	Olaria	Publicações
1851	2	6	2	-	-	-	-	-	-	-	-	-	1	2	-	-	1	1	-	-	-	-	2	-	-	-	-	-	-	-	-	-	-	-	-	-	-
1852	-	-	1	-	-	-	-	-	-	-	-	-	-	-	-	-	-	-	-	-	-	-	2	-	-	-	-	-	-	-	-	-	-	-	-	-	-
1853	-	-	-	-	-	-	-	-	-	-	-	-	1	-	-	-	-	1	-	-	-	-	-	-	-	-	-	-	-	-	-	-	-	-	-	-	-
1854	3	1	-	-	1	-	-	-	-	1	-	1	1	1	-	-	-	1	-	-	-	-	-	-	-	-	-	-	-	1	-	-	-	-	1	-	-
1855	-	-	3	-	2	1	1	1	-	-	-	-	1	-	2	-	1	4	8	1	-	-	-	-	1	-	1	-	-	1	-	1	-	-	-	-	-
1856	1	3	1	1	-	-	1	-	-	-	-	-	2	2	3	-	3	4	1	-	-	1	1	-	-	-	5	-	-	-	-	-	-	-	-	-	-
1857	-	-	-	-	-	-	1	-	-	-	1	3	2	-	-	4	13	1	-	-	-	-	-	-	-	-	1	-	-	1	-	-	1	1
1858	3	3	3	-	1	-	1	-	-	-	-	-	5	9	-	-	2	10	3	1	-	-	-	1	2	-	1	3	-	-	-	-	-	-	-	-	-
1859	3	-	2	-	1	-	1	-	1	-	-	-	3	16	1	-	8	4	5	1	2	3	-	-	-	-	-	2	-	-	1	-	-	-	-	-	-
1860	3	2	1	1	-	-	1	-	-	-	1	-	3	12	1	1	3	5	4	3	1	1	-	-	-	-	1	2	-	-	-	-	-	-	-	-	-
1861	2	-	1	-	-	-	1	-	-	-	-	-	8	9	3	3	4	13	4	2	1	1	-	-	-	-	1	3	-	-	-	-	-	-	-	-	-
1862	3	1	2	1	2	-	-	-	-	1	-	-	7	13	1	6	4	13	6	3	2	1	-	-	2	1	-	2	-	-	-	-	-	-	-	-	2
1863	-	2	-	1	1	-	-	-	1	-	-	-	6	17	1	3	1	11	4	1	1	-	-	-	-	-	-	3	2	-	-	-	-	-	-	-	-
1864	1	-	1	-	-	-	-	-	-	-	-	-	7	13	4	1	9	14	8	-	-	1	-	2	-	1	-	3	1	-	-	-	1	-	-	-	-
1865	-	-	2	-	-	-	1	-	-	-	-	-	10	12	2	2	-	13	7	1	-	1	-	1	-	2	2	3	-	-	-	-	-	-	-	1	1

Obs.: Casas Bancárias = Bancos + Casas Bancárias
Fonte: BRASIL. Ministério da Justiça. *Relatório*. Rio de Janeiro: Imprensa Nacional, 1866. *Apud* LEVY, *op. cit.*, p. 80

O receio conservador de que a emissão e as práticas econômicas, como as especulações com ações, pudessem gerar uma crise econômica, já se fazia sentir.[46] O romancista José de

---

45 GOLDSMITH, Raymond W. *Desenvolvimento financeiro sob um século de inflação*. São Paulo: Ed. Harper & Row, 1986, p. 25.

46 André Villela destaca que a criação do 3º Banco do Brasil e seu "monopólio emissor era percebido por Itaboraí e seus seguidores como a melhor forma de se assegurar a estabilidade macroeconômica", o que não foi conseguido. VILLELA, André. *Um Difícil Equilíbrio: legislação bancária e instabilidade financeira*

Alencar, autor de obras literárias como *Senhora*, entre outras, lidas pela "boa sociedade" do Império, e com grande influência no Partido Conservador, ao descrever a efervescência da Bolsa numa crônica publicada no Correio Mercantil, alertava a seus pares para o perigo que as especulações e o jogo de ações na Praça do Rio de Janeiro poderiam gerar para a ordem imperial, propondo uma maior intervenção do governo. Dizia o artigo:

> Ide à praça. Vereis que agitação, que atividade espantosa preside as transações mercantis, as operações de crédito, e sobretudo as negociações sobre os fundos das mais diversas empresas. Todo mundo quer ações de companhias; quem as tem vende-as; quem não as tem compra-as. As cotações variam a cada momento (...). Não se conversa sobre a outra coisa. Os agiotas farejam a criação de uma nova companhia; os especuladores estudam profundamente a ideia de alguma empresa gigantesca. Enfim, hoje já não se pensa em casamento rico, nem em sinecuras; assinam-se ações, vendem-se antes das prestações e ganha-se dinheiro por ter tido o trabalho de escrever o seu nome.
>
> Este espírito de empresa, e esta atividade comercial prometem sem dúvida alguma grandes resultados para o país; porém, é necessário que o governo saiba dirigi-lo e aplicá-lo convenientemente; do contrário em vez de benefícios, teremos de sofrer males incalculáveis.
>
> É preciso não conceder autorização para incorporação de companhias que não revertam em bem do país, que não tenham todas as condições de êxito. Não procedendo desta maneira, se falseará o espírito da lei e a natureza das sociedades anônimas, e se perderá indubitavelmente o concurso deste poderoso elemento de riqueza e de engrandecimento (...).[47]

A reação dos conservadores ficou ainda mais acirrada com a morte do presidente do Conselho e ministro da fazenda do gabinete conhecido como o da *Conciliação* (Gabinete de

---

no II Reinado, p. 4. Texto apresentado na *Conferência Internacional* – "*Novas Perspectivas sobre História Econômica do Brasil*". Unesp, Araraquara, 6- 8 de setembro de 2004. Verificar, também, VILLELA, André. *The Political Economy of money and Banking in Imperial Brazil, 1850-1870*. London, 1999, 327 p. Thesis of Doctor Philosophy (Economic History), London School of Economics and Political Science.

47 ALENCAR, José de. "Ao correr da pena". *Correio Mercantil*, Rio de Janeiro, 21/01/1855. Tal crônica também se encontra no livro ALENCAR, José. *Melhores Crônicas*. Direção de Edla van Steen; seleção e prefácio de João Roberto Faria. São Paulo: Global, 2003, p. 114-115. Segundo José Roberto Farias, as crônicas intituladas "Ao correr da pena" foram publicadas no Correio Mercantil, do Rio de Janeiro, de 03/09/1854 a 08/07/1855, e no Diário do Rio de Janeiro, de 07/10 a 25/11/1855. *Idem*, p. 17.

06/09/1853 – conciliação entre liberais e conservadores), Honório Hermeto Carneiro Leão, o Marquês de Paraná. No intuito de reverter à crise política, o senador Pedro de Araujo Lima, o Marquês de Olinda, novo presidente do Conselho de Ministros – Gabinete de 04/05/1857 –, nomeou o liberal Bernardo de Souza Franco para o Ministério da Fazenda.[48] Ligado ao grupo de Mauá, e crítico da política econômica praticada pelo governo imperial, Souza Franco promoveu uma reforma bancária e monetária em 1857, que vinha de encontro com seu pensamento e de seu grupo: a pluralidade bancária e o fim do monopólio da emissão do Banco do Brasil. Através dessa reforma, que reconhecia o direito de emissão a diversos bancos,[49] e significava a coexistência da moeda de Estado e da moeda bancária, Souza Franco tinha os seguintes objetivos:

> 1º) Organizar estabelecimentos de crédito em todas as províncias, sob a forma de bancos, filiais ou caixa-filiais conforme comportasse a atividade econômica, para que se tornassem acessíveis os meios de promover a indústria nacional, a agricultura e o comércio;
>
> 2º) Substituir as notas do tesouro por notas de emissão bancária, realizáveis em metais;
>
> 3º) Regularizar o suprimento de moeda nos mercados regionais quer através de novas, quando escasseassem na circulação, quer através do troco por metais, na hipótese contrária.[50]

A implementação dessa nova política, na prática significou não só uma maior *liberação do crédito*, com a taxa de desconto caindo de 11% para 8%, como também a *institucionalização do regime de emissão regional*, que antecedeu o monopólio dado ao Banco do Brasil em 1853, com a diferença de que os novos bancos "colocariam em circulação obrigações de

---

48 Com a morte do Marquês de Paraná, assumiu o Ministério da Fazenda João Maurício Wanderley, Barão de Cotegipe, que ficou a frente no ministério de 23/08/1856 a 04/05/1857. BRASIL. Ministério da Fazenda. http://www.fazenda.gov.br/portugues/institucional/ministros.asp.

49 Através dessa reforma, foram incorporadas cinco novos bancos, com permissão de emissão: o Banco Comercial e Agrícola do Rio de Janeiro (decreto nº 1971, 31/08/1857), o Banco da Província do Rio Grande (decreto nº 2005, de 24/10/1857), Banco de Pernambuco (decreto nº 2021, 11/11/1857), o Banco do Maranhão (decreto nº 2035, de 25/11/1857) e o Banco da Bahia (decreto nº 2140, de 03/04/1858). O Banco Rural e Hipotecário foi reorganizado para sua nova função (decreto nº 2111, de 27/02/1858). Para maiores detalhes verificar BRASIL. Ministério da Fazenda. *Relatório do Ministro da Fazenda de 1857*. Rio de Janeiro: Imprensa Nacional, 1858; CAVALCANTI, *op. cit.*, p. 222-234.

50 ANDRADE, *op. cit.*, p. 58-59.

pagamento ao portador, à vista, em espécie e sem juros, sob a gestão do Estado".[51] Na realidade, Souza Franco legitimou o que já vinha ocorrendo com relação às emissões, pois, o gabinete da Conciliação do Marques de Paraná, através do decreto nº 1.721, de 05/02/1856, alterou os artigos 16 e 17 dos Estatutos do Banco do Brasil, e estendeu às filiais do banco a autorização de emitir até o triplo dos seus fundos.[52]

A política de Souza Franco acirrou ainda mais a disputa entre os papelistas e metalistas.[53] Na fala do trono de junho de 1857, antes da aprovação dos estatutos dos novos bancos, Sales Torres Homem, futuro Visconde de Inhomirim, fez um discurso criticando a nova política econômica do ministro Souza Franco. Defendendo sua posição em favor do monometalismo e da centralização bancária em torno do Banco do Brasil, Torres Homem, disse o seguinte:

> Contra algumas dificuldades em que se tem achado a praça do Rio de Janeiro e o próprio Banco do Brasil, e como meio de imprimir um voo rápido à indústria nacional, preconizou-se a multiplicidade de bancos de emissão, e a sua liberdade sem pêas.
>
> Supoz-se que havia no crédito bancário regiões ainda inexploradas, como ha em certas partes do globo jazigos auríferos ainda desconhecidos. Confundindo-se capital com o instrumento de circulação, imaginou-se que por isso o papel fiduciário de um banco, que preenche até certo ponto as funções de moeda, era também capital, e que as emissões bancárias teriam a virtude maravilhosa de aumentar os recursos da indústria até onde eles fossem precisos. (...)
>
> *Não é verdade que os bancos de emissão criam capitais; eles se limitam a operar sobre os que já existem, nem mais nem menos; e a faze-los passar de umas mãos para outras por meio do seu capital de uma conversibilidade imediata* (grifo nosso). Os capitais são frutos exclusivos do trabalho e da economia, que os acumula para empregá-los na criação de novos

---

51   *Ibidem*, p. 59

52   BRASIL. *Colleção das Leis do Império do Brazil de 1856*. Rio de Janeiro: Typographia Nacional, 1857. O Banco do Brasil tinha caixas filiais na Bahia, Pernambuco, Maranhão, Pará, Rio Grande do Sul, Ouro Preto (MG) e São Paulo.

53   Na visão de André Villela a situação poítica e econômica, ficou mais complicada em virtude da autorização para o funcionamento dos novos bancos não ter sido objeto de uma lei – como fora em 1853, no caso do Banco do Brasil – mas sim por decreto do Poder Executivo, baixado durante o recesso parlamentar. Ao tomar esta iniciativa, o ministro Souza Franco adentrava uma "área cinzenta" jurídica. VILLELA, *op. cit.*, p. 11.

valores. Tiras de papel não possuem a propriedade mágica de improvisar riquezas onde o trabalho não as produziu.(...)

O vosso pretendido sistema moderno fez o seu primeiro ensaio desastroso ha 140 anos; chamava-se o *sistema de Law* (grifo nosso), e desde essa época nunca deixou de reaparecer, com nomes e formas mudadas, em épocas de crises comerciais; mas sempre reconhecido através de seus disfarces, pela sua promessa característica de fabricar capital com papel; e de toda parte foi repelido como uma ilusão funesta.

A *pluralidade dos bancos independentes de emissão, longe de ser o último progresso em matéria de crédito como incalculais, é, pelo contrário, um velho sistema que foi condenado, por seus abusos pelas nações que caminham na vanguarda da civilização* (grifo nosso) (...).[54]

A resposta às críticas de Torres Homem veio rapidamente. Souza Franco defendendo sua política respondeu o seguinte:

Eu tratarei deste objeto, *debaixo de um ponto de vista prático, e não no ponto de vista teórico em que tem sido encarado* (grifo nosso). Quais são os reclamos, as queixas atuais da população? Examinemo-los, vejamos o que eles tem de real e verdadeiro, vejamos os meios por que podem ser atendidos e satisfeitos.

O *primeiro reclamo é contra a alta do juro* (grifo nosso); este simples enunciado não pode encontrar objeção alguma; o juro alto é grave obstáculo à produção, e quando passa de certos limites impede que o

---

54 ANDRADA, *op. cit.*, p. 79-81. John Law era um escocês, que no início do século XVIII, afirmava que o *crédito* era o *sangue* da *sociedade*. Em 1705, escreveu o livro *Money and Trade Considered: With a Proposal for Supplying the Nation with Money*, onde defendia suas ideias. Exilado na França, após um duelo, teve um papel de destaque nas finanças francesas após a morte de Luís XIV. Na sua curta carreira, chegando ao cargo de ministro das finanças, organizou o Banque Générale, o Banco Royale e a Compagnie d'Occident (Companhia da Louisiana e Mississipi). A crise financeira provocada pela derrocada da Cia. do Mississipi em 1720, e que para os críticos de Law, fruto da grande especulação gerada por sua política econômica emissionista, marcou a cultura bancária e financeira francesa durante 150 anos, de tal forma que a palavra *banco* era renegada. Esse período ficou conhecido como a experiência francesa com John Law. A respeito do Sistema de Law e crise financeira da Cia. da Louisiana e Mississipi. Cf. FERGUSON, Niall. *A Ascensão do Dinheiro. A História Financeira do Mundo*. Tradução de Cordélia Magalhães. São Paulo: Planeta do Brasil, 2009, p. 132-150.

empreendedor tenha lucro, por consequencia impede que ele trabalhe, impede que ele produza (...).

O segundo reclamo, o segundo dos males que se sentem, e contra o qual se clama de todos os ângulos do império, é a *curteza dos prazos* (grifo nosso): Diz-se: Há descontos, e em alguma abundância o dinheiro, mas com prazos tão curtos que, podendo satisfazer certas necessidades, principalmente as do comércio, não se satisfazem as das outras industrias. O próprio comércio não se dá por satisfeito porque na nossa especialidade os contratos de venda comercial são feitos por mais longo prazo.

Diz-se igualmente: Não há em todos os mercados o meio circulante necessário, não há o suficiente para as transações. isto é por certo um inconveniente muito grave.

Há dois meios de suprir os mercados do meio circulante preciso, e o acomodar às variadas exigências segundo as épocas de maior ou menor número de transações. Ou o governo as supre, como fazia entre nós anteriormente, com a emissão de notas do Tesouro e cunho dos metais, ou são os mercados que se suprem a si mesmo por meio de estabelecimentos bancários, que importam ou exportam os metais, e lançando na circulação maior número de seus bilhetes, ou os retirando segundo as exigências do mercado, sustentam o equilíbrio necessário entre o suprimento e a procura do mesmo meio circulante.

Nenhum destes meios é o que está hoje adotado no Império; porque nem o Tesouro emite mais nota, e, pelo contrário, retira as suas gradualmente dos mercados, e nem o suprimento é deixado livre aos mesmos mercados para que por meio da liberdade de emissão as proporcionem às exigências do dia, expandindo-a ou a contraindo, segundo as leis econômicas.

Os mercados são atualmente supridos de meio circulante pelo Banco do Brasil e suas caixas filiais que, tendo o privilégio da emissão de notas recebíveis nas estações públicas, tem igualmente a missão de fornecer aos mercados o meio circulante preciso (grifo nosso). Se as queixas são fundadas, elas se dirigem ao banco, e contudo não terão alcance mais do que reconhecer lacunas na organização atual do crédito público.

O Banco do Brasil e suas filiais não serão estabelecimentos comerciais adptados para o fim de suprir os mercados comerciais com o crédito que precisam, e aos prazos curtos que são da essência dos bancos do comércio, e com especialidade dos bancos de emissão, com o privilégio de serem suas

> notas recebíveis nas estações públicas. Sairiam, pois, do seu programa se fossem modificados no sentido de fornecer capitais a prazo mais longos aquelas industrias que os exigem nestas condições.(...).[55]

Aproveitando-se do momento político desfavorável à diretoria do Banco do Brasil, que estava sendo duramente criticada por sua oposição à política do governo, Mauá e um grupo de acionistas, como José Antonio de Figueiredo Jr. e Faria & Irmãos, propuseram um projeto de reforma dos Estatutos do Banco do Brasil.[56] O ápice da crise do banco veio com a demissão do Visconde de Itaboraí, presidente da instituição desde a morte do Conselheiro Liboa Serra em 1855,[57] que não concordava com a pluralidade bancária implementada por Souza Franco.

O projeto de Mauá propunha as seguintes mudanças na administração do banco:

> Artigo 37. O Banco sera regido por uma administração composta,
>
> 1º de um presidente, e na sua falta de um vice-presidente;
>
> 2º de quatro directores-gerentes;
>
> 3º de um conselho composto de doze membros.
>
> Artigo 38. O presidente e o vice-presidente do banco serão nomeados pelo imperador; *na falta ou impedimento de ambos, preencherá suas funções o membro do conselho do banco que foi designado pelo mesmo conselho.*
>
> Artigo 39. Os membros do conselho do banco serão eleitos pela assemblea geral dos accionistas por escrutinio secreto e maioria absoluta de votos (...).
>
> Artigo 41. O conselho escolherá os quatro directores gerentes que serão approvados pela assemblea geral dos accionistas (...).
>
> Artigo 42. (...) Compete ao conselho:

---

55 ANDRADA, *op. cit.*, p. 83-84.

56 José Antonio de Figueiredo era o terceiro testamento (no Brasil) do negociante e negreiro português Manoel Pinto da Fonseca. Foi sócio de Mauá em vários negócios, e pai do Visconde de Figueiredo, que no final do Império organizou o Banco Nacional.

57 "O decreto de 20 de junho de 1857 *concedeu* a demissão que pedira o Sr. Visconde de Itaboraí do cargo de de Presidente do Banco do Brasil (...)" *apud* BANCO DO BRASIL. *Relatório apresentado á Assemblea Geral dos Accionistas do Banco do Brasil na sua reunião de 1857 pelo director, servindo de presidente, Francisco Xavier Pereira*. Rio de Janeiro: Typographia Nacional, 1857.

1º. Deliberar sobre a creação ou liquidação das caixas filiaes;

2º. Resolver sobre a creação, emissão ou anullação das notas;

3º. Fixar as quantias que podem ser empregadas em desconto, ou outros empregos, ouvindo os directores gerentes.

4º. Determinar a taxa dos descontos e do premio do dinheiro que tiver de ser recebido a juros;

5º. Organizar, ouvindo os directores-gerentes, ou sob propostas destes, a relação das firmas que poderão ser admitidas a desconto, (...);

6º. Examinar os balanços que lhe serão apresentados pelo presidente do banco, podendo exigir explicações sobre quaesquer assumpto de interesse do banco (...);

7º. Finalmente. Propôr á assemblea geral dos accionistas qualquer alterações dos estatutos. (...)

Artigo 48. O presidente do banco não pode acumular as funcções desse cargo com nenhum outro, excepto de Conselho de Estado, ou membro do Corpo Legislativo, e mesmo nesse ultimo caso deixará de exercer o cargo de presidente do banco durante o período das sessões legislativas. (...).[58]

Visando uma aprovação mais rápida das mudanças, o Barão de Mauá propôs a nomeação de uma comissão especial de cinco membros, na mesma Sessão da Assembleia Geral dos Acionistas do Banco do Brasil de 28/07/1857, que seria responsável pelo parecer das mudanças dos estatutos a ser encaminhado aos acionistas. Na Assembleia Geral dos Acionistas realizada em 29/07/1857, foram eleitos os seguintes nomes para compor a comissão, em ordem decrescente de votos: Barão de Mauá (1302 votos), Visconde de Itaboraí (794 votos), Bernardo Ribeiro de Carvalho (751 votos), Conselheiro Antonio Nicolau Tolentino (718 votos) e o Conselheiro Alexandre Maria de Mariz Sarmento (615 votos).[59]

---

58 Banco do Brasil. *Projecto de Reforma da Secção 2 do Titulo 2 dos Estatutos do Banco do Brasil.* Jornal do Commercio, Rio de Janeiro, 29/07/1857.

59 Banco do Brasil. *Assemblea Geral dos Accionistas.* Jornal do Commercio, Rio de Janeiro, 01/08/1857. A respeito do Conselheiro Tolentino, que fora nomeado por carta imperial vice-presidente da província do Rio de Janeiro em 1856, e presidente da Caixa Econômica e Monte do Socorro do Rio de Janeiro criada em 1860, na qual Mauá era um dos pricipais acionistas cf. CANDIDO, Antonio. *Um Funcionário da Monarquia – Ensaio Sobre o Segundo Escalão.* São Paulo: Ouro Sobre Azul, 2002. O Conselheiro Mariz Sarmento foi, também,

A ação de Mauá junto ao Banco do Brasil estava intimamente ligada à política econômica de Souza Franco. Analisando as mudanças dos Estatutos, propostas por Mauá e seu grupo, ficou clara a necessidade de controlar o Banco do Brasil, visando auxiliar a política econômica do ministro da fazenda, que beneficiaria o próprio Mauá.[60] Mesmo mantendo o privilégio do Imperador de indicar o presidente e o vice-presidente do banco, na realidade quem passaria a controlar o banco seria o conselho, o que lembrava muito o conselho de administração do Banco da Inglaterra, composto pelos "representantes das classes mercantis de Londres", principalmente os banqueiros e bancos da City.[61]

No momento em que os bancos emissores regionais tiveram autorização para começar suas operações, a retomada das exportações russas de cereais fez com que eclodisse em Nova York uma espetacular queda dos preços das commodities, repercutindo em cadeia pela Europa Ocidental, atingindo bancos e bolsas.[62] Esse abalo dos preços interrompeu uma alta geral dos preços provocada, entre outros fatores, pela descoberta do ouro da Califórnia e da Austrália no início da década de 1850.[63]

A crise de 1857 significou uma interrupção de uma prosperidade em termos mundiais, até então sem precedentes.[64] Preocupados com a repercussão da crise no Brasil, os credores

       nomeado para o Conselho da Caixa Econômica e Monte do Socorro do Rio de Janeiro em 1862. Uma pequena biografia do dito conselheiro, sócio do IHGB, foi escrita após a sua morte. Cf. Revista Trimensal do Instituto Histórico e Geographico e Ethnographico do Brasil fundadao no Rio de Janeiro debaixo da immediata protecção de S.M.I. o Sr. D. Pedro II. Tomo XXXIII, Parte Primeira. Rio de Janeiro: B. L. Garnier, 1870, p. 452-456.

60 Numa carta endereçada ao gerente do Banco Mauá no Uruguai Ricardo José Ribeiro, Mauá deixava claro que estava de acordo com a política do ministro de "facilitar o uso do crédito". IHGB. Coleção Mauá. Lata 513, Documento 11, *Correspondência de Mauá-Ricardo José Ribeiro*, 22/11/1857.

61 A respeito da Administração do Banco da Inglaterra verificar GILBART, *op. cit.*, p. 191-227 (Sessão VIII).

62 Sobre a propagação da crise verificar KINDLEBERGER, *op. cit.*, p. 165-167.

63 HOBSBAWM, Eric J. *A Era do Capital (1848-1875)*, 3ª ed. Rio de Janeiro: Paz e Terra, 1982. cap. 2; LANDES, David. *Prometeu Desacorrentado. Transformação Tecnológica e Desenvolvimento Industrial na Europa Ocidental desde 1750 até a nossa época*. Tradução de Vera Ribeiro. Rio de Janeiro: Nova Fronteira, 1994. (Cap. 4. Eliminando a defasagem).

64 A propósito das crises no século XIX existe um grande debate na historiografia econômica francesa. Alguns historiadores consideram a crise de 1857 como a última grande crise do 'tipo antigo', ou *crise comercial*, em virtude da influência dos preços da agricultura na economia como um todo. Somente, a partir de 1870, com o sistema bancário-industrial consolidado, as crises seriam de um novo tipo, sendo denominadas de *crises econômicas*. Para outra vertente da historiografia, as crises foram provocadas pela falta de investimentos, e esses foram frutos da falta de acumulação de capital. Portanto, não se pode separar dificuldades industriais da conjuntura agrícola, e quando se fala de crise comercial, a crise é também crise econômica. A respeito da relação economia e crises econômicas verificar BOUVIER, Jean. "A Economia: as crises econômicas" In:

ingleses passaram a pressionar, exigindo não só que os débitos fossem saldados imediatamente, como também suspenderam a concessão de prazos adicionais, que na prática funcionava como um "roll over da dívida".[65] Como se tinha adotado o padrão-ouro, com a Reforma Monetária de 1846, essa pressão significou uma saída líquida de moeda, já que a conversibilidade do papel-moeda funcionava para os credores como uma garantia para os momentos de crise. Não foi por outra razão, que a saída líquida de moeda, no caso, representada pela remessa de cambiais em 1857, chegou a ser 76% maior do que em 1856.[66] Analisando a Tabela 15, verificamos que a remessa de cambiais remetidos para Londres em 1857, 685 mil libras, foi bem superior aos demais anos, confirmando também que as principais operações com o câmbio eram sobre Londres.

TABELA 15: REMESSAS DE CAMBIAIS FEITAS PARA LONDRES[a] (EM LIBRAS)

Ano	Rio de Janeiro	Bahia	Pernambuco	Total
1850	175.000	176.500	118.095	524.695
1851	178.000	166.900	143.153	540.758
1852	201.227	194.566	189.447	601.561
1853	152.000	143.575	180.262	522.588
1854	381.915	74.706	33.100	542.222
1855	460.107	20.500	72.000	568.107
1586	403.241	95.000	40.000	538.241
1857	685.000	145.000	118.650	948.650
1858	417.000	–	–	–
1859	956.651	64.000	46.500	1.067.151

a) Os valores correspondentes às províncias do Maranhão, Pará e outras, são residuais ou incompletos.
Fonte: Brasil. Comissão de Inquérito sobre o meio circulante 1859. In: ANDRADE, *op. cit.*, p. 66.

A crise de 1857 chamou a atenção de Karl Marx. Num artigo escrito para o jornal The New York Daily Tribune, de 5 de janeiro de 1858, Marx diagnosticou corretamente os efeitos da crise sobre o Brasil, dizendo o seguinte:

> Em dezembro se protestaram letras vencidas, por um valor de nove milhões, que firmas de café do Rio de Janeiro haviam girado contra Hamburgo, e esta quantidade de protestos motivou um novo pânico.

LE GOFF, Jacques e NORA, Pierre (dir.). *História: novas abordagens*. Tradução de Henrique Mesquita. Rio de Janeiro: Francisco Alves, 1976, p. 21-39.
65 LEVY, *op. cit.*, p. 73.
66 ANDRADE, *op. cit.*, p. 66 (quadro 5).

> As letras para os fretes açucareiros da Bahia e Pernambuco experimentaram em Janeiro, verossimilmente, um destino similar e provocaram um recrudescimento da crise (...).[67]

A crise internacional repercutiu na economia brasileira. A taxa de câmbio, que flutuava desde o início do ano entre 28 e 23 ½ pence/mil réis – Tabela 16 –, em novembro de 1857 ficou em torno de 25 pence/mil réis. Essa variação, juntamente com a diminuição da demanda externa, prejudicou as exportações, que no caso do café, caíram de 2.099.780 de sacas em 1857, para 1.830.438 sacas em 1858 – Tabela 15.

TABELA 16: EXPORTAÇÃO DE CAFÉ (1850-1865)

ANO	SACAS
1850	1.343.484
1851	2.040.405
1852	1.096.472
1853	1.638218
1854	1.988.197
1855	2.408.256
1856	2.098.312
1857	2.099.780
1858	1.830.438
1859	2.030266
1860	2.127.219
1861	2.069.627
1862	1.485.220
1863	1.350.109
1864	1.480.134
1865	1.601.952

Fonte: Retrospecto Comercial de 1865. In: Andrade, *op. cit.*, p. 63

Frente a essa situação, os bancos aumentaram a taxa de desconto – Tabela 7 – que passou de 8 1/2% em 1857, para 10% em 1858, e o Banco do Brasil suspendeu a troca de notas e câmbio.[68] Tais atitudes, que levaram as casas bancárias a aumentarem também os

---

[67] MARX, Karl. "Crisis en Brasil". In: MARX, Karl e ENGELS, Friedrich. *Materiales para la História de America Latina*. Córdoba, Cuadernos de Pasado y Presente, 1972, p. 345.

[68] PELAEZ e SUZIGAN, *op. cit.*, p. 88.

seus descontos, criaram dificuldades para o setor comercial em virtude da cadeia formada pelos bancos, casas bancárias, casas de descontos, ensacadores, comissários e produtores.[69]

Pressionado pelos conservadores, que acusavam a sua política de ser a causa da depreciação cambial, e por tabela da crise da economia, Souza Franco recorreu ao Banco do Brasil. Através dos vários ofícios encaminhados pelo ministro à diretoria do banco, e vice-versa, ficava bastante clara a desconfiança e a divergência acerca da solução para tal operação crise. Enquanto o banco sustentava a posição de que somente através dos empréstimos e as remessas de ouro e outros metais do fundo disponível consistia na melhor política de sustentação do câmbio, o governo achava que o Banco deveria usar suas reservas para a sustentação do câmbio. A crise chegou ao máximo, quando a diretoria do banco suspendeu todas as operações de sustentação do câmbio em fevereiro de 1858, o que levou a câmbio a ser cotado a 22,75 pence/mil réis em março.[70]

A decisão do Banco do Brasil, legitimada pelo parecer da Sessão de Fazenda do Conselho de Estado,[71] em que fazia parte o Visconde de Itaboraí, que tinha se retirado da presidência do Banco do Brasil com a ascensão de Souza Franco, o Marquês de Abrantes e o Visconde de Abaeté, todos ligados ao partido conservador, levou Souza Franco a recorrer ao Banco Mauá, MacGregor & Cia. Conforme consta no Relatório do Ministério da Fazenda de 1858, o banco, através de um cronograma de saques junto a sua filial em Londres, tornou possível o restabelecimento do câmbio para a paridade, e a crise superada. No referido Relatório, Souza Franco afirmou:

> Ao governo cumpria, na forma do artigo 2º da lei de 1846, fazer as operações de crédito necessárias para conservar a oitava de ouro o valor de 4$, ou o que era o mesmo – elevar o câmbio a 72 pence por mil réis, sendo o Banco do Brasil o seu cooperador natural, pelo interesse direto da sustentação do valor dos seus bilhetes, e porque nos fundamentos de

---

69 É importante ressaltar que os comissários eram sócios e acionistas dos bancos e das casas bancárias.

70 A respeito da posição do Banco do Brasil frente a crise, negando ajuda ao ministro da fazenda Souza Franco, verificar BANCO DO BRASIL. *Relatório apresentado a Assemblea Geral dos Accionistas do Banco do Brasil na sua reunião de 1858 pelo director, servindo de presidente, Jerônimo José de Mesquita*. Rio de Janeiro: Typographia Nacional, 1858, p. 6-8. Uma análise detalhada do confronto entre o Banco do Brasil e o governo está em CAVALCANTI, *op. cit.*, p. 213-215; PELAEZ e SUZIGAN, *op. cit.*, p. 87-92; VILLELA, *op. cit.*, p. 12-14.

71 Consulta nº 488, de 26 de março de 1858 "Sobre as causas da baixa do cambio com a praça de Londres, meios que deve empregar o governo para sanear esta ocurrencia". BRASIL. *Conselho de Estado. Consultas da Secção de Fazenda do Conselho de Estado*, vol. 4. Rio de Janeiro: Typographia Nacional, 1856-1860, p. 258-264.

sua organização e dos favores, que se lhe concederam, entrara a obrigação em que se constituiu de contribuir para a fixação do valor da moeda circulante.

E como lhe faltasse agora esse cooperador natural, o governo dirigiu-se à casa bancária – Mauá, MacGregor & Cia. – e no mesmo dia da recusa do Banco da Brasil (12 de março de 1858), aquela casa tendo aceitado a incumbência do governo, abriu saques (negociados a cotação de 25 1/2 a 90 dias) sobre a sua filial em Londres até a soma de £ 400.000 para o vapor de março, a sair; – e depois, até as somas de L 200.000 para o de abril; – de £ 150.000 para o de maio e de £ 60.000 para o de junho.[72]

A atuação do Banco Mauá, MacGregor & Cia. fez com que na Assembleia Geral Legislativa, os conservadores passassem a acusar o ministro da Fazenda de privilegiar o banco, e de promover a agiotagem e a especulação. Embora tais acusações não apareçam na Comissão de Inquérito criada em 1859, pelo Ministério da Fazenda, que culpou o fator externo e a política emissionista do governo,[73] no mesmo relatório ficou claro que o "jogo de cambiais" envolvendo manipulação do câmbio entre os bancos e as casas bancárias, como forma de salvaguardarem as transações comerciais, principalmente as que envolviam casas bancárias, comissários e fazendeiros, e a agiotagem das ações de empresas foram responsáveis pela crise na Praça do Comercio.[74] Respondendo a essas críticas, Mauá afirmou que a agiotagem começou com a organização do Banco do Brasil em 1853,[75] e justificando o "jogo" das ações disse:

> Não entendo por agiotagem a compra e venda de ações, nem essa animação sensata ou ágio que podem merecer os valores públicos de empresas bem calculadas (...). Sem tal ou qual animação de confiança representada no ágio ou prêmio de ações tudo esmorece. Agiotagem

---

72　BRASIL. Ministério da Fazenda. *Relatório do Ministro da Fazenda de 1857*. Rio de Janeiro: Imprensa Nacional, 1858, p. 9. No Anexo A do referido relatório constam os ofícios enviados pelo ministro da fazenda ao Banco do Brasil, e vice-versa.

73　BRASIL. Comissão de Inquérito sobre o meio circulante. *Relatório da Comissão de Inquérito nomeada por aviso do Ministério da Fazenda de 10 de outubro de 1859*. s.n.t., 3 vols. em 1.

74　*Ibidem*, p. 4-16

75　O número de instruções do governo acerca das subscrições ou distribuições das ações para o público demonstrava para Mauá a especulação. Sobre as instruções verificar CAVALCANTI, *op. cit.*, p. 202-204.

propriamente dita são as operações aleatórias é um contrato feito entre partes para receberem o ágio, se os títulos ou qualquer valores forem elevados, ou pagarem a diferença se baixarem (...).[76]

A crise prejudicou Mauá duplamente. Além de ser derrotado na sua pretensão de assumir o controle do Banco do Brasil, em virtude do parecer da Comissão, que rejeitou suas propostas de reformas dos estatutos do Banco do Brasil,[77] o Banco Mauá, MacGregor & Cia. passou por dificuldades. Mesmo não contando com alguns dados do balanço do banco, como os relativos ao ano de 1857 – Tabela 11 – percebemos que no passivo, em valores nominais, houve uma diminuição nos depósitos de aproximadamente 64%, passando de 13.139:107$380 contos em dezembro de 1858, para 8.364:350$332 contos em junho de 1859. As reservas, que garantem os depósitos, aumentaram de 596:523$435 para 621:559$936 no mesmo período.

No tocante as contas do ativo, na conta empréstimos, se nos balanços de junho e dezembro de 1856, havia discriminações com relação às letras descontadas e com às letras a receber, no balanço de dezembro de 1858, só encontramos letras a receber, e no valor de 17.951:502$974. Com relação ao caixa do banco caiu de 1.550:524$438 contos em dezembro de 1858, para 271:053$835 contos em junho de 1859, uma redução bastante significativa. Nessa conta, chamou atenção o fato de que o total do caixa em dezembro de 1858, ser formado pela soma da conta corrente do banco no Banco do Brasil e o caixa do banco.

Analisando os coeficientes da Tabela 12, percebemos que a rentabilidade do banco, representada pelo coeficiente caixa/depósito, caiu para 0,18 em dezembro de 1858, e 0,14 em junho de 1859. Mesmo com a manutenção de um coeficiente empréstimo/depósito na faixa de 1,36 em dezembro de 1858, e de 1,63 em junho de 1859, a situação do banco não era confortável. A variação dos dividendos do banco, que aumentou de 42$000 em janeiro de 1858 para 70$000 em janeiro de 1859 e, em seguida, caiu para 55$000 em junho de 1859, demonstrou o estorvo que foi à crise para o banco.

A crise de 1857-1858 significou o início das dificuldades do então sistema financeiro brasileiro que relatamos acima. A famosa Casa Bancária Alves Souto, uma das maiores do período, sofreu uma corrida perigosa, e outras como as de Antonio José Domingues Ferreira e a Astlley Wilson & Cia., que tinham dívidas junto ao Banco Mauá, acabaram

---

76 BRASIL. Câmara dos Deputados. *Anais do Parlamento Brasileiro*, 2º ano da 10ª Legislatura. Rio de Janeiro: Tip. J. Villeneuve, 1858, t. 1, sessão de 29 de maio de 1858, p. 143. In: ANDRADE, Ana M. R de, *op. cit.*, p. 143.

77 BANCO DO BRASIL. *Parecer da commissão nomeada pela Assemblea Geral dos Accionistas do Banco do Brasil para examinar diferentes propostas que lhe forão apresentadas*. Rio de Janeiro: Empreza Nacional do Diario, 1857.

falindo.[78] Para se ter uma ideia da magnitude da crise, os prejuízos foram calculados em torno de 15.000:000$000 contos, e o número de falências aumentou de 49 em 1857, para 90 em 1858.[79]

Fragilizado politicamente, Souza Franco foi substituído por Sales Torres Homem (Visconde de Inhomirim), seu maior opositor. Ex-liberal, conservador, defensor do monometalismo e da centralização bancária, Sales Torres Homem apresentou um projeto de lei à Assembleia Geral em que reafirmava os postulados do padrão-ouro e insistia no retorno do monopólio de emissão ao Banco do Brasil. A partir desse momento, as dificuldades aumentaram para os bancos, as casas bancárias e para outras formas de associação financeira.

A POLÍTICA RESTRITIVA DE TORRES HOMEM: A REAÇÃO METALISTA

O projeto de lei nº 50 foi apresentado por Salles Torres Homem, ministro da Fazenda do gabinete conservador de 12/12/1858, na Câmara dos Deputados em 15 de junho de 1850. Esse projeto tinha um único artigo que dizia o seguinte:

> Artigo Unico: O Banco do Brazil e suas caixas filiais, e bem assim os bancos de circulação autorizados por decretos do Poder Executivo, são *obrigados a realizar suas notas em ouro* (grifo nosso) á vontade do portador.
>
> SS1º. O troco em ouro, nos termos desse artigo, tornar-se-ha exigível no *prazo de tres annos* (grifo nosso) decorridos do dia da publicação da lei;
>
> SS2º. A emissão dos referidos bancos, enquanto suas notas não forem convertidas em ouro á vontade do portador, não poderá exceder o máximo da emissão que cada um delles houver feito nos mezes de fevereiro, março, abril e maio do corrente anno;
>
> SS3º. Os bancos que tiverem excedido este limite, ficam obrigados a reduzir a emissão no período de cinco mezes (…);

---

78 Houve duas pendências que envolveram o Banco Mauá, MacGregor & Cia. e as firmas citadas. Essas questões comerciais constam na seguintes fontes:
Biblioteca Nacional. *Questão entre Mauá e os administradores da massa falida de Antonio José D. Ferreira.* s.n.t; Biblioteca Nacional. *Questão Mauá e os administradores da massa falida de Astley Wilson & Cia.* s.n.t.

79 BRASIL. Comissão de Inquérito sobre as Causas da Crise na praça do Rio de Janeiro, 1864. *Relatório da comissão encarregada pelo governo imperial por avisos do 1º de outubro e 28 de dezembro de 1864 de proceder a um inquérito sobre as causas principais e acidentais da crise do mês de setembro de 1864.* Rio de Janeiro: Typographia Nacional, 1965, p. 270.

SS4º. O governo nomeará um fiscal para cada banco, creado em virtude de autorização administrativa, e lhe marcará honorario pago pelos cofres do mesmo banco. Compete ao fiscal vigiar as operações do estabelecimento, e fazer cumprir as disposições dos estatutos (...).

SS5º. Enquanto a emissão do Banco do Brasil estiver limitada pela disposição do SS2º desta lei, *fica suspensa a obrigação* (grifo nosso), que lhe impoz a de 5 de julho de 1853, de resgatar dois mil contos de réis de papel do governo.

SS6º. É permittida ás caixas matriz e filiaes do Banco do Brazil receber em pagamentos notas dos outros bancos de emissão, creados nos logares em que cada uma dellas funccionar.

SS7º. Só ao Poder Legislativo compete conceder autorização para se incorporarem novos bancos de emissão ou prorrogar o prazo dos que já existem (...).[80]

O projeto de Torres Homem estava de acordo com uma reclamação do Banco do Brasil junto ao governo, datada de 23 de abril de 1859. Nessa reclamação, assinada pelo presidente da instituição o Visconde de Itaboraí, que retornou para a presidência do banco após a queda de Souza Franco, a diretoria alegava que o banco só poderia desempenhar bem as suas funções, caso o ministro encaminhasse à Assembleia, medidas que fizessem o banco retornar as condições impostas pela Lei nº 683, de 05/07/1853. Em outras palavras, significava retornar o monopólio das emissões ao Banco do Brasil, acabando com a pluralidade bancária.

Encaminhado para a Câmara, o projeto foi debatido intensamente e uma série de emendas foi apresentada. No Jornal do Commercio apareceu uma série de críticas ao projeto, demonstrando que os interesses de determinados grupos podiam ser prejudicados. O Barão de Mauá, que estava num desses grupos, criticou duramente o projeto argumentando o seguinte:

> O projeto tem em vista substituir o regimen do papel-moeda, que infelizmente domina a circulação monetária do Imperio ha cerca de 36 annos, fazendo apparecer, como por encanto (destaque do autor), a época tão ardentemente almejadapor todos os homens pensadores de ter o Brazil um meio circulante estavel, baseado nas *espécies metallicas* (grifo nosso), unicas que devem realmente servir de padrão de valor nas sociedades bem organizadas. (...)

---

80 CAVALCANTI, *op. cit.*, p. 235.

> O projeto tal qual se acha concebido, *não podendo apoiar-se nos principios da sciencia, nem nas condições economicas do nosso paiz* (grifo nosso), parece-nos realmente mais uma ideia cruamente lançada á discussão, do que um *acto serio de um ministro da fazenda* (grifo nosso); infelizmente, porem, o afan com que o gabinete de 12 de dezembro procura por todos os meios imaginaveis, vencer na votação da camara temporariamente, despertou-nos: alerta! bradaremos pois, com toda energia da convicção; tratava-se de uma questão vital para a sociedade brasileira; desde que se pretende ousadamente converter em lei um projeto que não sabemos como qualificar, pois que *nem mesmo como producção poetica podemos o admitir para apreciar como tal, desde que lhe falta harmonia versificação* (grifo nosso)(...).[81]

A reação de Mauá, como ressaltamos, tinha relação com seus negócios, que seriam prejudicados pela restrição do crédito contida no projeto. Para se ter uma ideia, numa carta para o gerente Ricardo José Ribeiro da filial do Banco Mauá & Cia., em São Pedro do Rio Grande do Sul, Mauá retratou a situação difícil em que se encontrava o comércio da Praça do Rio de Janeiro, principalmente nos negócios envolvendo letras de câmbio. Dizia a carta:

> (...) Por enquanto tem de limitar-se a realizar saques sobre mim, sobre Londres e sobre Manchester, segundo o instruio a casa de Montevideo, até que o horizonte aclarece pois *as medidas que procura levar effeito o actual gabinete tendendo a matar o crédito* (grifo nosso), são um embaraço geral as transacções, e enquanto não há uma decisão tudo fica em suspenso.[82]

O projeto encaminhado pelo governo foi aprovado por uma pequena maioria dos votos.[83] Não resistindo às pressões contrárias ao projeto, o ministro Sales Torres Homem foi substituído por Silva Ferraz. Essa mudança, segundo uma testemunha da época, consistiu numa manobra política, em virtude do novo gabinete conservador ter uma maioria folgada para aprovação do projeto.[84]

---

81 MAUÁ, Barão de. *Publicações a Pedido. As medidas do Sr. ministro da Fazenda e a situação economica do paiz.* Jornal do Commercio, Rio de Janeiro, 06/07/1859, p. 2.
82 IHGB. *Coleção Mauá*. Lata 513, Documento 11, *Correspondência Mauá-Ricardo José Ribeiro*, 8 de julho de 1859.
83 CAVALCANTI, *op. cit.*, p. 236-244.
84 MILET, H. Augusto. *O meio circulante e a questão bancária.* Recife, 1860. Apud CAVALCANTI, *op. cit.*, p. 245.

CAPÍTULO IV
A Criação do London, Brazilian and Mauá Bank (1865)

A LEI DOS ENTRAVES E A VITÓRIA METALISTA

O senador Angelo Muniz da Silva Ferraz, ministro da Fazenda e presidente do conselho de ministros do novo gabinete de 10/08/1859, encaminhou o projeto para o Senado e, ao mesmo tempo, promoveu um forte ajuste no sistema bancário e na organização das sociedades anônimas no início de seu governo. Através do decreto nº 2457, de 05/09/1859, obrigou os estabelecimentos bancários e sociedades anônimas remeteram no primeiro dia de cada semana, na Corte à Secretaria de Estado dos Negócios da Fazenda, e nas Províncias aos respectivos Presidentes, uma demonstração das operações da semana anterior, mencionando:

> 1) Cada uma espécie de letras ou valores de qualquer natureza, que formassem o activo; 2) O estado de seu capital e de sua reserva; 3) O estado de seu fundo disponível e das especies de que este se compunha; 4) O movimento de sua emissão, si a tivesse, com declaração da quantidade emittida, com especificação de suas letras, notas ou valores, sua serie e valores; 5) O movimento das contas correntes, depósitos, quantias recebidas por empréstimo e quaesquer outras operações especiaes, e etc.[1]

Um segundo decreto, o de nº 2490, de 30/09/1859, reforçou a política de Ferraz de restrição ao crédito e aos estabelecimentos bancários. Esse decreto tratava de regular a fiscalização e a arrecadação do selo, que estavam sujeitos o capital das companhias e sociedades anônimas, como também as transferências de suas ações, notas promissórias, bilhetes, vales, obrigações e cautelas, ou seja, "todos os escriptos contendo promessa ou obrigação de

---

1 CAVALCANTI, *op. cit.*, p. 245.

entrega de valor recebido em deposito ou de pagamento ao portador á vista, ou a prazos menors de 10 dias".²

O projeto original de Torres Homem chegando ao Senado entrou em discussão na primeira sessão de 09/07/1860. O ministro Silva Ferraz ofereceu emendas substitutivas, que tornavam o projeto ainda mais rigoroso com o crédito. Dentre as emendas destacamos:

> 1º. a *restringir as emissões dos bancos* (grifo nosso), devidamente autorizados, ao termo das que se haviam realizado no ultimo trimestre de 1860, enquanto elles se não habilitassem para a troca de suas notas em moeda metallica, devendo converter o seu fundo de garantia nessa especie os que o tivessem constituído.
>
> 3º. a *diminuir a circulação das notas bancárias* (grifo nosso), de pequenos valores, e a *prohibir a emissão* (grifo nosso),em geral, não autorizada por lei, de bilhetes ao portador, a quaesquer individuos, companhias, etc.;
>
> 4º. a *fazer effectiva a responsabilidade* (grifo nosso) dos bancos ou indivíduos, pelo valor desta circulação;
>
> 5º. a reprimir o abuso de se fundarem e funccionarem sociedades anonymas sem prévia autorização do governo, na forma do Código Commercial e mais legislação em vigor, *ficando a autorização de bancos de emissão e de companhias de estrada de ferro, canaes, etc., ou que pretendessem algum privilegio, não autorizado por lei, a cargo do Poder Legislativo* (grifo nosso) (…).³

O "novo" projeto foi aprovado pelo Senado sem maior oposição e, encaminhado para o governo, foi sancionado e promulgado como a Lei nº 1.083, de 22/08/1860, conhecida como a *Lei dos Entraves*.⁴ Entre os pontos principais dessa lei, composta de sete (7) artigos, e com vários parágrafos, destacamos: 1) os bancos criados por decretos do poder executivo – período Souza Franco –, ficavam proibidos de emitirem sob a forma de notas ou bilhetes ao portador (vales bancários), "quantia superior ao termo medio de suas emissões operadas no decurso do primeiro semestre do corrente ano", enquanto não se mostrassem capazes de reembolsar os vales em ouro; caso não consigam efetuar tal

---

2   *Ibidem*, p. 246.

3   *Ibidem*, p. 255.

4   BRASIL. Código Comercial do Brasil, *op. cit.*, p. 754-770 (Apêndice).

operação, os bancos entrariam em liquidação – *Artigo 1*; 2) o maior controle para a constituição de sociedades anônimas, que além de dependerem da autorização do governo, conforme constava no Código Comercial, passaram também a depender da aprovação da Assembleia Legislativa – *Artigo 2*.

A política restritiva do governo ficou mais reforçada com os decretos criados após a promulgação da Lei dos Entraves, como os de nº 2.664, de 10/10/1860, de nº 2.679 e 2.680, ambos de 03/11/1860, de nº 2.686, de 10/11/1860, e o de nº 2.711, de 19/12/1860.[5] Esse último, no tocante aos bancos, continha vários artigos que dificultavam ainda mais sua organização. Importante destacar que no referido decreto nº 2.711, o governo reconheceu as dificuldades de implementar uma política restritiva ao crédito, quando concedeu a prorrogação por mais tempo, – meses, o prazo marcado pelo Artigo 1, da Lei nº 1.083. Concordando com Maria Barbara Levy, face às pressões políticas da Praça do Comércio do Rio de Janeiro, "o governo não podendo acabar com a pluralidade, procurou cerceá-la".[6]

O resultado dessa política restritiva do crédito consistiu na retração do sistema bancário, de tal forma que entre os anos de 1861-1863, foram organizados somente cinco casas bancárias e bancos – Tabela 14 –, sendo que dois bancos eram de origem inglesa (falaremos deles adiante), e houve um aumento do número de falências das casas comerciais da Praça do Rio de Janeiro, chegando ao número de 105 em 1862.[7] Para se ter uma ideia de tal número, em 1858, um ano após a crise de 1857, 90 casas comerciais faliram. Essa política, que o governo alegava "que saíam do mercado aqueles que visavam a mera especulação sem base real", não condiz com a realidade. Para Maria Barbara Levy,

> esse dimensionamento era evidentemente de caráter ideológico, pois o próprio Silva Ferraz constatou a notável diminuição do movimento comercial, observando o abatimento e escassez do capital flutuante, além da morosidade dos pagamentos. Essas causas provocaram uma

---

5   Idem, ibidem, p. 758-810.

6   LEVY, *op. cit.*, p. 85. Um adendo importante no Artigo 1 da Lei dos Entraves, que autorizou o Banco do Brasil e suas caixas filiais de continuarem a emitir, demonstrava a dificuldade do governo de eliminar a pluralidade de emissão no período.

7   BRASIL. Ministério da Justiça. *Commissão de Inquérito sobre as causas da crise na praça do Rio de Janeiro,1864. Relatório da commissão encarregada pelo governo imperial por avisos do 1º de outubro e 28 de dezembro de 1864 de proceder um inquérito sobre as causas principaes e accidentaes das crise no mes de setembro de 1864*. Rio de Janeiro: Typographia Nacional, 1865, p. 268-274.

redução de aproximadamente 10% nas rendas públicas, sem considerar a inflação, que não se estancara ainda.[8]

A situação de crise do comércio, especialmente da falência de casas comerciais e bancárias, repercutiu no Banco Mauá, MacGregor & Cia. No relatório apresentado aos sócios comanditários de 12/01/1860, a diretoria relatava que a situação crítica da praça do comércio e a decisão do Tribunal do Comércio, favorável a firma falida de Antonio José Domingos Ferreira,[9] que defendida pelo advogado José Thomaz Nabuco de Araujo,[10] fez o banco tomar um prejuízo de 500 contos, o que levou a propor a liquidação do banco. Não sendo aceita pelos maiores sócios, a diretoria promoveu a partir de então um endurecimento nas operações realizadas pelo banco, típicas de um banco comercial da época, baseadas nos empréstimos sobre valores móveis depositados, no desconto de letras, nos depósitos em conta corrente com penhor e as transações cambiais. A respeito da decisão do tribunal, o Relatório dizia o seguinte:

> (…) Julgamos todavia prudente adoptar algumas alterações na marcha de nossas operações, pautando-as d'ora em diante, por um pensamento da mais severa e restrictiva apreciação, que no que toca ao *credito individual* (grifo de Mauá), quer relativamente algumas transacções que (…) viamos realizando dentro da esphera de *credito real* (grifo de Mauá); pois se as *transacções hipothecárias nãoestavão em regra na esphera de nosso movimento* (grifo nosso), e só as addimitiamos como excepção n'um ou n'outro rarissimo caso, para garantir melhor debitos contrahidos, as operações bancárias no credito real, que se achavão sob a salva guarda dos artigos 271 a 279 do Codigo Commercial, queremos fallar daquelas daquelas que se baseão no *contracto de penhor mercantil* (grifo nosso), erão por nós francamente aceitas, não só por julgarmos seguras e convincentes, como poque entendiamos ser este um meio de suavisar a ausencia do emprego do capital flutuante em transações bancarias, em parte ao menos no credito territorial, que se achão impossibilitados pela *defeituosa legislação hipothecária* (grifo nosso) que

---

8   LEVY, *op. cit.*, p. 85. A respeito da inflação do período verificar o trabalho de GOLDSMITH, *op. cit.*, p. 29-35.
9   BN. *Questão entre o Barão de Mauá e os administradores da massa fallida de Antonio José Domingos Ferreira*. Rio de Janeiro: Typ. Universal de Laemmert, 1860.
10 A respeito do atrito entre Mauá e Nabuco de Araújo verificar: FARIAS, *op. cit.*, p. 418-422; ARAUJO, *op. cit.*, p. 8-13.

> possuimos, que por certo não garante efficazmente o reembolso dos
> capitaes que possam ser confiados.(...)
>
> E esse emprego de capital, são essas *transações baseadas no contracto real de penhor* (grifo nosso), que recente julgado torna impossiveis, desvirtuando-as da segurança que caracterizava o deposito e transferencia condicional de titulos representativos de valores moveis que o commercio em suas combinações e praticas aceitas, o que nos obriga a somente admitirmos agora semelhantes transacções como excepção de regra, e ainda assim baseadas em contrato de retrovendendo. (...).[11]

As dificuldades do banco e das casas bancárias com a conjuntura restritiva foram relatadas por Mauá numa carta endereçada ao gerente da filial do Banco Mauá & Cia. em São Pedro do Rio Grande do Sul. Mesmo destacando a melhora do câmbio e das exportações de café, a partir de 1859, Mauá relatava que "graças" a ação dos banqueiros frente a corrida nas casas bancárias, uma crise foi debelada, e que tal decisão beneficiou o Banco Mauá, Macgregor & Cia. A carta dizia o seguinte:

> *Estado da Praça* (grifo de Mauá) continua pouco satisfatório, porem o panico desaparece – tendo os Banqueiros da Rua da Direita feito frente a corrida com firmeza; – a confiança nesta casa augmentou e cada dia se torna mais inabalavel, ao menos valha-nos isso. O cambio apresenta outra vez *decidida firmeza* (grifo nosso), de sorte que, para mim hé liquido que se fará 26 d ½ p o Vapor do dia 25 embora a quotação seja ainda a 26 d. – a cujo limite só minha casa tem sacado, oferecendo os outros em vão 26 ¼ a que não podem passar nem uma L. (...).[12]

Foi interessante constatar que dois mêses antes, mais precisamente no dia 12/07/1862, o Barão de Mauá, então deputado pelo Partido Liberal na Câmara dos Deputados, apresentou um projeto que aumentava a emissão do Banco do Brasil, "ao triplo do fundo disponível existente em seus cofres em moeda de ouro legal, em barras de mesma espécie, ou em prata de onze dinheiros (...)", o que iria de encontro com a Lei dos Entraves. Evidentemente, o projeto não passou.[13]

---

11   *Gazetilha. Casa Bancária Mauá, Macgregor & Cia.* Jornal do Commercio, 10/07/1860, p. 1-2.
12   IHGB. *Coleção Mauá, Lata 513, Pasta 9.* Correspondência Mauá-Ricardo José Ribeiro, 20 de setembro de 1862.
13   Jornal do Commercio, 19/07/1860, p. 3.

A situação de crise das casas bancárias, em especial uma das maiores como a de Antonio José Alves do Souto & Cia., beneficiou os bancos. O banco Mauá, MacGregor & Cia. aumentou os seus depósitos, e tal fato foi relatado por Mauá:

> Por aqui augmentou grandemente a confiança em minha casa com as desconfianças das outras a não receber o Thesouro todo o dinheiro que lhe oferecem, mesmo quantias menores de um conto de reis. quasi todo o dinheiro que sahio do Souto Gomes, se teria aninhado em minha casa.[14]

Analisando os balanços do Banco Mauá, MacGregor & Cia. – Tabela 11 – constatamos tal movimento. Os depósitos, em valores nominais, caíram de 9.711:944$120 em junho de 1860, para 3.047:954$412 em dezembro de 1861, significando uma queda de mais de 70% em dois anos. Em junho de 1862, os depósitos aumentaram para 4.345:394$154, um aumento de 45% em seis meses. As reservas, que em junho de 1860 eram de 126:265$437, aumentaram para 224:606$393 em junho de 1862.

No tocante ao Ativo, os empréstimos caíram 13.601:907$835 em junho de 1860, para 7.478:923$734 em dezembro de 1861, uma queda de 43%. Em junho de 1862, os empréstimos aumentaram para 7.881:015$833, um aumento de 5,4%. Já o caixa caiu de 1.217:151$038 em junho de 1860, para 1.171:751$164 em dezembro de 1861, uma queda de aproximadamente 4%. Em junho de 1862, o caixa aumentou 1.221:890$657, um aumento de 4,3%.

Analisando os coeficientes do banco no período percebemos que o banco melhorou sua situação, se comparada com o período da crise de 1857. O coeficiente caixa/depósito, que chegou a 0,14 em dezembro de 1860, melhorou consideravelmente e, em dezembro de 1862 seu valor alcançou 0,33. O coeficiente empréstimo/depósito, que era de 1,40 em dezembro de 1860, cresceu para 2,5 em dezembro de 1861, caindo para 1,96 em dezembro de 1862. O Banco Mauá, MacGregor & Cia., através desses coeficientes, mostrava uma recuperação de sua rentabilidade. Entretanto, isso não se traduziu numa melhora da distribuição dos dividendos, que desde junho de 1860 foi fixada pela diretoria em 45$000.

A CONCORRÊNCIA DOS BANCOS INGLESES

As dificuldades dos bancos e das casas bancárias brasileiras ficaram ainda maiores com o surgimento dos primeiros estabelecimentos bancários privados britânicos. A nova

---

14 IHGB. *Coleção Mauá. Lata 513, Pasta 9*. Correspondência Mauá-Ricardo José Ribeiro, 5 de outubro de 1862.

legislação, que exigiu lastro ouro para as emissões, concorreu para os interesses ingleses em operar num mercado onde a conversibilidade da moeda garantisse seus interesses. Esse novo *locus* de investimento do capital inglês, com o aparecimento de empresas no setor financeiro e de infraestrutura, como as estradas de ferro, marcaria uma fase de estreita vinculação com as *atividades exportadoras*.[15]

A presença dos bancos ingleses como o London and Brazilian Bank Limited (1862) e do The Brazilian and Portuguese Bank Limited (1863), conhecidos na historiografia como *Overseas Banks ou Colonial Banks*,[16] constituiram-se num exemplo dessa fase de atuação do capital inglês. Autorizado a funcionar no Brasil com o nome London and Brazilian Bank, e não London and Brazilian Bank Limited, em virtude do governo imperial não autorizar a organização da *sociedade anônima limitada*,[17] o banco tinha na direção comerciantes ingleses ligados ao comércio de exportação de café como Edward Johnston, fundador da casa comercial inglesa Edward Johnston & Cia., e de banqueiros particulares e mercantis da City – Quadro XIV.[18]

---

15   CASTRO, Ana Célia. *As Empresas Estrangeiras no Brasil 1860-1913*. Rio de Janeiro: Zahar, 1979, p. 12. A respeito do London and Brazilian Bank Limited cf. JOSLIN, David. *A century of banking in Latin America*. Londres: Oxford University Press, 1963. (especialmente o cap. 4 – "British banking in Brazil 1863-1880"); GRAHAN, Richard. *Grã-Bretanha e o início da modernização no Brasil 1850-1914*. São Paulo: Brasiliense, 1973; GUIMARÃES, Carlos Gabriel. A atuação do London and Brazilian Bank no Brasil e em Portugal (filiais de Lisboa e do Porto) no período 1862-1870. http://web.letras.up.pt/aphes29/data/7th/CarlosGuimar%C3%A3es_Texto.pdf.

16   Sobre os Overseas banks cf. BORN, Karl Erish. *International Banking in the 19th and 20th Century*. Great Britain, Berg Publishers Lim., 1984, p. 116-117; CASSIS, *op. cit.*, p. 73-81; JONES, Geoffrey. *British Multinational Banking, 1830-1990*. Oxford: ClarendonPress, 1993.

17   O Decreto nº 2.979, de 02/10/1862, permitiu "a instalação na corte, a Companhia London, Brazilian Bank". BRASIL. *Colleção das Leis do Império do Brasil 1862*. Tomo XXIII, Parte I. Rio de Janeiro: Typographia Nacional, 1862. No tocante à lei inglesa de 1854, que autorizava a organização de sociedades anônimas limitadas na Grã Bretanha, cf. BRYER, R. A. The Mercantile Laws Comission and the political econoy of limited liability. *Economic History Review*, L, 1(1997), p. 37-56.

18   O grupo composto por Edward Johnston, da Edward Johnston & Cia., e banqueiros da City, tais como Henri Louis Bischoffshein, os irmãos banqueiros Paul e Phillip Cazenove, George Peabody, Salomon Goldsmidt e Paul Cavan, eram os sócios de Mauá na São Paulo Railway Cia. PETRATTI, *op. cit.*; CALDEIRA, *op. cit.*, p. 362. A respeito da Edward Johnston & Cia. cf. BACHA e GREENHILL, *op. cit.*,

QUADRO XIV: DIRETORIA DO LONDON AND BRAZILIAN BANK LIMITED

Nome e Endereço	Profissão
James Alexander, 10, Kings Arms Yard, Londres	–
Henry Louis Bischoffsheim, 10, Angel Court, Londres	Banqueiro (Merchant Bank em Londres e Paris – Bischoffshein & Goldschmidt)
John White Cater, 11, Mineing, Lane, Londres	Comerciante (Merchant Bank – Robert Benson & Cia.)
Philip Charles Cavan, 29, Finsbury Circus, Londres	Negociante
Pascoe Charles Glyn, 62, Gresham House, Old Broad Street, Londres	Banqueiro (Private Bank – Glyn, Halifax, Mills & Cia.)
Edward Johnston, Liverpool	Negociante (Trading Firm – Edward Johnston & Co)
John Bloxan Elin, 34, Abchurch, Lane, Londres	–
Edward Moon, Liverpool	Negociante
Willian Freer Schönfeld	Banqueiro (Accepting House – Meyer & Schönfeld)

Fonte: BRASIL. Colleção das Leis do Império do Brasil 1862, *op. cit.*, p. 325.
PORTUGAL. AHMOP. *London and Brazilian Bank Limited.* Memorandum de Associação e Artigos de Associação. 1862.
GILBART, *op. cit.*, p. 236; CASSIS, *op. cit.*, p. 10, 17-20; CHAPMAN, *op. cit.*, p. 45 e 115; *Idem*, 1992, p. 82 e 94-95; JOSLIN, *op. cit.*, p. 65.

No tocante as inovações bancárias promovidas pelos bancos ingleses nesse momento, Maria Barbara Levy chamou atenção de uma inovação, até então não utilizada no mercado brasileiro: o *cheque bancário*. Essa nova ordem de pagamento, "que oferecia a comodidade de nele se poder inscrever a quantia exata do pagamento, independente do troco, e de constituir uma vez pago pelo banco, um recibo de quitação, exigia um grau de confiança muito maior do que a nota do banco", permitiu aos bancos ingleses maior agilidade nos negócios bancários, substituindo a letra de câmbio.[19]

A atuação dos bancos ingleses chamou atenção, não só pelo fato da inovação do cheque, mas pelas operações bancárias envolvendo os empréstimos e a captação de dinheiro, através dos depósitos em conta corrente. Com relação aos empréstimos, embora se saiba

---

19   LEVY, *op. cit.*, p. 89. No entendimento de Charles Kindleberger, mesmo com a invenção do cheque, a principal ordem de pagamento internacional ainda era a letra de câmbio. Cf. Kindleberger, *op. cit.*, p. 86-90.

que na Inglaterra os bancos eram bastantes conservadores, emprestando "a prazos de até 90 dias sobre saques aceitos, e no caso de financiamento de mercadorias não vendidas, não emprestavam mais do que dois terços do valor dos produtos em garantia, também para períodos não superiores a 90 dias",[20] no Brasil houve algumas mudanças. Em virtude da falta de liquidez da economia, os bancos acabaram fazendo empréstimos para os comerciantes e casas bancárias, cujos sócios, os *comissários*, constituiam-se no exemplo de privilegiar a "iliquidez", em virtude dos empréstimos de "longo prazo" concedidos aos fazendeiros e sem garantias de hipotecas.[21]

No tocante ao passivo, mesmo faltando dados para uma melhor análise sobre a atuação dos bancos ingleses, esses notaram que os bancos brasileiros praticavam uma operação pouco conservadora: *pagar juros nos depósitos à vista*. Essa operação, que lembrava a dos bancos por ações ingleses e escoceses,[22] estava intimamente ligada ao mercado brasileiro. O Banco Mauá, MacGregor & Cia., desde a sua fundação, operava dessa forma, como mencionamos acima, de captar depósitos através de juros. No Relatório aos sócios comanditários, publicado no Jornal do Commercio de 02/01/1860, o Barão de Mauá reafirmava a importância dessa operação, ainda mais num período crítico de escassez de crédito:

> O proveito reciproco que o público e os sócios deste banco tem obtido desde a sua installação, pelo manejo das *contas correntes* (grifo nosso) que individuos de todas as classes e professões tem nele aberto, e vulgarmente conhecido(...).
>
> Toda o indivíduo que possuir a quantia de 100$000, e dahi para cima, pode abrir conta-corrente com o banco, depositando em seus cofres essa quantia, que ficará *vencendo juros* (grifo nosso) desde o momento em que for depositada até aquelle em que for retirada. Estes juros serão accumulados ao capital no fim de cada trimestre civil, para ficarem por seu turno vencendo juros, que serão igualmente acumulados.

---

20 SCHULZ, John. *A Crise Financeira da Abolição (1875-1889)*. Tradução de Afonso Nunes Lopes. São Paulo: Edusp, 1996, p. 33-34.

21 GRAHAN, *op. cit.*, p. 103.

22 GILBART, *op. cit.*, p. 157. Nesse ponto discordamos das análisses de John Schulz, quando ele generaliza na *prudência* britânica. Os bancos escoceses e os bancos por ações ingleses adotaram tal prática, constituindo-se numa diferença com relação aos banqueiros particulares da City. Conferir GILBART, *op. cit.*; GUIMARÃES; *op. cit.*

A *taxa de juros que o banco paga será de dous por cento menos que a taxa por que o Banco do Brasil descontar as letras da praça* (grifo nosso) (...).[23]

O London and Brazilian Bank com sua forte atuação no câmbio e organizando filiais em outras províncias e cidades brasileiras, como Belém, Recife, Salvador e São Pedro do Rio Grande do Sul, e no exterior, em Lisboa e no Porto,[24] aumentou sua penetração no mercado brasileiro e no comércio Brasil-Portugal. A respeito das filiais banco em Portugal, o esquema 3, ilustra bastante bem o circuito de capitais envolvendo Portugal-Brasil-Inglaterra.

O avanço dos bancos ingleses, em regiões que praticamente monopolizava, como era o caso da região do Sul do Brasil, fez com que Mauá adotasse uma postura defensiva, de receio da *concorrência:* "Banco Ingles – estimo que desista de ter agencia regular – seria sempre um concorrente – e nem sempre um *concorrente he um bem* (grifo nosso) (...)".[25]

ESQUEMA 3: O CIRCUITO DE CAPITAIS PORTUGAL-BRASIL-INGLATERRA

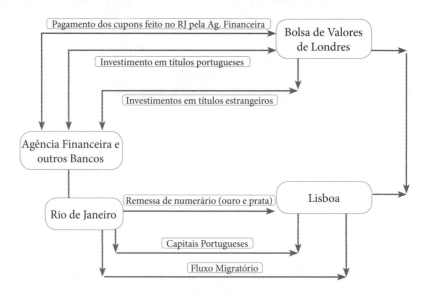

Fonte: VIEIRA, Antonio Lopes. *Os Transportes Publicos de Lisboa entre 1830 e 1910.* Lisboa, 1982, p. 188. In: RAMOS, Rui. "O Sistema Fontista". *Portugal Contemporâneo (1851-1910),* vol. II. Lisboa: Alfa, 1989, p. 130.

---

23 Publicações a Pedido. Banco Mauá, MacGregor & Cia. Jornal do Commercio. Rio de Janeiro, 02/01/1860.
24 JOSLIN, *op. cit.*, p. 65-66; GUIMARÃES, *op. cit.*
25 IHGB. *Coleção Mauá, Lata 513, Pasta 9*. Correspondência Mauá-Ricardo José Ribeiro, 04/03/1863.

Percebendo, que seria inevitável à concorrência, Mauá adotou uma política mais agressiva, de dar dinheiro a prêmio mais barato e no desconto das letras de câmbio, pois

> Vejo que vae ter ahi brevemente a competencia do *Banco Inglêz* (grifo de Mauá), felizmente levamos-lhe uma boa dianteira, e excepto em *obrigar-nos a dar dinheiro a premio um pouco mais barato* (grifo nosso), e em interceptar-lhe algumas das suas *pechinchas cambiaes* (grifo de Mauá) (...).[26]

A CRISE DO SOUTO (1864) E O BANCO MAUÁ, MACGREGOR & CIA.

Desde o início da década de 1860, uma série de fatores convergiu para que uma crise ocorresse. A aplicação de uma política restritiva do crédito por parte do governo, com o Banco do Brasil restaurando seu monopólio das emissões,[27] a presença e concorrência dos bancos ingleses, como o London and Brazilian Bank, e a conjuntura internacional, como a Guerra Civil nos EUA, que fez diminuir as exportações de café a partir de 1862 – Tabela 16 – foram vistos com temor por Mauá, e ameaça para seus negócios dentro e fora do Brasil. Numa carta ao gerente Ricardo José Ribeiro em 21 de dezembro de 1860, Mauá tinha receio da situação externa ao escrever o seguinte:

> Noticias do mais alto interesse nos chegão dos Estados Unidos, aonde uma agitação profunda em seguida a eleição do novo Presidente, veio pertubar o mercado monetário, e o facto de semelhantes notícias ja produzio os seus *primeiros effeitos* (grifo de Mauá) na Europa, tendo o Banco da Inglaterra elevado as *taxa dos seus descontos a 6p%* (grifo de Mauá) esperando-se muito peores noticias pelo proximo paquete, pois as verdadeiras más noticias dos Estados Unidos não estavão ainda na Europa (...). Aqui porem devetmos ter muito café que deve necessariamente declinardos altos preços que tem sustado para manter-se o cambio a 27 – baixou ele a 26 ¾ porem em face das noticias dos estados Unidos, e se houver *panico* (grifo de Mauá) com as más noticias dos Estados Unidosque deve trazer-nos o primeiro paquete pode baixar

---

26 IHGB. *Coleção Mauá, Lata 513, Pasta 9*. Correspondência Mauá Ricardo José Ribeiro, 30/09/1863.

27 Quando no final de 1862, através do decreto nº 2.970, de 09/09/1862, o Banco Rural e Hipotecário e o Banco Comercial e Agrícola cederam o direito de emissão para o Banco do Brasil, isso significou o retorno de fato do monopólio das emissões ao banco. BRASIL. *Collecção das Leis do Imperio do Brasil de 1862*. Tomo XXIII, Parte 1. Rio de Janeiro: Typographia Nacional, 1862, p. 300-304. Cf. GAMBI, *op. cit.*

mais, o que todavia não acredito que suceda por muito tempo a vista da enormidade de valores exportaveis a grande colheita de café com que fomos favorecidos, apresenta para fazermos face aos empenhos externos; se porem se atear uma *guerra civil* (grifo de Mauá) o mau estar que dahi nos pode vir temporariamente; consumindo a União metade para mais, de nossa produção (...).[28]

A conjuntura desfavorável para o banco e os negócios desastrosos feitos por Mauá, como a organização da companhia de mineração Montes Aureos Brasilian Gold Mining Cia.,[29] que repercutiu negativamente na City, tornaram a relação entre os sócios gerentes no Brasil e na Inglaterra bastante conflitante. Alexander MacGregor, numa carta enviada à Mauá, relatava suas preocupações, bem como seu temor frente ao que se apresentava na City. Respondendo a MacGregor, Mauá reclamou da posição do sócio, e com certa ironia, respondeu:

Li sua carta com dor, pois ela me convenceu que sua saúde deve andar abalada, ao ponto de deprimir sua mente, ao menos quando se refere à necessidade procurar um lugar seguro fora de Londres para abrigar sua família com conforto, por medo de vê-la jogada nas ruas(!) devido a falta de fundos para cobrir as obrigações da firma. Refletindo, entretanto, no fato de que estas assertações são feitas num momento em que você passa a ter à sua disposição 450 mil libras de dividendos, e que a quantidade exigível a curto prazo é de 90 mil libras, não posso deixar de acreditar que, essas circunstâncias, tais observações foram feitas para estabelecer a convicção de que, ou você está mesmo doente, o que me deixa muito entristecido, já que sou seu amigo sincero, ou que você está tão profundamente desgostoso com os negócios em consequência dos sucessos contra os quais tem que lutar, que ficou ancioso para encontrar um pretexto para não ter responsabilidade sobre um negócio tão mal administrado, em seu conceito, que o coloca em constante temor de ver seu nome nos jornais e a família na rua! (...).[30]

---

28 IHGB. *Coleção Mauá. Lata 513, Pasta 10*. Correspondência Mauá-Ricardo José Ribeiro, Rio de Janeiro 21 de dezembro de 1860.

29 MAUÁ, *op. cit.*, p. 157-158.

30 IHGB. *Coleção Mauá. Lata 515, Pasta 12*. Carta de Mauá para Alexander Macgregor, 24 de janeiro de 1861. Essa carta foi escrita em inglês, sendo traduzida por CALDEIRA, *op. cit.*, p. 379. Também foi citada por MARCHANT, *op. cit.*, p. 423.

Em setembro de 1864, irrompeu uma crise comercial, que ficou conhecida como a *crise do Souto*, em virtude da falência da Casa Bancária Antônio José Alves do Souto & Cia. A magnitude dessa crise na Praça do Rio de Janeiro, em especial sobre as casas bancárias, ficou bastante clara, quando analisamos uma *Representação* encaminhada pela Sociedade dos Assinantes da Praça do Rio de Janeiro para o Imperador. Diz a representação de 12 de setembro de 1864:

> Senhor – A Comissão da Praça do Comércio vem respeitosamente trazer ao conhecimento do governo de Vossa Majestade o *estado calamitoso* (grifo nosso) em que se acha esta praça, em consequência da catástrofe comercial ocorrida no dia 10 do corrente, pela suspensão que fez dos seus pagamentos a casa bancária de A. J. A. do Souto & Cia.
>
> O pânico que sobre o público produziu este acontecimento não se pode bem descrever mas pode ser avaliado por todos quantos conhecem a importância desta casa, a grande quantidade de depósitos que tem em si e o entrelaçamento em que se acha com todos os Bancos e principais casas de comércio desta praça.
>
> O susto e a desconfiança tornaram-se gerais e o resultado foi correrem os portadores de títulos, não só desta casa como de outras, a exigirem das mesmas o embolso imediato deles.(…)
>
> Teve ela como imediato resultado paralizar o crédito, suscitar uma desconfiança geral, e fazer pairar sobre todas as casas comerciais, que em grande número se acham ligadas com com a mencionada casa bancária, uma ameaça de se verem arrastadas na mesma catástrofe. Quem pode prever até onde chegarão as consequências deste acontecimento?
>
> Por outro lado, o Banco do Brasil, principal credor da mensionada casa, não só se acha ameaçado de graves prejuízos, como já se vê atacado por uma corrida sobre seu fundo disponível, corrida que principiou hoje, e que não é possível prever quando acabará.(….)
>
> A Comissão desta praça, confiada no zelo de que Vossa Majestade Imperial sempre se mostra possuído pelo bem do país e no interesse que lhe merece tudo quanto diz respeito à prosperidade e grandeza do Império, aguarda tranquilo as medidas que aprover ao Governo

Imperial tomar para salvar esta praça da formidávelcrise por que está passando.[31]

A resposta do governo à representação da Praça do Comércio coube à Secretaria de Estado dos Negócios da Agricultura, Commercio e Obras Públicas num documento de 13/09/1864, publicado no Jornal do Commercio de 14/09/1864:

> (...) De ordem do mesmo Augusto Senhor cabe-me responder á commissão da praça do commercio do Rio de Janeiro que o governo considerando facto em seu justo valor, procurou immediatamente contrastar a *funesta influencia* (grifo nosso) que a contracção violenta do credito poderia exercer sobre a fortuna publica e particular, assegurando ao Banco do Brazil a autorização das medidas que cabem em suas attribuições para desafogar o commercio do pannico que nasceu do acontecimento alludido, e que consiste o maior perigo da occasião.
>
> O governo conta que a conservação do Banco do Brazil na altura que lhe assignadaseu dever e seu interesse, o bom senso e firmeza dos outros bancos, dos banqueiros e negociantes, a unidade de pensamento que os deve ligar pela solidariedade de seus interesses, ameaçados por um abalo geral, conseguirão reagir effeicazmente contra o pânico e restabelecer a confiança indispensavel á solução da difficuldade sem desatres irreparaveis (...).[32]

Portanto, face à crise, o governo imperial tomou uma série de medidas, destacando-se o decreto nº 3.306, de 13 de setembro de 1864, que autorizou o Banco do Brasil elevar sua *emissão ao triplo do fundo disponível*; o decreto nº 3.307, de 14 de setembro de1864, que estabeleceu *o curso forçado dos bilhetes do Banco do Brasil*; e o decreto nº 3.308, de 17 de setembro de 1864, que nos seus cinco 5 artigos, criava disposições extraordinárias, entre elas

---

31 O presidente da Associação na época da crise era José Joaquim de Lima e Silva, Conde de Tocantis, e irmão do Duque de Caxias. Tal representação se encontra em BRASIL. Ministério da Justiça. *Commissão de Inquérito sobre as causas da crise na praça do Rio de Janeiro,1864. Relatório da commissão encarregada pelo governo imperial por avisos do 1º de outubro e 28 de dezembro de 1864 de proceder um inquérito sobre as causas principaes e accidentaes das crise no mes de setembro de 1864.* Rio de Janeiro: Typographia Nacional, 1865, p. 4 (Representações).

32 Jornal do Commercio. *Governo.* Jornal do Commercio, Rio de Janeiro, 14/09/1864, p. 1, col. 7.

as de regular as falências dos banqueiros e das casas bancárias no prazo de 60 dias, a partir do dia 9 corrente.[33]

Além dessas medidas, o governo, assim como ocorreu com a crise de 1857, instaurou uma comissão organizada pelo Ministério da Justiça, tendo a frente o conselheiro Silva Ferraz, encarregada de averiguar as causas para a crise. A conclusão dessa comissão, como não podia de ser, tendo um defensor do metalismo à frente, foi de que entre as várias causas, como a Guerra Civil dos EUA, a Legislação de 1860 e outras, *o abuso do crédito gerando as especulações de empresas, o jogo das ações e o crédito fictício* foram às principais.[34]

A historiografia econômica, no tocante às causas da Crise de 1864, apresenta-se dividida. Assim como ocorreu com as crises anteriores, uma vertente da historiografia apoiou o parecer da comissão do governo imperial,[35] que responsabilizava o crédito farto, como a principal razão da crise. Para outra vertente, a crise estava ligada a política restritiva do governo e a concorrência dos bancos ingleses.[36] Embora criticasse a atuação do sistema bancário da época, Sebastião Ferreira Soares soube muito bem diagnosticar as causas da crise, quando colocou o seguinte:

> A lei de 22 de agosto de 1860 veio finalmente definir esse estado de dúvida, e firmar o meio legal das operações bancárias; mas penso ela, desde logo determinou como consequência, uma *crise comercial mais ou menos remota* (grifo nosso), visto que reprimindo as operações a crédito, não deixava aos negociantes o tempo indispensável para solverem as transações que tinham efetuado anteriormente à promulgação da lei (...).[37]

A crise de setembro de 1864 repercutiu sobre o Banco Mauá, MacGregor & Cia. Analisando os balanços – Tabela 12 –, percebemos que ela dificultou sua situação financeira, após uma melhora em 1862. No ativo, os empréstimos declinaram de 6.223:072$204 em junho de 1864, para 2.328:063$031 em dezembro de 1864. O caixa, embora tenha aumentado de 1.328:648$411em junho de 1864, para 1.541:177$473 em dezembro de 1864, chamou atenção o fato de que a conta corrente no Banco do Brasil aumentou de 200:000$000 para 400:000$000 no mesmo período. A conta *Bem de Raiz*, que apareceu a partir de dezembro

---

33   BRASIL. Ministerio da Justiça. Commissão de Inquerito ..., *op. cit.*, p. 11-33.
34   *Idem, ibidem*, p. 86-88.
35   Defendendo essa posição temos novamente Pandiá Calógeras, Liberato de Castro Carreira e outros já citados.
36   Amaro Cavalcanti, Celso Furtado, Maria B. Levy e outros.
37   SOARES, *op. cit.*, p. 60.

de 1862, aumentou de 1.197:331$873 em junho de 1864, para 1.307:700$000 em dezembro de 1864, o que demonstrava que o ativo imobilizado aumentou.

No tocante ao passivo, os depósitos declinaram acentuadamente, passando de 3.258:278$000 em junho de 1864, para 1.076:081$191. O fundo de reserva, como não podia deixar de ser, aumentou de 304:288$027 para 429:215$448 no mesmo período. Os dividendos só foram distribuídos em junho de 1864, não constando sua distribuição em dezembro do mesmo ano – Tabela 11.

A análise dos coeficientes – Tabela 13 – confirmou o quadro descrito acima. O coeficiente caixa/depósito aumentou de 0,41 em junho de 1864, para 1,43 em dezembro, demonstrando que o banco apresentava pouca rentabilidade. O coeficiente empréstimo/depósito também aumentou, passando de 1,91 para 2,16 no mesmo período.

Diante dessa situação, o Banco Mauá, MacGregor & Cia., assim como outros bancos, como o Rural e Hipotecário do Rio de Janero e, até mesmo os bancos ingleses, como o London and Brazilian Bank e o Brasilian and Portuguese Bank, tiveram que recorrer aos descontos e cauções do Banco do Brasil, para fecharem as suas contas e equilibrarem seus balanços, Como já ressaltamos, para socorrer os bancos e as casas bancárias, bem como a si próprio, o Banco do Brasil teve permissão para emitir três vezes mais do que o permitido. Tal atitude tomada pelo Banco do Brasil, para muitos autores, vem de encontro com a tese de que em países cuja economia era agroexportadora, não havia razão para que a circulação monetária se pautasse no padrão-ouro, em virtude do desequilíbrio da balança comercial.[38]

Conforme consta na Tabela 17, observamos que os bancos, incluindo os bancos ingleses, as casas bancárias, casas comerciais e grandes negociantes, como João Baptista Vianna Drumond, futuro Barão de Drumond e sócio de Mauá, e Manoel Gomes de Carvalho, tiveram que recorrer ao Banco do Brasil. O Banco Mauá, MacGregor & Cia. recebeu o montante de 5.246:440$136 de descontos no período de 10 a 30 de setembro de 1864, a segunda maior quantia depois de Bahia, Irmãos & Cia.

---

38   Verificar as opiniões de: CAVALCANTI, *op. cit.*, p. 278; FURTADO, *op. cit.*, capítulo XXVII; ANDRADE, *op. cit.*, p. 157.

TABELA 17: QUADRO DEMONSTRATIVO DAS QUANTIAS FORNECIDAS PELO BANCO DO BRASIL ENTRE 10 E 30 DE SETEMBRO DE 1864

Instituições	Descontos	Cauções
Banco Rural & Hipotecário	1.240:000$000	4.630:000$000
Banco Mauá, MacGregor & Cia.	5.246:440$136	–
London & Brasilian Bank	382:766$240	500:000$000
Brasilian and Portuguese Bank	–	1.013:300$000
Gomes & Filhos	3.222:239$512	1.934:000$000
Bahia, Irmãos & Cia.	8.207:831$061	1.804:600$000
Montenegro, Lima & Cia.	2.108:507$274	1.088:000$000
Oliveira & Bello	22:250$000	–
D'Illion & Marques Braga	682:349$604	–
Portinho & Moniz	850:895$569	63:000$000
Silva Pinto, Melo & Cia.	337:458$220	–
João Baptista Vianna Drummond	254:233$971	–
Manoel Gomes de Carvalho	183:343$282	–
Lallemant & Cia.	347:884$570	–

Fonte: Brasil. Ministério da Justiça. Comissão de Inquérito sobre as causas da crise na praça do Rio de Janeiro de 1864, op. cit., p. 204.

Diante dessa situação, Mauá e seus sócios tomaram uma série de providências para diminuir o prejuízo. Liquidaram a firma Carruthers de Castro & Cia. em Manchester e suspendeu a abertura do Banco Mauá & Cia. em Paris.[39] Além disso, Mauá viajou para Londres, onde propôs uma associação com o London and Brazilian Bank. Tal fusão, que compreendia o Banco Mauá, MacGregor & Cia., no Rio de Janeiro, o Banco Mauá & Cia. de Montevideu, de São Pedro do Rio Grande do Sul e outras filiais, e o London and Brazilian Bank, em Londres, e suas filiais no Brasil, como as do Rio de Janeiro, e em Portugal, Lisboa e Porto, geraria o banco inglês *The London, Brazilian and Mauá Bank Limited*.

---

39 IHGB. Coleção Mauá. Lata 513, Pasta 8. *Carta de Mauá para Ricardo J. Ribeiro, Londres 23 de outubro de 1864*.

A ORGANIZAÇÃO DO LONDON, BRAZILIAN AND MAUÁ BANK (1865)

A fusão dos dois bancos significava para Mauá um grande aporte de capital, fundamental para seus negócios. Estando em Londres para concretizar essa fusão, junto aos sócios ingleses, Mauá afirmou:

> Este paquete lhes leva a grande nova de ter eu aqui concordado provisoriamente: Numa amalgama entre minhas casas do Brasil e do Rio da Prata, e o London and Brazilian Bank. – Sacrifico interesses porém lucro socego d'espirito e e tranquilidade de que tanto careço. A posição de todos os que me tem ajudado he sustentada, e será mesmo avantajada, e sendo eu o Diretor fiscal no Brasil e no Rio da Prata quase que não haverá mudança nas relações dos meus amigos que tem a gerencia de minhas casas, que continuão a ter-me por juiz de seus actos perante a Diretoria de Londres. – Não entrei ainda nas questões de detalhe por que a data fixada para o amalgamento he o 1º de Janeiro de 1866. e até lá temos tempo para discutir o que convier. – *O capital de nova e poderosa instituição de crédito será de L 5 milhões de libras esterlinas* (grifo nosso) e o estabelecimento e suas filiais girarão sobre a razão de London Brazilian & Mauá Bank (...).[40]

Autorizado a funcionar pelo governo imperial, através do decreto nº3.587, de 20 de dezembro de 1865, o London, Brazilian and Mauá Bank cuja diretoria era composta por Mauá e os diretores do London and Brazilian Bank – Quadro XV –, continuaria com os negócios bancários que eram feitos pelos bancos fundidos.

---

40   IHGB. Coleção Mauá. *Carta de Mauá para Ricardo J. Ribeiro, Londres 22 de abril de 1865*. Lata 513. Pasta 8.

QUADRO XV: DIRETORIA DO LONDON, BRAZILIAN AND MAUÁ BANK LIMITED

Nomes, Moradas e Occupação dos Subscriptores	Nº de acções tomadas por cada Subscriptor
Irineu Evangelista de Souza, Barão de Mauá, Banqueiro, do Rio de Janeiro	100
Henri Louis Bischoffshein, 10 Angel Court, Banqueiro (Merchant Bank – Bischoffshein & Goldschimidt), Negociante	100
Philip Charles Cavan, 16, Leadenhall Street, Londres, Negociante	100
Pascoe Charles Glyn, 67, Lombard Street, Banqueiro (Private Bank-Glyn, Mills Currie & Cia.*)	100
Edward Johnston, 6, Great St. Helen's, (Edward Johnston & Cia.), Negociante	100
Edward Moon, 3, Cook Street, Liverpool, Negociante	100
William Freer Schönfeld, 22, Sussex Square, Londres, Banqueiro (Accepting House – Meyer & Schönfeld), Esquire**	100
Total das acções tomadas	700

Obs:* Fusão da Glyn, Mills & Cia. com a Currie & Cia. em 1864.
** Esquire é um título de nobreza imediatamente inferior ao de cavaleiro.
Fonte: Anexo 5 e Quadro 14.

Analisando o memorandum de associação do banco – Anexo5 –, chamou atenção o capital estimado de £. 5.000.000 (cinco milhões de libras), divididos em 250.000 ações de £ 20. Esse valor, era 3 vêzes maior do que o capital do London and Brazilian Bank, e duas vêzes maior que o do Banco Mauá, MacGregor & Cia., e faria frente ao Banco do Brasil. Outro ponto importante estava relacionado à diretoria desse banco, composta por banqueiros e bancos da City, como Glyn, Mills, Curie & Cia., um banco privado com permissão de descontar na Câmara de Compensação, em Paris, o banco Bischoffshein and Goldschimidt, o negociante Edward Johnston e do Rio de Janeiro, o Barão de Mauá.

A fusão, entretanto, não prosperou. No relatório apresentado aos sócios comanditários, em 5 de dezembro de 1866, Mauá creditava a crise financeira da City e aos sócios no Brasil, o fracasso da fusão:

> (...) Quando eu tratava de organizar em londres uma sociedade anonima que satisfizesse estas operações, e procurava reunir os necessários

> elementos de sucesso, propôs-me um dos principais corretores daquela praça uma fusão de interesse com o London and Brazilian Bank.
>
> Abracei de tão boa mente a ideia, que nenhuma compensação exigi para mim pelos valiosos interesses já criados, em que ia assim dar partilha a estranhos, resultando daí não ser eu compreendido e ter de lutar com dificuldade de mais um gênero.
>
> Empenhada, porém, minha palavra e meu nome, nada me fez recuar – nem o grande cataclisma de Maio próximo passado, que derramou negra luz sobre a marcha das sociedades que funcionam em Londres sob o prinçipio da responsabilidade limitada; nem a unânima oposição que ao chegar da Europa, notei que existia da parte de meus amigos em relação ao projetotado amálgama, à vista da profunda alteração das circunstâncias que notoriamente se dera desde a assinatura dos contratos; oposição que eu esperava vencer(...).
>
> Regressando, porém, ultimamente do Rio da Prata, reconheci que a resistência dos meus amigos e interessados se tornara invencível e teve de ceder-lhes, usnado do perfeito direito que me assistia de rejeitar um acordo de natureza condicional e firmado em circunstâncias diversas das atuais (...).[41]

A questão que envolveu o fim da associação ficou mais clara numa carta que Mauá enviou ao presidente do London and Brazillian Bank, J. W. Carter, em 22 de novembro de 1866. Nessa carta, chamou atenção o fato de que a crise financeira na City trouxe insegurança para os sócios brasileiros, na medida que afetou o London and Brazilian Bank. A carta dizia o seguinte:

> ... Pela nossa parte é necessário fazer público que, desde que forão assinados em Inglaterra, os contratos para o amálgama, *a crise de 11 de maio último, em Londres* (grifo nosso) alterou singularmente a posição relativa dos estabelecimentos, e que a realização do amálgama se tornou impossível pelos factos e motivos seguintes:
>
> 1º) As revelações feitas relativamente a ação da lei de responsabilidade limitada em Inglaterra, desde a data a que me referi, tornão perigosos

---

41 *Relatório apresentado aos commanditarios da sociedade bancaria Mauá, MacGregor & Cia. em 5 de dezembro de 1866, pelo sócio solidário barão de Mauá.* Jornal do Commércio. Rio de Janeiro, 09/12/1866.

fazer representar qualquer espécie de propriedade em ações transferíveis em Londres, especialmente de estabelecimentos cuja existência mesma depende do crédito, pois que essa propriedadefica completamente a merce de um banco de agiotas sem escrúpulos, que operando na Bolsa de Londres, vivem da rapina que podem realizar, espalhando boatos ofensivos do crédito de qualquer estabelecimento que lhes apraz atacar, tendo previamente vendido ações a entregar, como faculta o regulamento da Bolsa;

2º) Que o próprio London and Brazillian tem sido vítima de semelhante manejos, tendo-se depreciado suas ações de 20 a 25% e, em uma ocasião até 33% abaixo do valor realizado, sem outra causa ou motivo aparente;

3º) Que as revelações acerca das companhias de responsabilidade limitada, mesmo as de mais elevada posição em Inglaterra, desde 11 de Maio, relativamente ao pagamento de chamadas em ocasião de infortúnio, infundiram aos capitalistas brasileiros (que tinham direitos eventuais as 150.000 ações reservadas para mim nos contratos respectivos), o temor de que as chamadas necessárias não fossem pontualmente pagas por muitos dos acionistas em Inglaterra, deixando assim o estabelecimento sem recursos para faze face a qualquer emergência que tornasse necessárias essas chamadas;

4º) Que mesmo em relação a administração geral de companhias públicas em Inglaterra, sob o regime das atuais leis de responsabilidade limitada, os fatos revelados de assinaturas dos contratos indicam por sua própria natureza a absoluta necessidade de proteger melhor a propriedade confiada a semelhante administrações, variáveis a todo tempo;

5º) Que o núcleo de acionistas brasileiros representando tres quintas partes do capital do projetado banco amalgamado, tendo meramente um voto na gestão do estabelecimento segundo os ajustes feitos quando sejam necessários modificações, recusam confiar sua propriedade para ser regida por princípios que inúmeros fatos recentemente descobertos provam ser errôneos (...).[42]

Na realidade a desconfiaça era mútua. O London and Brazilian Bank percebeu que os negócios de Mauá não estavam bem.[43] Além da situação do Banco Mauá, MacGregor

---

42 *Ibidem.*
43 JOSLIN, *op. cit.*, p. 71-72.

& Cia., no Rio de Janeiro, o Banco Mauá & Cia. e suas filiais da região do rio da Prata passavam por dificuldades relacionadas ao conflito na região.[44]

Analisando o período constatamos que a crise financeira de 1866 repercutiu sobre a City, cujo marco foi a falência de uma grande casa bancária, a Overend Gurney & Cia.[45] Conhendo profundamente o jogo das finanças de Londres, Mauá percebeu que o London and Brazilian Bank foi atingido pela crise, e, portanto, a associção não era mais possível.[46]

Com a fusão rejeitada, e com o prazo da sociedade bancária Mauá, MacGregor & Cia. chegando ao fim, em dezembro de 1866, o Barão de Mauá propôs o fim da sociedade aos sócios comanditários – Anexo 6. A liquidação da sociedade fez com que Mauá organizasse uma nova sociedade denominada de *Banco Mauá & Cia.*, concentrando todos os seus ativos nesse estabelecimento, inclusive seus bens pessoais. A organização e atuação desse novo banco foram outra história.

---

44 RIBEIRO, *op. cit.*, p. 141 (Anexo VII).
45 Uma descrição detalhada acerca da repercussão da falência da Overend, Gurney & Cia. está em KINASTON, David. *The City of London. A World of Its Own 1815-1890*, vol. 1. Londres: Chato & Windus, 1994, p. 235-243.
46 JOSLIN, *op. cit.*, p. 73.

CONSIDERAÇÕES FINAIS

Retornando as perguntas formuladas na apresentação da obra, podemos afirmar que a Sociedade Bancária Mauá, MacGregor & Cia. constituiu-se num clássico exemplo de um *Banco Comercial*, inserido numa sociedade escravista, como era a brasileira da época. Percebendo as oportunidades abertas com as medidas institucionais da década de 1840-1850, e próximo aos homens do governo, a Trindade Saquarema, o negociante de grosso Irineu Evangelista de Souza, o Barão de Mauá, tratou de organizar empresas, principalmente no *setor de terciário da economia*.

A partir das fontes pesquisadas, percebemos que os recursos originados das operações bancárias desenvolvidas pelo banco, não foram direcionados para a organização de empresas no setor secundário e primário. O Barão de Mauá, como negociante ligado ao comércio da cabotagem e do comércio de importação-exportação, além de financiar uma das atividades mais lucrativas da primeira metade do século XIX, o tráfico negreiro, e tendo participado da comissão organizadora do Código Comercial, sabia que não era atrativo aplicar recursos nas atividades primárias, ou seja, de financiar a agricultura, em virtude da ausência de uma legislação hipotecária que garantisse o seu capital. Era muito mais lucrativo operar no circuito comercial, privilegiando os empréstimos para as casas comerciais e bancárias. Nesse sentido o Barão de Mauá, como banqueiro, personifica muito mais uma forma de atuação do capital mercantil, ou seja, de atuar na circulação da mercadoria. Não foi por outro motivo que, face às mudanças internas, como a conjuntura pós-1870 com o pós-guerra do Paraguai e o desaparecimento das lideranças conservadoras, e externas pós-1870, com a maior internacionalização do capital industrial e financeiro, o Barão teve dificuldades de inserção. Era um homem de um tempo que estava se esgotando.

Enfatizamos, também, o conceito de negociante e de negócios em virtude de não concordarmos com o conceito utilizado pelos biográfos de Mauá, como o de empreendedor schumpeteriano ou de burguês progressista como Caio Prado Jr. A análise das fontes, mais uma vez, desmitifica a ideia de que Mauá passou por etapas na sua "carreira": primeiro foi *comerciante*; depois foi *industrial*; e por fim acabou *banqueiro*. É importante ressaltar que a casa comercial Carruthers & Cia. foi registrada no Tribunal do Comércio em 1851, o que vai contra a ideia de que ela desapareceu na década de 1840, quando Mauá se tornou industrial, segundo seus biógrafos. Na realidade, foi como comerciante registrado no Tribunal do Comércio, e não como industrial, que possibilitou Mauá atuar no *comércio de bancos*.

O Barão de Mauá constituiu-se num *mito*, e como tal é uma construção histórica. Embora reconheçamos sua relevância no século XIX, o mito surgiu no século XX, principalmente nos períodos de redefinição do papel do Estado brasileiro. Foi assim na década de 1920, com Alberto de Faria resgatando a figura de Mauá para legitimar o desenvolvimento industrial do período, em oposição as "velhas" oligarquias agrárias que dominavam a Primeira República. Na década de 1940, o mito Mauá retornaria, através do trabalho de Lidia Besouchet, e na reedição da autobiografia organizada pelo seu neto Claudio Ganns. Era necessário o mito do liberal Mauá contra o Estado interventor da era Vargas.

Atualmente, o mito Mauá retornou como símbolo de uma "nova era". A necessidade de legitimar as mudanças promovidas pelo governo de Fernando Henrique Cardoso, onde novamente temos uma redefinição do Estado brasileiro, faz com que o mito do "empreendedor" reapareça. O empresário que correu risco, porém prejudicado pelo Império e por um imperador "ciumento", por um Estado dominado pelo atraso, e caracterizado pela escravidão e pelo latifúndio, retornou. Entretanto, como ressaltamos nesta tese, Mauá não pode ser entendido como um indivíduo/capitalista moderno, pois ele estava inserido no Estado Imperial, cujo funcionamento estava calcado numa relação senhorial, com hierarquias e relações bem definidas. A inserção dos negociantes no projeto Saquarema possibilitou a manutenção dos seus *monopólios*. Por outro lado, legitimaram o Estado monárquico e escravista brasileiro.

PARTE 2

FINANÇAS E COMÉRCIO NO BRASIL DA PRIMEIRA METADE DO SÉCULO XIX: A ATUAÇÃO DA FIRMA INGLESA SAMUEL PHILLIPS & CIA., 1808-1840[*]

---

[*] Uma primeira versão foi apresentada no II Congreso Latino Americano de Historia Económica (II CLADHE). Cidade do México, UNAM, 2010. É importante destacar o trabalho realizado nos arquivos pelo bolsista Alan Ribeiro dos Santos.

O objetivo deste trabalho consistiu em analisar a atuação da firma inglesa Samuel Phillips & Cia. na cidade do Rio de Janeiro, o principal centro comercial do Brasil, desde a sua chegada em 1808 até o ano de 1840. Nesse período, de guerras e conflitos sociais internos, que possibilitaram a Independência do Brasil em 1822, a abdicação do primeiro imperador do Brasil, D. Pedro I em 1831, no plano econômico face às necessidades da administração e organização de um novo Estado, empréstimos internos e externos, esses últimos no total de quatro, foram contraídos até 1850. Diante desse quadro, a presença de firmas inglesas no comércio importador e exportador foi crescente. No caso da referida firma, estando no Brasil desde 1808, destacou-se pela participação no comércio e, principalmente nas finanças, já que se constituiu não só como agente do banco credor inglês Rothschild & Sons, como também no principal agente do governo brasileiro no empréstimo realizado em Londres de 1838. A questão que surgiu foi se tal presença constituiu-se num exemplo da *preeminência inglesa* no comércio e finanças, como afirmou Alan K Manchester no seu livro clássico, e corroborada pela Teoria da Dependência; ou se tratou de um caso isolado de ascensão num mercado bastante limitado face à ausência de uma legislação mercantil moderna e da escravidão.

A PRESENÇA INGLESA NA PRIMEIRA METADE DO SÉCULO XIX: UMA DISCUSSÃO BIBLIOGRÁFICA ACERCA DA DEPENDÊNCIA DO BRASIL FRENTE À INGLATERRA

A questão referente à predominância inglesa no Brasil e no mercado latino-americano na primeira metade do século XIX provocou uma polarização entre os historiadores, economistas e cientistas sociais latino-americanos, norte-americanos e ingleses. De um lado, estão os que enfatizaram a predominância e a dependência; do outro, os que negaram ou relativizaram tal dominação. No primeiro grupo podemos citar, entre vários autores, Stanley e Barbara Stein, Eugene Ridings e Eduardo Cavieres Rodrigues. Os primeiros autores destacaram que a dependência econômica dos países latino-americanos foi acentuada no decorrer do século XIX, face à manutenção da herança colonial[1] e as condições externas.

---

1 Herança colonial baseada "na tradição da grande propriedade par o cultivo de gêneros alimentícios e matérias-

Segundo os autores, "as condições locais e, em particular, pela pressão econômica exercida pela Grã-Bretanha que agora colhia os frutos de um interesse sustentado ao longo de mais de um século sobre o mundo colonial ibérico",[2] reforçaram mais ainda os laços de dependência, vinculados ao que chamaram de neocolonialismo.[3]

Eugene Ridings chamou atenção para o fato de que nos países latino-americanos, a presença do comerciante estrangeiro no comércio exportador-importador significou não só a exclusão dos negociantes nacionais, como também afetou o desenvolvimento econômico da região, em virtude da "pouca identificação do negociante estrangeiro com a Nação em que ele operava".[4] Concordando com a visão de Ridings, Eduardo Cavieres Figueroa ressaltou que no caso da economia e comércio do Chile, os britânicos, desde os anos 1820, "tiveram uma significativa influência na modernização da economia chilena – influência que pronto foi convertendo-se em participação e controle efetivo de vários setores da vida econômica nacional".[5]

Diferentemente de Ridings e Figueroa, D. C. M. Platt destacou que, antes de 1860, a influência britânica não era significativa em virtude dos problemas internos da América

---

-primas para consumo interno ou exportação para os mercados da Europa Ocidental". STEIN, Stanley J. e STEIN, Barbara H. *A Herança Colonial da América Latina: Ensaios de Dependência Econômica*. Tradução de José Fernandes Dias. 2 ed. Rio de Janeiro: ed. Paz e Terra, 1977, p. 107 (especialmente os caps. 3 e 4).

2 *Idem*, p. 105. A respeito da presença e pressão inglesa na América latina fez com que Stanley e Bárbara Stein criticassem a visão de D. C. M. Platt, que enfatizou nas condições internas latino-americana como razão principal do atraso, e não na presença inglesa que, na visão de Platt, não foi predominante na América Latina. Cf. PLATT, D. C. M. Dependency in Nineteenth century Latin America: An historian objects. *Latin American Research Review*, vol. 15, n 1, (1980), p. 113-130; STEIN, Stanley J. and STEIN, Barbara. D. C. M. Platt: The Anatomy of "Autonomy". *Latin American Research Review*, vol. 15, n 1 (1980), p. 131-146. A replica de Platt aos Stein cf. PLATT, D. C. M. The Anatony of "Autonomy" (Whatever that may Mean): A Reply. *Latin American Research Review*, vol. 15, n 1, (1980), p. 147-149.

3 *Idem*, p. 106.

4 RIDINGS, Eugene. Foreign Predominance among Overseas Traders in Nineteenth Century Latin America. *Latin American Research Review*, vol. 20, nº 2, 1985, p. 4. Num trabalho posterior, Eugene Ridings reforçou a sua análise a partir da organização e defesa dos interesses dos negociantes enquanto participantes de uma Corporação, o *Corpo do Comércio*, daí o conceito de classe corporativa do autor. Theo Lobarinhas Piñeiro teve outra leitura, defendeu a ideia de que os negociantes tiveram um projeto político e analisou o Corpo do Comércio como uma associação de classe (no sentido marxista). Ver: RIDINGS, Eugene. *Business interest groups in nineteenth-century. Brazil*. Cambridge: Cambridge University Press, 1994; PIÑEIRO, Theo Lobarinhas. *Os Simples Comissários: Negócios e Política no Brasil Império*. Tese de doutorado. Niterói, UFF/PPGH, 2002.

5 FIGUEROA, Eduardo Cavieres. *Comercio Chileno Y comerciantes Ingleses, 1820-1880: um ciclo de Historia Econômica*. Valparaiso: Instituto de Historia/Universidad Catolica de Valparaiso, 1988, p. 13.

Latina (guerra civil e outros) e, principalmente, face às limitações dos mercados desta região. Segundo D. C. M. Platt,

> Quaisquer que sejam as circunstâncias locais na América Latina – a devastação da guerra civil, o despovoamento, a fuga de capitais, o abandono e a inundação das minas – o progresso no comércio internacional era limitado, principalmente, pela natureza dos consumidores e das suas necessidades. A riqueza era concentrada nas mãos de poucos.[6]

Concordando com a visão de D. C. M. Platt, Robert Greenhill enfatizou as limitações do mercado latino-americano nas primeiras décadas do século XIX para a atuação das firmas inglesa. Destacou, contudo, que a independência dos países latino-americanos ampliou seu mercado, abolindo as restrições coloniais, para Robert Greenhill, a

> América Latina no início do século XIX não foi de fato um paraíso mercantil, pois ofereceu simplesmente uma solução temporária para o problema de curto-prazoda restrição dos Mercados Europeus. (...) O mercado da América Latina era ainda muito pequeno. A população era pequena, dispersa, cujo poder de compra era baixo o que limitava o crescimento econômico; a população vivia em nível de subsistência e (...) a independência não acelerou o aumento da população, nem redistribuiu renda, ou aumentou a demanda.[7]

O artigo de Eugene Ridings sofreu pesadas críticas do referido D. C. M. Platt e do historiador mexicano Carlos Marichall. Questionando as argumentações de Eugene Ridings sobre a predominância britânica desde o início, D. C. M. Platt chamou a atenção para a sua conclusão generalizada, fazendo as seguintes perguntas:

---

6 PLATT, D. C. M. *Latin America and Business Trade, 1806-1914*. Londres: A. & C. Limited, 1972, p. 7. Para além das divergências, é importante destacar que este trabalho constituiu-se num dos primeiros trabalhos de referência acerca do comércio inglês na América Latina. Foi muito citado no texto de Olga Pantaleão e outros autores.

7 GREENHILL, Robert. Merchants and the Latin American Trades: an Introduction. In: PLATT, D. C. M. (Ed.). *Business Imperialism, 1840-1930. An Inquiry based on British Experiense in Latin America*. Oxford: Oxford University Press, 1977, p. 4.

Quando, onde e como surgiu um comércio ultramarítimo latino-americano? Quanto foi importante a escala da pequena e limitada economia local? Ainda que o comércio ultramarítimo estava nas mãos estrangeiras, como foi que se converteu na atividade econômica urbana mais importante no século XIX? Dentre as atividades econômicas urbanas, foi o comércio internacional tão central para toda a economia?[8]

Retornando às consequências econômicas da independência latino-ameircana, especialmente a brasileira, Stephen H. Harber e Herbert S. Klein, baseados na Nova Economia Institucional (NIE),[9] criticaram a perspectiva da Teoria da Dependência, como também a generalização e falta de pesquisas empíricas. Segundo os autores, as evidências empíricas[10] demonstraram "que foram nulos os efeitos da independência sobre a economia brasileira no século XIX, marcada por taxas reduzidas de crescimento, pelo livre-comércio e por limitadas transformações estruturais".[11] No entendimento de Harber e Klein, as explicações são internas, originadas "nas próprias estruturas sociais e econômicas", e a Teoria da Dependência e seus pressupostos não se sustentaram, pois

> A curto prazo, o comércio exterior brasileiro não sofreu uma reorientação em que a metrópole colonial dá lugar a outra metrópole: isto já havia ocorrido no século XVIII. Além disso, durante o século XIX, houve uma diversificação dos países para os quais o Brasil exportava; o país não se tornou, portanto, cada vez mais dependente de uma nova metrópole capitalista como o modelo sugere. Por fim, o relacionamento do Brasil com a Grã-Bretanha não foi o fator responsável pela lenta transição para uma

---

8   PLATT, D. C. M. Wicked Foreign Merchants and Macho Entrepreneurs: Shall we grow up now?. *Latin American Research Review*, vol. 21, nº 3, 1986, p. 152; MAICHAL, Carlos. Foreign predominance among overseas traders in nineteenth-century Latim America: a comment. *Latin American Research Review*, vol. 21, nº 3, 1986, p. 145-150. A réplica de Ridings está na mesma revista. Conferir RIDINGS, Eugene. Reply. *Latin American Research Review*, vol. 21, nº 3, 1986, p. 154-156.

9   A respeito da Nova Economia Institucional (NEI) Cf. BROUSSEAU, Éric and GLACHANT, Jean-Michel (eds.). *New Institutional Economics: a guidebook*. Cambridge: Cambridge Univerty Press, 2008.

10 "não é surpreendente quando se considera que, em quase todos os países latino-americanos, os dados econômicos utilizados por economistas e historiadores econômicos são extremamente escassos no que se refere à maior parte do século XIX". HARBER, Stephen H. e KLEIN, Herbert S. As consequências econômicas da independência brasileira. Novos Estudos CEBRAP, n 33, julho 1992, p. 236-248.

11 *Idem*, p. 248.

economia industrial. Fatores internos, originados nas próprias estruturas sociais e econômicas, foram muito mais importantes.¹²

Leslie Bethell, ao discutir a participação dos britânicos na Guerra do Paraguai, relativizou a preponderância inglesa na primeira metade do século XIX, criticando a leitura que relaciona a guerra com o *imperialismo formal* britânico. Para Bethell, a presença e atuação britânica na América Latina, particularmente no Brasil, pôde ser caracterizada como a de um *imperialismo informal*, pois, mesmo se constituindo no "principal parceiro comercial, o principal investidor e o principal detentor do débito público da América Latina", a Grã-Bretanha "nunca se mostrou propensa a assumir as obrigações políticas e militares de um império na América latina".¹³

A questão envolvendo os negócios dos negociantes ingleses foi ampliada, quando os historiadores passaram a analisar a interação entre a firma e o mercado de atuação. Através do estudo das mudanças institucionais e da sua relação com a forma de organização, de atuação e os negócios desenvolvidos (as estratégias) pela firma, historiadores vêm questionando uma visão generalista sobre as firmas comerciais inglesas. Charles Jones, analisando o caso argentino, denominou essas firmas de *empresas comerciais*, ou seja, uma *empresa comercial descentralizada e não subordinada administrativa e financeiramente* a City inglesa (Londres). Para Charles Jones, a empresa inglesa da época era uma típica empresa de uma "*burguesia comercial cosmopolita*".¹⁴

Outro historiador que discorda da visão generalista foi Stanley D. Chapman. Para este autor, se no século XVIII os negociantes ingleses tinham uma diversidade de negócios, no século XIX, principalmente após as guerras napoleônicas e com a expansão da Revolução Industrial, emergiu

> uma nova geração de especialistas, comissários residentes nos centros comerciais estrangeiros (mas geralmente com um sócio ou agente na Grã-Bretanha) e um punhado de ricos comerciantes que tinham se

---

12   *Idem*, p. 248 Leitura baseada na NEI foi feita por Leandro Prado de la Escosura para analisar as décadas perdidas após independência. Cf. ESCOSURA, Leandro Prado de la. *Lost Decades? Independence and Latin America's Falling Behind, 1820-1870*. http://e-archivo.uc3m.es/bitstream/10016/1132/1/wp-07-18.pdf

13   BETHELL, Leslie. O Imperialismo Britânico e a Guerra do Paraguai. In: MARQUES, Maria Eduarda C. M. (Org). *A Guerra do Paraguai: 130 anos depois*. Rio de Janeiro: Relume Dumará, 1995, p. 136-137.

14   JONES, Charles A. *International Business in the nineteenth century: the rise and fall of a osmopolitan Bourgeoisie*. Great Britain: Wheatsheaf Books Ltd., 1987.

formado para financiar e prover os créditos para que os fabricantes enviassem seus produtos para os agentes no exterior.[15]

Outros autores como Giovanni Arrigh, Keneth Barr e Shuji Hisaeda, influenciados pelo trabalho de Fernand Braudel, atrelaram a atuação e a organização das firmas inglesas ao modelo organizacional do capitalismo inglês do período, ou seja, do capitalismo mercantil, denominado-as de *sistema de empresas comerciais familiares*.[16]

Uma leitura, que enfatizou na atividade comercial para a compreensão do expansionismo inglês foi a de J. P. Cain e G. A Hopkins. Para estes autores, a firma comercial inglesa, principalmente ligada ao setor de serviços,[17] se expandiu no período e constituiu-se num *locus* de investimento por parte dos "capitalistas fidalgos" do período denominado de *"gentlemainly capitalism"*.[18] No entendimento dos autores, esses capitalistas se constituíram numa "nova aristocracia, resultante da fusão entre seu legado pré-capitalista (conduta nobiliárquica e círculos de amizade) e os rendimentos provenientes do mercado, inicialmente por meio da agricultura comercial e depois pelo florescimento dos serviços financeiros da *City* e também no sul da Inglaterra".[19] Em outras palavras, um capitalismo situado num momento histórico da "predominância política dos mercadores e da aristocracia inglesa no governo do Estado britânico do período".[20]

A predominância das famílias nos negócios de comércio vem sendo objeto de estudos recentes por historiadores e outros cientistas sociais. Autores, como Marc Casson, Mary B Rose, S. D. Smith e outros, destacam a importância das firmas familiares nos vários setores da economia, seja nos momentos históricos do "gentlemainly capitalism", seja no

---

15 CHAPMAN, Stanley D. *Merchant Enterprise in Britain. From the Industrial Revolution to World War I.* Cambridge: Cambridge University Press, 1993. (cap. 3 "Merchants in the Atlantic Trade"), p. 69.

16 ARRIGH, Giovanni, BARR, Kenneth e HISAEDA, Shuji. A transformação da empresa capitalista. In: ARRIGH, Giovanni e SILVER, Beverly J. (org.). *Caos e Governabilidade no moderno sistema mundial.* Tradução de Vera Ribeiro. Rio de Janeiro: Contraponto/Ed. UFRJ, 2001, p. 107-159.

17 A respeito desta questão cf. ROSSINI, Gabriel e NOKASI, William. O imperialismo de livre-comércio britânico: considerações teóricas e históricas. *Anais do XIV Encontro Nacional de Economia-ANPEC 2008.* http://www.sep.org.br/artigo/1499.doc?PHPSESSID.

18 CAIN, J. P. and HOPKINS, A. G. Gentlemanly Capitalism and British Expansion Overseas I. the Old Colonial System, 1688-1850. *The Economic History Review*, 2nd ser. XXXIX, 4 -1986, p. 501-525.

19 ROSSINI e NOSAKI, *op. cit.*, p. 20.

20 A respeito da política econômica inglesa e a controvérsia sobre quem a dirigia conferir o trabalho de Anthony Webster. The London East Índia Agency Houses, Industrialization and the rise of free trade: adaptation, survival and demise c 1800-1850. *Business History Conference,* Minneapolis, MN, May 19-21, 2005.

Capitalismo Industrial,[21] repensando a importância da família nos custos de transação e informação dos negócios. Os laços familiares e a confiança entre os membros de uma sociedade comercial eram fundamentais para as incertezas e os riscos do mercado.[22]

A historiografia brasileira sobre a presença inglesa no Brasil do século XIX ressaltou na associação dessa presença com a modernização, ou seja, com o capitalismo moderno, e o controle do comércio exportador e importador brasileiro pelos ingleses em detrimento da forma arcaica dos negociantes portugueses e da sociedade escravista brasileira. Embora seu trabalho seja pioneiro e original no tocante as fontes trabalhadas, os anúncios dos comerciantes ingleses no Jornal do Commercio, Gilberto Freire reforçou a dicotomia entre o negociante inglês moderno e o português arcaico, indo de encontro ao trabalho da preeminência inglesa no Brasil de Alan K Manchester.[23]

Outro trabalho que enfatizou a presença inglesa foi o de Olga Pantaleão. Com pouca documentação primária, baseando-se principalmente no relato do negociante e viajante inglês John Luccock, que esteve no Rio de Janeiro no período 1808-1818,[24] e no trabalho de D. C. M. Platt, Olga Pantaleão destacou que com toda limitação do mercado, no século XIX, a penetração inglesa no comércio brasileiro foi de forma intensa e especializada. Segundo a autora, em 1810, havia cem firmas inglesas somente no Rio de Janeiro, compostas tanto por aventureiros, como também de filiais de firmas tradicionais inglesas, tais como a Robert Kirwan & Cia., Valentin Chaplin & Cia. e muitas outras.[25]

---

21 No sentido marxista, seria a etapa da Acumulação Primitiva de Capital-Antigo Sistema Colonial e no Capitalismo-Sistema Industrial.

22 COLLI, Andrea, ROSE, Mary B. and PÉREZ, Paloma Fernandez. National determinants of Family Firm development? Family firms in Britain, Spain and Italy in the 19th and 20th centuries. *Enterprise and Society*, 4.1, 2003, p. 28-64; COLLI, Andrea, ROSE, Mary B. Family firms and comparative perpective. In: JONES, Geoffrey and AMAROTI, Franco (Ed). *Business History around the world*. Cambridge: Cambridge Un Press, 2003, p. 339-352; SMITH, S. D. *Slavery, Family and Gentry Capitalism in the British Atlantic: the world of the Lasceles, 1648-1834*. Cambridge: Cambridge Un Press, 2006.

23 FREYRE, Gilberto. *Ingleses no Brasil. Aspectos da influência britânica sobre a vida, a paisagem e a cultura do Brasil*, 3ª ed. Rio de Janeiro: Topbooks Ed., 2000 (1ª ed é de 1948); MANCHESTER, Alan K. *Preeminência inglesa no Brasil*. Tradução de Janaína Amado. São Paulo: Brasiliense, 1973 (1ª ed. é de 1933).

24 LUCCOCK, John. *Notas sobre o Rio de Janeiro e partes meridionais do Brasil (1808-1818)*. Belo Horizonte: Itatiaia, 1975. A respeito da trajetória do mercador inglês e suas atividades no Brasil verificar HEATON, Herbert. A Merchant adventurer in Brazil, 1808 1816. *The Journal of Economic History*, vol. 6, nº 1, May, 1946, p. 1-23.

25 PANTALEÃO, Olga. "A presença Inglesa". In HOLANDA, Sergio Buarque de (org.). *História Geral da Civilização Brasileira, Tomo II- O Brasil Monárquico, 1º vol. O Progresso de Emancipação*, 4ª ed. São Paulo: Difel, 1976, p. 73. D. C. M. Platt estimou mais de 60 firmas comerciais inglesas em 1820. Cf. PLATT, 1972, p. 42.

Riva Gorestein, embora tendo como problemática a interiorização dos interesses mercantis portugueses e a construção do Estado Imperial, tese esta defendida por Maria Odila Dias Silva,[26] ao tratar da presença inglesa corroborou com a tese do impacto provocado no mercado da cidade do Rio de Janeiro com os "modernos" ingleses, forçando a modificação dos negócios e das atividades dos negociantes portugueses e nacionais.[27] Nessa mesma linha de análise, de explicar a construção do Estado Imperial brasileiro, associando esse processo interno de interiorização com um novo sistema econômico, o capitalismo industrial, temos a análise de Ilmar Rohloff de Mattos. Na visão original do autor, a consolidação do projeto de Estado Imperial brasileiro, sob hegemonia conservadora, estava relacionado com a forma da sua inserção no novo sistema econômico e político internacional.[28] Em outras palavras, o Império escravista brasileiro do século XIX só foi possível face ao consenso de um projeto político interno sob hegemonia saquarema, que possibilitou a pacificação política no interior da classe dominante senhorial, como também na inserção como uma economia exportadora primária num capitalismo industrial sob hegemonia britânica.[29] Ainda com relação à presença dos ingleses, destacamos o trabalho do historiador norte-americano Richard Grahan, que defendeu tese da modernização do Brasil, principalmente para o período pós-1850, face à participação inglesa em setores como ferrovias e bancos.[30]

Trabalhos mais recentes ampliaram os estudos sobre a forma de atuação e inserção dos ingleses no Brasil. Através da interdisciplinaridade da História com outras ciências sociais, como a Antropologia, Louise Guenther procurou analisar a identidade, a cultura e os negócios desenvolvidos pelos ingleses na Bahia da primeira metade do século XIX. Embora a inserção dos ingleses fosse bastante conflituosa em virtude das diferenças culturais, sua

---

26 DIAS, Maria Odila da Silva. A Interiorização da metrópole (1808-1822) In: MOTA, Carlos Guilherme (Org.). *1822 Dimensões*, 2ª ed. São Paulo: Ed. Perspectiva, 1986.

27 GORESTEIN, Riva e MARTINHO, Lenira Menezes. *Negociantes e Caixeiros na Sociedade da Independência*. Rio de Janeiro: Secretaria. Mun. de Cultura do RJ, 1993 (Coleção Biblioteca Carioca vol. 24). A orientação da dissertação de mestrado da Riva Gorestein coube a Maria Odila Silva Dias.

28 MATTOS, Ilmar Rohlof de. *O Tempo Saquarema*. São Paulo: Hucitec, 1986. (particularmente no capítulo "A Recunhagem da moeda colonial"). No dizer de João Manuel Cardoso de Mello, com a produção e exportação de café pós-1820-30, baseada no trabalho escravo, o Brasil se inseriu na economia internacional do século XIX como uma *economia nacional, mercantil e escravista*. Ver: MELLO, João Manuel Cardoso de. *O Capitalismo Tardio*, 3ª ed. São Paulo: Ed. Brasiliense, 1983.

29 MATTOS, *op. cit.*; SALLES, Ricardo. *O Império do Brasil no contexto do século XIX. Escravidão nacional, classe senhorial e intelectuais na formação do Estado*. Texto inédito.

30 GRAHAN, Richard. *Grã-Bretanha e o início da modernização no Brasil*. Tradução de Roberto Machado de Almeida. São Paulo: Brasiliense, 1973.

atuação comercial foi crescente tanto no comércio exportador-importador baiano, tendo o açúcar e fios e tecidos de algodão como principais produtos, como no financiamento junto aos comerciantes de escravos.[31]

Portanto, ao estudar as *"American Houses"*,[32] como as firmas inglesas ficaram conhecidas, que atuaram e detiveram parte do comércio de exportação e importação das *commodities* no decorrer do século XIX, como foi o caso do café e do açúcar brasileiro,[33] temos que estudá-las de forma integrada com a política e a sociedade onde atuaram.[34] Somente desta maneira poderemos analisar as estratégias políticas e econômicas dos negociantes ingleses e a reação dos negociantes nacionais que, após os tratados comerciais, reforçaram suas posições em outras atividades, como por exemplo, monopolizando o comércio da cabotagem costeira, da corretagem e do comércio negreiro.[35] É importante ressaltar que, com toda a proibição do comércio de escravos pós-1831, os negociantes ingleses no Rio de Janeiro, como também na Bahia, tiveram importante participação juntos aos traficantes brasileiros e portugueses.[36]

---

[31] GUENTER, Louise H. *British Merchants in 19th century Brazil: Business, Culture nd Identity in Bahia, 1808-1850*. Oxford: Centre for Brazilian Studies, 2004.

[32] CHAPMAN, *op. cit.*, cap. 3 (Merchants in the Atlantic Trade).

[33] Assim como ocorreu no Brasil, no México, na Argentina e no Chile, as firmas inglesas concentraram-se no comércio exportador-importador. Cf. GREENHILL, Robert. In: PLATT, D. C. M (ed.). *Business Imperialism, 1840-1930. An Inquiry based on British Experiense in Latin America*. Oxford: Oxford University Press, 1977, p. 230; HEATH, Hilarie J. British Merchant Houses in Mexico, 1821-1860: conforming business Practices and ethics. *Hispanic American Historical Review*, 73:2, 1993, p. 261-290; LEWIS, Colin M. *British Business in Argentina*. Londres: LSE, 1995. (Working Paper in Economic History, nº 26, 1995); FIGUEROA, *op. cit.*, 1988.

[34] Karl Polanyi definiu este espaço econômico de *economia substantiva*. POLAYNI, Karl. A Nossa Obsoleta Mentalidade Mercantil. In. Revista Trimestral de História das Ideias. Porto (Portugal), vol. I, 1977, p. 7-20.

[35] A respeito do poder econômico e político dos negociantes portugueses, além dos já citados, verificar os trabalhos de: LOBO, Eulália M. L. *História do Rio de Janeiro (do capital comercial ao capital industrial e financeiro)*. Rio de Janeiro: IBMEC, 1978; GORESTEIN e MARTINHO, *op. cit.*; FRAGOSO, João Luís Ribeiro. *Homens de grossa aventura: acumulação e hierarquia na praça mercantil do Rio de Janeiro (1790-1830)*. Rio de Janeiro: Arquivo Nacional, 1992; FLORENTINO, Manolo. *Em Costas Negras: uma História do Tráfico Atlântico de Escravos entre a África e o rio de Janeiro (séculos XVIII e XIX)*. Rio de Janeiro: Arquivo Nacional, 1995; SALLES, Cecília Helena L. Oliveira de. *A Astúcia Liberal: relações de mercado e projetos políticos na Corte do Rio de Janeiro, 1820/1824*, 1ª ed. Bragança Paulista: Ícone/ Universidade São Francisco, 1999; MALERBA, Jurandir. *A Corte no exílio; civilização e poder no Brasil às vésperas da Independência*. São Paulo: Companhia das Letras, 2000.

[36] A respeito da presença inglesa no tráfico negreiro cf. BETHELL, Leslie. *A abolição do comércio Brasileiro de Escravos: a Grã-Bretanha, o Brasil e a questão do Comércio de Escravos, 1807-1869*, 2ª ed. Tradução de Luiz A P Souto Maior. Brasília: Senado federal, 2002; CONRAD, Robert Edgard. *Tumbeiros: o tráfico de escravos para o Brasil*. Tradução de Elvira Serapicos. São Paulo: Brasiliense, 1983; TAVARES, Luís Henrique Dias. *O comér-*

Face ao dito acima, algumas questões se apresentam: A firma Samuel Phillips & Cia. constituiu-se num novo tipo de firma inglesa? A forma de atuação da firma dependeu do mercado marcado por relações escravistas? Que tipo de negócios a firma desenvolveu no Brasil? Tais questões respodemos a seguir.

A ORGANIZAÇÃO DA FIRMA INGLESA SAMUEL PHILLIPS & CIA. E SEUS NEGÓCIOS NO BRASIL NO IMPÉRIO LUSO-BRASILEIRO

Com a Abertura dos Portos, em 1808, e a liberdade de religião já garantida, chegaram também os primeiros judeus ao Brasil, tais como ingleses e, após, pessoas de outras nacionalidades, incluindo franceses, depois da derrota de Napoleão. Interessante é mencionar que uma das firmas inglesas, Samuel & Philips, alugou, em dezembro de 1808, uma casa no Rio de janeiro. Os nomes dos sócios foram citados como D. M. Samuel – este agraciado mais tarde com a Ordem da Rosa pelos relevantes serviços prestados ao Governo Brasileiro – e Mr. Philips, este sem primeiro nome.[37]

Uma das maiores especialistas sobre a presença dos judeus no Brasil, a historiadora Frida Wollf, ao tratar da presença da firma inglesa e judia Samuel Phillips & Cia., destacou que essa estava no Rio de Janeiro desde 1808, com a chegada da Corte, e tinha como sócios D. M. Samuel e Phillips. No entanto surge uma questão: quem eram D. M. Samuel e Phillips?

A resposta veio com um trabalho de Roderick Barman publicado no The Rothschild Archive Trust.[38] D. M. Samuel era Denis (David) Moses Samuel, e Phillips era Alfred (Abraham) Phillips. O primeiro era filho de Moshe ben Zavil Pulvermacher, mais conhecido como Moses Samuel, que fez fortuna no comércio quando migrou da Polônia para a Inglaterra (chegou no início da década de 1760), e foi uma das lideranças da grande Sinagoga de Londres, sendo escolhido Parnas (Warden) no ano de 1795.[39]

---

cio proibido de escravos. São Paulo: Ática, 1988; SHERRWOOD, Marika. Britain, the slave trade and slavery, 1807-1843. Race & Class, vol. 46 (2), 2004, p. 54-77. Downloaded from http://rac.sagepub.com at CAPES on January 12, 2010; SHERRWOOD, Marika. British Illegal Slave Trade, 1807-1830. Journal of Eighteenth-Century Studies, vol. 31, n° 2, 2008, p. 295-305.

37 WOLLF, Frieda. Cooperação judaica na formação do Brasil. Revista Magis. Cadernos de Fé e Cultura. Judeus e Cristãos em diálogos, n° 33, ano 2000, p. 3.

38 BARMAN, Roderick J. Nathan Mayer Rothschild and Brazil: the role of Samuel Phillips & Cia. The Rothschild Archive Trust. www.rothschildarchive.org/ib/articles/AR2003.pdf.

39 Idem, p. 38-39. Parnas é um título dado aos líderes leigos das comunidades e congregações desde o início dos

Moses Samuel casou com Rachel Phillips, e tiveram dez filhos.[40] O mais velho foi Samuel Moses Samuel, e assim como o pai e seus quatro irmãos, era negociante.[41] Samuel Moses Samuel foi casado com Esther Cohen, cuja irmãs, Hannah e Judith casaram-se com Nathan Mayer Rothschild e Moses Montefiore. Esther, Hannah e Judith eram filhas do banqueiro holandês, naturalizado inglês, Levi Barent Cohen.[42] Portanto, Samuel Moses Samuel era concunhado do futuro barão Nathan Mayer Rothschild, o mais poderoso banqueiro mercantil do século XIX, e que se constituiu no principal credor do Império brasileiro do século XIX, e as famílias Cohen, Salomon, Samuel, Montefiore, Goldschmidt e Rothschild constituíram-se nas principais famílias da elite judia Ashkenazi na Inglaterra.

Quando Moses Samuel retirou-se dos negócios em 1805, seus filhos continuaram com a firma "Samuel Brothers, African Merchants", localizada em 1 Hammet Street, em Minories, Tower Hill. O filho mais velho, Samuel Moses Samuel também tinha seus próprios negócios.[43] Um desses negócios foi o comércio de escravos da África Ocidental para as Índias Ocidentais inglesa. Analisando os dados retirados do site The Trans-Atlantic Slave Trade database,[44] de 1795 até 1804, foram 13 viagens de navios pertencentes a Samuel Moses Samuel

---

tempos rabínicos.

40 KAPLAN, Herbert H. *Nathan Mayer Rothschild and the creation of a dynasty. The critical years, 1806-1816.* Stanford: Stanford University press, 2006, p. 17. Alfred Phillips era sobrinho de Rachel Phillips, e primo de Denis Samuel.

41 BARMAN, *op. cit.*, p. 38.

42 http://www.jewishencyclopedia.com/view.jsp?artid=615&letter=C. A respeito da importância de Levi Barent Cohen na carreira de Nathan Meyer Rothschild e na migração e fortalecimento da comunidade Ashkenazi na Inglaterra no século XVIII cf. HYASON, Albert M. *A History of Jews in England.* 2ªed. Revised and extended. Londres: Methuen & Cia. Ltd., 1928. (Chapter XXIX, The Ashkenazin Again, 1765-1797); BEERBÜHL, Margrit Schulte. *Crossing the channel: Nathan Mayer Rothschild and his trade with the Continent during the early years of the blockades (1803–1808).* http://www.rothschildarchive.org/ib/articles/AR2008Blockade.pdf; FERGUNSON, Neil. *The House of Rothschild. Money' Profhets 1798-1848.* Nova York: Penguin Books, 1999.

43 Roderick Barman chama atenção que, em 1805, no London Post Office Directory, a firma Moses Samuel & Sons estava localizada na 1 Hammet Street. Roderick J. Barman, 2003, p. 38. Na lista dos subscritores do livro de James Henderson, History of Brazil, editado em 1821, aparecem Samuel Moses como cavalheiro (esquire), com firma na 1 Hammet Street, e Samuel and Phillips, localizada na 8 South Street, Finsbury Square. HENDERSON, James. *History of Brazil, comprising its geography, commerce, colonization and aboriginal inhabitants.* Londres: Longman, Hurst, Ress, Orme and Brown, 1821, p. XXI.

44 http://www.slavevoyages.org/tast/database/search.faces.

ligando a África Ocidental (Costa do Ouro, Baía do Benin e Golfo da Guiné) à região do Caribe (Jamaica, Barbados, São Vicente, São Domingos) e Guiana Inglesa e Holandesa.[45]

O Bloqueio de Napoleão Bonaparte na Europa e a saída da Corte portuguesa em direção ao Brasil fizeram com que Denis (David) Moses Samuel e Alfred (Abrahan) Phillips viessem para o Brasil. Segundo Barman, a firma dos irmãos Samuel na Inglaterra já realizava comércio com Portugal e suas colônias, importando vinhos do Porto e outros produtos, o que demonstrava que a criação da Samuel & Phillips no Rio de Janeiro não foi uma aventura.[46]

Embora historiadores como Barman e Wolf afirmassem que a Samuel & Phillips foi criada em 1808, ainda não encontramos documentos que comprovam tal afirmação. No tocante a localização da firma no Rio de Janeiro, nos "Almanachs do Rio de Janeiro anos de 1816 e 1817, Negociantes Inglezes Residentes nesta Corte", a firma Samuel & Phillips apareceu localizada na Rua da Direita nº 42.

Em 1812, um terceiro irmão, James Samuel, veio para o Rio de Janeiro trabalhar na Samuel & Phillips, e os laços estreitavam-se com Rothschild. Em outubro de 1812, a firma Samuel & Phillips comprou "133 "ports", moedas de ouro, no valor de £ 303, e despachou para Londres em uma vasilha de estanho por "Acct and Risk of Mr. N. M. Rothschild".[47]

As operações envolvendo remessas de moedas de ouro para N. M .Rothschild & Sons foram uma constante no período, e as contrapartidas eram feitas através do envio de letras de câmbio por parte de N. M. Rothschil para serem sacadas por negociantes ingleses e portugueses no Rio de Janeiro. Numa fatura enviada por Samuel & Phillips no Paquete Diana em 1815 e letras sacadas (abaixo), se vê claramente como eram feitas as transações entre as partes.[48]

---

45 The Trans-Atlantic Slave Trade database. http://www.slavevoyages.org/tast/database/search.faces.
46 Roderick J. Barman, 2003, p. 38.
47 *Idem*, p. 39.
48 *Invoice.... The Rothschild Archive*. XI/38/215 Box A, Samuel Phillips & Cia.

Fonte: Rothschild Archive. XI/38215 Boxe A, XI/38/215a/009p001

Fonte: Rothschild Archive. XI/38215 Boxe A, XI/38/215a/015p001

Nas leituras das correspondências trocadas entre Samuel & Phillips e Rothschild, concordamos com Roderick Barman quando afirmou que a figura central da firma no Brasil era Denis Samuel. Segundo Barman, ele cultivou importantes relações com membros do governo (não diz quem?), e numa carta para Rothschild em fevereiro de 1816, Denis Samuel comenta: "Our Govt business which in great measure is our hands".[49]

---

49 BARMAN, *op. cit.*, p. 39. Esta leitura é corroborada por Harry Bernstein. Cf. BERSTEIN, Harry. *The Brazilian Diamond in contracts, contraband and capital.* Boston: University Press of America, 1986.

Em 1818, com a chegada de James (Diogo) Samuel, irmão de Alfred, e sendo admitido como sócio da firma, a mesma mudou de nome, passando a se chamar de *Samuel Phillips & Cia.*, conforme anúncio na Gazeta do Rio de Janeiro:

> Fazem sciente Samuel & Phillips, rua da Direita, n° 42, que do primeiro do presente mês, 1/06/1818, em diante ficio firmando Samuel Phillips & Cia. por terem interessado seu irmão Diogo Samuel, residente nesta Corte.[50]

No mesmo ano de 1818, Alfred Phillips retornou para Londres e se casou com a prima Rebecca, irmã de Denis e James Samuel, "uma das filhas de Moses Samuel".[51] Foi neste momento que, em Londres, foi criada uma nova firma Samuel & Phillips, localizada em 8 South Street, Finsbury. Portanto, os sócios no Brasil eram sócios na firma inglesa, e um ponto chamou atenção: o irmão mais velho, e mais conhecido na praça de Londres, Samuel Moses Samuel, não era sócio nas firmas Samuel & Phillips e Samuel Phillips & Cia. Segundo Barman, os irmãos mantiveram contatos comerciais tanto com Samuel Moses Samuel, quanto com a firma Samuel Brothers.[52]

Além do ouro, a firma participou ativamente do comércio de diamantes, que além de mercadoria para joalherias, transformou-se em moeda e uma atividade dos banqueiros privados e bancos mercantis no início do século XIX.[53] Segundo Harry Berstein, a firma Samuel Phillips & Cia. vendia diamantes frequentemente para Rothschild e, numa breve carta de 31/07/1820, agradecia ao banqueiro inglês: "we thank you for attaching the Diamonds at the Bank (of England?).[54]

É importante destacar que, além dos negócios envolvendo ouro e diamantes, no período 1817 a 1820, a firma Samuel Phillps & Cia. fez 14 carregações, importando de Londres, Portsmouth e Liverpool, produtos como fazendas secas (tecidos e fios), munições, pólvoras

---

50   Avisos, p. 4. *Gazeta do Rio de Janeiro*, 13/06/1818. Barman destaca que o nome verdadeiro do sócio era James Samuel. Roderick J. Barman, 2003, p. 40. Harry Bernteisn também confirma o nome de James (Diogo). Em várias obras, aparece o nome de Diogo.
51   BARMAN, *op. cit.*, p. 40.
52   *Idem*, p. 40.
53   BERSNTEIN, *op. cit.*, chapter 3 (*Brazilian Diamonds, Portuguese loans and Anglo-Dutch bankers*).
54   *Idem*, p. 92.

e balas. Esses últimos produtos, vindos principalmente de Londres, se destacaram, e no nosso entendimento estava relacionado com os conflitos no Sul do Brasil.[55]

Outro importante negócio, e que Nathan Rothschild não participou, face os riscos de não pagamento dos empréstimos devido à crise política iniciada em 1820 com as Cortes de Lisboa, foi o crédito concedido ao Erário Régio do governo do Estado do Brasil. No ano de 1821, a firma Samuel Phillips, assim como as firmas inglesas May & Lukin, Guilhmer Young, Dixon & irmãos e Finnie, e, também, negociantes e firmas portuguesas, como a Joaquim Pereira de Almeida & Cia. e Amaro Velho da Silva, apareceram como credores do Erário Régio.[56]

A participação da Samuel Phillips & Cia. em socorrer as finanças do Estado do Brasil, independente de Portugal após 7 de setembro de 1822, reforçou mais ainda os laços da firma inglesa com D. Pedro I e com o governo. Numa carta para Rothschild em 1824, a firma Samuel Phillips & Cia., ao tratar da chegada no Rio de Janeiro de Woodbine Parish, primeiro "embaixador" inglês na Argentina, dizia o seguinte: "Mr Parrish handed us also kind introductions and we tendered him our services and table *with invitation to meet the minister of state with some o four particular friends* (grifo nosso)".[57]

A SAMUEL PHILLIPS & CIA. E SEUS NEGÓCIOS NO 1º REINADO ESTADO IMPERIAL BRASILEIRO, 1822-1831

Proclamada a Independência,[58] uma situação pendente desde o período anterior se agravava: o financiamento do Estado em virtude dos déficits orçamentários e dos problemas relativos à crise do Banco do Brasil.[59] Analisando os anos após a independência, Dênio

---

55 Notícias Marítimas. Entradas. *Gazeta do Rio de Janeiro*. 1817, 1818, 1819 e 1820.

56 Balanço da Receita e Despeza do Thesouro Publico do Rio de Janeiro em todo o mez de Junho de 1821. *Gazeta do Rio de Janeiro*, nº 68, 07/08/1821, p. 6-8; Balanço da Receita e Despeza do Thesouro Publico do Rio de Janeiro em todo o mez de Novembro de 1821. *Gazeta do Rio de Janeiro*, 17/01/1822, p. 2-4.

57 BARMAN, *op. cit.*, p. 40.

58 A respeito da Independência e seus desdobramentos na formação do Estado Imperial brasileiro, existem diferentes interpretações. Conferir: COSTA, Emilia Viotti da. Introdução ao Estudo da Emancipação Política In: MOTA, Carlos Guilherme (Org.). *Brasil em perspectiva*, 19ª ed. São Paulo: Bertrand, 1990; Maria Odila da Silva Dias, 1986; BARMAN, Roderick J. *Brazil, The Forging the Nation, 1798-1852*. Stanford: Stanford University Press, 1988; MATTOS, *op. cit.*; CARVALHO, José Murilo de. *A Construção da Ordem e Teatro das Sombras*. Rio de Janeiro: EDUFRJ/Relume Dumará, 1996. Iara Lis Carvalho Souza. A adesão das Câmaras e a figura do Imperador. *Revista Brasileira de História*, vol. 18, nº 36, 1998, p. 367-394. JANCSÓ, Istvan (Org.). *Independência: história e historiografia*. São Paulo: Hucitec, 2005.

59 A respeito do Banco do Brasil conferir FRANCO, Afonso Arinos de. *História do Banco do Brasil (primeira fase: 1808-1835)*, vol. 1. Rio de Janeiro: Ed. Artenova, 1973.

Nogueira destacou o crescente déficit fiscal a partir de 1824 – anexo, Tabela 2 –, com aumento das despesas em diversos ministérios, principalmente os militares face aos conflitos internos (Confederação do Equador em Pernambuco – 1824) e externos, como a Guerra da Cisplatina de 1825 a 1828, além do aumento da despesa da Casa Imperial que aumentou de 144 contos para 700 contos em 1824.[60]

Em face de tal situação, a saída encontrada foi uma maior cobrança e participação dos impostos provinciais (contribuições provinciais) – Tabela 2, principalmente sobre as províncias de Pernambuco, Bahia e Maranhão,[61] o que gerou reações como a dita Confederação do Equador, além da necessidade de contrair um empréstimo para o fechamento das contas do Estado. Para tanto, a participação da firma Samuel Phillips & Cia. foi importante para a concessão dos empréstimos concedidos pelo banco N. M. Rothschild ao Estado Imperial em janeiro de 1825, já que o banco não participou diretamente do primeiro empréstimo em agosto de 1824, que coube as firmas inglesas Bazeth, Farquhar, Crawford & Cia. e Fletcher, Alexander & Cia. e Thomaz Wilson & Cia. – Tabela 1.

Importante destacar que no primeiro empréstimo brasileiro de 1824, cujo valor era de £ 2.500.000 a 6% (juros), existiu uma dúvida na City de Londres e, principalmente na Bolsa de Valores, face os "rumores de uma tentativa conjunta portuguesa e francesa de subjugar a nova nação novamente à autoridade europeia".[62] Face a isto, o valor levantado foi de "£ 1 milhão, com juros de 5%, e não 6, e estava assegurada pela receita alfandegária".[63] Essa apreensão com Portugal, e seus desdobramentos no Brasil, estava presente numa carta enviada pela Samuel Phillips & Cia., em 17 de julho de 1824, para N. M. Rothschild, em que dizia: "all is quite here of the apprhensions in fact … the dangers of the Lisbon expedition…".[64]

---

60 NOGUEIRA, Dênio. *Raízes de uma Nação*. Rio de Janeiro: Forense Universitária, 1988, p. 313-314. Conferir também: CAREIRA, Liberato de Castro. *História Financeira e Orçamentária do Império do Brasil*. Introdução de Washington Luis Neto. Apresentação de Luiz Viana Filho. Brasília, Senado Federal; Rio de Janeiro, Fundação Casa de Rui Barbosa, 1980. 2 vols; CAVALCANTI, Amaro. *A vida econômica e financeira do Brasil*. Rio de Janeiro: Imprensa nacional, 1915; DINIZ, Adalton Francioso. Centralização Política e concentração de Riqueza: as finanças do Império Brasileiro no período de 1830-1889. *História e Economia: Revista Interdisciplinar*, vol. 1, nº 1, 2005, p. 47-66.

61 NOGUEIRA, *op. cit.*, p. 314.

62 DAWSON, Frank Griffith. *A Primeira Crise da Dívida latino-americana: a City de Londres e a Bolha Especulativa de 1822-25*. Tradução de Irene Hirsch. São Paulo: editora 34, 1998, p. 112.

63 *Idem*, p. 112.

64 *Rothschil Archive*. XI/38215 Boxe A. XI/38/215a/119002.

TABELA 1: CONTRATAÇÃO DE EMPRÉSTIMOS EXTERNOS PELO BRASIL, 1824-1829

Ano	Valor em £	Tipo%	Juros %	Prazo (Anos)	Finalidades principais do empréstimo
1824	3.686.200	75 e 85	5	30	Financiamento de missões diplomáticas; "resgate" da independência
1825	1.400.000	100	5	30	Empréstimo português de 1823, segundo a Convenção de 25/08/1825
1829	769.200	52	5	30	Cobertura de déficits do Tesouro, pagamento de juros e amortização do empréstimo
1839	411.200	76	5	30	Pagamento de juros empréstimos, cobertura de déficits, amortização da dívida
1843	732.600	85	5	20	Amortizações da dívida externa, cobertura de déficits, pagamento de juros

Fonte: ALMEIDA, Paulo Roberto. *Formação da Diplomacia Econômica no Brasil: as relações Econômicas, Internacionais no Império*. São Paulo: Senac, 2001, p. 196.

A questão envolvendo a não participação direta dos Rothschild, e sim de agentes de câmbio e comerciantes como os citados acima, não significou para Frank Griffith Dawson, uma afastamento do banco mercantil inglês. Segundo o autor, tudo leva a crer que os Rothschild "devem ter patrocinado discretamente pequenos contratantes para testar a apetite do mercado por novos papéis".[65] Corroborando com a leitura de Dawson, numa carta para N. M. Rothschild, de 18/11/1824, a firma Samuel Phillips & Cia., alem de enviar araras (desejo de N. M. Rothchild), destacava a dificuldade do primeiro empréstimo:

> Dear Sr.
>
> The return of Mr, Cattie? Curty allows me pleasure to comply with your wish for Birds of this Country – three of which called Arraras. Captain? will be the bearer of ? may safely and that they may be acceptable to Mr. Rothschild.
>
> The Loan having been made for One million at 75 p. Cent (tipo %) and having bee at a discount of 3 pCt (%) is such liked here, the contractors taking the option within 4 months to take million more 83 & four months after that period the remaining Milion 87 but as its most likely they will not fulfil the first part of this agreement it becomes annulled &

65 DAWSON, *op. cit.*, p. 113.

> (and) in that event perhaps you may be induced to arranged with Brant
> & Gameiro to retrieve their credit and that of their Government by contracting for the remainder.⁶⁶

Mesmo com os empréstimos de 1824, a situação financeira do Império se complicou em 1825 – cf. Tabela 2 (anexo), com o Tratado celebrado entre Portugal e o Brasil, e "que o governo imperial assumiu a responsabilidade pelo empréstimo de £ 1.400.000 contraído por Portugal em Londres, em outubro de 1823, devendo ainda pagar mais uma quantia de £ 600.000, em espécie, ao soberano português". Segundo Paulo Roberto de Almeida, "as obrigações externas do Brasil elevaram-se a mais de 5 milhões de esterlinos em 1825".⁶⁷

Em 1825, ocorreu uma reorganização na firma. Denis Moses Samuel retornou para a Inglaterra e, em Londres, assumiu a direção da Samuel & Phillips. Segundo Barman, o retorno de Denis Moses foi para assessorar Joshua Samuel e seu irmão James (Diogo) Samuel, e veio para o Brasil John Samuel, filho de Phineas Moses Samuel, outro irmão Samuel.⁶⁸

Além de agente financeiro e informante de Rothschild no Brasil, a firma Samuel Phillips continuou exercendo atividade comercial. Em 1826, por exemplo, apareceu o seguinte anúncio:

> 28/07/1826
> Entrarão hontem o Bergantim Inglez David Riehard [deve ser 'Richard'],
> de Londres em 61 dias (a); ...
> Alviçareiro-Mór
> Partes dadas no dia 27
> amarras, cobre em barris, e folhas, a Samuel Philipe...⁶⁹

---

66 Rothschil Archive. XI/38215 Boxe A. XI/38/215a/127001. GREENHILL, *op. cit.*, p. 41. Brant e Gameiro eram, respectivamente, Felisberto Caldeira Brant Pontes Oliveira e Horta (futuro Marquês de Barbacena) e o conselheiro Manoel Rodrigues Gameiro Pessoa (Visconde de Itabaiana). Segundo Paulo Roberto de Almeida, ambos "tinham sido designados por José Bonifácio de Andrade, em Setembro de 1822, como encarregados dos negócios estrangeiros do Brasil junto aos Reinos da Grã Bretanha e França". ALMEIDA, Paulo Roberto. *Formação da Diplomacia Econômica no Brasil: as relações Econômicas, Internacionais no Império.* São Paulo: Senac, 2001, p. 181 (nota 12).

67 ALMEIDA, *op. cit.*, p. 181. Sobre os empréstimos, a dívida e os debates políticos cf. CARREIRA, *op. cit.*, p. 119-132/165-17; ABREU, Marcelo de Paiva. A dívida pública externa do Brasil, 1824-1931. *Estudos Econômicos.* IPE-USP, 15, 2, mai.-ago., 1985, p. 167-189.

68 BARMAN, *op. cit.*, p. 41. Muito jovem, John Samuel recebeu a função de caixeiro em julho de 1826.

69 Alviçareiro-Mór. *Diário do Rio de Janeiro*, 20/07/1826.

Em outro anúncio, no mesmo ano de 1826, a firma fez leilão de armas, face avaria do Bergatim. Dizia o anúncio:

> Leilões
> 25. Leilão que fazem Samuel Phillipe & Comp., Terça feira 5 do corrente, pelas 10 horas da manhã, na porta da alfândega, por conta do seguro, de huma porção de armamento todo avariado com agoa salgada, vinda de Londres no Bergantim David Ricardo, o qual será feito pelo Porteiro do Commercio Alexandre José Rodrigues, as condições serão declaradas no acto do leilão.[70]

No contexto da concessão dos empréstimos, em 23 de novembro de 1826, ocorreu a assinatura do novo com a Grã-Bretanha, que foi ratificado em 13 de março de 1827.[71] Esse tratado, além de ratificar os privilégios dos produtos ingleses no mercado brasileiro e dos cidadãos ingleses, já concedidos pelos Tratados de 1810, um novo elemento entrou em cena: a extinção do tráfico negreiro após três anos da assinatura do novo tratado. A pressão inglesa contra o tráfico de "carne humana" levou a lei de 7 de novembro de 1831, com o seu regulamento em 12 de abril de 1832.[72]

No final da década de 1820, as relações entre a firma Samuel Phillips & Cia. e N. M. Rothschild começaram a "azedar". As cartas começaram a ser bastante sucintas, como a carta abaixo, sem maiores detalhes sobre os negócios.

---

70 Leilões, p. 11. *Diário do Rio de Janeiro*, 04/09/1826.

71 Cf. MANCHESTER, *op. cit.*; BETHELL, *op. cit.*; TAVARES, *op. cit.*; RODRIGUES, Jaime. *Propostas e experiências no final do tráfico de fricanos para o Brasil (1800-1850)*. Campinas: Editora da Unicamp, 2000.

72 A Lei de 07/11/1831, a Lei Feijó, ficou conhecida na historiografia como a "lei para inglês ver", face ao não cumprimento da mesma com a continuidade do comércio negreiro, que se tornou ilegal. Cf. BETHELL, *op. cit.*; CONRAD, *op. cit.* Novas leituras sobre a Lei Feijó vêm resgatando a sua importância e seu significado histórico. Cf. RODRIGUES, *op. cit.*; GRINBERG; Keyla e MAMIGONIAM, Beatriz Galloti (org.). Dossiê "Para inglês ver? Revisitando a Lei de 1831". Revista Estudos Afro-Ásiáticos (nº 1, 2 e 3), 2007.

Fonte: Rothschild Archive. XI/38215 Boxe A. XI/38/215a/187002

A tensão entre a firma Samuel Phillips & Cia. e N. M. Rothschild cresceu com as dificuldades do Estado Imperial em equilibrar as suas contas e, principalmente, em pagar os dividendos e juros dos empréstimos. A respeito dos serviços da dívida externa, mais a guerra da Cisplatina, "tinham absorvido 6,6 mil contos dos 7,2 mil contos lançados em circulação pelo Banco do Brasil".[73] O novo empréstimo de N. M. Rothschild em 1829 – Tabela 1 –, relacionado com os referidos pagamentos de juros e dividendos anteriores,[74] e os cortes efetuados no Orçamento pela Câmara dos Deputados, proporcionaram uma melhora da situação financeira do Império brasileiro em 1830, se comparada com o período 1828-1829. Entretanto, a crescente tensão política interna e externa, essa última relacionada com Portugal,[75] preocupava a firma no Brasil. Numa carta de 11 de julho de 1829, a firma Samuel Phillips & Cia. destacava a importância da normalidade em Portugal e as expectativas para a grande safra de café e açúcar, importantes itens da exportação do Brasil (e para as contas externas do Império):

---

73 NOGUEIRA, *op. cit.*, p. 322.

74 CARREIRA, *op. cit.*, p. 167-171. O empréstimo não foi muito favorável, pois, "deduzida a diferença do tipo (54) e das demais despesas como amortização, juros, comissões etc. do total contratado de 769.200 libras, apenas 86.213 libras foram disponibilizadas ao Brasil". NOGUEIRA, *op. cit.*, p. 326.

75 A morte de D. João VI em 1826, e a outorga da Carta Constitucional Portuguesa de 1826 feita pelo D. Pedro I, herdeiro do trono português, deixava cada vez mais claro a forte interferência do Império brasileiro nos assuntos do Reino de Portugal. Acirrava-se cada vez mais o conflito entre os irmãos D. Miguel e D. Pedro I.

> (...) We are very ansious for news of the conclusion of differences with Portugal & hope our new Empress (D. Maria II) will soon arrive, we are daily expecting large crop coffee and sugar, assuring you of our attention to your order will much repect...[76]

A piora das relações entre a firma Samuel Phillips & Cia. com N. M. Rothschild possibilitou compreender a crescente relação e importância da firma Leuzinger & Cia., como agente de Rothschild.[77] Com a abdicação de D. Pedro I em 1831, a firma Samuel Phillips & Cia. se tornou procuradora dos interesses de ex-imperador no Brasil, conforme carta:

> D. Pedro de Alcantara, ex-Imperador do Brasil e a Imperatriz pelo vosso presente Alvará de Procuração contituímos nossos bastantes procuradores aos Srs. Samuel, Phillips & Cia. para assinarem as escrituras de doação...[78]

Entretanto, a procuração de D. Pedro I à firma inglesa não fora bem vista por José Bonifácio, que tinha sido nomeado pelo ex-imperador como tutor do príncipe regente. Numa carta endereçada a D. Pedro I, José Bonifácio reclamava da aproximação desse com negociantes "inescrupulosos", como José Buschental, um negociante alsaciano, casado com a filha do barão de Sorocaba,[79] e que quebrou em 1832 na Praça do Rio de Janeiro.[80] Na carta, dizia José Bonifácio:

> Folgarei infinito que V. M. e toda a sua Augusta Família passem bem a noite. Senhor Samuel Fillipe me mostrou a procuração que V. M. lhe passou, que achei muito em regra, mas deu-me uma notícia que me

---

76 Rothschil Archive. XI/38215. Boxe B.034, p. 2.

77 BARMAN, *op. cit.*, p. 42.

78 Documento pertencente a Luiz Benyorsef, Diretor do Arquivo Histórico Judaico Brasileiro. Numa carta para N. M Rothschild, a Samuel Phillips & Cia. comunicava ao banqueiro inglês que tinha se constituído procurador do ex-imperador e relatava o novo governo regencial brasileiro. Rothschil Archive. XI/38215 Boxe B.087p. 0.

79 Boaventura Delfin Moreira, o Barão de Sorocaba, era veador da Casa Imperial e cunhado de Domitília de Castro e Canto Melo, a Marquesa de Santos, a amante mais famosa de D. Pedro I.

80 Vinte anos mais tarde, o mesmo José Buschental estava no Uruguai, e se constituiu num dos personagens mais importantes para a presença brasileira no Uruguai após 1850. Teve negócios com Irineu Evangelista de Souza, o Barão de Mauá, tanto no Uruguai como na Argentina.

afligiu. É que o célebre Buschental entra também neste negócio como Pilatos no credo. Como? E quer fiar-se V. M. em um maroto como tal reconhecido, amigo de seu maior inimigo? Pensa V. M. no que faz e não vá entregar nas mãos de um traste os seus interesses pecuniários. Beijo as mãos de V. M.[81]

SAMUEL PHILLIPS & CIA., PROCURADORA DE D. PEDRO I E CREDORA DO IMPÉRIO

Afastado José Bonifácio pela Regência, a firma Samuel Phillips & Cia. aproximou-se de Francisco Diogo Pereira de Vasconcelos, ministro da Fazenda em julho de 1831,[82] e irmão do liberal moderado Bernardo Pereira de Vasconcelos. Tal ligação política e de negócios fez com que a Samuel & Phillips de Londres substituísse N. M. Rothschild como principal agente financeiro do governo brasileiro em Londres. Numa carta de 24 de dezembro de 1831, a firma relatava a N. M. Rothschild o descontentamento do ministro da Fazenda brasileiro, a suspensão dele como agente financeiro em Londres e a continuação dos pagamentos dos dividendos dos empréstimos:

> We ought to communicate to you that in a Conference we had with the Minister of Finance Sr. Vasconcelos *he presented he felt exceedingly hurt that you did not treat the Brazilian Minister well* (grifo nosso), even so far even so far as to refuse taking his bills for trifling amounts. That hás made him, added to the following reasons, *suspended the government's transactions with you* (grifo nosso) & finding his fixed resolutions thereon if we did notaccept same to adopt some other measure, we thought it proper to accept of same, also alledging (alleging) the irregularity of your sending accounts ..., so much so that the Government are ignorant of the actual state of their funds in the hands of the contractor, withal its appears they intend to continue paying the dividends as usual

---

81 Arquivo Histórico do Museu Imperial códice II POB 8.4.1831, Sil.c.1-2. In: FRIDMAN, Fania. Judeus franceses no Rio de Janeiro oitocentista. In: VIDAL, Laurent Vidal e LUCA, Tania Regina de (Org.) *Franceses no Brasil. Séculos XIX-XX*. São Paulo: Editora da Unesp, 2009, p. 175-190. Agradeço à Profa. Fania Friedman pelas informações.

82 Irmão do líder da facção liberal moderada e, mais tarde, um dos líderes do Movimento Regressista, Bernardo Pereira de Vasconcelos, Francisco Diogo Pereira de Vasconcelos era formado em Direito pela Faculdade de São Paulo, e exerceu o cargo de Juiz de direito e de órfãos em Minas Gerais (de onde era natural), deputado provincial e geral, presidente das províncias de São Paulo e Minas Gerais, Ministro da Justiça e Senador. Cf. SISSON, S. A. *Galeria dos Brasileiros Ilustres*. Brasília: Senado Federal, 1999, 2 vols., p. 395-405.

and that positive orders went to all the Provinces, to make remittance and make efforts to do the same from hence.[83]

Importante destacar que, além de substituir N. M. Rothschild como agente financeiro, a Samuel Phillips de Londres se tornou responsável pela venda dos diamantes, corantes naturais, algodão (matéria-prima) e outras "commodities" brasileiras na Europa.[84]

Procuradora do ex-imperador do Brasil, agente financeiro do governo brasileiro em Londres e responsável pela vendas das principais commodities brasileiras na Europa, a firma Samuel Phillips & Cia. foi duramente questionada seja por N. M. Rothschild, seja por negociantes nacionais e estrangeiros na cidade do Rio de Janeiro.[85] Tais privilégios, possibilitaram o crescimento e atuação da firma em vários negócios como atestaram várias notícias comerciais nos periódicos editados no Rio de Janeiro. No caso de procuradores do ex-imperador, a Samuel Phillips & Cia. participou de negócios envolvendo venda de bens, tais como:

> Samuel Phillips e Comp., como procuradores gerais do ex-Imperador, pertendem afforar os terrenos e pedreiras pertencentes à chácara denominada do Elias, no Pedregulho, em leilão que há de fazer-se na mesma chácara em o dia 27 do corrente pelas 11 horas da manhã. Todas as pessoas que quiserem afforar os ditos terrenos podem ali comparecerem no dia e hora indicada.[86]

---

83 Rothschild Archive. XI/38215 Boxe B.107p0. Cf. BARMAN, *op. cit.*, p. 43.
84 BARMAN, *op. cit.*, p. 43.
85 *Idem*, p. 43-44.
86 Noticias Particulares. Jornal do Commercio. 25/02/1833, p. 4.

ORGANOGRAMA DA SAMUEL PHILLIPS & CIA.

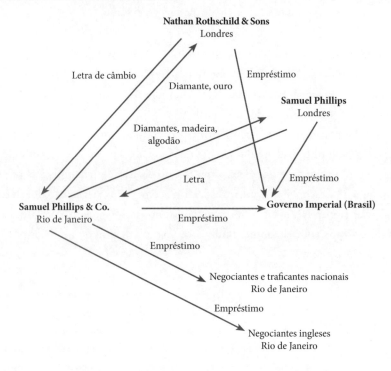

No comércio importador-exportador, a firma continuou importando produtos ingleses, e chamou atenção para a variedade de produtos, desde "aço", vidros e tecidos de algodão e linho até azeite e cerveja, como constou na carregação abaixo:

> Importação dos portos estrangeiros
> Manifestarão na alfândega em 4 de março – Escuna Ingleza Anna, de Londres, consig. Samuel Phillips e C.; 10 látas verniz; 2 barris carne; 10 caixas gêneros de [borrão]; [outro borrão – talvez "10"] fardos fazendas de linho; 12 ditos brins; 10 caixas velas; 211 barris cerveja; 600 ditos pólvora; 54 ditos enchofre; 1 caixa e 1 embrulho fazendas seda; 160 barris salitre; 4 caixas chapeos de sola; 1 dita gravatas; 1 dita molduras; 1 dita microscópios; 6 ditas lenços de seda; 2 ditas cassas; 21 ditas chapéos; 2 ditas chapeos de sol; 1 dita seidlitz; 1 dita carril; 11 ditas papel; 1 dita papel, obreia e lacre; 5 volumes machinas; 2 ditos vidros; 1 barrica louça; 2 caixas utencílios chimicos; 1 barril munições, ferramentas e preparos de mneração; 1 dito cinza de osso; 44 caixas correntes; 8 ditas ferragens; 13 ditas aço; 3 ditas latão; 1 dita chumbo; 12 ditas ferro fundido; 20 feixes; 6

rebolos e 38 barris tintas; 1 barril breu; 1 dito gis; 30 feixes ferro; 7 ditos chapas; 50 embrulhos cabos; 1 caixa papel para desenho; 2 ditas suspensórios; 2 ditas gêneros de livreiro; 1 dita pinturas, quadros e livros; 1 dita roupa feita; 8 ditas pelles de carneiro; 20 barris chumbo; 8 caixas óleo; 25 barricas sal; 2 caixas vitríolo; 1 dita espermacete; 1 barril sal de chumbo; 4 caixas e 4 barris drogas; 2 volumes filete [?]; 6 caixas fazendas de linho e algodão misturado; 18 ditas cobre; 463 fundos cobre; 1 caixa letras conhecimentos; 1 dita raízes e sementes; 5 ditas fazendas de algodão; 2 ditas pregos dourados para cadeiras; 5 barris obras de ferro; 10 caixas acido; 21 toneladas carvão; 31 caixas queijos; 1 dita livros; 50 ditas conservas; 1 dita medicamento; 1 garrafão azeite; 1 caixa chitas; 4 barris pregos de cobre; 1 caixa facto de criança.[87]

Outro negócio que a firma inglesa participou foi o financiamento do tráfico negreiro, ilegal com a lei de 1831.[88] Os maiores comerciantes e firmas nacionais, portuguesas, inglesas (Samuel Phillips & Cia.) e norte-americanas (Maxwell Wright & Cia.) na cidade do Rio de Janeiro, através de um abaixo assinado de 1840, em favor dos negociantes (traficantes de escravos) e assinantes da alfândega Antonio José Moreira Pinto, Jose Pereira da Rocha Paranhos (primo de José Maria da silva Paranhos, o Visconde do Rio Branco) e Manoel Pinto da Fonseca, demonstraram o interesse pelo negócio lucrativo do comércio negreiro atlântico.

> Affirmamos e attestamos mesmo. – (Assignados) …, Finnie irmãos e C., Samuel Phillips e C., …, Maxwell Wright e C., …, Miller Le Coq. e C., Joaquim José Pereira do Faro Filho, …, John Moore e C., …, Riédy Mantigneux e C., …, Carruthers e C., …, Diogo Birckhead, …, Guilherme Harrison e C., …, Eduardo Johnston, …, Seixas e C., …, Melitão Máximo de Sousa, …, Moon irmãos e C., …, Warre Rainsford e c., (…).[89]

---

87   Parte Comercial. Jornal do Commercio. 11/03/1836, p. 3
88   Cf. nota 70.
89   Jornal do Commercio, 13/01/1840. Em 15/09/1845, um novo abaixo assinado de 21 firmas inglesas, entre elas a Samuel Phillips & Cia., atestava a favor do negreiro Manoel Pinto da Fonseca. TAVARES; 1988,p. 132. A respeito da firma norte-americana Maxwell Wright & Cia. Cf. HORNE, Gerald. *O Sul mais distante: os Estados Unidos, o Brasil e o tráfico de escravos africanos*. Tradução de Berilo Vargas. São Paulo: Companhia das Letras, 2010.

No tocante a economia do período, sob impacto do fechamento do primeiro Banco do Brasil em 1829, a preocupação central constituiu-se na influência da circulação monetária sobre o câmbio. Predominando a leitura do pensamento econômico metalista (currency School) sobre os políticos, comerciantes e financistas, foi essa perspectiva que orientou os vários debates sobre a política econômica a ser implementada pelo governo regencial pós-1831.[90]

Tal foi o caso da Reforma Monetária de 8 de outubro de 1833, implementada pelo ministro da Fazenda Candido José de Araújo Viana (futuro Marquês de Sapucaí),[91] "com a modificação da paridade do mil-réis de $600 par 2$500, apesar de, como lembra calógeras, o mercado cotar a oitava de ouro de 22 quilates a 3$100. A nova paridade cambial correspondia a 43 2/10 d/mil réis, cerca de 20% acima da taxa praticada no mercado livre, que oscilava então em torno de 34 ½ d/mil réis (6,96 mil réis/libra)".[92]

O impacto da política econômica do governo fora bastante positivo macroeconomicamente entre os anos de 1833 a 1835 – cf. Tabela 2 (anexo). Consoante com Dênio Nogueira, tal política que fora beneficiada não só pela austeridade dos gastos públicos, como também pelo "aumento da receita fiscal, propiciado pela recuperação do comércio internacional e pelo elevado aporte das contribuições provinciais, permitiram a eliminação do déficit orçamentário, pela primeira vez na história do império".[93] A respeito da melhora das exportações na década de 1830, segundo Harber e Klein, essa se deveu ao aumento da "demanda norte-americana por café e o desinteresse dos britânicos em seu consumo, assim como a proteção de suas plantações no Caribe, foram os fatores responsáveis pela grande mudança no mercado durante a década de 1830. O comércio dos Estados Unidos com o Brasil duplicou em valores dolarizados entre a década de 1820 e a de 1830".[94]

---

90 PELAEZ, Carlos Manuel e SUZIGAN, Wilson. *História Monetária do Brasil*. Brasília: Ed. da UnB, 1981, *op. cit.*; NOGUEIRA, *op. cit.*; GUIMARÃES, Carlos Gabriel. *Banco, economia e poder no segundo Reinado: o caso da sociedade bancária Mauá, MacGregor & Cia., 1854-1866*. São Paulo, 1997. Tese (doutorado em História Econômica). USP. (capítulo 1); FONSECA, Pedro C. e MOLLO, Maria de L. R. *Metalistas x Papelistas: Origens Teóricas e Antecedentes do Debate entre Monetaristas e Desenvolvimentistas*. Texto nº 348. Brasília, UnB/FACE, jan. de 2011. http://vsites.unb.br/face/eco/textos/didaticos/WP%20348.pdf .

91 Bacharel em Direito pela Universidade de Coimbra (Portugal), juiz em Mariana (Minas Gerais), deputado na 1ª legislatura, ministro da Fazenda e da Justiça, senador e conselheiro de Estado. Foi professor do príncipe regente e futuro imperador D. Pedro II. Membro da facção política Áulica. SISSON, *op. cit.*, p. 145-154.

92 NOGUEIRA, *op. cit.*, p. 339.

93 *Idem*, 340.

94 HERBER and KLEIN, *op. cit.*, p. 242.

Entretanto, a partir de 1837, ocorreu uma virada. Após quatro anos de relativa estabilidade no câmbio, preços e nos déficits fiscais – Tabela 2 anexo, anos 1833/34 a 1836/37, a situação financeira piorou. As rebeliões provinciais, tais como a Farroupilha no Rio Grande do Sul (1835/45) e a Cabanagem no Pará (1835/40), além de contribuírem para uma menor redução nas contribuições fiscais das províncias, que caiu de 5,3 mil contos de 1835/36 para 2,5 mil contos para 1837/38, fizeram com que crescessem as despesas militares para a reação contra as ditas rebeliões. Como destacou Nogueira, face à depreciação no câmbio, medidas foram tomadas, tais como o resgate das moedas de cobre e autorização pela Assembleia Legislativa da "criação de um fundo, a ser gerido pela Caixa da Amortização, cujos recursos adviriam da colocação de títulos públicos no mercado".[95] Além disto, o ministro da fazenda Manoel Nascimento de Castro e Silva[96] teve que promover "um aumento dos impostos sobre as loterias, elevou-se a 100% a parcela dos direitos aduaneiros devido devida em ouro e estendeu-se a mesma exigência ao imposto de exportação (*a taxa de câmbio vigente no mercado*), enquanto não fosse atingida pelo câmbio a paridade de 43 2/10 d/mil-réis.[97]

Uma nova crise mundial em 1837, que repercutiu sobre as exportações brasileiras, diminuindo as receitas dos impostos, como o de exportação, e a reviravolta da política interna no Brasil, com a ascensão do movimento conservador-regressista, assumiu o ministério da Fazenda Miguel Calmon Du Pin e Almeida (Marquês de Abrantes).[98] Com a crescente depreciação do câmbio, que passou de 6,24 mil réis por libra em 1836/37 para 8,38 mil réis por libra em 1838-1839 – Tabela 2 (anexo), e sobre pressão da Assembleia Geral para que o governo resgatasse as moedas de cobre, o ministro restabeleceu o fundo de resgate criado pelo ministro Castro e Silva. Tal medida, segundo Nogueira, possibilitou "a queda de 7% do estoque de moeda, seguida por baixa equivalente no nível dos preços em 1839".[99]

---

95 NOGUEIRA, *op. cit.*, p. 344.
96 Representante do Ceará nas Cortes de Lisboa 1821-22, foi deputado geral em sete legislaturas, presidente de Província (Rio Grande do Norte), ministro da Fazenda (1834-1837) e senador.
97 NOGUEIRA, *op. cit.*, p. 344. Cf. CALÓGERA, Pandiá. *A Política Monetária do Brasil*. São Paulo: Companhia Editora Nacional, 1960.
98 Pertencente a poderoso família dos engenhos de açúcar do Recôncavo da Bahia, e bacharel em Direito pela Universidade de Coimbra, foi um importante aliado do ex-imperador D. Pedro I. Ligado ao movimento conservador-regressista, fora deputado, ministro em várias pastas (da Fazenda foi três vezes), presidente de província, senador, "embaixador" e conselheiro de Estado. Cf. SISSON, *op. cit.*, p. 99-106.
99 NOGUEIRA, *op. cit.*, p. 345.

A melhora da crise externa em 1838, possibilitou um aumento das exportações e melhora nas contribuições aduaneiras – Tabela 2 (anexo). Porém, o aumento das rebeliões internas, com a Sabinada na Bahia (1837-1838) e Balaiada no Maranhão (1838-1841), provocou um novo aumento das despesas militares em mais de 50% do ano de 1838 para 1839 e dos déficits fiscais – Tabela 2 (Anexo).

Diante de tais problemas, o ministro da fazenda suspendeu o serviço da dívida externa, "para aplicar os recursos, assim liberados, no resgate do cobre, como exigia a Assembleia", possibilitando, de certa forma, a estabilidade do câmbio – Tabela 2 (anexo).

Entretanto, as medidas tomadas pelo ministro da fazenda Miguel Calmon não foram suficientes. As continuidades das rebeliões, com crescentes gastos militares e déficits fiscais cada vez maiores, financiados, novamente, "por créditos extraordinários, cobertos com emissão de papel moeda", fizeram com que o governo imperial, através do decreto de 23/10/1838,[100] autorizasse os "Srs. José Marques Lisboa, Commendador da Ordem de Christo e da Real Ordem Belga, Encarregado de negócios do Brazil, e aos Srs. *Samuel Phillips de Londres, como seus agentes e em nome seu para levantar, na cidade de Londres, um empréstimo de £ 312.500* (grifo nosso) por conta do crédito garantido pelo acto legislativo (…)".[101]

Tal empréstimo, cujo montante foi superior ao solicitado – Tabela 1, e cujas condições de fechamento tipo 76, refletiu na desconfiança dos banqueiros para com o Brasil, e porque não dizer com relação à América Latina como um todo,[102] demonstrou o papel chave da firma Samuel Phillips nas finanças brasileiras no período analisado. No final de 1839, James Samuel retornou definitivamente para Londres, deixando a firma sob a responsabilidade de John Samuel.[103] Na década de 1840, a firma Samuel Phillips deixou de ser agente do governo brasileiro em Londres, sendo substituída pela firma Goldchsmidt, King and Thompson,[104] e tornou-se, novamente, agente do banco N. M. Rothschild, continuando com sua presença marcante no Brasil.

---

100 Copia 139 – Império do Brasil – Empréstimo de £ 312.500 para occorrer ao déficit dos ministérios da Fazenda marinha e Guerra. CARREIRA, *op. cit.*, p. 243-245.

101 *Idem*, p. 243.

102 PALAZZO-ALMEIDA, Carmen Lícia. A renegociação da dívida externa e os fatores condicionantes do empréstimo de consolidação de 1898. *História Econômica & História de Empresas*, II, I (1999), p. 14.

103 BARMAN, *op. cit.*, p. 44.

104 *Idem*, p. 45

CONSIDERAÇÕES FINAIS

Retomando as perguntas iniciais, e face ao andamento da pesquisa, podemos afirmar que a Samuel & Phillips, depois Samuel Phillips & Cia., constituiu-se numa *sociedade comercial familiar*, cuja propriedade familiar estava "inserida em uma densa rede de intercâmbio comercial e operando sob a proteção".[105] Nesse tipo de organização, na qual a *família* era fundamental, compreendemos a mesma a partir da definição de Michel Bertrand, ou seja, "como un vasto sistema de relaciones constrido según una doble lógica de linaje y de parentesco se impone como un marco dentro de lo qual se desarollan las relaciones sociales".[106]

Entretanto, como também destacou o próprio Bertrand, se a família não se constituiu no único instrumento operativo de uma determinada sociedade, o que possibilitou a estruturação social? Para o autor foi a *rede de sociabilidade*, onde indivíduos e grupos sociais se interagem, possibilitando identificar uma estrutura relacional.[107]

No caso específico da firma Samuel Phillips & Cia., a etnia judaica Ashkenazi constituiu na *estrutura da família e nos negócios*. Os casamentos entre as famílias judaicas inglesas, no caso entre as famílias Samuel e Phillips, como também dos Samuel com Cohen, fortaleceu a firma dos irmãos perante outras famílias, como foi o caso da Rothschild.[108] Neste sentido, concordamos com Frederick Barth, quando destacou que "os grupos étnicos são categorias atributivas e identificadoras empregadas pelos próprios atores; consequentemente, têm como característica organizar as interações entre as pessoas com toda divergência que possa existir".[109]

A auto-afirmação em ser judeu fortaleceu a firma comercial e seus negócios, mesmo atuando num mercado hegemonicamente católico e socialmente escravista, como era o Império Luso-Brasileiro, depois, o Império do Brasil. Com toda crítica à atuação das firmas no mudo

---

105 ARRIGH, Giovanni, BARR, Kenneth e HISAEDA, Shuji. A transformação da empresa capitalista. In: ARRIGH, Giovanni e SILVER, Beverly J. (Org.). *Caos e Governabilidade no moderno sistema mundial*. Tradução de Vera Ribeiro. Rio de Janeiro: Contraponto/Ed. UFRJ, 2001, p. 111-112.

106 BERTRAND, Michel. De la família a la red de sociabilidad. *Revista Mexicana de Sociologia*, vol. 61, nº 2, Abril-Junho de 1999, p. 118.

107 *Idem*, p. 124.

108 Nathan Rothschild casou com uma das filhas de Levi Barent Cohen, e foi ajudado por este na City financeira de Londres com as Guerras Napoleônicas. Cf. BEERBUHL, Margrit Schulte. Crossing the channel: Nathan Mayer Rothschild and his trade with the Continent during the early years of the blockades (1803–1808). http://www.rothschildarchive.org/ib/articles/AR2008Blockade.pdf .

109 BARTH, Frederick. Grupos étnicos e suas fronteiras. In: BARTH, Frederick Barth. *O Guru, o Iniciador e Outras Variações Antropológicas* (organização de Tomke Lask). Rio de Janeiro: Contra Capa Livraria, 2000, p. 27.

financeiro, associando-as à usura, a firma comercial Samuel Phillips & Cia. era reconhecida na praça mercantil do Rio de Janeiro e de Londres como um agente financeiro. Foi nesse setor, como também nas importações de produtos, que ela se destacou. Além dos negócios, os laços políticos com figuras importantes do governo, como a do próprio Imperador D. Pedro I, permitiram compreender o destaque da Samuel Phillips & Cia. durante o primeiro Reinado e na Regência.

Finalizando, a atuação de uma firma comercial inglesa no Império brasileiro da primeira metade do século XIX, não se constituiu numa ação do neocolonialismo ou de uma dependência. Devemos compreender que essa firma inglesa estava inserida numa sociedade escravista, como era a sociedade brasileira de então, e com toda "restrição" do mercado, houve espaço para inúmeros negócios, e entre esses estava o tráfico negreiro que era proibido pela Grã-Bretanha. A respeito da atuação das empresas, Maria Barbara Levi destacou que uma empresa não existe em si mesma. Ela faz parte de um todo, ou seja, de uma sociedade, e não se pode estudá-la,

> sem levar em conta as articulações recíprocas entre relações sociais e práticas empresariais. A empresa é parte de um sistema de instituições interatuantes na qual lhe cabe a produção de bens. Como parte interorgânica da sociedade, sua atuação repercute sobre a estrutura social na qual se desenvolve e é, por sua vez, influenciada por ela.[110]

---

[110] LEVY, Maria Barbara. *A Indústria do Rio de Janeiro através de suas Sociedades Anônimas. Esboço de História Empresarial.* Rio de Janeiro: EDUFRJ/Secretaria Municipal de Cultura do Rio de Janeiro, 1995, p. 27.

TABELA 2: POLÍTICA FISCAL, MONETÁRIA E CAMBIAL DO BRASIL, 1820-1850

ANO	Nº ÍNDICE (1822=100)		TAXA DE CÂMBIO (MIL RÉIS POR LIBRA) (3)	POLÍTICA FISCAL (MIL CONTOS)						DESPESA		
				RECEITA							DO QUAL	SALDO
	MEIO CIRCULANTE	PREÇOS		TOTAL	DIREITOS ADUANEIROS	DA QUAL		CONTRIBUIÇÃO PROVINCIAL	TOTAL	MILITAR	SERVIÇO DA DÍVIDA	
						IMPOSTO DE EXPORTAÇÃO						
1822	100	100	4,90	...	...	...		...	...	...	...	...
1823	108,7	95,0	4,71	3,8	1,8	0,5		2,8	4,7	3,1	–	-0,9
1824	123,9	98,0	4,97	5,8	2,4	0,5		2,8	9,6	3,4	0,4	-3,8
1825	129,3	121,2	4,63	4,5	2,4	0,6		1,5	8,4	3,3	1,9	-3,9
1826	145,7	187,9	4,97	4,2	2,4	0,6		1,2	9,4	4,2	1,4	-5,2
1827	234,8	200,7	6,81	6,6	2,4	0,9		3,2	11,8	4,6	2,0	-5,2
1828 (1)	–	–	–	4,6	2,0	0,3		2,2	10,7	5,8	–	-6,1
1828-1829	232,6 (2)	222,8	7,73	9,2	6,6	0,6		1,9	13,9	6,6	2,2	-4,7
1829-1830	222,8 (2)	279,7	9,75	15,6	6,3	1,3		8,0	18,2	8,0	3,2	-2,6
1830-1831	221,7 (2)	243,1	10,52	12,7	4,9	1,6		6,2	19,8	6,7	3,6	-7,1
1831-1832	280,4	240,5	9,60	10,4	3,7	0,7		5,3	12,8	5,3	3,3	-2,4
1832-1833	322,8	241,8	6,83	12,1	5,7 (4)	0,7		5,5	15,8	5,7	2,3	-3,7
1833-1834	327,2	235,2	6,42 (5)	11,5	6,2	0,7		4,4	11,5	4,7	2,2	–
1834-1835	333,7	234,5	6,27	12,3	6,4	0,7		5,2	12,9	4,7	2,1	-0,6
1835-1836	333,7	229,2	6,61	13,6	7,2	0,9		5,3	14,3	4,8	2,3	-0,7
1836-1837	365,2	255,0	6,24	13,3	7,9 (6)	2,3 (6)		2,5	14,0	4,9	2,1	-1,5

continuação – TABELA 2

ANO	Nº ÍNDICE (1822=100)		TAXA DE CÂMBIO (MIL RÉIS POR LIBRA) (3)	POLÍTICA FISCAL (MIL CONTOS)							
				RECEITA				DESPESA			SALDO
	MEIO CIRCULANTE	PREÇOS		TOTAL	DA QUAL		CONTRIBUIÇÃO PROVINCIAL	TOTAL	DO QUAL		
					DIREITOS ADUANEIROS	IMPOSTO DE EXPORTAÇÃO			MILITAR	SERVIÇO DA DÍVIDA	
1840-1841	435,9	398,4	7,74	18,1	12,1	3,0	2,0	22,8	11,1	2,9	-4,7
1841-1842	440,2	398,4	7,84	18,3	12,0	2,8	2,4	27,5	13,4	2,9	-9,2
1842-1843	478,3	375,5	8,95	17,8	11,1	2,9	2,6	29,1	13,4	3,3	-11,3
1843-1844	508,7	389,6	9,30	20,3	12,5	3,1	3,2	25,9	10,9	3,8	-5,6
1844-1845	528,3	390,1	9,30	24,0	14,8	3,5	4,4	25,5	10,8	4,0	-1,5
1845/-1846	554,3	397,1	9,43	25,5	15,8	4,1	4,3	24,2	9,9	4,0	+1,3
1846-1847	560,9	368,7	8,91 (7)	26,4	16,5	4,0	4,7	25,0	10,1	3,8	+1,4
1847-1848	546,7	349,2	8,57	24,0	14,2	4,1	4,2	25,0	9,8	3,7	-1,0
1848-1849	535,9	386,3	9,60	25,0	15,5	3,8	4,3	27,9	11,8	4,1	-2,9
1849-1850	529,3	344,9	9,27	26,7	17,4	3,8	3,9	28,6	11,6	4,0	-1,9

Obs: (1) Primeiro semestre de 1828. Em 1828, o governo imperial modificou o exercício fiscal, que passou a iniciar-se em julho. (2) Em virtude da proibição do Banco do Brasil de emitir moeda, a partir de 1827, até a sua liquidação em 1829, somente moedas de cobre foram emitidas e não incluídas nas estatísticas do meio circulante. (3) A taxa de câmbio da paridade oficial, de 1803 a 1833, era de 67 ½ d/mil-réis = 3$556/£. (4) Em 1833, *50% dos direitos aduaneiros passaram a ser arrecadados em ouro*, vale dizer, *a taxa de câmbio vigente no mercado*. (5) Em 1833, a paridade oficial do milréis foi depreciada de 67 ½ para 43 2/10 d/mil-réis = 5$556/£. (6) Em 1837, *a totalidade dos direitos aduaneiros passou a ser arrecadada em ouro*, assim como o imposto de exportação. (7) Em 1846, o governo depreciou novamente a paridade oficial para 27 d/mil-réis = 8$889/£.

Fonte: NOGUEIRA, Dênia. *Raízes de uma Nação*. Rio de Janeiro: Forense Universitária, 1988, p. 313, 332 e 333.

BIBLIOGRAFIA

A) FONTES PRIMÁRIAS

A.1) Fontes Manuscritas

1) ARQUIVO HISTÓRICO DO MUSEU IMPERIAL DE PETRÓPOLIS/RJ

Arquivo da Casa Imperial do Brasil (ARQUIVO DE PEDRO DE ORLEANS E BRAGANÇA – POB)

Maço CXXXI nº 6451 de 16/07/1862 – Exposição sobre a organização bancária no Brasil.

Maço CXXXII nº 6479 de 12/01/1863 – Barão de Mauá. Recibo de subscripção nacional a que recorreu D. Thereza Christina.

2) ARQUIVO HISTÓRICO DO MINISTÉRIO DAS OBRAS PÚBLICAS (LISBOA-PORTUGAL)

AHMOP. LONDON AND BRAZILIAN BANK LIMITED. Memorandum de Associação e Artigos de Associação. 1862.

AHMOP. LONDON AND BRAZILIAN BANK LIMITED. Instruções para a gerencia dos negocios das caixas filiaes do banco em Portugal. s.d.e.

AHMOP. LONDON BRAZILIAN AND MAUÁ BANK LIMITED. Memorandum de Associação e Artigos de Associação. Londres, s.e, 1865.

SALES, Alberto Jaqueri de. Diccionario Universal de Commercio. tradução e adaptação manuscrita do Dictionnaire de Commerce, de Jacques Savary de Brulons. 3 vols., s.e, 1813.

3) ARQUIVO NACIONAL DA TORRE DO TOMBO

ANTT: Ministério dos Negócios Estrangeiros. Livro 162. *Estrangeiros que tem caixeiro e feitores portugueses. S/d.*;

ANTT. Casa da Suplicação. Conservatória Estrangeira. Conservatória Britânica. Maço 5, Caixa 10, n° 8. *Autos de Summario a que se procedeo José Bento de Araújo, Feitor, Adm., e sócio do sudito e negociante britanico Guilherme Carruthers, 1832.*

ANTT. Arquivo Histórico do Ministério das Finanças. Testamentos. *Testamento de Manuel Pinto da Fonseca. 22/05/1854.* Livro 20. 2. XV-R-72 (32) 1854.

4) ARQUIVO NACIONAL DO RIO DE JANEIRO

AN. Cartório do 3° Ofício de Notas (antigo cartório do tabelião Fialho, depois Penafiel). Livro de Notas n° 213, período 10-05-1854 a 26-10-1854.

AN. Cartório do 3° Ofício de Notas. Livro do Registro Geral n° 13, período de 22-05-1854 a 08-05-1855.

AN. Livros das matrículas dos comerciantes, corretores, agentes de leilão trapicheiros e administradores de armazens de depósitos do Tribunal do Comércio da Capital do Império:

IC^2 57. Livro 1, Tomo I 1851-1855.

IC^2 40. Livro 1, Tomo II 1855-1863.

IC^3 9. Livro 1, Tomo IV 1868-1876.

AN. Livro de Códigos. Barão de Mauá.

AN. JUNTA COMERCIAL. London, Brazilian, and Mauá Bank Limited. Memorandum de Associação e Artigos de Associação. Livro 5, Registro n° 33. Londres, s.e., 1865.

AN. JUNTA DO COMÉRCIO, AGRICULTURA, FÁBRICAS E NAVEGAÇÃO. Pedido de Matrícula de Negociantes. Caixa 1162.

AN. MINISTÉRIO DA JUSTIÇA. Processos Comerciais do Juizo do Comércio, Falências, Concordatas e Liquidação de firmas Comerciais.

5) INSTITUTO HISTÓRICO E GEOGRÁFICO BRASILEIRO

IHGB. COLEÇÃO MAUÁ. Cartas e Correspondências do Visconde de Mauá com sócios e gerentes (1850-1875).

Lata 378 – Livro 2;

Lata 510 – Pastas 10-I e 10-II;

Lata 513 – Pastas 1-10;

Lata 513 – Pasta D. II;

Lata 514 – Pasta 7;

Lata 514 – Pasta 9;

Lata 514 – Documentos 10-I e 10-II;

Lata 515 – Pastas 7, 8, 11 e 12;

IHGB. TITULARES DO IMPÉRIO.

Lata 17 – Pasta 05. Visconde de Mauá.

6) BIBLIOTECA NACIONAL DE LISBOA

BNL. RESERVADOS. *Banco Mercantil do Rio de Janeiro*. Papéis da herança legada por D. Pedro I, a S. M. D. Maria II (1840-1843).

BNL. RESERVADOS. *Portarias das matrículas dos moradores da Casa Real. Moços, Fidalgos, Cavaleiros, Medicos*. 1789-1826.

A.2) Fontes Impressas

1) PUBLICAÇÕES OFICIAIS E RELATÓRIOS

Annaes do Senado do Imperio do Brasil. Quarto Anno da Décima Legislatura. Sessão de 1860, do 1º a 31 de julho, vol. III. Rio de Janeiro: Do Correio Mercantil de M. Barreto, Filhos & Vianna, 1860.

ARAUJO, José Thomaz Nabuco de. *Sociedades de Responsabilidade Limitada*. Projeto de lei do Ministério da Justiça. 1865.

BANCO MAUÁ & CIA. *Relatório da Gerência da casa filial do Banco Mauá de Campinas -1867/1871*.

BANCO MAUÁ & CIA. *Relatório da liquidação da extinta Sociedade Bancária Mauá, MacGregor & Cia. e da marcha da nova sociedade Mauá & Cia. nos três annos sociais apresentados aos respectivos comanditários a 14 de fevereiro de 1870, pelo sócio solidário Barão de Mauá.* Rio de Janeiro: Typ. de Lourenço Winter, 1870.

BANCO DO BRASIL. *Relação dos Acionistas do Banco do Brasil.* 1857.

_____. *Relatório apresentado á Assembléa geral dos Accionistas do Banco do Brasil na sua reunião de 1855 pelo Vice-Presidente do Banco Visconde do Rio Bonito.* Rio de Janeiro: Typ. e Imp. de Jacques Villeneuve e C., 1855.

_____. *Relatório apresentado á Assembléa Geral dos Accionistas do Banco do Brasil na sua reunião de 1856 pelo seu Presidente Visconde de Itaborahy.* Rio de Janeiro: Typographia Nacional, 1856.

_____. *Relatório apresentado á Assembléa Geral dos Accionistas do Banco do Brasil na sua reunião de 1857 pelo Director, servindo de Presidente, Francisco Xavier Pereira.* Rio de Taneiro, Typographia Nacional, 1857.

_____. *Relatório apresentado á Assembléa Geral dos Accionistas do Banco do Brasil na sua reunião de 1858, pelo Director, servindo de Presidente, Jeronimo José de Mesquita,.* Rio de Janeiro: Typographia Nacional, 1858.

_____. *Relatorio apresentado á Assembléa Geral dos Accionistas do Banco do Brasil na sua reunião de 1861 pelo seu Vice-Presidente José Pedro Dias de Carvalho.* Rio de Janeiro: Typ. de Francisco de Paula Brito, 1861.

BRASIL. Código Comercial do Império do Brasil. Annotado com toda a legislação do paiz que lhe é referente... por Sallustiano Orlando de Araujo Costa, 2ª ed. Rio de Janeiro: Eduardo & Henrique Laemmert, 1869.

BRASIL. Commissão de Inquérito sobre as causas da crise na praça do Rio de Janeiro. *Relatório da commissão encarregada pelo governo imperial por avisos do 1º de outubro a 28 de dezembro de 1864 de proceder a um inquérito sobre as causas principaes e acidentaes da crise do mes de outubro de 1864.* Rio de Janeiro: Typographia Nacional, 1865.

BRASIL. Commissão de Inquerito sobre o meio circulante. *Relatorio da Commissão de Inquerito nomeada por aviso do ministerio da Fazenda de 10 de ortubro de 1859.* s.n.t. 3 vols. em 1.

BRASIL. Congresso Nacional. *Annaes do Parlamento Brasileiro.* Rio de Janeiro: Imprensa Nacional, 1850-1866.

BRASIL. Conselho de Estado. *Consultas da Secção de Fazenda do Conselho de Estado.* vols. 3,4 e 5. Rio de Janeiro: Typographia Nacional, 1850-1866.

BRASIL. Fundação Instituto Brasileiro de Geografia e Estatística. *Séries estatísticas retrospectivas.* Rio de Janeiro: IBGE, 1987, 4 vols.

BRASIL. Leis, decretos, etc. *Colleção das Leis do Império do Brasil.* Rio de Janeiro: Imprensa Nacional, 1823-1870.

BRASIL. Ministério da Educação e Cultura. *Anuário do Museu Imperial,* vol. XVI. Petrópolis, 1955.

BRASIL. Ministério da Fazenda. *Relatório dos Ministros da Fazenda.* Rio de Janeiro: Typographia Nacional, 1846-1870.

_____. *Legislação sobre Papel-Moeda.* Rio de Janeiro: Imprensa Nacional, 1923.

BRASIL. Ministério da Justiça e Negócios Interiores. *Registro de Estrangeiros 1823-1830.* Rio de Janeiro: Arquivo Nacional, 1961.

_____. *Registro de Estrangeiros 1831-1839.* Rio de Janeiro: Arquivo Nacional, 1962.

BRASIL. Ministério do Trabalho, Indústria e Comércio. *Sociedades Mercantis autorizadas a funcionar no Brasil (1808-1946).* Rio de Janeiro: Imprensa Nacional, 1946.

BRASIL. *O Imperio do Brazil na Exposição Universal de 1873 em Vienna d'Austria.* Rio de Janeiro: Typografia Nacional, 1873.

BRASIL. Senado. *Annaes.* 1850-1870.

BRASIL. Senado Federal. *Atas do Conselho de Estado.* Brasília, Senado Federal, 1973-1978. 13 vols.

PORTUGAL. Codigo Commercial Portugues. Lisboa: Imprensa Nacional, 1833.

Questão entre Mauá, MacGregor & Cia. e os administradores da massa falida de Antonio José Dias Ribeiro.

Questão entre Mauá, MacGregor & Cia. e os administradores da massa falida de Astley Wilson & Cia.

SOCIEDADE BANCARIA MAUÁ, MACGREGOR & CIA. *Contrato Social*. Rio de Janeiro: Typ. de Brito e Braga, 1854.

TORRES HOMEM, Francisco Salles. *Sociedades em Commanditas e bancos de circulação. Discurso proferidos na Camara dos Senhores Deputados nas sessões de 5 e 6 de Agosto*. Rio de Janeiro: 1857. s.e.

2) ALMANAQUES E PERIÓDICOS

BN. *Almanack Administrativo, Mercantil e Industrial do Rio de Janeiro (Almanack Laemmert)*. Rio de Janeiro: Typographia Universal de Laemmert 1850-1870.

BNL. *Almanach de Lisboa*. Lisboa: Academia Real de Ciência. Anos 1795,1802, 1807, 1812, 1814, 1817, 1820, 1823.

BNL. *Almanaque de Portugal*. Anos 1855 e 1856.

BN. *Almanack dos Negociantes do ImpErio*. Rio de Janeiro: Planccher-Seignot, 1827, 1829-1842.

BNL. *Almanaque EstatIstico de Lisboa*. Anos 1838, 1839, 1840, 1841, 1843 e 1851.

BN. *Correio Mercantil*. Rio de Janeiro, 1850-1866.

BN. *Diário Oficial do Império*. Rio de Janeiro, 1860-1870.

BN. Jornal do Commercio. Rio de Janeiro, 1850-1870.

IHGB. *Revista Trimensal do Instituto Histórico e Geographico e Ethnographico do Brasil fundadao no Rio de Janeiro debaixo da immediata protecção de S.M.I. o Sr. D. Pedro II*. Tomo XXXIII, Parte Primeira. Rio de Janeiro: B. L. Garnier, 1870.

IHGB. *Revista do Instituto Histórico e Geográfico Brasileiro*. Tomo LXII, 2ª parte, 1903.

Revista Contemporânea de Portugal e Brazil, Terceiro ano, 1861. Lisboa: Escriptorio da Revista Contemporanea, 1861.

3) BIBLIOGRAFIAS E DICIONÁRIOS

BLAKE, Augusto Vitorino Alves Sacramento. *Dicionário Bibliográfico Brasileiro*. Rio de Janeiro: Typographia Nacional, 1883-1892, 7 vols.

GRANDE ENCICLOPÉDIA PORTUGUESA E BRASILEIRA, 40 vols. Lisboa/Rio de Janeiro: Ed. Enc. Ltda, s.d.

MACEDO SOARES, Antonio Joaquim. *Nobiliarquia fluminense. Genealogia das principais e mais antigas famílias da Corte e província do Rio de Janeiro*. Niterói, 1948, 2 vols.

NAVITZ, Herruman. *Mapa Comercial da Cidade do Rio de Janeiro. Centro Comercial até a praça da Constituição*. Rio de Janeiro: 1868.

RHEINGANTZ, Carlos G. *Titulares do Império*. Rio de Janeiro: Min. da Justiça/Arquivo Nacional, 1960.

SILVA, Inocêncio F. da. *Dicionário Bibliográfico Português*, vol. I-XXIII. Lisboa: Imprensa Nacional, 1972.

SISSON, Sebastião A. *Galeria dos brasileiros ilustres*, 2ª ed. Rio de Janeiro: 1940, 2 vols.

VASCONCELOS, Barão de (org.). *Archivo Nobiliarchico Brasileiro*. Lausanne: Imp. La Concorde, 1918.

4) LIVROS

ALENCAR, José de. *Melhores Crônicas*. Direção de Edla van Steen; seleção de José Roberto de Farias. São Paulo: Global, 2003.

AVÉ-LALLEMANT, Robert. *Viagem pela província do Rio Grande do Sul (1858)*. Trad. Teodoro Cabral. Belo Horizonte: Ed. Itatiaia/USP, 1980.

Authentic Memoirs, Biographical, Critical and Literary of the most eminent phisicians and surgeons of Great Britain, 2ª ed. Londres: Printed Sherwood, Neely and Jones, and J. Walker, 1818

JOÃO BAPTISTA MOREIRA, Barão de Moreira. *Esboço bibliográfico* por José Feliciano de Castilho Barreto e Noronha. Rio de Janeiro: Typographia Universal de Laemmert, 1862.

BESOUCHET, Lidia (org.). *Correspondência Política de Mauá no Rio da Prata (1850-1885)*. 2ªed. São Paulo: Companhia Editora Nacional, 1977.

CALÓGERAS, João Pandiá. *A Política Monetária do Brasil*. São Paulo: Companhia Editora Nacional, 1960. (a primeira edição é de 1910).

CAMPOS, Conselheiro Carlos Carneiro de. *A Crise Commercial de Setembro de 1864, seguida de actos do Ministério da Fazenda que lhe são relativos*. Rio de Janeiro. Rio de Janeiro: Typogrphia Nacionak, 1865.

CARREIRA, Liberato de Castro. *História Financeira e Orçamentária do Império do Brasil*. Tomo I e II, 2ª ed. Brasília: Senado Federal; Rio de Janeiro:Casa de Rui Barbosa, 1980. (a primeira edição é de 1889).

CAVALCANTI, Amaro. *O meio circulante nacional (1808-1835)*. 1º vol., 2ª ed. Brasília: UnB, 1983 (a primeira edição é de 1893).

_____. *O meio circulante nacional. Resenha e compilação chronologica de legislação e factos (1838-1866)*. 2º vol. Rio de Janeiro: Imprensa Nacional, 1893.

_____. *Resenha financeira do ex-império do Brasil em 1889*. Rio de Janeiro: Imprensa Nacional, 1890.

DEBRET, Jean Baptiste. *Viagem Pitoresca e História do Brasil*. Trad. de Sérgio Milliet, São Paulo: Ed. Martins/USP, 1972. 2vols.

FIGUEIREDO, J. de Souza. *O crédito e os bancos*. Rio de Janeiro: B. L. Garnier, 1865.

GILBART, James Willian. *Tractado Practico dos Bancos*. Tomo I, II e III. Trad. pelo Dr. Luiz Joaquim de Oliveira e Castro. Rio de Janeiro: Liv. de B. L. Garnier Ed., 1859.

LUCCOK, John. *Notas sobre o Rio de Janeiro e partes meridionais do Brasil*. Belo Horizonte: Itatiaia; São Paulo: Edusp, 1975.

MAUÁ, Irineu Evangelista de Souza, Visconde de. *Autobiografia. Exposição aos credores e ao público seguido de o meio circulante no Brasil*. Rio de Janeiro: Ed. Valverde, 1942.

SILVA, Antonio de Moraes. *Diccionário da Lingua Portugueza*. Tomo I A-E, 4ª ed. Rio de Janeiro: Imprensão Régia, 1831.

SAINT-HILARIE, Auguste. *Viagem ao Rio Grande do Sul*. Trad. Leonam A. Pena. Belo Horizonte: Itatiaia; São Paulo: Edusp, 1981.

SERZEDELLO JR., A. J. Pereira. *Os Bancos e os principios que regem a emissão e a circulação de notas.* Lisboa: Imprensa Nacional, 1864.

SOARES, Sebatião Ferreira. *Notas Estatísticas sobre a Produção Agrícola e Carestia dos Gêneros Alimentícios no Império do Brasil*, 2ª ed. Rio de Janeiro: IPEA/INPEC, 1977.

_____. *Esboço ou primeiros traços da crise commercial da cidade do Rio de Janeiro em 10 de setembro de 1864.* Rio de Janeiro: Ed. Laemmert, 1865.

SOUZA FRANCO, Bernardo de. *Os bancos do Brasil; sua história, defeitos da organização e reforma do sistema bancário*, 2ª ed. Brasília: UnB, 1984. (1ª ed, 1848).

VEIGA, Dídimo da. *Codigo Commercial commentado e posto a par da Doutrina, Legislação e jurisprudencia moderna.* 2º vol. Rio de Janeiro: Laemmert & C., 1901.

VIANNA, Pedro Antonio. *A crise commercial do Rio de Janeiro em 1864.* Rio de Janeiro: B. L. Garnier, 1864.

WERNECK, L. P. de Lacerda. *Estudos sobre o crédito rural e hipotecário.* Rio de Janeiro: Garnier, 1857.

WILSON, James. *Capital, Circulação e Bancos.* Rio de Janeiro: Liv. de B. L. Garnier, 1860.

B) FONTES SECUNDÁRIAS

B.1) Teses e Dissertações Universitárias

AIDAR, Bruno. *A tessitura do fisco: a política ilustrada de D. Rodrigo de Souza Coutinho e a administração fiscal da capitania de São Paulo, 1797-1803.* Campinas, 2007. Dissertação (mestrado em História Econômica. Unicamp – Instituto de Economia.

ALMICO, Rita de Cássia. *Dívida e Obrigação: as relações de crédito em Minas Gerais, séculos XIX e XX.* Niterói, 2009. Tese (doutorado em História). Universidade Federal Fluminense/PPGH.

ANDRADE, Ana Maria Ribeiro de. *1864: coflito entre metalistas e pluralistas.* 1987. Dissertação (mestrado em História). Universidade Federal do Rio de Janeiro.

ANDRADE, Rômulo Garcia de. *Burocracia e economia na primeira metade do século XIX.* Niterói, 1980. Dissertação (mestrado em História). Universidade Federal Fluminense.

BERUTE, Gabriel Santos. *Atividades Mercantis do Rio Grande de São Pedro: negócios, mercadorias e agentes mercantis (1808-1850)*. Porto Alegre, 2011. Tese (doutorado em História). Universidade Federal do Rio Grande do Sul.

CADENA, Paulo H. F. *Ou há de ser Cavalcanti, ou há de ser cavalgado: trajetórias políticas dos Cavalcanti de Albuquerque (1801-1844)*. Recife, 2011. Dissertação (mestrado em História). Universidade Federal de Pernambuco – PPGH.

COSER, Ivo. *O Pensamento Político do Visconde do Uruguai e o debate entre Centralização e Federalismo no Brasil (1822-1860)*. Rio de Janeiro, 2006. Tese (doutorado em Ciência Política). IUPERJ.

ESCOTESGUY FILHO, José Carlos. *Tráfico de Escravos e Direção Saquarema no Senado do Império*. Niterói, 2010. Dissertação (mestrado em História). PPGH/UFF.

ESTEFANES, Bruno Fabris. *Conciliar o Império: Honório Hermeto Carneiro Leão, os partidos e a política de conciliação no Brasil Monárquico (1842-1856)*. São Paulo, 2010. Dissertação (mestrado em História Social). USP/FFLCH.

FERREIRA, Marieta de M. *A Crise dos comissários de café do Rio de Janeiro*. Niterói, 1977. Dissertação (mestrado em História). Universidade Federal Fluminense.

FERREIRA, Roquinaldo Amaral. *Dos Sertões ao Atlântico: Tráfico Ilegal e Escravos e Comércio Lícito em Angola, 1830-1860*. Rio de Janeiro, 1ª versão revisada. Dissertação (mestrado em História Social), Universidade Federal do Rio de Janeiro, PPGHIS.

GAMBI, Thiago Fontelas Rosado. *O banco da Ordem: política e finanças no Império Brasileiro (1853-1866)*. São Paulo, 2010. Tese (doutorado em História Econômica). Universidade de São Paulo/FFCLH.

GIL, Tiago Luis. *Coisas do caminho: Tropeiros e seus negócios do Viamão à Sorocaba (1780-1810)*. Rio de Janeiro, 2009. Tese (doutorado em História). Universidade Federal do Rio de Janeiro/PPGHIS.

GRAÇA FILHO, Afonso de Alencastro. *Os convênios da carestia: crises, organização e investimentos do comércio de subsistência da Corte*. Rio de Janeiro, 1991. Dissertação (mestrado em História). Universidade Federal do Rio de Janeiro.

HARLEY, Anne Gerard. *Capital Market in the coffee economy: Financial Institutions and Economic Change in São Paulo, Brazil, 1850-1905.* Stanford, 1995. Thesis fordegree of Doctor Philosophy (Economic History). Stanford University.

KARASH, Mary. *The Brazilian Slavers and the Illegal Slave Trade, 1836-1851.* Madison, University of Wisconsin, 1967 (Dissertação de mestrado inédita).

KUNIOSHI, Márcia Naomi. *Crédito, Negócios e Acumulação. Rio de Janeiro, 1844-1857.* São Paulo, 2001. Tese (doutorado em História Econômica). Universidade de São Paulo/FFLCH.

LOPES, Walter de Mattos. *A Real Junta do Commercio, Agricultura, fábricas e navegação deste Estado do Brasil e seus domínios ultramarinos: um tribunal de Antigo Regime na Corte de D. João (1808-1821).* Niterói, 2009. Dissertação (mestrado em História) – Universidade Federal Fluminense – PPGH.

MATA, Maria Eugénia de Almeida. *As Finanças Públicas Portuguesas da Regeneração à Primeira Guerra Mundial.* Lisboa, 1985. Tese (doutorado em Economia). Instituto Superior de Economia da Universidade Técnica da Lisboa

MEDEIROS, Vera B Alarcón. *Incompreensível colosso – A Amazônia no início do Segundo Reinado (1840-1850).* Barcelona, 2006. Tese (doutorado em História). Faculdade de Geografia e História da Universidade de Barcelona.

MEDRADO, Lilia Inês Zanotti de. *A livre navegação dos rios Paraná e Uruguai: uma análise do comércio entre o Império Brasileiro 1852-1889.* São Paulo, 1980. Tese (doutorado em História/FFLCH). Universidade de São Paulo.

MIRANDA, Marcia Eckert. *A estalagem e o Império: crise do Antigo Regime, Fiscalidade e Fronteira na Província de São Pedro (1808-1831).* Campinas, 2006. Tese (doutorado em Economia Aplicada). Unicamp – Instituto de Economia

MOMESSO, Beatriz Piva. *Indústria e Trabalho no século XIX: o Estabelecimento de Fundição e Máquinas de Ponta D'Areia.* Niterói, 2007. Dissertação (mestrado em História). Universidade Federal Fluminense-PPGH

MORAIS, Maria Luiza L. de Paiva Melo. *A atuação da firma Theodor Wille & Cia. no mercado cafeeiro do Brasil 1844-1918.* São Paulo, 1988. Tese (doutorado em História Econômica/FFLCH). Universidade de São Paulo.

OLIVEIRA, Geraldo de Beauclair Mendes de. *A Construção da Economia Nacional (1822-1860)*. Niterói, 1993. Tese (Professor Titular de História Moderna e Contemporânea). Universidade Federal Fluminense.

OSÓRIO, Helen. *Estancieiros, lavradores e comerciantes na constituição da estremadura portuguesa na América. Rio Grande de São Pedro, 1737-1822*. Niterói, 1999. Tese (doutorado em História). Universidade Federal Fluminense – PPGH

PARGA, Eduardo Antonio Lucas. *Entre fazendas, secos e molhados: o pequeno comércio na cidade do Rio de Janeiro (1850-1875)*. Niterói, 1996. Dissertação (mestrado em História). Universidade Federal Fluminense.

PEDREIRA, Jorge Miguel Viana. *Os Homens de Negócio da Praça de Lisboa de Pombal ao Vintismo (1755-1822). Diferenciação, Reprodução e Identificação de um grupo social*. Lisboa, 1995. Tese (doutorado em Sociologia e Economia Históricas). Universidade Nova de Lisboa.

PESAVENTO, Fábio. *Um pouco antes da Corte: a economia do Rio de Janeiro na segunda metade do Setecentos*. 2009. Tese (doutorado em Economia). Universidade Federal Fluminense/ Faculdade Economia.

PETRATTI, Palmira. *A instituição da The São Paulo (Brazilian) Railway Limited*. São Paulo, 1977. Dissertação (mestrado em História/FFLCH). Universidade de São Paulo.

PIÑEIRO, Theo Lobarinhas. *Os Simples Comissários: Negócios e Política no Brasil Império*. Niterói, 2002. Tese (doutorado em História). Universidade Federal Fluminense.

RIBEIRO, Waldir de Vita. *O Banco Mauá no Uruguai*. Niterói, 1977. Dissertação (mestrado em História). Universidade Federal Fluminense.

RYAN JR, Joseph Lames. *Credit where credit is due: Lending and Borrowing in Rio de Janeiro, 1820-1900*. Los Angeles, 2007. Tesis of Doctorate (Economic History). UCLA.

SAÉZ, Hernán Enrique Lara. *Nas asas de Dédalo. Um estudo sobre o meio circulante no Brasil entre os anos de 1840 a 1953*. São Paulo, 2008. Dissertação (mestrado em História Econômica). USP-FFLCH.

SANTOS, Nívia Pombo Cirne dos. *Dom Rodrigo de Sousa Coutinho: Pensamento e Ação Político-Administrativa no Império Português*. Niterói, 2006. Dissertação (Mestra do em História). Universidade Federal Fluminense.

SANTOS, Raphael. *"Devo que pagarei": sociedade, mercado e práticas creditícias na comarca do Rio das Velhas – 1713-1773*. Belo Horizonte, 2005. Dissertação (mestrado em História). UFMG/FAFICH.

SILVA, Claudia Christina Machado e. *Escravidão e grande lavoura: o debate Parlamentar sobre a Lei de Terras (1842-1854)*. Curitiba, 2006. Dissertação (mestrado em História). UFPR.

SILVA, Weder Ferreira da. *Colonização, política e negócios: Teófilo Bendito Ottoni e a trajetória da Cia do Mucuri (1847-1863)*. Outro Preto, 2009 (mestrado em História). Universidade Federal de Ouro Preto

SIQUEIRA, José Jorge. *Contribuição ao estudo da transição do escravismo colonial para o capitalismo urbano-industrial no Rio de Janeiro: a Cia. Luz Steárica (1854-1898)*. 1984. Dissertação (mestrado em História). Universidade Federal Fluminense.

TEIXEIRA, Arilda Magna Campanharo Teixeira. *Determinantes e Armadilhas da política monetária brasileira no II Império*. 1991. Dissertação (mestrado em Economia). Universidade Federal Fluminense, Faculdade de Economia.

VARGAS, Jonas Moreira. *Pelas Margens do Império. Poder Político, riqueza e estratégias familiares na elite charqueadora de Pelotas (1850-1890)*. Material de qualificação de doutorado-PPGHIS-UFRJ, 2011

VIEIRA, Rubenita. *O Tribunal do Comércio: Modernização e Imobilismo (1851-1889)*. 1985. Dissertação (mestrado em História). Universidade Federal do Rio de Janeiro.

VILLELA, André Arruda. *The Political Economy of money and Banking in Imperial Brazil, 1850-1870*. 1999. Thesis of Doctor Philosophy (Economic History). London School of Economics and Political Science.

ZILIOTTO, Guilherme Antonio. *Dívida Pública Brasileira (1822-2004)- sua História e os efeitos sobre o crescimento econômico*. Araraquara, 2006. Dissertação (mestrado em Economia). Unesp/FCLAR.

B.2) Livros e Obras Gerais

ABREU, Marcelo de Paiva. *Dívida pública externa do Brasil*, 1824-1931. Estudos Econômicos, vol. 15, n° 2, 1985.

_____. *Brasil, 1824-1957: Bom ou mau pagador?* Rio de Janeiro: PUC/RJ, 1999. (Texto Para Discussão n° 403).

ABREU, Marcelo de Paiva e LAGO, Luiz Aranha Correa do. *A economia brasileira no Império 1822 1889*. Rio de Janeiro: PUC. (Texto para Discussão n° 584). http://www.econ.puc-rio.br/pdf/td584.pdf

ADAM, John H. *Longman dictionary of business English*, 2ª ed. Great Britain: Longman/York Press, 1989.

AGUIAR, Manoel Pinto. *Bancos no Brasil colonial*. Bahia: Sind. dos Estabelecimentos Bancários, 1960.

ARRUDA, José Jobson de A. "A produção econômica" e "A circulação, as Finanças e as flutuações econômicas" In SILVA, Maria Beatriz Nizza da (coord.). *O Império Luso-Brasileiro 1750-1822*. Lisboa: Editorial Estampa, 1986.

_____. "História e Crítica da História Econômica Quantitativa". *Separata da Revista de História*, n° 110. São Paulo, USP, 1977.

ALVISI, Edson. *Tribunal do Comércio – magistrados e negociantes na Corte do Império do Brasil*. Rio de Janeiro: Livraria Jurídica do RJ, 2009

ANDRADA, Antônio Carlos R. de. *Bancos emissionistas no Brasil*. Rio de Janeiro: Ed. Liv. Leite Ribeiro, 1923.

ASHTON, T. S. *A Revolução Industrial 1760-1830*, 5ª ed. Portugal: Publicação Europa-América, s.d. (Coleção Saber n° 92).

BACHA, Edmar e GREENHILL, R. *Marcelino Martins & Edward Johston. 150 anos de Café*, 2ª ed. revista. Rio de Janeiro: Slamandra Cons. Ed. S/A, 1992.

BARATA, Alexandre Mansur. *Maçonaria, sociabilidade ilustrada e Independência, 1790-1822*. Juiz de Fora: Ed. da UFJF; São Paulo: AnaBlume, 2006.

BARMAN, Roderick J. "Business and government in Imperial Brazil: the experiense of Viscount Mauá". *Journal of Latin American Studies*, vol. 13, part 2, November 1981.

BARRAN, José Pedro. *Apogeo y crisis del uruguay pastoril y caudilhesco 1839-1875*. Tomo IV. Montevideo: Ed. de la Banda Oriental, 1994.

BATISTA JR., Paulo Nogueira. Política Tarifária britânica e evolução das exportações brasileiras na primeira metade do século XIX. *Revista Brasileira de Economia*, Rio de Janeiro, 34 (2): 203-239, abr./jun. 1980

BEAUD, Michel. *História do capitalismo de 1500 até os nossos dias*. São Paulo: Brasiliense, 1987.

BELCHIOR, Elysio de O. *Visconde de Cairu Vida e Obra*, 2ª ed. Rio de Janeiro: Confederação Nacional do Comércio, 2000.

BENTIVOGLIO, Julio. Elaboração e aprovação do Código Comercial Brasileiro de 1850: debates parlamentares e conjuntura econômica (1840-1850). http://www2.tjrs.jus.br/institu/memorial/RevistaJH/.../3_Julio_Bentivoglio.pdf._____. A Facção Áulica e vida política no início do Segundo Reinado (1840-1850). http://anpuhsp.org.br/downloads/CD%20XVII/ST%20XX/Julio%20Bentivoglio.pdf.

BERTRAND, Michel. De la familia a la red de sociabilidad. *Revista Mexicana de Sociología*, n°61, abril-junio, 1999, México, p. 107-135.

_____. Del actor a la red: análisis de redes e interdisciplinaridad. *Nuevo Mundo Mundos Nuevos*. [En línea], Coloquios, 2009, Puesto en línea el 12 novembre 2009. URL http://nuevomundo.revues.org/index57505.html.

BESOUSHET, Lidia. *Mauá e seu tempo*, 2ª ed. Rio de Janeiro: Nova Fronteira, 1978.

BETHELL, Leslie. *A Abolição do comércio brasileiro de escravos*. Tradução de Luís A. P. Souto Maior. Brasília: Senado Federal/Conselho Editorial, 2002.

BEVIR, Mark and TRENTMANN, Frank (eds.). *Markets in Historical contexts: ideas and politics in the Modern World*. Cambridge: Cambridge University Press, 2004.

BOBBIO, Norberto *et al*. *Dicionário de Política*. Brasília: UnB, 1986.

BORN, Karl Erich. *International Banking in the 19th and 20th Century*. Great Britain: Berg Publishers Lim., 1984.

BOTTOMORE, Tom (org.). *Dicionário do pensamento marxista*. Rio de Janeiro: Zahar, 1988.

BOUVIER, Jean. A economia: as crises econômicas. In: LE GOFF, Jacques and NORA, Pierre. *História: novas abordagens*. Rio de Janeiro: Francisco Alves, 1976.

_____. O aparelho conceptual na História Econômica. In: SILVA, Maria Beatriz Nizza da (org.). *Teoria da História*. São Paulo: Editora Cultrix, 1976.

_____. Relaciones entre sistemas bancários y empresas industriales en el crecimiento europeu del siglo XIX. In: VILAR, Pierre *et al*. *La industrializacion Europea*. Barcelona: Ed. Crítica, 1981.

_____. The banking mechanism in france in the late 19th century. In: CAMERON, Rondo. *Essays in French Economy History*. Homewood, Illinois: R. D. Irwin, 1970.

BOXER, C. R. *O Império marítimo português 1415- 1825*. Lisboa: Edições 70, 1992.

BRAUDEL, Fernand. *A dinâmica do capitalismo*. Trad. de Alvaro Cabral. Rio de Janeiro: Rocco, 1987.

_____. *O Jogo das Trocas*. Tradução de Telma Costa. Lisboa: Teorema, s.d.(Série Especial). Tomo 2 da Civilização Material, Economia e capitalismo sécs. XV-XVIII.

BRUNHOFF, Suzanne. *A moeda em Marx*. Tradução de Aluísio Teixeira. Rio de Janeiro: Paz e Terra, 1978.

BRYER, R. A. The Mercantile Laws Commission of 1854 and the political econoy of limited liability. *Economic History Review*, L, 1(1997), p. 37-56.

BUESCU, Mircea. A inflação brasileira de 1850 a 1870: monetarismo e estruturalismo. *Revista Brasileira de Economia*, Rio de Janeiro, nº 26(4), outubro/dezembro 1972.

_____. *História administrativa do Brasil; organização e administração do ministério da Fazenda no Império*. Brasília: Fundação Centro de Formação do Servidor Público, 1984.

BULCÃO, Ana Lucia E. *A crise financeira de 1864. Ensaios sobre a Política e a Economia da província fluminense no século XIX*. Rio de Janeiro: UFF/Arquivo Nacional, 1974.

BURGIÉRE, Andre (org.). *Dicionário das Ciências Históricas*. Tradução de Henrique Araújo Mesquita. Rio de Janeiro: Imago Ed., 1993.

CAIN, J. P. & HOPKINS, A. G. Gentlemanly Capitalism and British Expansion Overseas I. the Old Colonial System, 1688-1850. *The Economic History Review*, 2nd ser. XXXIX, 4 (1986), p. 501-525.

_____. Gentlemanly Capitalism and British Expansion Overseas II: New Imperialism, 1850-1945. *The Economic History Review*, 2nd ser. XL, I (1987), p. 1-26.

CALDEIRA, Jorge. *Mauá: empresário do Império*. São Paulo: Companhia das Letras, 1995.

CAMERON, Rondo. *La banca en las primeras etapas de la industrialization*. Madri: Ed. Tecnos, 1974.

_____. Metrópole e Hinterlândia na História das Finanças. *Revista Brasileira de Economia*, nº 26(3), julho/setembro, Rio de Janeiro, FGV, 1972, p. 237-254.

CANABRAVA, Alice P. A Grande Lavoura. In: HOLANDA, Sergio Buarque (org.). *História geral da civilização brasileira, tomo II, O Brasil Monárquico, 4º vol*, 3ª ed. São Paulo: Difel, 1982.

CANDIDO, Antonio. *Um funcionário da Monarquia: ensaio sobre o segundo escalão*. São Paulo: Ouro sobre o Azul, 2002.

CAPELA, José. *Dicionário de negreiros em Moçambique, 1750-1897*. Porto: Centro de Estudos Africanos da Universidade do Porto, 2007.

CARDOSO, Ciro Flamarion S. e BRIGNOLI, Héctor Pérez. *Os métodos da História*, 5ª ed. Rio de Janeiro: Graal, 1990.

_____. O modo de produção escravista colonial na América. In: SANTIAGO, Teo (org.). *América Colonial*. Editora Pallis, 1975.

CARDOSO, Ciro Flamarion S. e BRIGNOLI, Héctor Pérez. *El concepto de clases sociales. Bases para una discusión*. Madri: Ed. Ayuso, 1976.

CARDOSO, José Luis (ed. e introdução). *Novos elementos para a História Bancária de Portugal. Projetos de Banco, 1801-1803*. Lisboa: Banco de Portugal, 1997 (História Económica 6).

CARDOSO, José Luis. Novos elementos para a história do Banco do Brasil (1808-1829): crónica de um fracasso anunciado. *Revista Brasileira de História*, vol. 30, nº 59, São Paulo, p. 167-192, 2010.

CARDOSO, Vicente Licínio. *À margem da História do Brasil,* 4ª ed. São Paulo: Companhia Editora Nacional, 1979. (Brasiliana vol. 13).

CARMAGNANI, Marcello. *Estado y sociedade en América Latina 1850-1930.* Barcelona: Ed. Crítica, 1984.

CARVALHO, José Murilo de. *A construção da ordem: a elite política imperial; Teatro das Sombras: a política Imperial.* Rio de Janeiro: EDUFRJ/Relume-Dumará, 1996.

CARVALHO, José Murilo de (org.). *Bernardo Pereira de Vasconcelos.* São Paulo: ed. 34, 1999.

CARVALHO, Marcus J. M. de. Cavalcantis e cavalgados: a formação das alianças políticas em Pernambuco, 1817-1824. *Revista Brasileira de História,* vol. 18, nº 36, São Paulo, 1998. http://www.scielo.br/scielo.php?pid=S0102-01881998000200014&script=sci_arttext.

CARVALHO, Marcus Carvalho Maciel de e CÂMARA, Bruno Augusto Dornelas. A Insurreição Praieira. *Almanack Brasiliense,* nº 8, 5-38, Novembro 2008.

CASARES, Gabriel Tortella. *Los origenes del capitalismo en España. Banca, industria y ferrocariles en el siglo XIX,* 2ª ed. Madri: Tecnos, 1982.

CASSIS, Youssef. *City Bankers 1890-1914.* Cambridge: Cambridge University Press, 1994.

_____. *Capitals of capital: a history of international Financial. Centres, 1780 – 2005.* Cambridge: Cambridge University Press, 2006.

CASTRO, Ana Célia. *As empresas estrangeiras no Brasil 1860-1913.* Rio de Janeiro: Zahar, 1979.

CASTRO, Antonio Barros de. *7 ensaios sobre a economia brasileira,* 3ª ed. Rio de Janeiro: Forense Universitária, 1980. 2v.

CHANDLER JR, Alfred D. *The visible hand: the managerial revolution in american business.* Cambridge: Harvard University Press, 1977.

CHAPMAN, Stanley D. "British marketing Enterprise: The Changing Roles of merchants, Manufacturere, and Financiers, 1700-1860". *Business History Review,* vol. LIII, nº 2 (Summer 1979), p. 205-234.

_____. "British-Based Investment Groups Before 1914". *The economic history review,* vol. XXXVIII, nº 7, May 1985, p. 230-251.

_____. *The rise of Merchant Banking*. Vermont: Greg Revivals, 1992.

_____. *Merchant Enterprise in Britain*. From the Industrial Revolution to World War I. Cambridge: Cambridge University Press, 1992.

CHARLOT, Monica e MARX, Roland (org.). *Londres, 1851-1901: a era vitoriana ou o triunfo das desigualdades*. Tradução de Lucy Magalhães. Rio de Janeiro: Zahar, 1993.

CIPOLLA, Carlo M. (ed.). *Historia economica de Europa. La Revolución Industrial*, 2ª ed. Barcelona: Ed. Ariel, 1983.

_____. *Historia Economica de Europa. El nacimiento da las sociedades industriales (partes 1 y 2)*, 2ª ed. Barcelona: Ed. Ariel, 1987.

COLLINS, Michael. "Long-term Growth of the English Banking Sector and Money Stock, 1844-1880". *The economic history review*, 2nd ser., vol. XXXVI, 3 (1983), p. 374-393.

_____. *Banks and Industrial Finance in Britain, 1800-1930*. Cambridge: Cambridge University Press, 1995.

COOK, Chris and STEVENSON, John. *The longman handbook of modern British history 1714-1980*. Great Britain: Longman, 1985.

COSTA, Emília Viotti da. *Da Monarquia a República. Momentos Decisivos*, 6ª ed. São Paulo: Brasiliense, 1994.

COSTA, Iraci del Nero da e PIRES, Julio Manuel. "Considerações sobre o capital escravista--mercantil". *Estudos Econômicos*, São Paulo, vol. 24, p. 129-143, Jan/Abr 1994.

COSTA, Wilma Peres. *A espada de Dâmocles. O Exercito, a guerra do Paraguai e a crise do Império*. São Paulo: Hucitec/Editora da Unicamp, 1996. (Estudos Históricos 23).

CROUZET, François. *Britain ascendant: comparative atudies in Franco-British Economic History*. Cambridge: Cambridge University Press, 1990.

CURY, Vania. *Comércio internacional e balança de pagamentos: 1850-1913*. Rio de Janeiro: IE/UFRJ, 1996. (Texto Didático, nº 51).

DAUMARD, Adeline. *Os burgueses e a burguesia na França*. Tradução de Antonio de Paula Danesi. São Paulo: Martins Fontes, 1992.

DAVIS, Lance. Professor Fogel and The New Economic History. *The economic history review*, vol. 19, Issue 3, 1966, 657-663.

DELFIN NETO, Antonio. *O problema do café no Brasil*. Rio de Janeiro: FGV/Ministério da Agricultura, 1979.

DEVOTO, Juan Pivel. *Contribución a la historia Económica y Financiera del Uruguay*. Los bancos 1824-1868. Montevideo: A. Monterrey y Cia., 1976.

DIAS, Maria Odila Silva. "A interiorização da metrópole (1808-1853)" In MOTA, Carlos Guilherme (org.). *1822 Dimensões*, 2ª ed. São Paulo: Ed. Perspectiva, 1986.

DINIZ, Adalton Francioso. O encilhamento e a ideologia nacional-desenvolvimentista. *II Congresso Brasileiro de História Econômica e da 3ª Conferência Internacional de História de Empresas, 1996*, Niterói. Anais... Niterói, ABPHE, 1997, 5 vols., vol. 5.

_____. Centralização Política e Concentração da Riqueza. As finanças do Império brasileiro no período 1830-1889. *História e Economia*, vol. 1, nº 1, 2º/2005, p. 47-65.

_____. *O Tratado de Comércio com a Inglaterra e a receita fiscal do Império brasileiro no período de 1821 a 1850*. http://www.sep.org.br/artigo/1_congresso/351_f1f52677092e-c53240a25fecd1df7761.pdf.

DOLHNIKOFF, Miriam. *O pacto imperial : origens do federalismo no Brasil*. Rio de Janeiro: Ed. Globo, 2005.

ELIAS, Norberto. *A sociedade de corte,* 2ª ed. Lisboa: Editorial Estampa, 1995.

EL-KAREH, Almir Chaiban. *Filha branca de mãe preta: a companhia da estrada de ferro D. Pedro II 1855-1865*. Petrópolis: Vozes, 1982.

FAIRCLOUGH, Norman. *Discurso e mudança social*. Tradução de Izabel Magalhães. Brasília: Editora Universidade de Brasília, 2001.

FAORO, Raimundo. *Os donos do poder. Formação do patronato político brasileiro,* 7ª ed. Rio de Janeiro: Globo, 1987.

FARIA, Alberto de. *Mauá. Irineu Evangeista de Souza, Barão e Visconde de Mauá*. Rio de Janeiro: Paulo Pongetti & Cia.,1926.

FERGUSON, Niall. *A ascensão do dinheiro. a história financeira do mundo*. Tradução de Cordélia Magalhães. São Paulo: Planeta do Brasil, 2009.

FERNANDES, Santiago. "Mauá, o economista do Império. Análise de sua crítica científica ao padrão-ouro". *Revista brasileira de economia*, Rio de Janeiro, 28 (2): 3-28, abr./jun. 1974.

FERREIRA, Gabriela Nunes. *Centalização e descentralização no Império: o debate entre Tavares Bastos e Visconde de Uruguai*. São Paulo: Dep. de Ciência Política da USP/Ed. 34, 1999.

FERREIRA, J. C. de Souza. "Visconde de Mauá. Esboço biographico". *Revista do Instituto Histórico e Geográfico Brasileiro*, tomo LXII, 2ª parte, 1903.

FLORENTINO, Manolo. *Em costas negras: uma história do tráfico atlântico de escravos entre a África e o Rio de Janeiro (século XVIII e XIX)*. Rio de Janeiro: Arquivo Nacional, 1995.

FLOUD, Roderick and MCCLOSKEY, Donald (ed.). *The economic history of Britain since 1700*, vol. 1 and 2, 2ª ed. Cambridge: Cambridge University Press, 1994.

FOHLEN, Claude."Entrepreneurship and Management in France. in 19th Century". *The Cambridge History Economic of Europe*, vol. VII, part 1, p. 347-381.

FOGEL, Robert William. The New Economic History: its findings and methods. *The economic history review*, vol. 19, Issue 3, 1966, 642-656.

FONSECA, Pedro C. D. e MOLLO, Maria de L. R. *Metalistas X Papelistas: origens teóricas e antecedentes do debate entre monetaristas e desenvolvimentistas*. UnB, Departamento de Economia, Texto nº 348. Brasília, Jan. de 2011. http://vsites.unb.br/face/eco/textos/didaticos/WP%20348.pdf.

FRAGOSO, João Luis R. *Homens de grossa ventura: acumulação e hierarquia na praça mercantil do Rio de Janeiro (1790-1830)*. Rio de Janeiro: Arquivo Nacional, 1992.

FRANCO, Afonso Arinos de Mello. *História do Banco do Brasil vol. 1 (1ª fase- 1808-1835)*, 2ª ed. Rio de Janeiro: Banco do Brasil, 1973.

FREITAS, Dorival Teixeira de. *Evolução do sistema monetário brasileiro*. São Paulo: IPE/USP, 1981.

FURTADO, Celso. *Formação econômica do Brasil*, 19ª ed. São Paulo: Companhia Editora Nacional, 1984.

GALBRAITH, John Kenneth. *Moeda: de onde veio, para onde foi.* Tradução de Antonio Zoratto Sanvincente, 2ª ed. São Paulo: Liv. Editora Pioneira, 1983.

GALVÃO, Miguel A. *Relação dos cidadãos que tomaram parte no governo do Brasil no período de março de 1808 a 15 de novembro de 1889,* 2ª ed. Rio de Janeiro: Ministério da Justiça/ Arquivo Nacional, 1969.

GERSCHENKRON, Alexander. *El atraso economico en su perspectiva historica.* Barcelona: Ariel, 1968.

GIRARDET, Raoul. *Mitos e mitologias políticas.* Tradução de Maria Lucia Machado. São Paulo: Companhia das Letras, 1987.

GOLDIN, Claudia. *Cliometrics and the Nobel.* http://www.nber.org/papers/h0065.pdf?new_window=1

GOLDSMITH, Raymond W. *Desenvolvimento financeiro sob um século de inflação.* São Paulo: Ed. Harpe & Row, 1986.

GONÇALVES, Reinaldo. *Evolução das relações comerciais do Brasil com a Inglaterra 1850-1913.* Rio de Janeiro: IEI/UFRJ, 1982.(texto para discussão nº1)

GORESTEIN, Riva e MARTINHO, Lenira Menezes. *Negociantes e caixeiros na sociedade da Independência.* Rio de Janeiro: Secretaria Municipal de Cultura da cidade do Rio de Janeiro/Div. Ed., 1993. (Coleção Biblioteca Carioca vol. 24).

GORENDER, Jacob. *O escravismo colonial,* 3ª ed. São Paulo: Ed. Ática, 1980.

_____. *A burguesia nacional.* São Paulo: Brasiliense, 1981. (Coleção tudo é História).

GRADEN, Dale T. O envolvimento dos Estados Unidos no comércio transatlântico de escravos para o Brasil, 1840-1858. *Afro-Ásia,* nº 35, 2007, p. 9-35.

GOUVÊA, Maria de Fátima S. *O Império das províncias: Rio de Janeiro, 1822-1889.* Rio de Janeiro: Civilização brasileira/FAPERJ, 2008.

GRAHAN, Richard. *Grã-Bretanha e o início da modernização no Brasil 1850-1914.* São Paulo: Brasiliense, 1973.

GRAMSCI, Antonio. *Concepção dialética da História.* Tradução de Carlos Nelson Coutinho, 7ª ed. Rio de Janeiro: Ed. Civ. Brasileira, 1987.

_____. *Maquiavel, a Política e o Estado Moderno*. Tradução de Luiz Mario Gazzaneo, 5ª ed. Rio de Janeiro: Ed. Civ. Brasileira, 1984.

GRANZIERA, Rui Guilherme. *A Guerra do Paraguai e o capitalismo no Brasil*. São Paulo: Hucitec, 1979.

GREGÓRIO, Vitor Marcos. A província do Amazonas e o sistema representativo no Brasil Imperial: os debates de 1843. *Em Tempo de Histórias* – Publicação do Programa de Pós-Graduação em História da Universidade de Brasília PPG-HIS, nº 17, Brasília, ago/dez. 2010. ISSN 1517-1108.

GRINBERG, Keila e SALLES, Ricardo (org.). *O Brasil Imperial 1831-1870*, vol. II. Rio de Janeiro: Civilização Brasileira, 2009.

GRINBERG; Keyla e MAMIGONIAM, Beatriz Galloti (org.). Dossiê "Para inglês ver? Revisitando a Lei de 1831". *Revista Estudos Afro-Ásiáticos* (nº 1, 2 e 3), 2007

GUENTHER, Louise H. *British Merchants in 19th century Brazil: business, culture nd identity in Bahia, 1808-1850*. Oxford: Centre for Brazilian Studies, 2004.

GUIMARÃES, Mario Mazzei e RIBEIRO, Benedito. *História dos bancos e do desenvolvimento Financeiro do Brasil*. Rio de Janeiro: Ed. Pró-Service Ltda, 1967.

GUIMARÃES, Carlos Gabriel. "O Banco do Brasil de Mauá (1851-1854): um banco mercantil no Segundo Reinado". *Anais do XVIII Encontro Nacional de Economia/ANPEC*. Salvador, Dezembro de 1995.

_____. "O Banco Mauá & Cia. (1854-1875): um banco no Brasil do século XIX". In: SZMRECSÁNYI, Tamás e MARANHÃO, Ricardo (org.). *História de empresas e desenvolvimento econômico*. São Paulo: Hucitec/Fapesp/ABPHE, 1996, p. 297-307.

_____. "A Casa Bancária Mauá, MacGregor & Cia. (1854-1866) e o Império no Brasil". *Anais do II Congresso brasileiro de História Econômica e da 3ª Conferência Internacional de História de Empresas, vol. 3*. Niterói, 1997.

_____. Mauá, o homem por trás do Mito. *Revista de História da Biblioteca Nacional*, ano 1, nº 4., outubro 2005, 70-75.

_____. O comercio inglês no Império brasileiro: a atuação da firma inglesa Carruthers & Cia., 1824-1854. In: CARVALHO, José Murilo (org.). *Nação e cidadania no Império: novos horizontes*. Rio de Janeiro: Civilização Brasileira, 2007, p. 377-394.

_____. A Guerra do Paraguai e a atividade bancária no Rio de Janeiro de 186-1870:o caso do Banco Rural e Hipotecário do Rio de Janeiro. http://www.ufjf.br/heera/files/2009/11/3-artigos6.pdf.

_____. A atuação do London and Brazilian Bank no Brasil e em Portugal (filiais de Lisboa e do Porto) no período 1862-1870. http://web.letras.up.pt/aphes29/data/7th/CarlosGuimar%C3%A3es_Texto.pdf.

_____. O "comércio de carne humana" no Rio de Janeiro: o negócio do tráfico negreiro de João Rodrigues Pereira de Almeida e da firma Joaquim Pereira de Almeida & Cia., 1808-1830 – primeiros esboços. In: RIBEIRO, Alexandre; GEBARA, Alexsander e BITTENCOURT, Marcelo (org.). *África Passado e Presente: II Encontro de Estudos Africanos*. Niterói: PPGH, 2011 (e-book) ISBN: 978-85-63735-01-0.

HECKSCHER, Eli F. *La epoca mercantilista*, 2ª ed. español. México: Fondo de Cultura Económica, 1983.

HESPANHA, António Manuel (coord.). *História de Portugal. O antigo regime (1620-1807)*, vol. 4. Lisboa: Editorial Estampa.

HILFERDING, Rudolf. *O capital financeiro*. Introdução de Tom Bottomore, Tradução de Reinaldo Mestrinel, 2ª ed. São Paulo: Nova Cultural, 1985.

HOBSBAWM, Eric J. *A era do capital 1848-1875*. Tradução de Luciano Costa Neto. 3ªed. Rio de Janeiro: Paz e Terra, 1982.

_____. *Da Revolução Industrial inglesa ao imperialismo*. 3ªed. Tradução de Donaldson Magalhães Garschagen Rio de Janeiro: Forense Universitária, 1983.

HOFFMAN, Phillip T., POSTEL-VINAY, Gilles and ROSENTHAL, Jean Laurent. Through the Storm Slowly:Trust and Credit Markets in France 1740-1840. http://weber.ucsd.edu/~aronatas/conference/HPVRtrust.pdf.

HOLANDA, Sérgio Buarque. "São Paulo". In: HOLANDA, Sérgio Buarque (org.). *História Geral da Civilização Brasileira*. Tomo II-O Brasil Monárquico, 2º vol., Dispersão e Unidade, 4ª ed. São Paulo: Difel, 1978.

HONORATO, Cezar Teixeira. Direito e História: Algumas reflexões acerca do Segundo Reinado. *Cadernos do ICHF*, nº 71, abril de 1995.

_____. *O polvo e o porto. A Cia. Docas de Santos (1888-1914)*. São Paulo: Hucitec/Prefeitura Municipal de Santos, 1996.

HORNE, Gerald. *O Sul mais distante: os Estados Unidos, o Brasil e o tráfico de escravos africanos*. Tradução de Berilo Vargas. São Paulo: Companhia das Letras, 2010.

IGLESIAS, Francisco. "Vida política, 1848-1866". In: HOLANDA, Sérgio Buarque de (org.). *História Geral da Civilização Brasileira*. Tomo II- O Brasil Monárquico, 3º vol., Reações e Transações, 4ª ed. São Paulo: Difel, 1982.

JACOB, Raul."Historia de Empresas e Historia de Bancos". *PIHESUC – Unidad Multidisciplinar* DT/nº 14, Montevideo, 1994.

_____. "Consideraciones acerca de la formación económica de uruguay, 1726-1930". In: FLORESCANO, Enrique (coord.). *Origenes y desarrollo de la burguesia en America latina 1700-1955*. Mexico: Ed. Nueva Imagem, 1985.

JONES, Charles. *International business in the 19th century. The rise and fall of a cosmopolitan burgeoisie*. Great Britain: Wheatsheaf Books, 1987.

JONES, Geoffrey. *British Multinational Banking, 1830-1990*. Oxford: Clarendon Press, 1993

JOSLIN, David. *A century of banking in Latin America*. Londres: Oxford Un., 1963.

KINASTON, David. *The City of London. A World of Its Own 1815-1890*, vol. I. Londres: Chatto & Windus1994.

KINDLEBERGER, Charles P. *Historia Financiera de Europe*. Barcelona: Ed. Crítica, 1988.

_____. *Manias, panicos e crashes: um histórico das crises financeiras*. Tradução de Vânia Conde e Viviane Castanho. Porto Alegre: Ortiz, 1992.

_____. *Problemas Históricos e Interpretaciones Económicas. Estudios de Historia Financiera*. Barcelona: Critica, 1993.

KON, Anita. *Economia industrial*. São Paulo: Nobel, 1994.

KULA, Witold. *Problemas y metodos de la Historia Economica*. Barcelona: Ed. Península, 1973.

_____. *Teoria econômica do sistema feudal*. Tradução de Maria do Carmo Cary. Lisboa: Ed. Presença, 1979.

KUNIOSHI, Márcia Naomi. A intermediação mercantil e bancária na fronteira meridional do Brasil. *História e Economia*, vol. 1, n° 1, 2°/2005, p. 67-86.

_____. Mauá e o jogo do ancronismo. *Biblos*, Rio Grande, 16: 157-165, 2004

LAINS, Pedro. *A economia portuguesa no século XIX: Crescimento Econômico e Comércio Exterior, 1851/1913*. Lisboa: Imprensa Nacional/Casa da Moeda, 1995.

LANDES, David. *Prometeu Desacorrentado. Transformação tecnológica e desenvolvimento industrial na Europa Ocidental desde 1750 até a nossa época*. Tradução de Vera Ribeiro. Rio de Janeiro: Nova Fronteira, 1994.

LE GOFF, Jacques. *Mercadores e Banqueiros da Idade Média*. Tradução de Antonio de Pádua Danesi. São Paulo: Martins Fontes, 1991.

LENHARO, Alcir. *As tropas da moderação. O abastecimento da Corte na formação política do Brasil: 1808-1832*, 2ª ed. Rio de Janeiro: Secretaria Mun. de Cultura da cidade do Rio de Janeiro/Div. Editoração, 1992.(Coleção Biblioteca Carioca, vol. 25).

LEVY, Maria Barbara. *História financeira do Brasil colonial*. Rio de Janeiro: IBMEC, 1979.

_____. *História dos bancos comerciais no Brasil*. Rio de Janeiro: IBMEC, 1972. (mimeo).

_____. *História da Bolsa de Valores do Rio de Janeiro*. Rio de Janeiro: IBMEC, 1977.

LEVY, Maria Barbara e ANDRADE, Ana M. R. de. "Fundamentos do Sistema Bancário do Brasil 1834-1860". *Estudos Econômicos*. São Paulo, 15 (n° especial), IPE/USP, 1985.

_____. *A Indústria do Rio de Janeiro através de suas sociedades anônimas. Esboços de História Empresarial*. Rio de Janeiro: Secretaria Municipal de Cultura da cidade do Rio de Janeiro/EDUFRJ, 1994. (Coleção Bib. Carioca vol. 31).

LIBBY, Douglas Cole. *Trabalho Escravo e Capital Estrangeiro no Brasil. O caso de Morro Velho*. Belo Horizonte: Ed. Itatiaia, 1984.

_____. *Transformação e Trabalho em uma economia escravista*. Minas Gerais no século XIX. São Paulo: Brasiliense, 1988.

LIMA, Heitor Ferreira. *3 Industrialistas brasileiros: Mauá, Rui Barbosa, Roberto Simonsen*. São Paulo: Alfa-Ômega, 1976.

_____. *História do pensamento econômico no Brasil*, 2ª ed. São Paulo: Companhia Editora Nacional, 1978.

LINHARES, Maria Yedda L. (org.). *História geral do Brasil*. Rio de Janeiro: Campus, 1990.

LOBO, Eulália Maria Lahmeyer. *História do Rio de Janeiro (do capital comercial ao capital industrial e financeiro)*. Rio de Janeiro: IBMEC, 1978, 2 vols.

_____. "La burguesia comercial de Rio de Janeiro, siglos XIX-XX" In: FLORESCANO, Enrique (coord.). *Orygenes y desarrollo de la burguesia en América Latina 1700-1955*. México: Ed. Nueva Imagem, 1985.

_____. *História político-administrativa da agricultura brasileira 1808-1889*. Rio de Janeiro: Min. Agricultura, s.d.

LOPES, João do Carmo e ROSSETI, José Paschoal. *Economia monetária*, 6ª ed. rev., amp. e atual. São Paulo: Ed. Atlas, 1996.

LOPES, José Reinaldo L. *O Oraculo de Delfos: Conselho de Estado no Brasil Império*. São Paulo: Saraiva, 2010.

LUZ, Nicia Vilela. *A luta pela industrialização do Brasil 1808-1930*. São Paulo: Alfa-Ômega, 1975.

MACHADO, Humberto. *Escravos, senhores e café. A crise da cafeicultura escravista fluminense 1860-1888*. Rio de Janeiro: Ed. Cromos, 1993.

MCCRAW, Thomas K. (org.). *Alfred Chandler: ensaios para uma teoria histórica da grande empresa*. Rio de Janeiro: Editora da Fundação Getulio Vargas, 1998.

MALERBA, Jurandir. *A Corte no exílio; civilização e poder no Brasil às vésperas da Independência*. São Paulo: Companhia das Letras, 2000.

MANCHESTER, Alan K. *Preeminência inglesa no Brasil*. Tradução de Janaina Amado. São Paulo: Brasiliense, 1973.

MARCHANT, Anyda. "A new portrait of Mauá the banker: a man of businessin nineteenth century Brazil". *The hispanic american historical review*, vol. XXX, nº 4, November, 1950.

_____. *Viscount Mauá and the empire of Brazil. A biography of Irineu Evangelista de Souza (1813-1889)*. Berkeley, Los Angeles: University of California Press, 1965.

MARCONDES, Renato Leite. *A arte de acumular na economia cafeeira: Vale do Paraíba século XIX*. Lorena: Stiliano, 1998.

_____. *O Financiamento hipotecário da cafeicultura no Vale do Paraíba Paulista (1865-1887)*. http://www.cpq.fearp.usp.br/bancodados/Textos%20Discussao/eco/wpe4.pdf

MARICHAL, Carlos (coord.). *Inversiones extranjeras en America Latina, 1850-1930. Nuebos debates y problemas en historia económica comparada*. Mexico: Colegio de Mexico/Fondo de Cultura Económica, 1995.

_____. "Historiografia de la banca Latinoamericana: su despegue, 1970-1993". In: SZMRECSÁNYI, Tamás e MARANHÃO, Ricardo (org.). *História de Empresas e desenvolvimento econômico*. São Paulo: Hucitec/Fapesp, 1996.

MARQUES, Maria Eduarda Castro M. (org.). *A guerra do Paraguai: 130 anos depois*. Rio de Janeiro: Relume Dumará, 1995.

MARTINEZ, Julio. *Origen de los bancos en Rosario. El Banco Mauá y Cia*. Rosario: s. ed., 1942.

MARTINS, Fran. *Contratos e obrigações comerciais,* 14ª ed. Rio de Janeiro: Forense, 1997.

MARTINS, José de Souza. *O cativeiro da terra*, 3ª ed. São Paulo: Hucitec, 1986.

_____. *Conde Matarazzo. O empresário e a empresa*, 2ª ed. São Paulo: Hucitec, 1976.

MARTINS, Maria Fernanda Vieira. *A velha arte de governar: um estudo sobre política e elites a partir do Conselho de Estado (1842-1889)*. Rio de Janeiro: Arquivo Nacional, 2007.

MARX, Karl. *O Capital: crítica da economia política*. Tradução de Regis Barbosa e de Flávio R. Kothe. 2ªed. São Paulo: Nova Cultural, 1985. 5 vols. (Os Economistas).

_____. *Manuscritos econômicos e filosóficos e outros textos.* Seleção de textos de José Arthur Gianotti. Traduções de José Carlos Bruni *et al.*, 3ª ed. São Paulo: Abril Cultural, 1985.

MARX, Karl y ENGELS, Friederich. *Materiales para la historia de America Latina.* Córdoba: Cadernos Pasado y Presente/30, 1972.

MATHIAS, Herculano Gomes. *Comércio. 173 anos de desenvolvimento. História da Associação Comercial do Rio de Janeiro (1820-1993).* Rio de Janeiro: Expressão e Cultura, 1993.

MATHIAS, Peter. *A primeira nação industrial. Uma história económica da Inglaterra 100-1914.* Lisboa: Assírio e Alvim, s.d.

MATTOS, Ilmar Rohloff. *O tempo saquarema.* São Paulo: Hucitec, 1987.

MATTOSO, Kátia de Queiroz. *Bahia, Século XIX. Uma província no Império.* Rio de Janeiro: Ed. Nova Fronteira, 1992.

MAYER, Thomas; DUESENBERRY, James S. e ALIBER, Robert Z. *Moedas, Bancos e a Economia.* Tradução de Luis Carlos do Nascimento e Silva. Rio de Janeiro: Campus, 1993.

MCCRAW, Thomas K. (ed.). *The essencial Alfred Chandler. Essays towards a historical theory of big business.* Boston: Harvard Business School Press, 1988.

MELLO, João M. Cardoso de. *O Capitalismo Tardio,* 3ª ed. São Paulo: Brasiliense, 1984.

MELLO, Zélia Maria Cardoso de. *Metamorfose da riqueza, São Paulo 1845-1895. Contribuição ao estudo da passagem da economia mercantil-escravista à economia exportadora capitalista,* 2ª ed. São Paulo: Hucitec, 1990

MILWARD, Alan S. y SAUL, S. B. *El desarrollo económico de la Europa Continental. Los países adelantados 1780-1870.* Madri: Ed. Tecnos, 1979.

MOTTA, Marcia M. *Nas fronteiras do poder: conflito e direito a terra no Brasil do século XIX,* 2ª ed. Niterói: EdUFF, 2008.

NABUCO, Joaquim. *Um estadista do Império. Nabuco de Araujo.* São Paulo: Instituto Progresso Ed., 1949. 4v.

MULLER, Elisa. Moedas e Bancos no Rio de Janeiro no século XIX. http://www.ie.ufrj.br/eventos/seminarios/pesquisa/moedas_e_bancos_no_rio_de_janeiro_no_seculo_xix.pdf.

NEAL, Larry. *The Rise of Financial Capitalism. International Capital markets in the Age of Reason*. Cambridge: Cambridge University Press, 1993.

NEEDELL, Jeffrey D. Formação dos Partidos Políticos no Brasil da Regência à Conciliação, 1831-1857. *Almanack Braziliense*. São Paulo, nº 10, p. 5-22, nov. 2009. http://www.almanack.usp.br/PDFS/10/AB_10_Forum-01.pdf

NEVES, José Teixeira. A vida e obra de Joaquim Felício dos Santos. In: SANTOS, Joaquim Felício dos. *Memórias do distrito diamantino*, 5ª ed. Petrópolis: Vozes, 1978

NOGUEIRA, Denio. *Raízes de uma nação*. Rio de Janeiro: Forense Universitária, 1988.

NORMANO, João Frederico. *Evolução econômica do Brasil*. São Paulo: Companhia Editora Nacional, 1939.

OLIVEIRA, Cecília Helena de Salles. *A astúcia liberal. Relações de mercado e projetos políticos no Rio de Janeiro, 1820-24*. Bragança Paulista: Universidade de São Francisco, 1999.

OLIVEIRA, Geraldo de Beauclair M. de. *Raízes da indústria no Brasil. A pré-indústria fluminense 1808-1860*. Rio de Janeiro: Studio F & S Ed., 1992.

OLIVEIRA, Maria Luiza Ferreira de. *Entre a casa e o armazém: Relações sociais e experiência da urbanização de São Paulo, 1850-1900*. São Paulo: Alameda, 2005.

PIRES, Anderson. *Café, finanças e indústria. Juiz de Fora, 1889-1930*. Juiz de Fora: Funalfa, 2009.

ORTIGÃO, Ramalho. *A moeda circulante do Brasil*. Rio de Janeiro: Typ. do Jornal do Commercio, 1914.

PACHECO, Claudio. *História do Banco do Brasil*. vol. 2 e 3. Rio de Janeiro: Banco do Brasil, 1973.

PANTALEÃO, Olga. "A presença Inglesa". In: HOLANDA, Sergio Buarque de (org.). *História geral da civilização Brasileira, Tomo II- O Brasil monárquico, 1º vol. O Progresso de Emancipação*, 4ª ed. São Paulo: Difel, 1976.

PELAEZ, Carlos Manuel e SUZIGAN, Wilson. *História monetária do Brasil*, 2ª ed. Brasília: UnB, 1981.

PELAEZ, Carlos Manuel e NOGUEIRA, Denio. "O sistema monetário Brasileiro em perspectiva histórica" In: PELAEZ, Carlos Manuel e BUESCU, Mircea (coord.). *A moderna história econômica*. Rio de Janeiro: APEC, 1976.

_____. *História Econômica do Brasil. Um elo entre a Teoria e a Realidade Econômica*. São Paulo: Ed. Atlas, 1979.

PETRONE, Maria T. Shorer. *Barão de Iguape*. São Paulo: Companhia Editora Nacional, 1976.

PIÑEIRO, Teo Lobarinhas. "Estado e mercado financeiro: o Banco do Brasil no Segundo Reinado". *Anais do II Congresso Brasileiro de História Econômica e 3ª Conferência Internacional de História de Empresas*. vol. 3. Niterói, ABPHE, 1997.

PINTO, Virgílio Noya. Balanço das transformações econômicas no século XIX. In: MOTA, Carlos Guilherme (org.). *Brasil em perspectiva*, 19ª ed. Rio de Janeiro: Bertrand Brasil, 1990.

POLANYI, Karl. *A grande transformação: as origens da nossa época*. Tradução de Fanny Wrobel. Rio de Janeiro: Campus, 1980.

POULANTZAS, Nicos. *Poder político e classes sociais*. Tradução de Francisco Silva. São Paulo: Martins Fontes, 1977.

_____. *O Estado, o poder e o socialismo*. Tradução de Rita Lima, 2ª ed. Rio de Janeiro: Graal, 1985.

PRADO JR, Caio. *História econômica do Brasil*. 23ª ed. São Paulo: Brasiliense, 1980.

_____. *Evolução Política do Brasil. Colônia e império*, 16ª ed. São Paulo: Brasiliense, 1988.

_____. *História e Desenvolvimento. A contribuição da historiografia para a teoria e prática do desenvolvimento brasileiro*, 3ª ed. São Paulo: Brasiliense, 1989.

PRESSNELL, I. S. & ORBELL, John. *A guide to the historical records of british banking*. Great Britain: Gower Publishing Cia. Limited, 1986.

RAMOS, Rui. "O sistema fontista". *Portugal Contemporâneo (1851-1910)*, vol. II. Lisboa: Alfa, 1989, p. 124-146.

REBELLO, Edgard de Castro. *Mauá e outros estudos*. Rio de Janeiro: Liv. são José, 1975.

REIS, Jaime. Os Bancos Portugueses 1850-1913. *Anais da Iª Conferência Internacional de História de Empresas*. Niterói-RJ, Outubro de 1991.

_____. *A evolução da oferta monetária portuguesa 1854-1912*. Lisboa: Banco de Portugal, 1992.

_____. *O atraso econômico português em perspectiva histórica: Estudos sobre a economia portuguesa na segunda metade do século XIX, 1850-1930*. Lisboa: Imprensa Nacional/Casa da Moeda, 1994.

REQUIÃO, Rubens. *Curso de direito comercial*. 22ª ed. São Paulo: Saraiva, 1995. 2 vols.

RIBEIRO, Benedito e GUIMARÃES, Mario M. *História dos bancos e desenvolvimento financeiro do Brasil*. Rio de Janeiro: Ed. Pró-Service, 1967.

RIBEIRO, Gladys Sabino. *A Liberdade em construção. Identidade nacional e conflitos antilusitanos no Primeiro Reinado*. Rio de Janeiro: FAPERJ/Relume Dumará, 2002.

RIDINGS, Eugene. *Business interest groups in nineteenth-century. Brazil*. Cambridge: Cambridge University Press, 1994.

RIO, José Pires do. *A Moeda Brasileira e seu perene caráter fiduciário*. Rio de Janeiro: Liv. José Olimpio Ed., 1946.

RODRIGUES, Jaime. *O infame comércio*. São Paulo: Editora da Unicamp, 2000.

RODRIGUES, Pedro Parga. Registro Geral de Imóveis, propriedade e Estado Nacional no Segundo Reinado. *Almanack Braziliense*. São Paulo, nº10, p. 165-170, nov. 2009.

ROSENBERG, Nathan & BIRDZELL JR, L. E. *A história da riqueza do ocidente. A transformação econômica do mundo industrial*. Rio de Janeiro: Record, s.d.

RUBIN, Isaak Illich. *A teoria marxista do valor*. São Paulo: Brasiliense Ed., 1980.

SAES, Flávio Azevedo Marques de. *Crédito e bancos no desenvolvimento da economia paulista 1850-1930*. São Paulo: IPE, 1986.

_____. "Mauá e sua presença na economia brasileira do século XIX". CROPANI, Ottaviano di Fiori de et al. *Barão de Mauá. Empresário e Político*. Rio de Janeiro: Bianchi Ed., 1987.

_____. *A grande empresa de serviços públicos na economia cafeeira*. São Paulo: Hucitec,1986.

SALLES, Ricardo. *O Império do Brasil no contexto do século XIX. Escravidão nacional, classe senhorial e intelectuais na formação do Estado* (Texto inédito).

_____. *E o Vale era o escravo: Vassouras, século XIX – senhores e escravos no coração do Império*. Rio de Janeiro: Civilização Brasileira, 2008.

_____. Nostalgia Imperial. *A formação da identidade nacional no Brasil do Segundo Reinado*. Rio de Janeiro: Topbooks, 1996.

SAMPSON, Anthony. *O Homem da companhia. Uma história dos executivos*. Tradução de Pedro Maia Soares. São Paulo: Companhia das Letras, 1996.

SANDRONI, Paulo. *Dicionário de Economia*, 2ª ed. São Paulo: Best Seller, 1989.

SANTANA, Oscar G. "Panorama econômico-financeiro do Segundo Reinado. Organização do crédito-Bancos". *Revista do Instituto histórico e Geográfico do Brasil. Terceiro Congresso de História Nacional*, vol. 4, 1938, p. 307-361.

SCHULTZ, Kirsten. *Versalhes tropical: Império, monarquia e a Corte real portuguesa o Rio de Janeiro, 1808-1821*. Tradução de Renato Aguiar. Rio de Janeiro: Civilização Brasileira, 2008.

SCHULZ, John. *A crise financeira da abolição (1875-1901)*. Tradução Afonso Nunes Lopes. São Paulo: Edusp, 1996.

SERRÃO, Joel. *Dicionário de História de Portugal*. 6 vols. Porto: Liv. Figueirinhas, 1979.

SHERRWOOD, Marika. Britain, the slave trade and slavery, 1807-1843. *Race & Class*, vol. 46 (2), 2004, p. 54-77, http://rac.sagepub.com at CAPES on January 12, 2010.

_____. British Illegal Slave Trade, 1807-1830. *Journal of Eighteenth-Century Studies*, vol. 31, nº 2, 2008, p. 295-305.

SCHUMPETER, Joseph A. *A teoria do desenvolvimento econômico*, 3ª ed. São Paulo: Nova Cultural, 1986. (Os Economistas)

_____. *História da análise econômica*. Parte III, de 1790-1870. Brasil/Portugal: Ed. Fundo de Cultura, 1964.

SILVA, Hélio Schilittler. "Tendências e Características do Comércio Exterior do Brasil no século XIX". *Revista de História da Economia Brasileira*, São Paulo, Ano I, nº 1, junho de 1953.

SILVA, Ligia Maria Osório. "A questão da terra e a formação da sociedade nacional no Brasil". *Anais do II Congresso Brasileiro de História Econômica e da 3ª Conferência Internacional de História de Empresas*. Niterói, ABPHE, 1996, p. 35-51.

SILVA, Maria Luiza Falcão da (org.). *Moeda e produção: teorias comparadas*. Brasília: Ed. da UnB, 1992.

SINGER, Paul. "O Brasil no contexto do capitalismo internacional 1889-1930". In: FAUSTO, Boris (coord.). *História geral da civilização brasileira, Tomo III, O Brasil republicano, vol. I, Estrutura de Poder e Economia (1889-1930)*, 4ª ed. São Paulo: Difel, 1985.

SIMONSEN, Roberto C. *História econômica do Brasil (1500-1820)*, 8ª ed. São Paulo: Cia. Companhia Editora Nacional, 1978.

SMITH, Adam. *A riqueza das nações: investigação sobre sua natureza e suas causas*. Vols. I e II. Tradução de Luiz João Baraúna, 2ª ed. São Paulo: Nova Cultural, 1985. (Os Economistas)

SOARES, Teixeira. *O gigante e o rio (a ação de Mauá no Uruguai e na Argentina 1851-1878)*. Rio de Janeiro: Ed. Cia. Bras. de Artes Gráficas, 1957.

SODRÉ, Nelson Werneck. *História da imprensa no Brasil*, 4ª ed. com capítulo inédito. Rio de Janeiro: Mauad Ed., 1999.

SOUZA, Carlos Ingles de. *A anarchia monetária e suas consequências*. São Paulo: M. Lobato, 1924.

STEIN, Stanley L. *Grandeza e decadência do café no Vale do Paraíba*. Tradução de Edgar Magalhães. São Paulo: Brasiliense, 1961.

STONE, Irving."British Direct and Portfolio Investiment in Latin America before 1914". *The Journal of Economic History*, vol. XXXVII, nº 3, Setember, 1977.

SUMMERHILL, William. *Political economics of the domestic debt in nineteenth century Brazil*. Rio de Janeiro: IPEA, 2005.

SUPRINYAK, Carlos Eduardo. O mercado de animais de carga no Centro-Sul do Brasil Imperial: novas evidências. *Estudos Econômicos*, São Paulo, vol. 38, n° 2, p. 319-347, abril-junho 2008. http://www.scielo.br/pdf/ee/v38n2/a05v38n2.pdf.

SWEIGART, Joseph E. *Coffe factorage and the emergence of a Brazilian Capital Market, 1850-1888*. Nova York, Londres: Garland Publishing, 1987.

SZMRECSÁNYI, Tamás e LAPA, José Roberto do A. (org.). *História econômica da Independência e do Império*. São Paulo: Hucitec/Fapesp, 1996.

TARMANES, Ramón y GALLEGO, Santiago. *Diccionario de Economia y Finanzas*. Madri: Alianza Ed., 1996.

TAVARES, Luis Henrique Dias. *O comércio proibido de escravos*. São Paulo: Ática, 1988. (Ensaios 128).

THERÉT, Bruno. Os três estados da moeda. Abordagem interdisciplinar do fato monetário. *Economia e Sociedade*, Campinas, vol. 17, n° 1 (32), p. 1-28, abr. 2008. http://www.scielo.br/pdf/ecos/v17n1/a01v17n1.pdf.

THOMPSON, E. P. *Senhores e caçadores*. Tradução de Denise Bottmann. São Paulo: Paz e Terra, 1987.

TONINELLI, Pier Angelo. "Business History as a field of research: the European perspective". In: SZMERECSÁNYI, Tamás e MARANHÃO, Ricardo (org.). *História de Empresas e Desenvolvimento Econômico*. São Paulo: Hucitec/Fapesp/ABPHE, 1996.

TORGAL, Luis Reis e ROQUE, João Lourenço (coord.). *História de Portugal. O Liberalismo (1807-1890)*, vol. 5. Lisboa: Editorial Estampa, s.d.

TILLY, Charles; TILLY, Louise A. and TILLY, Richard. European Economic and Social History in the 1990s. *Journal of European Economic History*, 20, (1991), n° 3, p. 645-671.

URICOECHEA, Fernando. *O minotauro imperial. A burocratização do Estado patrimonial Brasileiro no século XIX*. São Paulo: Difel, 1978.

VENÂNCIO FILHO, Alberto. A elaboração do Código Comercial de 1850. *Revista Direito Mercantil*, 23, ano XV, 1975, 53-63.

VIANA, Victor. *O Banco do Brasil. Sua formação, seu desenvolvimento e sua missão nacional*. Rio de Janeiro: Typ. do Jornal do Commercio, 1926.

VIEIRA, Dorival Teixeira. *Evolução do Sistema Monetário Brasileiro*. São Paulo: IPE/USP, 1981. (Ensaios Econômicos 13).

_____. "Política Financeira. O primeiro Banco do Brasil". In: HOLANDA, Sergio Buarque de (org.). *História geral da civilização brasileira, Tomo II- O Brasil Monárquico, 1º vol. O progresso de emancipação*, 4ª ed. São Paulo: Difel, 1976.

VILAR, Pierre. "História marxista, história em construção". In: LE GOFF, Jacques e NORA, Pierre. *História: novos problemas*, 2ª ed. Rio de Janeiro: Francisco Alves, 1979.

_____. *Ouro e moeda na História 1450-1920*. Tradução de Philomena Gebran. Rio de Janeiro: Paz e Terra, 1980.

_____. *Desenvolvimento econômico e análise histórica*. Lisboa: Ed. Presença, 1982.

VILLELA, André. Um Difícil Equilíbrio: legislação bancária e instabilidade financeira no II Reinado. Texto apresentado na *Conferência Internacional – "Novas perspectivas sobre História Econômica do Brasil"*. Unesp, Araraquara, 6- 8 de setembro de 2004.

WEBER, Max. *Economia y Sociedad*. Argentina: Fondo de Cultura Económica, 1992.

_____. *A gênese do capitalismo moderno*. Organização e comentários de Jesse Souza; tradução de Rainer Domscheke. São Paulo: Ática, 2006.

WECHSBERG, Joseph. *The merchant bankers*. Boston/Toronto: LittleBrown& Cia., 1966.

ZILIOTO, Guilherme Antonio. *Dívida pública externa no Império do Brasil*. www.sep.org.br/artigo/xcongresso6.pdf.

ANEXOS

ANEXO I.

PROJECTO DE ESTATUTOS DO BANCO DO COMMERCIO E INDUSTRIA DO BRAZIL

Titulo I
Do Banco

Artigo 1º- O Banco, organisado com o titulo de *Banco do Commercio e Industria do Brazil-*, durará por vinte annos, contados do dia de sua installação: indo este prazo podera ser prorrogado por deliberação da assembléa geral de seus accionistas.

Artigo 2º- Elle será de *depósito* e *desconto*, e poderá também vir a ser de *emissão*, se para isso obtiver *autorização* do *governo*.

Artigo 3º- Seu fundo *capital* será de 10.000:000$000, divididos em *vinte mil acções de 500$000*; este fundo capital poderá ser augmentado por deliberação da assembléa geral de seus accionistas.

Artigo 4º- Logo que tenhão *subscripto 2.500:000$000* começará em suas *operações*.

Artigo 5º- Desde que haja reunido 5.000:000$000, não se admittirão mais accionistas sem previa deliberação da assembléa geral que determinará as respectivas condições.

Artigo 6º- As *entradas* das acções installadoras do Banco serão realisadas em *tres pagamentos*: o *primeiro á vista*, e os outros *dous seguintes* quando a *direcção* os exigir por annuncios nos jornaes com precedencia de trinta dias pelo menos. Depois de installado o Banco, as entradas de novas acções serão feitas na proporção que a direção determinar.

Artigo 7º- Os accionistas que não effectuarem pontualmente suas entradas nos termos do artigo antecedente, perderão, em beneficio do Banco, as quantias com que já tiverem entrado, e o banco disporá de suas acções. (...).

Artigo 8º- O Banco poderá ser dissolvido por deliberação de sua assembléa geral, mesmo antes de findarem os vinte annos marcados no art.1º, se se reconhecer que sua continuação é prejudicial.

Artigo 9º- Elle será *dissolvido* de facto, e entrará em liquidação, logo que tiver soffrido prejuizos que tenhão *absorvido o seu fundo de reserva, e 20% do seu capital effectivo*.

(...)

Artigo 10º- A installação do Banco se fará na forma dos artigos transitorios que precedem os presentes estatutos.

Titulo II
Dos Accionistas

Artigo 11º- O Banco considera seu accionista toda a pessoa que possuir acções, seja como primeiro proprietário, seja como concessionário, e cujas acções estejão competentemente averbadas no livro dos registros.(...)

Artigo 12º- Os accionistas não respondem por mais do que o valor de suas acções, as quaes podem ser dadas, vendidas, cedidas, hypothecadas, legadas, ou por qualquer modo transferidas, na forma do artigo antecedente; mas o seu capital jamais poderá ser retirado antes da extincção do Banco, art. 7º.

Artigo 13º- Os accionistas de cinco ou mais acções são habilitados para votar em assembléa geral, e para exercerem os cargos de presidente e secretario da mesma assemblea e de membros da commissão de exame. Somente os *accionistas* de *vinte* ou *mais acções* poderão ser *nomeados* para *diretores*.

Artigo 14º- Os accionistas, o presidente, os secretarios da assemblea geral, os membros da commissão de exame, os directores e os empregados do Banco poderão ser nacionaes ou estrangeiros indistinctamente.
(...)

Titulo III
Da Assembléa Geral

Artigo 17º- A totalidade dos accionistas será representada pela sua assembléa geral.

Artigo 18º- Formará assembléa geral a reunião legalmente convocada, artigo seguinte, dos accionistas de cinco ou mais acções: os de menor numero de acções poderão assistir as deliberações, mas não votar.

Artigo 19º- A convocação da assembléa geral terá lugar por convite da direcção em edital firmado pelo seu presidente e secretários, affixado á porta do Banco e na praça do commercio, e publicado por tres vezes nos jornaes de maior publicidade.

Artigo 20º- Chegando o dia e hora marcada para a reunião da assembléa geral, esta se julgara constituida com os accionistas presentes, que tomarão decisões pela maioria absoluta de votos. Contudo, nenhuma deliberação poderá ser tomada em virtude de uma primeira convocação, se não se acharem reunidos pelo menos tantos *accionistas* quanto representem *um terço do capital effectivo* do banco, descontado o que fôr correspondente ao numero de accionistas que não tem voto.

(...)

Artigo 22º- As deliberações tendentes a admittir novos accionistas para augmentar o fundo marcado no artigo 5º para mais de 10.000:000$000, á sua dissolução antes dos vinte annos, a prorrogar sua duração e a reformar os presentes estatutos, só poderão ser tomadas quando em assembléa geral se reunirem votos concordes de tantos accionistas quantos representem a maioria absoluta do capital effectivo do Banco.

Artigo 23º- As reuniões ordinarias da assembléa geral terão lugar duas vezes no anno, como depois se expressará. As reuniões extraordinarias terão lugar quando a direcção as convocar por occorrencia de casos para cuja decisão ella se não julgue competente, ou quando lhe fôr isso requerido em representação individualmente assignada por accionistas que possuão pelo menos um quarto do capital effectivo do banco. Em virtude de taes representações deverá a direcção convocar a assembléa geral dentro dos oito dias uteis que se seguirem ao da entrega, que constará da data que lançará o secretário do Banco, depois de averiguar e reconhecer a sua legalidade, quanto ao facto de serem accionistas, e a porção de capital que devem como taes possuir. Se a direcção não fizer a convocação, incorrerá em responsabilidade, e os representantes terão direito de chamar os accionistas á reunião extraordinária por annuncios publicos por todos assignados com a designação do numero de acções de cada um, e declaração do motivo do chamamento e das razões que tiverão para representar á direcção.

(...)

Artigo 25º- A assembléa geral terá um presidente e dous secretarios, todos eleitos annualmente por maioria de votos relativa, em escrutinio secreto, e em uma so lista, d'entre os accionistas que tem voto.

(...)

Artigo 29º- Na mesma reunião em que fôr eleita a mesa da assembléa geral se procederá logo depois por escrutinio secreto, e á maioria relativa de votos, a nomeação de tres membros habilitados, na forma do artigo 13, para formarem a commissão de exame, que deverá servir por um anno. Occorrendo no intervallo impedimento de algum membro, será substituido pelo imediato em votos.

Artigo 30º- As reuniões ordinarias da assembléa geral terão lugar em janeiro e julho de cada anno. Nellas a direcção apresentará os balanços semestraes do Banco fechadas em 31 de dezembro e 30 de junho e a commissão de exame em seguida o relatorio do estado do mesmo Banco. (...)

Artigo 31º- Na reunião da assembléa geral de julho, depois da discussão de que trata o artigo antecedente, e antes de eleita a mesa e a commissão de exame, terá lugar por escrutinio secreto, e á maioria absoluta de votos, a eleição da nova direcção, para a qual poderão ser reeleitos quaesquer dos directores que reunão os votos necessários.

Titulo IV
Da Commissão de Exame

Artigo 34º- A commissão de exame, desde que for eleita *zelará* escrupulosamente do *estado* do *Banco*, examinando, quando convenha, sua escripturação, operações, correspondencia e a observancia dos presentes estatutos e das decisões das assembléas geraes, para o que todo o estabelecimento lhe será franqueado, e a direcção lhe dará todos os esclarecimentos que forem exigidos.

Artigo 35º- Desde que for prevenida pela direcção, art. 30, examinará os balanços que têm de ser apresentados á assembléa geral, e fará um relatorio circunstanciado, no qual emittirá sua opinião sobre o estado do banco e maneira por que tiver sido administrado. (…).

Titulo VI
Da Direcção

Artigo 39º- O *Banco* será *administrado* por *nove directores*, que serão *accionistas pelo menos de vinte acções*, os quaes serão *eleitos annualmente*, na forma do artigo 31º. Exceptuando-se os primeiros nove nomeados, que por motivo de terem de organizar o banco e po-lo em regular andamento, so serão renovados se na época da primeira eleição ordinaria já tiverem servido pelo menos nove meses, aliás serão conservados ate a seguinte época de eleições.

Artigo 40º- Os *directores* serão *obrigados* a *conservar* em *deposito* no *banco vinte acções* de que sejão proprietarios, dos quaes não poderão dispor durante o tempo que servirem.

Artigo 41º- A *direcção nomeará* annualmente dentre os seus membros um *presidente* e um *secretario*, e este escreverá circunstanciadamente os trabalhos e as decisões em ul livro de actas; elas serão assignadas por todos os membros presentes.

Artigo 42º- Haverá reunião ordinaria da direcção uma vez por semana, e extraordinaria quando ella julgar necessario, ou quando for convocada pelos directores de serviço. Todos os directores tem obrigação de vigiar incessantemente sobre os interesses do Banco; mas, além disso, haverá diariamente de serviço tres directores que dirijão todas as operações.

Artigo 43º- Pertence á *direcção* a inteira *administração dos fundos do Banco*, que regerá como entender, cingindo-se aos presentes estatutos e ao regulamento interno que houver de organizar-se.

Artigo 44º- Os fundos do Banco estarão sob a quarda de toda a direcção, a qual poderá chamar para o expediente da caixa um ou mais thesoureiros ou fieis que tiverem a precisa aptidão, os quaes prestarão a fiança que a direcção entender necessaria.

Artigo 45º- Em todas as deliberações da direcção decidir-se-hão os negocios á pluralidade de votos. Se não estiverem presentes todos os membros, serão necessários votos conformes da maioria dos directores effectivos para tornar valiosa a deliberação. Os membros vencidos poderão declarar o seu voto na acta.

(…)

Artigo 47º- Os directores e mais empregados do Banco serão individualmente responsáveis, quando infringirem os estatutos e regulamento interno, ou commeterem quaesquer abusos.

Artigo 48º- Quando alguns dos directores se achar impedido de servir por mais de um mez, a direcção por meio de seu presidente e secretario, chamará *substituto* para servir durante o impedimento, regulando-se pela ordem dos mais votados. Enquanto porem existirem cinco directores em exercicio não terá lugar a substituição.

Artigo 49º- A direcção, logo que estejão concluidos os balanços semestraes de 30 de junho e 31 dezembro, o participará aos membros da commissão de exame, na forma do art. 30, (…).

Artigo 50º- Além destes dous balanços semestraes, fará a direcção publicar no fim de março e setembro um balancete resumido do estado do banco.

Artigo 51º- Os directores terão, em *compensação* do seu *trabalho* e responsabilidade, uma *commissão de 5%*, depois de retirado o fundo de reserva, sobre os *lucros liquidos*, o qual será repartido com igualdade por entre elles.

Titulo VII
Dos Empregados

Artigo 52º- Os empregados do Banco serão escolhidos e demittidos pela direcção, e seus ordenados fixados pela assembléa geral sob proposta daquella.

Artigo 53º- Todos os empregados do Banco que receberem ordenados prestarão, á satisfação da direcção, *fiança idonea*. Esta fiança será de *vinte vezes o importe* do *ordenado* para os *empregados que manejarem fundos*, e somente *dez vezes* para os que forem unicamente de *escripta*. As fianças poderáò ser *substituidas* por *depositos*, incluidas as *acções* do proprio banco. (…).

Titulo VIII
Das Operações do Banco

Artigo 54º- As operações do Banco serão as designadas nos seguintes artigos:

Artigo 55º- O Banco fará *operações de descontos, emprestimos e contas correntes*, na forma dos paragraphos seguintes:

*1º- Operações de descontos: 1º- de letras da terra ou titulos de companhias, ou particulares que no commercio se costumão descontar; 2º- de bilhetes da alfandega e thesouro, e de quaesquer outros titulos do governo; 3º- de letras de cambio.

*2º- Emprestimos sobre penhores, cauções e hypothecas; eles terão lugar: 1º- sobre penhores de ouro, prata brilhantes e joias; 2º- sobre generos depositados em armazens alfandegados; 3º- sobre apolices da divida publica e outros titulos do governo, acções de companhias ou titulos particulares; 4º- sobre acções do proprio Banco; 5º- sobre fianças; 6º- sobre hypothecas de bens de raiz.

*3º- Contas correntes das seguintes classes: 1º- sobre dinheiros depositados; 2º- sobre penhores de ouro, prata, brilhantes e joias; 3º- sobre apolices da divida publica, outros titulos do governo, acções de companhias ou titulos de particulares; 4º-sobre acções do proprio banco; 5º- sobre hypothecas de bens de raiz; 6º- sobre cauções.

Artigo 56º- O Banco tomará em guarda e deposito ouro, prata, brilhantes, joias e titulos de valor.

Artigo 57º- O Banco poderá negociar com *letras de cambio*, e *especular* sobre operações delle.

Atigo 58º- Cobrará por conta de terceiros que o solicitem dividendos e quaesquer valores, e fará delles remessa em dinheiro ou letras.

Artigo 59º- Encarregar-se-ha por commissão da compra e venda de metaes, apolices da divida publica, e de todos e quaesquer outros titulos.

Artigo 60º- Fará movimentos de fundos proprios ou alheios de uma para outra provincia, ou para fora do Imperio.

Atigo 61º- Poderá *comprar* e *vender* por conta propria *metaes preciosos*, mormente quando a *moeda corrente for dessa especie, ou o Banco vier a ser de emissão*.

Artigo 62º- Poderá tambem *comprar* e *vender apolices* da *divida publica* fundada ou quaesquer *outros titulos de credito da nação*.

Artigo 63º- Receberá dinheiro a premio quando e como convier-lhe.

Artigo 64º- Terá a faculdade de *emittir letras* e *vales pagaveis* ao *portador* com *vencimento da data ou da vista*: o *prazo* porém não poderá ser ao portador maior de *dez dias*, nem a *quantia menor de 200$000; não podendo jamais a somma em circulação exceder a 50% do fundo ou capital effectivo do Banco.*

Artigo 65º- Poderá o Banco, se lhe convier, ter *caixas filiaes em uma ou mais provincias com accionistas dellas*, subordinadas aos principios regulares dos presentes estatutos em todas as suas operações.

Artigo 66º- Se convier a seus interesses, poderá contractar quaesquer operações com o governo, como de particular a particular, e receber capitaes delle como accionista.

(…)

Da Compra e Venda de Metaes, Apolices ou ortros Titulos do Governo

Artigo 89º- Na compra de metaes e titulos publicos, por conta própria, o Banco terá em vista a segurança das operações, a vantagem comparativa a outras transacções, evitando todo o espirito de jogo ou agiotagem. As *compras* e *vendas* de *titulos da divida publica não se considera jogo*, e por isso as fará com as condições que parecerem mais vantajosas. *Não poderá porém empregar simultaneamente mais do que a decima parte do fundo do capital effectivo do banco nestas negociações.*

Das Letras e Vales

Artigo 90º- As letras e vales que o Banco emittir serão passados pela direcção, representada pelos directores da semana, e rubricados pelo presidente e secretario da direcção. A responsabilidade destas letras ou vales é toda do banco.

(…)

Artigo 92º- A direcção em tempo competente informará ao governo sobre a reunião da commissão de exame mencionada no titulo 4, para que elle nomée, querendo, o commissario que, acompanhando aquella, verifique pela sua parte só e unicamente se a emissão de que se trata tem excedido metade do fundo do capital effectivo do banco.

Titulo X
Disposições Geraes

Artigo 99º-O Banco poderá requerer dos poderes politicos quaesquer privilegios ou medidas favoraveis ao credito, segurança e prosperidade do estabelecimento, e particularmente que as acções ou fundos existentes no Banco e pertencentes a estrangeiros sejão em quaesquer casos, mesmo no de guerra, tão respeitados e inviolaveis como os nacionaes.

Artigo 100º- O Banco não poderá negociar por sua conta em mercadórias ou bens de raiz, salvo se os adquirir por trato com os seus devedores, execução ou adjudicação, e nesse caso deverá vendê-los no menor prazo possivel.

Artigo 101º- O Banco poderá comprar e possuir os edificios que forem necessarios para o seu estabelecimento.

Artigo 102º- As operações do Banco, e especialmente as que disserem respeito a particulares, são objecto de segredo para os seus empregados. Aquelle que os revelar será reprehendidose da revelação não resultar danno; se resultar, será expulso e responsabilisado.

Artigo 103º- Toda pessoa que faltar a boa fé nos seus tratos com o Banco ficará excluida de negociar com elle directa ou indirectamente.

Artigo 104º- A direcção fica autorisada a demandar e ser demandada, e a exercer livre e geral dministração, e plenos poderes, comprehendidos e outorgados todos, sem reserva de algum, e mesmo os poderes em causa propria.

Artigo 105º- As pessoas que se contituem devedoras do Banco, quando não sejão domiciliarias nesta côrte, ou cidade onde o Banco tenha caixas filiaes, declarão-se espontaneamente pelo facto da negociação obrigados a responder na mesma côrte ou cidade, como se assignassem obrigação expressa disso, embora não sejão nellas encontradas ao tempo do chamamento a juizo, renunciandopara o effeito o fôro do respectivo domicilio.

Atigo 106º- Todos que negociarem com o Banco, por esse mesmo facto sujeitão-se as disposições dos seus estatutos, que servirão de lei entre as partes, e como tal serão julgados nos tribunaes.

Fonte: Jornal do Commercio. *Commercio. Projecto de Estatutos do banco do Commercio e Industria do Brazil.* 19/02/1851, p. 2-3.

ANEXO II.
ESTATUTOS DO BANCO DO BRASIL

Projeto de Irineu Evangelista de Souza

Obs.: Entre parenteses estão os artigos do *Projeto* proposto pela comissão composta por J. P Darrigue Faro, Theophilo B. Ottoni e J. M. Pereira da Silva

Titulo I
Do Banco

Artigo 1º- O banco, organizado com o título de *Banco do Brasil* durará vinte annos, contados do dia que fôrem definitivamente approvados pelo governo os seus estatutos: findo esse prazo, a assembléa geral dos accionistas deliberará em reunião extraordinaria, para esse fim expressamente convocada, se convem prorrogar o periodo da duração do mesmo banco.(Artigo 1º- O banco organizado com o título de – Banco do Brasil – durará vinte annos contados do dia da sua installação; e findo este prazo poderá ser prorrogado por deliberaçào da assembléa geral.)

Artigo 2º- O banco do Brasil será de *deposito e desconto*, e poderá tambem vir a ser de *emissão*, se para isso obtiver autorização dos poderes do Estado (Artigo 2º- *ibidem*).

Artigo 3º- O fundo capital do banco será de réis 10.000:000$000, divididos em 20.000 acções de 500$000. Este fundo poderá ser augmentado por deliberação da assembleia geral dos accionistas.(Artigo 3º- *ibidem*)

Artigo 4º- Approvados os presentes Estatutos pela assembleia geral dos accionistas, reunir-se-ha a mesma 5 dias depois para proceder a eleição do *conselho de direcção*, de que tratão os artigos 58 e seguintes do titulo 4.(esse artigo não existe no projeto da comissão).

Artigo 5º- As entradas das acções que estiverem subscriptas até o acto da installação do banco serão realisadas em 10 pagamentos, sendo o primeiro logo dpois de eleito o conselho de direcção, os quatro seguintes á medida que o conselho de direcção o exigir por annuncios nas folhas diarias, com precedencia de 30 dias pelo menos: os ultimos cinco pagamentos terão lugar quando o conselho de direcção entender necessario augmentar o fundo effectivo do banco pela crescente demanda de capitaes, precedendo aviso de tres mezes aos accionistas para realisarem cada uma das respectivas entradas. (Artigo 4º- Não se emittirão mais acções do banco, além das dez mil já subscriptas, sem prévia autorização da assembleia geral dos accionistas, que determinará as respectivas condições; Artigo 5º- As entradas das acções actualmente subscriptas se farão em pagamentos, sendo o primeiro a vista, e os seguintes quando a direcção os exigir por annuncios nos jornaes, com precedencia, pelo menos de trinta dias. Depois de instalado o bano, as entradas de novas acções serão feitas na proporção que a direcção determinar.).

Artigo 6º- É permittida a subscripção de acções dentro dos limites do artigo 5 até a installação do banco. Se até essa data não estiverem subscriptas todas as 20.000 acções, não serão admittidas mais assignaturas sem deliberação da assembleia geral dos accionistas, sob proposta do conselho de direcção.

(…)

Artigo 8º- O banco poderá ser dissolvido por deliberação da sua assembleia geral, ainda antes de se completarem os vinte annos marcados no artigo 1º, se se reconhecer que a sua continuação é prejudicial (o artigo 7º da comissão é igual)

Artigo 9º- Se o banco soffrer prejuizos que absorvão o seu fundo de reserva e 10 por cento do seu capital effectivo, o conselho de direcção convocará immdiatamente a assembléa geral para que em taes circumstancias delibere como melhor convier. (Artigo 8º- Se o banco …. effectivo, a direcção convocará immediatamente a assemblea geral para ue nestas circumstancias delibere como melhor convier.)

Título II

Artigo 10- O banco considera seu acionista toda a pessoa, corporação, associação ou entidade que possuir acções, seja como proprietário, seja como cessionario, com tanto que neste ultimo caso estejão as acções competentemente averbadas no livro de registros. O averbamento, para ter lugar a transferencia, será feito á vista das acções e das partes contractantes, por si ou por seus procuradores, sem que haja endosso na apolice.(Artigo 9- *ibidem*)

Artigo 11- Os accionistas só respondem pelo valor de suas acções, e estas podem ser doadas, vendidas, cedidas, hypothecadas, legadas, ou por qualquer modo transferidas na forma do artigo antecedente.(Artigo 10- *ibidem*)

Artigo 12- Sómente os *accionistas* de *cinco* ou *mais acções podem votar* e ser votados para os cargos de eleição do estabelecimento, e não pode ser *membro* do *conselho* de *direcção* quem não possuir pelo menos *vinte acções*.(Artigo 11- Sómente os *accionistas* de *cinco* ou *mais acções* tem idoneidade para exercerem os *cargos* de *eleição* do estabelecimento. E somente são *elegiveis* para *diretores* os *accionistas* de *vinte* ou *mais acções*.)

Artigo 13- Os *accionistas* podem ser *nacionaes* ou *estrangeiros* **indistinctamente**, e bem assim todos os *empregados* do *banco*.(Artigo 12- Poderão ser nacionaes ou estrangeiros indistinctamente os accionistas, e todos os empregados do banco)

Artigo 14- Havendo accionistas com firmas sociaes, poderão todos os socios que as representem assistir e discutir nas reuniões da assemblea geral dos accionistas, votando porem um só.(Artigo 13- Havendo accionistas com firmas sociaes, um dos socios poderá votar)

Titulo III

Artigo 15- A totalidade dos accionistas será representada pela assemblea geral.(Artigo 14- *ibidem*)

Artigo 16- A assembléa geral é a reunião dos accionistas verificada na forma dos presentes estatutos. Os accionistas de menos de cinco poderão assistir as deliberações, e discutir, mas não votar.(Artigo 15- *ibidem*)

Artigo 17- A convocação da assemblea geral terá lugar por convite do conselho de direcção em edital firmado pelo seu presidente e secretario, afixado na porta do banco e na praça do commercio, e publicado tres vezes nos jornaes de maior publicidade. (Artigo 16- A convocação ... por convite da direcção ... publicidade.)

Artigo 18- A assembléa geral se julgara constituida estando presentes tantos accionistas quantos representem um terço do capital effectivo do banco, correspondente aos accionistas que tem voto.(Artigo 17- No dia e hora designada no edital mencionado no artigo antecedente, a assembléa geral se julgará constituida, estando presentes pelo menos tantos accionistas quantos representem um terço do capital effectivo do banco, correspondente á totalidade dos accionistas que tem voto.

Artigo 19- Quando a assembléa geral não puder deliberar por falta de numero, se fará nova convocação com as formalidades do art.18, e com declaração dos motivos da nova convocação: nesta reunião os votos presentes, qualquer que seja o seu numero, constituem a assembléa geral.(Artigo 18- Quando a assembléa geral não puder deliberar por falta de numero, se fará nova convocação com as formalidades do artigo 17, e com a declaração do motivo do novo chamamento na reunião effectuada em consequencia desta nova convocação: os votos presentes resolveráõ como em assembléa geral plena.)

Artigo 20- As deliberações para o fim de alterar todas ou cada uma das disposições dos presentes estatutos, designadas debaixo do titulo 1º, os artigos 1º, 2º, 3º, e 8º, e todos os artigos dos titulos 2º, 3º, 4º, e o artigo 71 do titulo 10, so poderaó ser tomadas por votos concordes de accionistas que representem a maioria absoluta do capital effectivo do banco:

os demais artigos poderão ser alterados por deliberação da assembléa geral ordinaria.(Artigo 19- No entanto as deliberações relativas á admissão de novos accionistas para o augmento do fundo capital, além dos 10.000:000$000 estabelecidos, á dissolução do banco antes de vinte annos, á prorrogação da sua existencia além desse espaço de tempo, á conversão do estabelecimento em banco de emissão, á reforma dos preentes estatutos ou á creação de caixas filiaes, quando por ventura propostas, só poderão ser tomadas pelos votos concordes de accionistas que representem a maioria absoluta do capital effectivo do banco)

Artigo 21- A assembléa geral se reunirá ordinariamente duas vezes em janeiro e duas vezes em julho de cada anno; sendo a primeira reunião ate o dia 15, e a segunda logo que a commissão de exame tiver concluido sua tarefa.(Artigo 20- *ibidem*)

Artigo 22- A assembléa geral se reunirá extraordinariamente sempre que o conselho de direcção julgue conveniente convoca-la. O conselho de direcção, sob pena de responsabilidade, convocará tambem uma assembléa geral extraordinaria, sempre que lhe for exigido por um número tal de accionistas que representem um quarto do capital effectivo do banco. E se oito dias depois de apresentada uma tal representação o conselho de direcção não houver convocado a assembléa geral, poderão os requerentes faze-lopor annuncios publicos por todos assignados, com a desiguação do numero de acções de cada um, e declarando não ter sido attendida a sua exigencia pelo conselho de direcção.(Artigo 21- A assembléa geral se reunirá extraordinariamente sempre que a direcção julgue conveniente fazer uma convocação extraordinaria. A direcção fará, sob pena de responsabilidade, uma igual convocação logo que isso seja requerida em representação assignada individualmente por accionistas que representem um quarto do capital effectivo do banco. E se oito dias depois de apresentada uma tal representação, a direcção não houver convocado a assembléa geral poderáó os signatarios a fazer a convocação por annuncios publicos, por todos assignados, com designação do numero de acções de cada um, e declaração de se haverem já dirigido á direcção para esse fim, e de não ter ela attendido á sua exigencia)

Artigo 23- Nas reuniões extraordinarias não terá lugar discussão alguma alheia ao objecto da convocação. Poder-se-hão porém apresentar quaesquer indicações para serem resolvidas na primeira reunião ordinaria ou mesmo em outra extraordinaria, se a materia for julgada urgente pela assembléa geral.(Artigo 22- *ibidem*)

(…)

Titulo IV
Da Administração

Artigo 39- O banco será dirigido por um conselho de 5 diretores e administrado por dous gerentes.(Artigo 38- O banco será administrado por nove dirctores eleitos na forma do artigo 30; Artigo 30- Na segunda reunião de julho, discutido o relatorio da comissão de exame [composta por tres membros eleitos na primeira reunião de janeiro e julho, é responsavel pela analise dos balanços e do estado do banco] terá lugar por escrutinio secreto, e a maioria absolut dos votos, a eleição dos nove directores que tiverem de ser nomeados para o anno seguinte)

Artigo 40- São attribuições do conselho de direcção:

1º Requerer ao governo imperial, a approvação dos presentes estatutos e seu beneplacito para a installação do banco.

2º Verificar a installação do Banco logo que possa ter lugar regularmente.

3º Organisar o regimento interno do banco, que estabelecerá o modo pratico de se effectuarem as operações do banco, e marcará os deveres que competem a cada empregado, bem como os ordenados que deveráõ receber e as fianças que devem prestar. Este regimento não entrará todavia em execução senão depois de approvado pela assembléa geral dos accionistas.

4º Propor os dous gerentes de que trata o artigo 3º; e bem assim fiscalisar a maneira por que os mesmos desempenhão os deveres que lhes são incumbidos; nomear-lhes substitutos por impedimentos temporarios, suspend6e-los e mesmo demitti-los do exercicio de suas funções, o que porém só poderá ser decididoem reunião do conselho estando presentes todos os membros; convocando-se supplentes se algum estiver impedido.

5º Escolher e demittir sob proposta dos gerentes os empregados do banco.

6º Propôr á assembléa geral dos accionistas as alterações, addições ou suppressões que for necessario fazer para que obtenhão essa approvação.

7º Promover por todos os modos a prosperidade do estabelecimento, solicitando mesmo dos poderes do Estado os melhoramentos que houverem mister as leis do paiz para melhorar assegurar as operações do banco, bem como procurar obter os privilegios e immunidades a que o mesmo possa aspirar.

8º Finalmente velar na pontual execução dos estatutos e regimento interno do banco.

(Artigo 39- Todos os annos, e na segunda sessão de julho, se fará nova eleição, e só poderão ser reeleitos até seis dos nove diretores. A primeira eleição, porém só terá lugar na segunda sessão de julho de 1852. Para estas eleições os votantes contemplarão em suas cedulas, pelo menos, tres dos directores em exercicio.(...). Os demais artigos são semelhantes aos do projeto de fevereiro)

(...)

Artigo 43- Os membros do conselho são obrigados a conservar em deposito no banco vinte acções de que sejão proprietarios, das quaes não poderáõ dispor durante o tempo que servirem.(Artigo 40- Os diretores são obrigados a conservar em depósito no banco vinte acções ... servirem.)

Artigo 44- O conselho de direcção nomeará annualmente d'entre os seus membros um *Presidente* e um *Secretario*, e este escreverá circunstanciadamente o que for decidido pelo pelo conselho em um livro de actas que será assignado pelos membros presentes. (Artigo 41- A direcção nomeará annualmente d'entre os seus membros, um presidente e um secretario, e este escreverá circunstanciadamente os trabalhos e decisões em um livro de actas: ellas serão assignadas por todos os membros presentes.)

(...)

Artigo 49- Os dois gerentes que trata o artigo 39 serão propostos pelo conselho de direcção, que apresentará seus nomes á approvação da assembléa geral dos accionistas, votando-se pro ou contra, sem discussão.

Artigo 50- São *deveres* e *attribuições* dos *gerentes*:

1º Executar as ordens do conselho de direcção relativas a exacta observancia dos estatutos e dos regimento interno do banco.

2º Realizar com assistencia e sancção do conselheiro director que estiver de serviço as operações autorizadas pelos titulos 5º, 6º e 7º dos estatutos.

3º Representar ao conselho de direcção sobre quaesquer estorvos ou incovenientes que possão ocorrer na marcha das operações do banco, propondo os meios de os remediar.

4º Propor ao conselho de direcção os empregados que forem precisos para o prompto andamento do expediente do banco.

5º Conservar rigorosamente em dia a escripturação do banco, bem como velar na conducta de todos os empregados do mesmo, propondo a demissão dos que forem menos aptos e delinquirem, bem como as gratificações que se devão dar aos que zelosamente desempenharem os deveres de que forem incumbidos.

6º Expedir a correspondencia que exija o expediente ordinario do banco, que será rubricada ou assignada tambem pelo director que estiver de serviço.

(Artigo 43- Pertence a direcção do banco a inteira administração dos fundos do banco, que regerá como entender, cingindo-se aos presentes estatutos e ao regulamento interno que se organizar.)

Artigo 51- Um dos gerentes terá a seu cargo a thesouraria do banco, e poderá nomear, sob sua responsabilidade, os fieis de que necessitar.(...).

Titulo V
Das operações do banco

Artigo55- As operações do banco serão as designadas dos artigos seguintes.

Artigo 56- O banco fará operações de descontos, empréstimos e contas correntes na forma dos parágrafos seguintes:

*1º- Operações de desconto: 1º-de letras da terra, titulos de companhias ou particulares que no commercio se costumão descontar; 2º-de bilhetes da alfandega e do thesouro, e quaesquer outros titulos do governo a prazo certo; 3º-de letras de cambio.

*2º- Emprestimos sobre penhores, cauções e fianças, terão lugar: 1º-sobre penhores de ouro, prata, diamantes brutos ou lapidados; 2º- sobre generos de producção nacional e estrangeira, e não susceptiveis de deterioração ou corrupção, depositados em armazens alfandegados; 3º- sobre apolices da divida publica e outros títulos do governo, acções de companhias ou titulos particulares; 4º- sobre acções do proprio banco; 5º- sobre fianças.

*3º- Contas Correntes: sobre dinheiros depositados; sobre penhores de ouro, prata, diamantes brutos e lapidados; sobre apólices da divida publica, outros titulos do governo, acções de companhias, ou titulos particulares; sobre acções do proprio banco; sobre cauções.

(Artigo 53- *ibidem*)

Artigo 57- O Banco poderá tomar em guarda e deposito, ouro, prata, brilhantes, joias e titulos de valor (Artigo 54- *ibidem*)

Artigo 58- Poderá cobrar por conta de terceiros que o solicitem, dividendos ou quaesquer valores, e fará delles remessa em dinheiro ou letras (Artigo 55- *ibidem*)

Artigo 59- Tem a faculdade de *emittir letras* e *vales* pagaveis com vencimento de data ou de vista, contanto que o prazo não seja *menor* de *cinco dias*, e nem a *quantia menor de 200$000*; não podendo jamais a somma em circulação exceder a *50% do fundo effectivo* do banco. (Artigo 56- *ibidem*)

Artigo 60º- Poderá encarregar-se por commissão da compra e venda de metaes, apolices da divida publica, e de todos e quaesquer outros titulos.(Artigo 57º- *ibidem*).

Artigo 63º- Poderá *comprar* de conta propria *metaes preciosos*; mesmo effectuando para esse fim *operações de cambio*, no que em caso algum poderá empregar mais de *10% do seu capital effectivo*.(Artigo 60º- *ibidem*).

Artigo 64º- Poderá comprar e vender apolices da divida publica fundada, ou quaesquer outros titulos de credito da nação.(Artigo 61- Podera comprar e vender apolices da divida publica fundada ou quaesquer outros titulos de credito da nação, contanto que não se empregue ... 10% do seu capital effectivo.)

Artigo 65- A assembléa geral poderá determinar que o *banco empregue uma parte* de seus *fundos* em adiantamentos sobre *hypothecas de bens de raiz* logo que a legislação hypothecaria offereça garantias convenientes.(esse artigo não existe no projeto da comissão)

Titulo VI
Dos descontos, emprestimos e contas correntes

(...)

Artigo 69- Aos negociantes que abrirem conta corrente com o Banco se dará preferência aos descontos, entendendo-se que os mesmos deverão conservar no banco um saldo proporcional ao seu gyro commercial.(esse artigo não existe no projeto da comissão)

Artigo 70- Poderá também o banco, em circunstancias extraordinarias fazer emprestimos temporarios em conta corrente, a firmas commerciais de inteiro e reconhecido credito, contanto que o prazo fixo marcado para reembolso de taes emprestimos não exceda de 50 dias.(não existe esse artigo na commissão).

(...)

Titulo VIII
Dos dividendos e do fundo de reserva

Artigo 74- Feitos os balanços semestraes, do lucro se deduzirão 6% para fundo de reserva, e o resto será liquido do que, depois deduzida a gratificação dos Gerentes, se fará dividendo nos mezes de Julho e Janeiro.(Artigo 68- *Ibidem*)

Artigo 75- Ao fundo de reserva se augmentará o lucro que possa obter-se da venda de acções acima do par: o juro que elle produzir entrará para a massa dos lucros do banco. (Artigo 69- *Ibidem*)

Artigo 76- Na dissolução do Banco o fundo de reserva que houver será accumulado ao capital e dividido pelos accionistas existentes.(Artigo 70 – *Ibidem*)

Titulo IX
Disposições geraes

Artigo 77- O fallecimento do accionista não obriga a liquidar o banco. Seus herdeiros, ou representantes não poeráó de forma alguma pôr embaraços ao andamento das suas operações, e só terão direito á percepção dos dividendos, e aos dos mais accionistas, e a transferencia de suas acções se lhe convier.(Artigo 71, *Ibidem*)

Artigo 78- A direcção procurará sempre ultimar, por meio de arbitros, as contestações que se possão suscitar durante sua administração. (Artigo 72, *Ibidem*)

Artigo 79- O Banco poderá requerer dos poderes politicos quaesquer privilegios ou medidas favoraveis ao credito, segurança e prosperidade do estabelecimento, e particularmente que as acções ou fundos existentes no banco, e pertencentes a estrangeiros, sejão em quaesquer casos, mesmo de guerra, tão respeitados e inviolaveis como os nacionaes.(Artigo 73, *Ibidem*)

Artigo 80- O Banco, logo que por qualquer modoconciliatorio ou judicial venha receber de seus devedores bens de raiz ou mercadorias, deverá vende-los no menor prazo possivel.(Artigo 74-*Ibidem*)

Artigo 81- O Banco poderá comprar e possuir os edificios que forem necessarios para seu estabelecimento.(Artigo 75-*Ibidem*)

Artigo 82- As operações do banco, e especialmente as que disserem respeito a particulares, são objetos de segredo para os seus empregados. Aquele que as revelar deverá ser reprependido ou expulso, e responsabilisado, conforme resultar ou não danno.(Artigo 76-*Ibidem*)

Artigo 83- Toda *pessoa que faltar* á *boa fé* nos seus tratos com o Banco ficará excluida de negociar com elle directa ou indirectamente.(Artigo 77- *Ibidem*)

Artigo 84- A direcção fica autorisada a demandar e ser demandada, e a exercer livre e geral administração e plenos poderes, compreendidos e outorgados todos, sem reserva de algum, e mesmoos poderes em causa propria.(Artigo 78- *Ibidem*)

Artigo 85- Na conformidade do artigo 295 do Código Commercial os presentes estatutos serão presentes ao governo imperial para a sua approvação; e bem assim quaesquer reformas que pelo diante se fação nelles depois de approvados pela assembléa geral dos accionistas. Esta disposição não se entende como regimento interno. (Artigo 79- *Ibidem*)

Fonte: 1. Jornal do Commercio. *Estatutos do Banco do Brazil*. 09/04/1851, p. 1-2
2. Jornal do Commercio. *Rio de Janeiro. Banco do Brasil. Estatutos do Banco do Brazil*. 19/04/1851, p. 2-3

ANEXO III.
RELATÓRIO DO BANCO DO BRASIL

"Senhores accionistas do Banco do Brazil

O primeiro cuidado do Conselho de Direcção foi o de levar a effeito praticamente a organização do Banco, requerendo logo do governo Imperial a approvação dos estatutos, o que obteve com as modificações constantes no decreto de 2 de julho do anno próximo passado, de que tendes conhecimento. Em seguida prosseguio o conselho na escolha dos gerentes e mais empregados indispensáveis para por em acção o mecanismo do banco; confeccionou o regimento interno conforme dispõe os estatutos, merecendo-lhesimultaneamente a mais séria attenção a acquisição do edificio em que teria que funccionar o estabelecimento; por annuncios repetidos nas folhas diárias provocou a apresentação de propostas para a venda ou aluguel de um prédio em que se dessem as condições necessárias ao bom desempenho do serviço do banco; muitas foram as propostas, porém nenhum dos edficios offerecidos satisfez as condições exigidas, o que obrigou o conselho de direcção a fazer novos e reiterados esforços para satisfazer esta urgentissima necessidade, conseguindo afinal effectuar a compra do excellente predio em que vós achais, pelo preço de 140:000$000; a competente sisa e as alterações necessarias para adaptar o predio ás exigencias pecuniarias do serviço do banco, bem como a forte soma que foi preciso despender na construcção de uma casa forte que reune todas as condições de solidez imaginaveis, como imperiosamente o exige a perfeita segurança dos capitaes que terão que agglomerar-se no maior estabelecimento bancal da America Meridional, elevou o custo do edificioaté hoje a 138:268$752; o conselho de direcção porém não hesita em congratular-se convosco pela acquisição de um tal predio que satisfaz, não só ao movimento do Banco na actualidade, porém mesmo a quaesquer exigencias futuras que a prosperidade do estabelecimento crear. Vencidas estas difficuldades, passou o Conselho de Direcção a fazer effectiva a primeira entrada dos fundos do banco na importancia de Rs. 1.000:000$000, o que se verificou até o dia 20 de agosto do anno proximo passado, tendo principio as operações no dia immediato. Duas mais entradas de igual quantia foram exigidas e ralisadas, e verifica-se actualmente a quarta entrada por assim o reclamar o progressivo desenvolvimento das operações do Banco.

Não cansara o Conselho de Direcção a vossa attenção narrando-vos detalhadamente a marcha sucessiva de suas operações, porquanto o balanço geral que se acha sobre a mesa, e os trabalhos complementares que o accompanhão, vos informam cabalmente do occorrido. (...). Até o dia 30 de junho proximo passado, o movimento do caixa foi de Rs.

91.723:213$215, sendo por entrada Rs. 47.224:686$663, e por sahida Rs. 44.498:526$552. Desconto o banco em letras da Praça, e sobre cauções Rs. 18.251:819$283. As entradas de dinheiro a premio elevarão-se a Rs. 15.341:893$482. O movimento das contas correntes foi de Rs. 22.889:670$742, sendo por entrada Rs. 11.694:238$960, e por sahida Rs. 11.195:431$782. A conta de ganhos e perdas demonstra um lucro liquido de Rs. 178:911$598, correspondente a 9 3/32 por cento ao anno sobre o fundo recolhido, o que levou o conselho de direcção a declarar divicendos de Rs. 8$000 por acção, deixando ainda ao credito da conta de ganhos e perdas Rs. 7:647$490, depois de se haver levado ao fundo de reserva Rs. 11:264$108, em conformidade do que dispõem o artigo 74 dos estatutos. Esta posição é por sem duvida vantajosa, attendendo-se a fortes despesas innherentes a epoca da organização do Banco e a superabundancia de capitaes flutuantes que o mercado monetario apresentou durante o periodo decorrido (...). Um dos cuidados do conselho de direcção foi o de representar ao corpo legislativo contra a opressiva applicação do sello no que respeita a letras e vales de curtissimos prazos;semelhante applicação inutilisa um dos mais importantes recursos do banco enquanto não chega a epoca de assumir este estabelecimento a posição que lhe compete, sendo elevado a categoria de *Banco de Emissão*, o que é facil de prever terá lugar em época não muito distante, porquanto a prosperidade crescente do Imperio é o desenvolvimento dos germens de riqueza que superabundam no país, reclamarão em breve uma instituição de crédito de ordem mais elevada, que dê vigor ao execício das energias activas da sociedade. Procurou também o conselho de direcção iniciar negociações para abrir *um crédito ao Banco da Inglaterra*, por uma fort somma, que julga de transcendental utilidade ao estabelecimento, e espera consegui-lo. Entrou tambem em correspondencia com bancos das provincias, fazendo sentir a estes estabelecimentos que, por meio de contas correntes, abrindo-se créditos recíprocos, poderão auxiliar o commercio no movimentos de fundos, mediante modicas commissões. (...).

Cabe ainda ao Conselho de Direcção o dever de chamar a vossa attenção sobre outros assumptos de suma importância (...). O artigo 65 dos estatutos determina que por votação da assembleia geral possa o banco determinar uma parte dos seus fundos para adiantar sobre *hipotecas de bens de raiz*. Lamenta o Conselho de Direcção que nenhum melhoramento se tenha dado a respeito, e se bem que reconheça que a ideia em questão se torna cada dia mais popular, não se atreve aconselhar-vos que appliqueis desde já parte alguma dos fundos do banco para semelhante fim, quando porem os poderes do Estado julguem acertado esttuir que os registro das hipothecas se tornem verdadeiramente geral, abrangendo o intricado labirinto das hipothecas legaes, por meio de regulamentação appropriada, entenderia o conselho ser chegada a occasião do banco favorecer moderadamente a essa classe de propriedade.

Para agora o conselho de direccão a considerar uma outra questão de alta importancia para o estabelecimento: queremos fallar das caixas filiaes. (...).

Senhores accionistas! Uma poderosa instituição bancal como a nossa, tem direito a ocupar uma posição distincta na economia social do paiz, e é um dever de sua administração não cruzar os braços diante dos acontecimentos que se desenvolvem.(...). A creação de <u>caixas filiaes</u> é uma das missões e mesmo uma necessidade do Banco do Brasil;o que cumpre averiguar e estudar de uma maneira adequada é: 1) se as localidades aonde se julga acertado a levar effeito semelhantes instituições tem elementos bancaes; 2) se tem o pessoal necessário para organizar uma administração prestigiosa; 3) as opportunidades decididas simultaneamente pela affirmativa estes tres pontos em referencia, a qualquer localidade, toda a demora em estabelecer a caixa filial será em perda para do banco, e desconhecerá os interesses do mesmo a adminiministração que deixar de aconselhar sua creação. Nas provincias de S. Pedro do Sul e São Paulo a creação de caixas filaes deste banco seria indubtavelmente de grande vantagem para o mesmo;(...). Tem estas provincias população e propriedade movel e territorial valiosa, commercio de importação e exportação, importante navegação de longo curso e de cabotagem, e finalmente agricola e fabril. Localidades que nos Estados Unidos, e mesmo na Europa tem uma importancia minima em relação a estas duas províncias, gozão dos beneficios de muitas dezenas de bancos. (...). [Mesmo com todas estas vantagens das localidade citadas, o conselho limitou o fundo dessas caixas filiaes de 1.000:000$000], não podendo ser augmentado a não ser por nova autorização da assembleia geral.

Vai agora o conselho propor uma alteração ao artigo 39 do Estatuto. O cargo de membro deste conselho, sendo honroso, não deixa de ser oneroso, e o aumengto do numero de seus membros de 5 para 7 torna-se uma necessidsde; (...). Propõe também o Conselho de Direcção uma votação especial para sete supplentes cuja ideia pode ser consignada em additamento ao artigo 48.

Rio de Janeiro 10 de julho de 1852
Barão de Ypanema – Irineu Evangelista de Souza – Manoel Machado Coelho – José Antonio de Figueiredo Junior – Militão Máximo de Souza

Fonte: Jornal do Commercio. Commercio. Banco do Brasil. 14/07/1852.

ANEXO IV.
SOCIEDADE BANCÁRIA MAUÁ, MACGREGOR & CIA.
CONTRATO SOCIAL

da Sociedade

I

A sociedade será em commandita, em harmonia com o disposto no Código Commercial artigos 311, 312, 313 e 314.

II

Os sócios gerentes e solidariamente responsáveis por todos os seus bens para com terceiros serão: nesta corte, o Barão de Mauá, Alexandre Donald MacGregor e João Ignácio Tavares; e em Londres, os mesmos e mais um indivíduo proposto pela administração e approvado pelo Conselho Fiscal de que adiante se tratará.

III

A razão ou firma social nesta corte será Mauá, MacGregor & Cia., e em Londres a que for adoptada pela administração com approvação do Conselho Fiscal. Só terão direito de assignar a firma social os sócios gerentes ou seus propostos por procuração.

IV

O fundo social será de seis mil contos de réis, representados por títulos ou acções de um conto de réis cada uma. Este fundo poderá para o futuro ser augmentado até doze mil contos de réis, sob proposta da administração approvada unanimemente pelo Conselho Fiscal.

V

O fundo social primitivo será recolhido em prestações logo que for exigido pela administração. Os sócios que deixarem de verificae pontualmente as entradas que forem exigidas, perderão o direito as quantias anteriormente realisadas, salvo os casos extraordinários de força maior, provados perante a administração.

VI

As acções subscritas pelos sócios gerentes, a saber:
de nº 1 a 600 pelo Barão de Mauá,
de nº 601 a 800 pelo Alexandre Donald MacGregor,
de nº 801 a 1000 por João Ignácio Tavares,
não serão transferiveis excepto no caso de morte ou de ser qualquer delles substituído na gerência da sociedade. Poderá, porém, o sócio gerente Barão de Mauá transferir duzento das acções que lhe pertencem ao individuo que for escolhido para representante do estabelecimento em Londres.

VII

Os sócios commanditários, sendo apenas responsaveis pelo valor nominal das acções que possuem, não poderão contudo transferí-las senão depois da integral realização do capital das mesmas. A transferência será feita pelo proprietário ou seu procurador em livro competente no escriptorio da sociedade.

VIII

A sociedade durará por espaço de vinte annos, a contar desde o primeiro de setembro do corrente anno de 1854, em que começará a funccionar, podendo ser resolvida a sua continuação pela forma de que adiante se tratará.

Da Administração

IX

A sociedade sera administrada com plenos e illimitados poderes pelos sócios gerentes, podendo qualquer delles em sua ausência ou impedimento faz-se representar na administração por seu procurador especial, sendo o mesmo aceito pelos seus collegas e approvado pelo conselho fiscal.

X

O Conselho Fiscal primitivo será composto dos sócios commanditarios Barão de Ipanema, Militão Máximo de Souza, José Antonio de Figueiredo Junior, Manoel Joaquim Ferreira Netto e Diogo Andrew.

XI

No impedimento de algum dos membros do Conselho Fiscal, os collegas restantes nomearão para o substituir um de entre os vinte commanditarios que possuirem maior número de acções.

XII

O Conselho Fiscal reunir-se-ha ordinariamente ao menos uma vez em cada trimestre para, á vista do balancete, verificar:
1º A exactidão do mesmo,
2º Se as condições deste contracto social tem sido fielmente cumpridas, podendo exigir da administração todos os esclarecimentos que lhe parecem necessários.
Também se reunirá extraordinariamente quando for convocado pela administração.

XIII

A sociedade pode praticar prudentemente quaesquer actos e realizar quaesquer transacções lícitas dentro da orbita das operações bancarias. Pode mesmo, para empregar capital, possuir apolices geraes ou provinciaes, bem como acções de companhias de intiro credito. Não poderá, porém, a administração emprestar quantia alguma sobre as acções que representarem o capital da sociedade.

Dos Lucros, Dividendos e Fundo de Reserva

XIV

A administração da sociedade procederá semestralmente a um balanço geral, fazendo dividir por todos os sócios prorata na razão das acções que possuirem os lucros liquidos realizados salva as disposições das condições seguites.

XV

Dos lucros líquidos se deduzirão seis por cento para fundo de reserva: a este fundo se acumulará também qualquer prêmio que se obtenha pela emissão ulterior de acções, quando se resolva augmentar o fundo social; estando, porém, a reserva elevada a dez por cento do fundo social, cessará a accumulação.

XVI

Os sócios gerentes terão em remuneração do seu trabalho e responsabilidade metade dos lucros líquidos da sociedade excedentes ao termo medio do preço dos descontos estabelecidos pelo Banco do Brazil nos dous semestres precedentes; ficando entendido que, quando em algum semestre os lucros líquidos a ratear pelos sócios não excederem ao referido termo medio, os socios gerentes não terão direito a remuneração alguma.

XVII

A sociedade entrará em liquidação desde que soffra prejuizos que absorvão o seu fundo de reserva e mais dez por cento do capital realizado. Podera também ser resolvida a sua dissolução sob proposta da administração, ou do conselho fiscal reunidos ambos em assembleia aos vinte maiores accionistas, que o decidirão á pluralidade de votos; e bem assim nas hipotheses da condição XXIII, segundo a gravidade do caso.

Disposições Transitorias

XVIII

A sociedade no fim dos vinte annos marcados para a sua duração ou em qualquer éoca que assim se resolva (condições XVII e XXIII) sera liquidada, rateando-se proporcionalmente por todos os possuidores das acções não só o capital das mesmas, como o fundo de reserva acumulado.

XIX

Se a administração e o conselho fiscal entenderem que deve ser prorrogado o período da duração da sociedade, será convocada uma assembleia dos vinte maiores accionistas que, juntamente com aquelles, o resolverão definitivamente, ficando ainda assim direito a qualquer sócio para retirar-se, recebendo prorata o que lhe tocar em face do balanço da sociedade.

XX

Na morte de qualquer socio não obriga liquidar a sociedade, tendo seus herdeiros unicamente direito ás acções que o mesmo possuir.

XXI

No caso de morte ou de qualquer outra causa que torne necessaria a substituição de qualquer socio-gerente, será pelos socios gerentes restantes nomeado um outro para o seu lugar, devendo esta nomeação ser approvada á pluralidade de votos pelo conselho fiscal reunido em assembléa aos vinte maiores accionistas.

XXII

A fallencia de credito de qualquer sociogerente o inhibe de fazer parte da administração ou mesmo do conselho fiscal.

XXIII

A administração da sociedade será responsável pela execução das condições estatuidas neste contracto social, sendo cada um dos socios gerentes responsabilizados pelos abusos que commetter. Para se verificar esta responsabilidade, reunir-se-ha o conselho fiscal em assembléa com os vinte maiores accionistas, aos quaes fara patentes os motivos que tiver para isso, e reconhecendo-se nesta reunião terem de facto havido abusos por parte da administração, será pelos mesmos e á pluralidade de votos, resolvida a dissolução da sociedade ou a substituição de algum ou de todos os gerentes.

XXIV

Os socios commanditarios louvão-se no conselho fiscal no que toca a qualquer ingerencia que possa caber-lhes individualmente nos negócios da sociedade em conformidade das leis.

XXV

Nenhuma alteração destas condições pode ser feita senão sob proposta da administração ou do conselho fiscal, que reunidos em assembleia aos vinte maiores accionistas a resolverão á pluralidade de votos.

XXVI

Este contracto social sera desde logo reduzido a escriptura publica e registrado no tribunal do commercio, para cujo fim os subscriptores abaixo assignados conferem os poderes necessarios aos socios gerentes

Rio de Janeiro, 31 de julho de 1854
Typographia de Brito e Braga – Travessa do Ouvidor nº 17

ANEXO V.
LONDON, BRAZILIAN AND MAUÁ BANK LIMITED
MEMORANDUM DE ASSOCIAÇÃO E ARTIGOS DE ASSOCIAÇÃO

memorandum de Associação do London, Brazilian and Mauá Bank Limited

1. A companhia denomina-se Banco "London, Brazilian and Mauá Limited".
2. O **escriptorio** principal da companhia é em **Inglaterra**.
3. Os **fim** para que a companhia se estabelece são continuar os **negocios bancarios** que ultimamente eram feitos pelo **"Banco London and Brazilian", em Londres, Portugal**, e outras partes, e os **Bancos Mauá, MacGregor & Cia., e Mauá & Cia., no Imperio do Brazil, na Republica de Uruguay, e Republica Argentina ou n'outras partes, e continuar nos paises acima mencionados, e ambos tanto como principaes, como agentes, todos os negocios que tem natureza de banco**, adiantamento de dinheiros sobrevalores ou d'outra qualquer forma, descontar, vender, comprar, compra de juros e de cambios, e geralmente todos os negocios monetarios; e para este fim, aceitar, obter, observar os termos e condições de quaesquer decretos, concessões, poderes, direitos ou privilegios feitos ou por fazer, outorgados ou por outorgar, pelo Governo Imperial do Brazil, pelo Governo da Republica de Uruguay ou pela Republica Argentina, pelo Reino de Portugal, ou por quaesquer outras auctoridades com relação ao objecto e fins da Companhia; e fazer tudo que for incidente ou convicente para se attingir aquelles objectos respectivamente. A companhia porem não fará cousa alguma pela qual o limite da responsabilidade dos seus accionistas possa ser prejudicada e nunca emmitirá, ou se julgará com direito a emittir quaesquer notas no Reino Unido da Grã-Bretanha ou Irlanda, excepto e quando puder fazê-lo legalmente, sem por forma alguma affectar ou prejudicar a responsabilidade dos Accionistas.
4. A **responsabilidade** dos membros é **limitada**.
5. O **capital nominal** da companhia é de **L 5.000.000, com 250.000 acções de L 20 cada uma**.

Nós, cujos nomes e moradas vão adiante mencionados, desejando formarmos em Companhia na conformidade d'este Memorandum de Associação, cada um por si concorda tomar o numero de Acções no capital da Companhia que se acha designado em fronte dos nossos respectivos nomes.

Nomes, moradas e occupação dos subscriptores	Nº de acções tomadas por cada subscriptor
Irineu Evangelista de Souza, Barão de Mauá, Banqueiro, do Rio de Janeiro	100
Henri Louis Bischoffshein, 10 Angel Court, Bank, Negociante	100
Philip Charles Cavan, 16, Leadenhall Street, Londres, Negociante	100
Pascoe Charles Glyn, 67, Lombard Street, Banqueiro	100
Edward Johnston, 6, Great St. Helen's, Negociante	100
Edward Moon, 3, Cook Street, Liverpool, Negociante	100
William Freer Scholfield, 22, Sussex Square, Londres, Esquire	100
Total das acções tomadas	700

Obs: Esquire é um título imediatamente inferior ao de cavaleiro.
Datado aos 10 dias do mez d'Agosto de 1865.
Testemunha das assignaturas supra,
G. M. Clements, 60, Threadneedle Street, Londres.

Artigos de Associação do London, Brazilian and Mauá Bank Limited

A companhia forma-se com o objecto de continuar os negocios bancarios que ultimamente eram feitos em Londres pelo Banco chamado "London and Brazilian Bank Limited", no Imperio do Brazil e no Reino de Portugal amalgamado com o dos Srs. Mauá, MacGregor & Cia., no Rio de Janeiro, Mauá & Cia., n'outras Praças do Brazil, Republica de Uruguay, Republica Argentina, e nas filiaes, ou n'outras partes, os seguintes estabelecimentos e filiaes existentes, e que forem abertos sendo incorporados debaixo das condições e regulamentos reunidos n'estes Artigos de Associação, no Imperio do Brazil; a saber: no Rio de Janeiro, Bahia, Pernambuco, Ceará, Maranhão, Pará, Santos, São Paulo, Campinas, Rio Grande do Sul, Pelotas, Porto Alegre, e Uruguayana, e continuar nos países acima mencionados e n'outras partestodos os negocios bancarios, e outros que com elles tenham relação, como se acham mencionadas no Memorandum de Associação. O capital da companhia é de L 5.000.000, com poder para augmentar como adiante se declara. As acções são fixadas em L 20.

Propõe-se que os diretores tenham plenos **poderes descricionarios** para requerer, obter e aceitar do Governo Imperial, do Governo da Republica do Uruguay, do Governo da Republica da Argentina, do Governo do Reino de Portugal,e de todas e quaesquer auctoridades, aquelles decretos, comcessões direitos, poderes, e privilegios, elles o julgarem convenientes. É **principio fundamental** deste Banco que **não emittirá**, ou se julgará com direito a emittir quaesquer notas no Reino Unido, **a menos que se ache habilitado**

legalmente para o poder fazer, sem por forma alguma **affectar ou prejudicar o limite da responsabilidade de seus accionistas**. Podendo ser conveniente que a companhia seja registrada ou constituida no Brazil e outras partes, fora do Reino Unido, como sociedade anonyma, tenciona-se dar aos directores poder para registrar ou constitui-la se ellles a julgarem vantajoso.

Concorda-se portanto no seguinte:

I Interpretação

Artigo 1. Na interpretação d'este instrumento, as seguintes palavras e expressões tem as seguintes significações, excepto quando o objecto ou contexto as exclua:

(A) "A Companhia" quer dizer o banco "London, Brazilian and Mauá Bank Limited".

(B) "O Reino Unido" quer dizer o Reino Unido da Grã-Bretanha e Irlanda.

(C) "O Governo Imperial" significa o Governo Imperial do Brazil.

(D) "O Estatuto" quer dizer e abraça a Lei das Companhias dos annos de 1856, 1857, e 1858; e qualquer outra lei que na occasião se acha em vigor concernente a Companhias Anonymas, ou Companhias Bancarias e affectando o Banco.

(E) "Este instrumento" quer dizer o Memorandum de Associação da Companhia, e estes Artigos de Associação, e os regulamentos do Banco que no tempo estejam em vigor.

(F) "Resolução Especial" significa uma resolução especial da companhia passada em harmonia com o paragrapho 51 da lei das Companhias do anno de mil oitocentos e sessenta e dois (1862).

(G) "Capital" quer dizer o capital do Banco em qualquer occasião.

(H) "Acções" entende-se aquellas do Banco em qualquer epoca.

(I) "Directores" quer dizer os directores em qualquer tempo da companhia, ou como foi o caso, os directores reunidos em mesa.

(J) "Fiscaes" "Banqueiros" "Secretario", quer dizer os respectivos **empregados** da companhia em qualquer epoca.

(L) "Assemblea Ordinaria" quer dizer uma reunião geral ordinaria devidamente convocada e devidamente constituida e qualquer das suas sessões addiadas.

(M) "Assemblea Extraordinaria" significa uma reunião da companhia devidamente convocada e constituida, e qualquer sessão d'ella que tenha sido addiada.

(N) "Assemblea Geral" quer dizer qualquer reunião ordinaria ou extraordinaria.

(O) "Direcção" significa a reunião dos directores devidamente convocados e constituídos, ou tambem os directores reunidos em Direcção.

(P) "Escriptorio" quer dizer o escriptorio principal da companhia em qualquer epoca.
(Q) "Sello" significa sello ordinario da companhia em qualquer occasiào.
(...)

II Constituição

Artigo 2. Os artigos da tabella B da lei das Companhias do anno de 1862, não terão applicação a esta Companhia, mas em seu lugar será adoptado o seguinte Regulamento, sujeito todavia a revogação e alteração como se acha providenciado por este instrumento.

III Negocios

Artigo 3. Os negocios da companhia como mencionados no memorandum de Associação, bem como todos os assumptos incidentes e podem ter começo logo que os Directores o julgarem conveniente.

Artigo 4. Os negocios serão continuados por ou sob inspecção dos directores, e segundo os regulamentos que a direcção prescreva, sujeito sómente a fiscalização das Assembleas Geraes como se providencia por este instrumento.

Artigo 5. A gerencia principal e superintendencia dos negocios da companhia terá lugar em Londres, ou Middlesex.

Artigo 6. Haverá uma gerencia subordinada, e taes agencias nos paizes em que os negocios do Banco tiverem lugar, ou em outra qualquer parte, fora do Reino Unido, segundo forem nomeadas pela Direcção em qualquer epoca.

Artigo 7. Ninguem excepto os Directores e Gerentes e outras pessoas aqui expressamente auctorisadas pela Direcção e obrando dentro dos limites da auctoridade que lhes for conferida pela Direcção, terá poder algum para fazer, aceitar, endossar qualquer nota promissoria ou letra de cambio ou outro qualquer valor negociavel por parte da Companhia, ou fazer qualquer contrato d'onde resulte responsabilidade para a Companhia, ou por outra fórma empenhe o credito da Companhia.

IV Escriptorio

Artigo 8. O escriptorio será em Old Broad Street, na cidade de Londres, ou n'outro qualquer local em Londres, ou Middlesex, segundo a Direcção em qualquer tempo designar.

V Primeiros Empregados

Artigo 9. Os *Srs. James Alexander, Henri Louis Bischoffshein, John White Cater, Philip Charles Cavan, John Bloxam Elin, Pascoe Charles Glyn, Edward Johnston, o Barão de Mauá, Edward Moon e Willian Freer Scholfield* serão os primeiros e actuaes directores; e destes, o Sr. *John White Cater*, enquanto for director, será *Presidente*, e os *Srs. Barão de Mauá, e Henri Louis Bischoffshein*, enquanto continuarem em exercicio, serão *Vice Presidentes da Direcção*.

Artigo 10. Os *Srs. Glyin, Mills, Currie & Cia.* serão os primeiros e actuaes *banqueiros* em *Londres*, e os *Srs. Bischoffshein, Goldschmidt & Cia.* serão os primeiros e actuaes *banqueiros* em *Paris*.

Artigo 11. Os *Srs. Bircham, Dalryenfile, Drake & Cia.* serão os primiros e actuaes *Advogados*.

Artigo 12. Os *Srs. Charles Richard Harpord Junior, e João Woormald* serão os primeiros *Fiscaes*.

VI Capital

Artigo 13. O *capital nominal* da firma é de *L 5.000.000 dividitos em 250.000 de L 20 cada uma*. A companhia em qualquer tempo, mediante uma resolução especial, poderá augmentar o capital, emittindo novas acções.

Artigo 14. Qualquer capital levantado mediante novas acções, excepto quando a companhia determinar o contrário ao tempo da creação d'ellas, será considerado como parte do capital originario, e sujeito, em todos os respeitos as mesmas disposições quer com referencia ao pagamento de prestações ou commisso de acções por falta de pagamento, ou d'outro modo, como se tivesse sido parte do capital originario.

Artigo 15. A somma do novo capital em qualquer tempo, em quanto a Companhia não determinar o contrario será dividida de forma tal que possa repartir-se pelos Accionistas então existentes.

Artigo 16. No primeiro caso, as novas acções, a menos que a Companhia sobre a creação d'ellas determine o contrário, serão offerecidas pelos Directores aos Accionistas na proporção do numero das suas respectivas acções; e todas as novas acções que não forem tomadas pelos Accionistas poderão ser passadas a outras pessoas, segundo os Directores designarem.

Artigo 17. Todavia, se a companhia tendo ligado a quaesquer acções novas qualquer privilegio especial, crear mais acções, os possuidores das novas acções ás quaes o privilegio especial esteja ligado, não terão jus, excepto determinando a Companhia o contrario, a serem-lhes offeecidas novas acções.

Artigo 18. Sob as clausulas dos Estatutos, com auctoridade se uma resolção especial, e consenso de tres quartas partes em valor dos possuidores de todas as acções, ou como succeder, todas as acções qualquer de classe, poderão ser consolidadas n'um numero menor de acções, ou divididas em maior numero, augmentadas ou reduzidas em quantia nominal, ou n'uma somma nominal aggregada.

Artigo 19. Os *directores* poderão em qualquer occasião levantar *emprestimos* sobre *bonds*, *debentures*, ou outros valores, ou sobre *hipothecas*, a tal rasão de juro, e a taes condições que julgarem conveniente.

VII Fundo de Reserva

Artigo 20. Qualquer porção de Rendimento da Companhia poderá ser posta de parte como Fundo de Reserva segundo a Assembléa determinar.

Artigo 21. Para igualar os dividendos da Companhia, poderá esta mediante uma resolução e a recomendação da direcção applicar parte do Fundo de Reserva a conta de rendimento.

Artigo 22. A Direcção poderá sempre pôr de parte quaesquer sommas da Companhia que ella julgar necessarias para fazer face aos encargos da Companhia.

VIII Emprego de Dinheiros

Artigo 23. Todas as *sommas levadas ao fundo de reserva e outros quaesquer dinheiros da companhia que não tiverem applicação immediata para qualquer pagamento a fazer* pela Companhia, poderão ser *empregados* pelos Directores em *valores do governo, bens de raiz ou pessoaes, ou outros valores ou empregos que a direcção julgar conveniente fazer*, taes empregos ou depositos se poderão fazer em nomesde depositarios.

Artigo 24. A direcção poderá ter em saldo no seu Banqueiro a somma que julgar necessaria, ainda mesmo que qualquer desses Banqueiros seja Director.

IX Assembleas Geraes

Artigo 25. A assembléa ordinaria será lugar annualmente em Londres ou em Middlesex, a hora e dia de cada anno que os directores entenderem dever fazer.

Artigo 26. A reunião da *primeira assembléa* não deverá extender-se alem do mez de **Abril** de *1867*.

Artigo 27. Uma assemblea extraordinaria pode sempre ser convocada pelos directores por sua propria resolução.

(...)

Artigo 30. Todas as reuniões deverão ter lugar em Londres ou Middlesex conforme os Directores ou os Accionistas que houverem de convocar a assemblea designarem.

(...)

(X. Poderes das Assembleas Geraes; XI. Trabalhos em Assembleas Geraes; XII. Votações nas Assembleas Geraes; XIII. Actas das Assembleas Geraes)

XIV Directores

Artigo 71. O *numero* de *directores* será de *Dez* (10).

Artigo 72. A *qualificação* para ser *director* será a *posse real de acções* de *valor nominal*, pelo menos, de *L 2.000*.

Artigo 73. Excepto accionistas originarios, e accionistas recommendados pela direcção para eleição, todo director deverá ter estado de posse pelo menos por seis mezes do numero de acções necessarias par ser qualificado.

Artigo 74. Na Assembléa Ordinaria do anno de 1868 e na Assembléa Ordinaria em qualquer anno subsequente, dois directores largarão os seus lugares, e a assembléa elegerá accionistasqualificados para prehencher a vacatura.

Artigo 75. A rotação para os primeiros e actuaes directores será decidida amigavelmente entre si em Direcção celebrada antes de fim de Dezembro de 1867, e se deixarem de concordar entre si, a ordem alphabetica decidirá os que devem despedir-se.

(...)

Artigo 79. Um accionista não será qualificado para continuar a ser director a menos que possua realmente o numero de acções que para tal o qualifica.

(...)

Artigo 81. Deixa vago o seu lugar o Director que cessar realmente de possuir o numero de acções que o qualificava, por ter fallido, por se tornar insolvente, ou por suspender os seus pagamentos ou por fazer composição com os seus credores, o que for declarado insano, o que exercer qualquer emprego remunerativo na companhia, excepto o de *Banqueiro*, ou excepto o de accionista de uma Companhia constituida, o que estiver participando nos lucros de qualquer contracto com a companhia ou excepto aquelle accionista que estiver participando nos lucros de qualquer contrato com a companhia, ou excepto aquelle Accionista que estiver participando nos lucros de qualquer obra para a companhia ou aquelle (a menos que a Direcção resolva o contrario) que deixar de attender ás Sessões da Direcção por seiz mezes consecutivos.

Artigo 82. Um director póde em qualquer occasião dar aviso por escripto de que deseja retirar-se, entregando-o ao Presidente da Direcção, ou ao Secretario, ou deixando-o no escriptorio; e só quando for acceita a sua resignação é que o seu lugar se considerará vago.
(...)

(XV. Direcções e Commissões)

XVI Atribuições e Deveres da Direcção

Artigo 98. A Direcção terá a seu cargo, e poderá exercer e desempenhar as seguintes attribuições e deveres, a saber:

(a) A conducta geral e gerencia dos negocios da Companhia.

(b) A nomeação e demissão, fixação das obrigações, vencimentos ou outras gratificações dos Gerentes, Secretarios, Caixeiros, Agentes e serventes da Companhia, e as fianças que elles devem prestar.

(c) A nomeação e demissão dos Advogados e Banqueiros.

(d) A convocação de Assembleas Geraes.
(...)

(f) Comprar, arendar, edificar ou de outra sorte providenciar para os Escriptorios bancarios no Reino Unido, e nos países em que se façam os negocios do Banco e outras partes para os negocios da Companhia.

(g) Fazer *acquisição*, *vender*, ou *dispor* de *terras*, e d'outras propriedades no *Reino Unido*, ou nos *paizes em que se fazem os negocios do Banco, ou em outras partes, que a Companhia possa legamente adquirir.*

(h) Estabelecer, regular, supprimir taes Bancos e Caixas Filiaes e Agencias no Imperio do Brazil, na Republica de Uruguay, na Republica Argentina, Reino de Portugal, e outras partes, conforme os directores julgarem conveniente para os negocios da Companhia.

(i) Contratar, levar a effeito, ou abandonar negociações e arranjos com os Governos de S. M. Britannica, Governo Brasileiro, Governo da Republica do Uruguay, Governo da Republica Argentina, Governo Portuguez e outras auctoriddes para quaesquer dos fins da Companhia.

(não existe a letra j)

(k) Requerer, comprar, acceitar ou recusar concessões dos ditos Governos ou de qualquer d'elles, segundo os Directores julgarem a proposito.

(l) Requerer Estatutos, Leis, ou Decretos dos ditos Governos ou de qualquer d'elles, como a direcção o julgar necessario para segurança da propriedade e direitos da Companhia e limite da responsabilidade dos accionistas.

(m) O registro ou constituição d'esta Companhia no Imperio do Brazil, ou n'outras partes fôra do Reino Unido, como Sociedade Anonyma, e fazer tudo que for mister ou proprio para que taes registros ou constituição tenha lugar.

(...)

(o) Fazer ou contribuir para qualquer acto, feito, negocio ou cousa que possa ajudar ou facilitar a liquidação do Banco denominado "London and brazilian Bank Limited" e o Banco dos Srs. Mauá & Cia. ou d'elles, e para aquelle fim a empreza e gerencia de quaesquer negocios a favor dos ditos Bancos ou de qualquer d'elles.

(...)

(t) Dirigir, regular e providenciar a cobrança, custodia, emissão, emprego, gerencia, remessas e gastos dos dinheiros e fundos da Companhia.

(u) Determinar (debaixo contudo da inspecção das Assembleas Geraes) se uma parte e qual, dos lucros da Companhia deve ser posta de parte para formar o Fundo de Reserva.

(v) Determinar (sujeito contudo da inspecção das Assembleas Geraes) que porção dos lucros da Companhia deve ser dividida.

(w) Tomar emprestado sobre hypotheca, bonds, ou sobre penhor de prestações por pagar, ou de outra maneira, quaesquer quantias que no entender da Direcção forem necessarias para os negocios da Companhia, e celebrar contratos por part da Companhia, contrahir em nome da Companhia as dividas e onus que na opinião da Direcção forem necessarias para os negocios, ou para outros quaesquer fins da Companhia.

(...)

(aa) Obrar por parte da Companhia em todos os assumptos concernentes a fallidos e insolventes, e outros devedores da Companhia.

(bb) Fazer as contas da Companhia semestralmente ou mais a miudo.

(...)

Artigo 100. Todas as contas da Direcção, depois de examinadas e approvadas por uma Assemblea Geral serão conclusivas, excepto contendo erro n'ellas descoberto dentro de 2 mezes em seguida a sua approvação.

(...)

Artigo 102. A minima remuneração dos Directores será de L 5.000 contada do 1º de Janeiro de 1866, e será dividida pelos Directores como em seu tempo elles determinarem.

Artigo 103. A Companhia poderá em qualquer tempo, mediante resolução de uma Assemblea Geral augmentar ou diminuir a remuneração dos Directores; contanto que esta nunca seja, sem o consentimento unanime dos Directores, inferior á minima remuneração estabelecida por estes Artigos de Associação.

Artigo 104. A Companhia mediante resolução d'uma Assemblea Geral, poderá abonar uma gratificação ao presidente dos Directores.

(XVII Commissões Locaes e Outras)

XVIII Fiscaes

Artigo 109. Dois fiscaes, que podem não ser accionistas, serão nomeados pela Assemblea Ordinaria annualmente para o anno seguinte.

Artigo 110. A sua remuneração será fixada pela Assemblea.

Artigo 111. Examinarão as contas da Companhia segundo os Estatutos e este instrumento.

(...)

XIX Directores, Depositarios e Empregados

Artigo 118. Haverá, sempre que a Direcção o julgar conveniente, tantos depositários quantos forem necessarios para os fins da Companhia, e serão nomeados pela Direcção com attribuições e indemnisações; desempenhando taes obrigações e sendo sujeitos a taes regulamentos quaes a direcção determinar.

Artigo 119. Os Directores, Depositarios, Fiscaes, Secretario e outros empregados serão *indemnisados* pela **Companhia** das *perdas* e *despesas* incorridas por elles no desempenho das suas respectivas funcções, excepto quando tiverem lugar por causa de acto ou falta premeditados.

Artigo 120. Nenhum Director, Depositario ou Empregado será responsavel por outo Director, Depositario ou Empregado, ou por assignar o mesmo recibo ou por outro qualquer acto de conformidade, ou qualquer perda ou despesa acontecido á companhia.

Artigo 121. As contas de qualquer Depositario ou Empregado poderão ser ajustadas e approvadas ou rejeitadas no todo, ou em parte, pela Direcção.

Artigo 122. O Empregado que fallir ou se tornar insolvente, ou que publicamente se compozer com os seus credores, será por esse facto desqualificado para continuar no exercicio do seu Emprego, e deixa vago o lugar.

(…)

XX Acções

Artigo 128. Toda acção será propriedade pessoal, e como tal transmissivel, e indivisivel.

Artigo 129. A Companhia não reconhecerá nem se obrigará por qualquer equitativo interesse contigente, futuro ou parcial em qualquer acção, nem admitirá outro direito no tocante a uma Acção, afora um direito absoluto a ella, na pessoa que constar do livro do registro ser de tempo a tempo o proprietario (…).

XXI Transferencia de Acções

Artigo 130. A transferencia de Acções serão effectuadas conforme estes Estatutos.
(…)

Artigo 137. Os Directores estabelecerão no Rio de Janeiro, Montevideo, e Buenos Ayres, e n'outros paizes tambem, onde se effectuarem os negocios do banco, se o julgarem conveniente, um registro de acções ou para outros quaesquer fins que tenham relação com os negocios da Companhia, e poderão em qualquer tempo fazer taes regulamentos e arranjos como bem entenderem para o estabelecimento de um registro de acções, registro de transferencia e outros livros, em taes locais, ou em qualquer delles, para habilitar outrossim as acções, transferencia e sua transmissão, a ser registrada em taes Escriptorios, ou em qualquer d'elles, e em taes registros e livros, e pela forma, sujeita ás restrições e condições que em qualquer tempo possam ser fixadas pela Direcção.

XXII Accionistas

(…)

Artigo 141. Todo Accionista deverá dar ao Secretario de tempo a tempo, uma morada no Reino Unido, a fim de ser registrada como lugar da sua residencia, e o lugar assim registrado de tempo a tempo será considerado lugar de residencia para os fins dos Estatutos e d'este instrumento.
(…)

XXIII Cautellas

Artigo 143. As cautellas de acções com sello, serão assignadas por um Director e referendadas pelo Secretario.

Artigo 144. Todo Accionista terá direito a uma cautella por cada acção.

Artigo 145. Se uma cautella se deteriorar pelo uso, ou se perder, poderá ser renovada, produzindo-se prova que satisfaça a Direcção de que tal cautella foi deteriorada ou perdida. (…).

Artigo 146. Todo Accionista originario terá direito a uma cautella gratis, porem em qualquer outro caso, quando os directores assim o entenderem, carregar-se-ha um shelling por cada cautella.

XXIV Dividendos

Artigo 147. Todos os *dividendos sobre acções* serão declarados pelas Assembleas Ordinarias, e serão feitos somente dos *lucros liquidos* da Companhia, e (sem prejuizo porem de qualquer dividendo garantido ou com preferencia) nenhum dividendo excederá a somma recomendada á Assemblea pelos Directores.

Artigo 148. A fim porem de igualar os dividendos, pagamentos podem ser feitos de tempos a tempos, pelo fundo de reserva.

Artigo 149. Quando na opinião da Direcção, os lucros da companhia o permitam, haverá um dividendo em cada semestre, e, para este fim, um dividendo semestral no anno pode ser declarado pela Direcção aos Accionistas.

Artigo 150. Todo o dividendo, depois de declarado, será pago por meio de cheques sobre os Banqueiros entregues ou enviados pela Direcção aos Accionistas.
(…)

Artigo 152. Contanto que quando qualquer Accionista estiver em divida para com a Companhia, todos os dividendos, a elle pagaveis, ou a parte d'elles necessaria, serão applicados pela Companhia ao pagamento da divida.

(...)

(XXV Prestações, XXVI Commisso de acções e compra de acções para a Companhia – acções condemnadas e compradas)

XXVIII Dissolução da Companhia

Artigo 174. A dissolução da Companhia pode ser determinada para qualquer fim, quer o objecto seja dissolução absoluta da Companhia, ou sua reconstituição, modificação, ou amalgamação com outra Companhia, ou para qualquer outro objecto.

Artigo 175. A dissolução da Companhia terá lugar quando for determinada na conformidade d'este instrumento, e segundo as condições que forem ajustadas.

Artigo 176. Excepto se uma Assemblea Geral determinar o contrario, a Direcção liquidará os negocios da Companhia como melhor entender.

Artigo 177. Na intelligencia porem de que não terá lugar dissolução absoluta da Companhia a não ser liquidação judicial em virtude dos Estatutos, se n'uma Assemblea Geral em que tenha sido confirmada a resolução especial de dissolver a Companhia ou antes da reunião d'ella qualquer dos Accionista se obrigar por suficiente contrato a comprar, ao par, ou ao preço que for convencionado, as acções de todos os Accionistas que desejem retirar-se da Companhia, e der caução sufficiente para indemnização da responsabilidade da Companhia.

(...)

Datado aos 10 dias do mez d'Agosto de 1865

Fonte: London, Brazilian and Mauá Bank Limited. Memorandum de Asociação e Artigos de Associação. BIRCHAM, DALRYMPLE, DRAKE, & Cia., 46, Parliament street, Londres. 1865

Middlesex é um condado da região sudeste da Inglaterra, cujo território está compreendido em grande parte na cidade de Londres. Seus limites são, ao norte, o condado de Hertford; a Oeste, o condado de Buckinghan; ao Sul, o condado de Surrey; a Sudeste, o condado de Kent; e a Leste o de Essex. Forma sua fronteira Sul o Tâmisa, e as do Oeste e Leste, os afluentes deste, o Colne e o Lea.(...)

Enciclopedia Britannica, vol. 15, 1951, p. 451.

Certidão d'incorporação do London, Brazilian e Mauá Bank Limited

Pelo presente certifico que o Banco London, Brazilian, e mauá Bank Limited, fica hoje Incorporado sob a Lei das Companhias do anno 1862, e que esta Companhia é Limitada. Feito em londres, aos 5 dias do mez de Setembro, de mil oitocentos sessenta e cinco.

E. C. Curzon
Registrador das Companhias Anonymas

ANEXO VI

"Sr. Commanditarios da Sociedade Bancária Mauá, MacGregor & C.

Completando-se no fim do corrente mês os doze annos estipulados no nosso contrato social para a duração desta sociedade, cumpre-me patentear-vos a situação menos favorável em que, com grande magoa minha, a collocou uma série de fatalidades originadas ja no desequilibrio economico, resultado de quatro annos sucessivos de colheitas deficientes, que affligio com especialidade a provincia do Rio de Janeiro, ja em outras causas de notoriedade publica que, actuando sobre as operações bancarias, produzirão a explosão de 1864 e suas terriveis consequências.

Historiar a marcha desta sociedade desde o seu começo seria fatigar a vossa attenção com a repetição da narrativa dos successos mais ou menos graves de que fostes periodicamente informados e que tiverão por effeito a destruição do capital das casas bancárias que ahi funccioavam e succumbirão, devorando ao mesmo tempo uma somma fortissima de alheios haveres que lhes tinhão sido confiados.

Uma parte importante do capital social de instituições de crédito mais fortemente constituídas, teve também de fazer frente ás perdas enormes que tão deplorável situação occasionou, comprehendendo esta especie a nossa sociedade porquanto os prejuizos effectivamente liquidados até 30 de novembro próximo passado desfalcão o nosso capital social em 1.401:088$901; e como vos devo a verdade inteira, forço é confessar que avalio ainda em cerca de 2.700:000$000 os prejuízos provaveis da liquidação em que de alguns annos se empenha a gerencia que presido.

Preza-me ter de consignar neste relatório que uma proporção considerável dos prejuízos, quer verificados, quer em perspectiva, é resultado das facilidades que o intrincado labyrinto forense offerece aos homens de má fépara resistirem á acção da lei quando os míseros credores são coagidos a recorrer aos tribunaes, embora mesmo seus direitos creditorios tenhão por base escripturas de hypotecas revestidas de todas as condições legaes em que se firma um crédito real. Qualquer pretexto serve até mesmo para annular actos legalmente consummados em virtude de casos julgados.

Poderia individualizar os factos a que alludo; prefiro porém, calar esses tristes episódios, que hoje encaro mais resignado desde que tive occasião de reconhecer por mim mesmo no maior centro monetário do mundo que não é só entre nós que a lei é muitas vezes impotente, quer para amparar o bom direito, quer para punir os deliquentes de certos crimes.

Limito-me a fazer votos para que em um futuro proximo o producto do trabalho e da economia encontram a protecção e amparo a que tem direito e que são o melhor incentivo á creação e desenvolvimento da riqueza nas sociedades modernas. Ninguem trabalha nem economisa o fructo de seus esforços se lhe falta a protecção devida contra os assaltos dos homens de má fé; muito mais temiveis sem duvida, que a impavidez do salteador.

Não é porem, com lamentações estereis que homens de rija tempora costumão enfrentar as difficuldades que lhes sobrevem no caminho da vida. Prevendo, até certo ponto os desastres que ameaçavão, procurei crear elementos de successo, que fora do paiz em localidades onde a reproducção dos capitaes e consequente creação da riqueza é muito mais facil, quer em outras províncias do Imperio, como **São Paulo, Rio-Grande do Sul e Pará**, onde favoráveis condições economicas me parecerão assegurar melhor resultado das operações bancárias, embora menos vasto fosse o campo.

Era minha intenção, como sabeis, que esses estabelecimentos fizessem parte integrante da nossa sociedade, e assim começárão de facto a funccionar; encontrei, porém, desde logo **resistencias** a que tive de ceder; e aquellas casas, mantidas com poucos elementos estranhos aos recursos de capital e credito individual que pude applicar-lhes prosperárão, ao passo que esta associação decahio das condições de regular prosperidade com que começara.

Procurei então aproveitar em beneficio commum a posição vantajosa que em maxima parte se achava creada e tratei de organisar na Europa um **centro** de vida fortemente constituído para alimentar uma vigorosa seiva as operações que deste lado se desenvolvião; participando esta sociedade, em escala proporcional com aquellas que prosperavão, das vantagens geraes que eu pudesse realizar e encarregando-me de preencher um forte quinhão social, contando recompor assim em pouco tempo o fundo commanditario ja então desfalcado.

A realização desse pensamento, alias natural em todo aquelle a quem não cega nem fascina o interesse meramente pernicioso, seria condigna manifestação do meu reconhecimento pelo apreço, confiança e estima de que sempre me haveis rodeado.

Quando eu tratava de organizar em Londres uma socyedade anonyma que satisfizesse estas aspirações, e procurava reunir os necessarios elementos de sucesso, propoz-me um dos principais corretores daquella praça uma **fusão** de interesse com o **London and Brazillian Bank**.

Abracei de tão boamente a ideia, que nenhuma compensação exigi para mim pelos valiosos interesses já creados, em que ia assim dar partilha a estranhos, resultando dahi não ser eu comprehendido e ter de lutar com difficuldade de mais um genero.

Empenhada, porém, minha palavra e meu nome, nada me fez recuar _ nem o **cataclisma de Maio próximo passado**, que derramou negra luz sobre a marcha das **sociedades** que funccionão em **Londres** sob o principio da **responsabilidade limitada**; nem a unanime opposição que, ao chegar da Europa, notei que existia da parte de meus amigos em relação ao projectado amalgama, á vista da profunda alteração da circunstancias que notoriamente se d6era desde a assignatura dos contratos.; opposição que eu esperava vencer enquanto se preenchião as condições e formalidades de que ficara dependente o amalgama.

Regressando, porém, ultimamente do **Rio da Prata**, reconheci que a resistencia dos meus amigos e interessados se tornara invencivel e tive de ceder-lhes, usando do perfeito direito que me assistia de rejeitar um acordo de natureza condicional e firmado em circunstancias diversas das actuaes.

As razões capitaes que determinarão a minha recusa achão-se exposta na carta que escrevi ao Sr. Carter, presidente do London and Brazilian Bank, a qual encontrareis em appenso: são ellas irrecusáveis e de perfeita notoriedade publica. Com effeito, permutar um capital real, apurado e por apurar, mas em cuja conversão em moeda effectiva a nova instituição não tinha o menor risco a correr, por **títulos fortemente depreciados já no mercado** onde devião ter maior circulação, seria na verdade desconhecer os próprios interesses em escala incompativel com o bom senso: além de que, os interesses de terceiros que eu represento não me permittião levar tão longe a abnegação: a realização do amalgama eatava, pois, fóra de combate.

Em presença desse desenlaço, estando prestes a tocar o seu tero de duração esta nossa sociedade, cumpria sem perda de tempo organizar outra que a substituisse e se encarregasse sem ônus algum da liquidação dos interesses a cargo daquella, cuja existencia vai findar. É o que fez pela forma constante do novo contrato social que sob o mesmo princípio de responsabilidade mixta, isto é, ilimitada, pelo que me diz respeito e limitada quanto aos sócios commanditários, acabo de apresentar ao tribunal do comércio.

É meu proposito liquidar de meus haveres quanto basta para que a **nova sociedade**, que abrange todas as ramificações conhecidas pela razão social **Mauá & Cia.** dentro e fora do Império, funccione com um **capital real** e effectivo de **dez mil contos de réis**, que com maior brevidade possivel se ache representado em títulos de carteira cobraveis nos vencimentos, ou em adiantamentos sobre garantias maiores de toda a excepção e que possão ser rehavidos sem demora quando necessário; seja regra inalterável que estabeleça para as operações da nova sociedade, cujas necessidades futuras forão além disso previstas com a **reserva** de outros **dez mil contos de réis** em **títulos commanditários**, que só serão emmitidos quando assim convenha e para os quais me sobejão tomadores dentro e fora do país.

Resta-me falar-vos da parte facultativa ou opcional que vos destino nessa nova associação. Dominado pelo pensamento que sempre nutri de amparar quanto de mim dependa os vossos interesses, é minha intenção que a parte que me couber nos lucros liquidos da nova sociedade seja exclusivamente destinada, durante tres annos, a recompor o vosso capital. Com os grandes elementos de proveito que se achão creados, é mais que sufficiente esse prazo para conseguir-se o almejado fim, ao qual consagro, além disso e pelo mesmo prazo, os meus serviços pessoais.

Aquelles que vós que não concordarem com esta proposta terão o direito de receber o prorata do que se for liquidando por conta da sociedade de que fazem parte, depois de integralmente solvido o passivo social, para verificação do que vos será sempre accessível a escripturação especial da liquidação, devendo, porém, declarar essa intenção dentro de seis meses contados desta data.

Se alguem houver a quem não satisfaça este meu proceder, ao terminar a existencia social desta commandita, dir-lhe-ei apenas que os deveres de chefe de numerosa família e a necessidade que minha alma surte de fazer todo o bem compativel com minhas forças não permitte ir além.

Terminarei agradecendo-vos mais uma vez do fundo do coração a confiança com que sempre me haveis honrado, e aos meus dignos collegas da gerencia a dedicação e zello infatigavel com que me auxiarão, com o maior desinteresse pessoal, desde que esta praça se resentio dos abalos que a pertubarão".

Rio de Janeiro, 5 de Dezembro de 1866 – Barão de Mauá

Fonte: Jornal do Commercio. *Relatorio apresentado aos commanditarios da Sociedade Bancaria Mauá, MacGregor & C. em 5 de Dezembro de 1866, pelo sócio solidario Barão de Mauá. 09/12/1866.*

Carta ao presidente do London and Brazillian Bank

"Ao Sr. J. W. Carter, presidente do London and Brazillian Bank

Meu caro Sr., nas cartas que lhe tenho dirigido desde que voltei da Europa, comuniquei-lhe que ao chegar aqui encontrei da parte de todos os meus amigos e interessados, em relação ao projectado amalgama, uma opposição decidida e á qual não posso mais resistir, cumprindo-me, portanto, adoptar a resolução unica que circunstancias e successos supervenientes á assignatura dos contractos tornão forçosa.

As razões que se apresentão para abandonar a ideia do amalgama são de tal quilate que desatendê-las seria crear um descontentamento que affectaria seriamente o credito e a posição do novo estabelecimento, ainda quando estive convencido de que os interesses de qualquer das partes aconselhavão outra resolução nas actuaes circunstancias.

Pela nossa parte é necessario fazer público que, desde que forão assignados em Inglaterra os contractos para o amalgama, a crise de 11 de Maio ultimo em Londres, alterou singularmente a posição relativa dos estabelecimentos, e que a realização do amalgama se tornou impossivel pelos factos e motivos seguintes:

1º. As revelações feitas relativamente a acção da lei de responsabilidade limitada em Inglaterra, desde a dataa que me referi, tornão perigoso fazer representar qualquer especie de propriedade em acções transferiveis em Londres, especialmente de estabelecimentos cuja existencia mesma depende do credito, pois que essa propriedade fica absolutamente á merce de um bando de agiotassem escrúpulos, que operando na Bolsa de Londres, vivem da rapina que podem realizar, espalhando boatos offensivos do credito de qualquer estabelecimento que lhes apraz atacar, tendo previamente vendido acções a entregar, como faculta o regulamento da Bolsa;

2º. Que o proprio London and Brazillian Bank tem sido victima de semelhantes manejos, tendo-se depreciado suas acções de 20 a 25% e em uma occasião 33% abaixo do valor realizado, sem outra causa ou motivo apparente;

3º. Que as revelações acerca das companhias de responsabilidade limitada, mesmo as de mais elevada posição em Inglaterra, desde 11 de Maio, relativamente ao **pagamento de chamadas em occasiões de infortunio**, infundirão aos capitalistas brasileiros (que tinham direitos eventuaes as 150.000 acções reservadas para mim nos contractos respectivos) o temor de que as chamadas necessarias não fossem pontualmente pagas por muitos dos accionistas em Inglaterra, deixando assim o estabelecimento sem recursos para fazer face a qualquer emergencia que tornasse necessarias essas chamadas;

4º. Que mesmo em relação a administração geralde companhias publicas em Inglaterra, sob o regimem das actuaes leis de responsabilidade limitada, os factos revelados de asignaturas dos contractos indicão por sua própria natureza a absoluta necessidade de proteger melhor a propriedade confiada a semelhante administrações, variáveis a todo momento;

5º. Finalmente, que o nucleo de accionistas brasileiros representando tres quintas partes do capital do projectado banco amalgamado, tendo meramente **um voto** na gestão do estabelecimento segundo os ajustes feitos quando sejão necessarios modificações, recusam confiar sua propriedade para ser regida por principios que inumeros factos recentemente descobertos provão ser erroneos".

Acho-me naturalmente impossibilitado de contrariar taes sentimentos e, pois, apresento a directoria o estado das cousas deste lado, tendo já feito outro tanto aos seus commissarios os Srs. Scholfield e Beaton, para que se tomem as providencias necessarias afim de cancellar os contractos que não podem sortir effeito em virtude dos factos e circunstancias supervenientes desde a data de assignatura delles.

Sou meu caro senhor, muito respeitosamente,

Barão de Mauá.

BALANÇO DA SOCIEDADE BANCÁRIA, MAUÁ, MACGREGOR & C. EM 30 DE NOVEMBRO DE 1866

ACTIVO	
Caixa	458:482$796
Letras a receber	1.297:179$743
Bens de raiz	943:383$818
Diversos valores	1.869:690$000
Casa filial de Londres	888:888$889
Escritorio e mobilia	2:181$133
Contas correntes	5.128:277$185
Lucros e perdas, prejuizos liquidados	1.401:088$901
Total	11.971:472$465
PASSIVO	
Capital	6.000:000$000
Letras a pagar	12:022$050
Sello	68$500
Contas correntes	3.099:552$280
Barão de Mauá	2.859:829$635
Total	11.971:472$465

Fonte: Jornal do Commercio. *Relatorio apresentado aos commanditarios da Sociedade Bancaria Mauá, MacGregor & C. em 5 de Dezembro de 1866, pelo sócio solidario Barão de Mauá. 09/12/1866.*

ANEXO VII

relatorio da liquidação da extincta Sociedade Bancaria Mauá, MacGregor & Cia. e da marcha da nova sociedade Mauá & Cia. nos tres annos sociaes apresentado aos commanditarios a 14 de fevereiro de 1870 pelo socio solidario Barão de Mauá

"Srs. Socios Commanditarios

No relatorio que a 5 de Dezembro de 1866 tive a honra de apresentar-vos ácerca das condições em que se achava a sociedade bancária Mauá, MacGregor & Cia. na expiração do prazo social, e das circunstancias, aliás de notoriedade publica, que para isso havião contribuido, fiz as seguintes declarações:

1ª- Que os prejuisos até então verificados montavão a 1.400:000$000 e que avaliava em mais 2.700:000$000 os prejuisos provaveis da final liquidação;

2ª- Que essa liquidação seria feita por uma nova sociedade, que eu acabava de organisar e para qual entrei com a totalidade de meus haveres;

3ª- Que devendo essa sociedade durar cinco annos, eu consagrava durante os tres primeiros toda a minha renda e meus serviços pessaes á reposição do vosso capital, constituindo os lucros dos ultimos dous annos o dividendo do fundo por aquella forma restaurado.

Uma commissão do vosso seio examinou e discutioo comigo esta proposta e os elementos que lhe servião de base, e sobre parecer unanime dessa comissão foi ella aceita.

(...)".

Fonte: *Relatorio da liquidação da extincta Sociedade Bancaria Mauá, MacGregor & Cia. e da marcha da nova sociedade Mauá & Cia. nos tres annos sociaes apresentado aos commanditarios a 14 de fevereiro de 1870 pelo socio solidario Barão de Mauá*. Rio de Janeiro: Typographia de Lourenço Winter, 1870.

Esta obra foi impressa em Santa Catarina na primavera de 2012 pela Nova Letra Gráfica & Editora. No texto foi utilizada a fonte Adobe Garamond Pro em corpo 10,3 e entrelinha de 15 pontos.